발달진단 및 심리평가

DEVELOPMENTAL DIAGNOSIS AND
PSYCHOLOGICAL ASSESSMENT

김도연 · 김은경 · 김현미 · 옥정 · 이혜란 공저

학지사

머리말

 심리상담 활동이 활발해지면서 내담자를 제대로 이해하고 적합한 서비스를 제공하기 위해 정확한 심리평가를 통한 진단 및 치료적 권고의 중요성이 강조되고 있습니다. 지금까지 출판된 국내의 진단 및 심리평가 관련 서적들은 심리학자, 특히 임상심리를 공부하는 학생 혹은 수련생들을 위한 책들은 많은 데 반해, 발달재활서비스 제공인력 수련 중에 있거나 아동기 심리 발달장애에 관심을 가지고 공부하는 학생들을 위한 아동심리평가 책은 많지 않은 상황입니다. 이에 대학 및 대학원에서 공부하는 학생들에게 도움이 되는 발달진단 및 심리평가에 적합한 교재가 있으면 도움이 되지 않을까 하는 고민에서 이 책을 시작하게 되었습니다.

 2018년 9월에 발달재활서비스 제공인력의 전문성 강화와 서비스 수준 향상을 위해 「발달재활서비스 제공인력 자격 및 인정절차 기준(고시)」가 시행되었으며, 이에 따라 제공인력은 고시에 규정된 서비스 제공 영역 관련 교과목과 실습을 이수하고 자격관리위원회의 심의를 거쳐 자격을 인정받아 활동하도록 명시하고 있습니다. 이에 발달재활서비스 제공인력 관련자들에게 실제적인 도움이 되고자 심리검사 이론에 초점을 두기보다는 평가가 의뢰된 사유를 명확히 이해하는 것에서부터 출발하여 적합한 심리검사를 선택하여 실시하고 면담이나 행동관찰에서 수집된 모든 자료를 통합하여 보고서를 작성하거나 심리평가 보고서를 제대로 이해하고 치료 목표 및 치료 계획을 세우는 데 도움을 줄 수 있기를 희망하며 아동 청소년을 대상으로 한 다양한 심리검사들을 다루고자 노력하였습니다.

　발달재활서비스 제공인력이 되고자 공부하는 학생들 및 발달재활상담사들에게 유용한 심리진단 및 평가의 지침서가 될 수 있기를 기대합니다.

　끝으로, 이 책을 출판할 수 있도록 도움을 주신 학지사의 김진환 사장님의 적극적인 관심과 신뢰에 진심으로 감사드립니다. 그리고 예정보다 일정이 지연되었음에도 여러 저자들의 글을 꼼꼼히 점검해 주시고 수고를 아끼지 않은 이세희 선생님께 깊은 감사를 드립니다.

2024년 1월
저자 일동 드림

차례

제11장
심리평가 보고서 작성
• 447

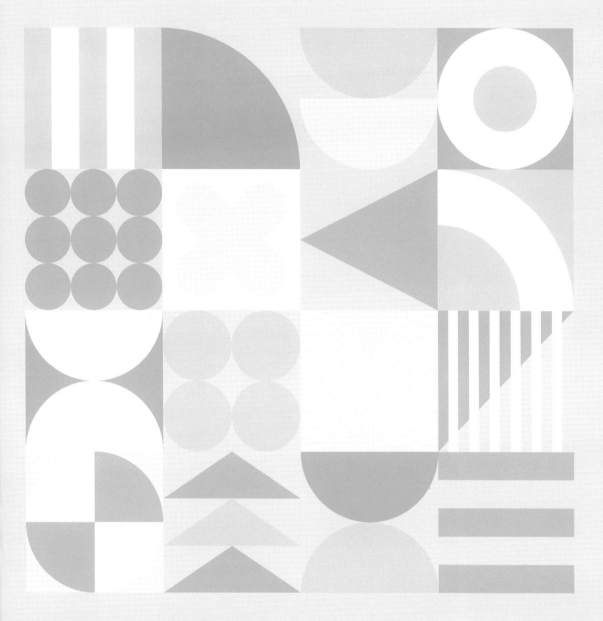

제1장

심리평가의 이해

1. 심리평가의 개념 및 필요성

발달진단 및 심리평가 영역(이후 심리평가로 명명)은 단순히 심리검사를 실시하고 해석하는 것에 국한되지 않는다. 최근에는 심리학 인접 분야에서도 심리평가에 대한 수요와 관심이 늘어나고 있고 일반인들 역시 심리평가에 대한 관심이 많아지고 있다. 심리평가는 면담과 행동관찰 및 심리검사로 구성되어 있으며, 심리검사 결과는 문제해결과 의사결정을 돕기 위한 수단으로 활용된다. 임상가는 심리평가를 통해 특정 문제에 대한 답변을 제시하고 수검자의 적응 기능을 향상시킬 수 있도록 명확하고 구체적이며 치료 개입적인 권고를 할 수 있게 된다. 심리평가 실시 시 흔히 단일 검사보다는 검사 배터리(test battery)를 흔히 사용하는데 이는 단일 검사보다는 검사 목적에 따라 일련의 검사들을 함께 실시하여 수검자에 대한 능력이나 특질에 대한 이해를 돕기 위한 것이다. 특히, 성인심리평가와 달리 우리가 흔히 아동심리평가라고 통칭하는 영역의 수검 대상들은 영유아기부터 청소년기까지 아우르며, 연령에 따라 시행 적합한 다양한 검사 도구들이 있다.

이에 본 저서에서는 아동 발달진단 및 심리평가를 위한 다양한 평가 방법들을 소개하고, 임상가가 평가 결과를 심리평가 보고서에 통합하는 과정까지 소개하고 있다. 이러한 과정을 통해 다양한 발달진단 및 평가 방법과 실제적인 치료 교육적 권고를 발전시키기 위해 평가 결과를 가지고 작업하는 과정에 대한 이해를 높이고자 한다.

1) 발달진단 및 심리평가란 무엇인가

발달진단 및 심리평가를 실시하는 목적은 검사 의뢰 목적에 따라 적절한 검사를 선택 실시하여 아동의 발달 수준을 평가하고, 특정 문제에 대한 답변을 제시하여 구체적이며 합리적인 치료적 개입을 권고하기 위함이다. 아동 발달진단 및 심리평가의 검사 목적은 다음의 몇 가지로 요약할 수 있다.

- 임상적인 진단을 제시한다.
- 수검자의 심리적 증상과 문제의 심각도를 평가한다.

- 수검자의 발달 수준을 평가한다.
- 수검자의 지적 기능 수준을 평가한다.
- 수검자의 학업기술 수준을 평가한다.
- 수검자의 신경심리적 인지기능(주의력, 집중력, 실행기능, 작업기억력, 단기기억력, 관리기능) 등을 평가한다.
- 수검자의 적응 수준을 평가한다.
- 수검자의 성격 특성을 평가한다.
- 수검자에게 적절한 치료 유형과 기법을 제시한다.
- 수검자에게 적절한 부모교육 및 치료적 개입 방안을 제시한다.
- 수검자(아동)에게 적합한 교육적 개입 방법을 제시하고 특수교육 장면에 배치한다.
- 수검자의 개입 및 치료 효과를 평가한다.

이를 위해 임상가들은 검사 의뢰 목적에 따라 적절한 검사를 선택하고 심리검사를 통해 자료를 수집하여 문제해결과 의사결정에 초점을 두어야 한다. 심리평가를 전문적으로 실시하고 해석하기 위해서 임상가는 다양한 심리검사 방법을 실시할 수 있어야 하며, 대학원 과정에서 이상심리학, 성격심리학, 신경심리학, 심리치료와 관련된 교과과정을 이수하고 기본적인 사례 관리를 할 수 있어야 하며, 임상 현장에서 심리평가를 실시하고 지도감독을 받는 약 3년간의 수련 과정이 요구된다. 특히, 영유아기부터 청소년기를 아우르는 다양한 연령대의 수검 아동들을 대상으로 심리평가를 실시하는 임상가들은 다음과 같은 점들에 주의해야 한다.

첫째, 아동 평가 임상가들은 정상 발달 및 이상 발달, 발달정신병리학에 관한 지식을 바탕으로 하여 다양한 자료를 통합할 수 있어야 한다. 발달정신병리학에서는 특정한 질병의 원인과 경과, 발달에 따른 다양한 변화, 정상적인 행동패턴과의 관계 등에 주목한다(Sroufe & Rutter, 1984). 발달정신병리학자들은 시간 경과에 따른 행동의 연속성 및 변화와 함께 아동들의 취약 요인과 보호 요인에 관심을 가지고 치료적 개입과 예방의 중요성을 강조한다. 이와 더불어 아동의 발달 과정에 영향을 미칠 수 있는 연령, 성별, 인지 수준과 함께 특정 연령에서 흔하게 나타나는 문제행동, 부모-자녀 관계, 또래관계 등과 같은 사회적 변인들과, 스트레스, 외상 등 다양한 변인을 함께 고려해야 한다고 강조한다. 임상가는 이러한 지식에 근거하여 관련 자료를 수집할 영역에 대한 복합적인 원인, 다양한 변인들이 미치는 영향 그리고 복합적인 관계에 대해 파악하고 있어야 한다.

둘째, 임상가(평가자)는 평가 목적에 적합한 검사 도구의 선택, 검사 도구의 신뢰도와 타당도, 검사 실시 절차와 규준적 해석, 검사의 강점과 제한점 등에 대해 익숙하고 검사 해석을 위한 역량을 훈련해야 한다. 심리평가를 실시하는 초심자들은 심리검사 자체에 지나치게 초점을 두어 수검자를 전체적으로 조망하지 못하는 경우가 많은데 심리평가는 심리검사뿐만 아니라 행동관찰과 면담을 통해 수검자에 대한 정확한 평가가 이루어지므로 검사 자료와 행동관찰 및 면담 자료를 통합하여 활용할 수 있어야 한다.

셋째, 임상가는 심리검사 수행에 영향을 미치는 요인에 해당하는 라포 형성, 수검 아동의 기분, 검사 동기와 흥미, 피로도뿐만 아니라 생활 변화(부모의 이혼, 전학, 이사 등)와 더불어 보호자 면담 시 정보 제공에 영향을 미칠 수 있는 부모의 심리적 역동과 심리 상태 및 환경적 변인(예컨대, 부모의 부부 갈등이 심각한 경우, 양육권 분쟁이 있거나 아동의 문제를 상대에게 귀인하는 등) 등을 고려해야 한다. 즉, 평가자는 인간 행동에 영향을 미치는 다양한 변인들을 이해하고 인식하고 있어야 한다.

넷째, 임상가들은 의뢰 문제를 명확히 파악하고 있어야 할 뿐만 아니라 평가가 의뢰되는 다양한 맥락적 특성과 기대에 대한 기본 지식을 갖추고 있어야 한다. 심리평가의 맥락적 요구와 특성에 대해서 '4. 임상평가의 맥락'에서 보다 자세히 살펴보도록 하겠다.

2) 발달진단 및 심리평가 실시 시 고려해야 할 사항

신뢰로운 검사 결과를 얻기 위해서는 평가자는 편안한 상담 환경을 만드는 것과 수검 아동과 라포를 형성하는 것이 중요하다. 평가 환경은 수검자의 검사에 대한 동기와 흥미를 유지하고 최적의 반응과 자료를 얻는 데 영향을 미칠 수 있다. 이를 위해 평가자가 따뜻하고 공감적인 태도를 통해 따뜻한 분위기를 이끌어 내는 것은 새로운 검사 상황에서 아동들의 불안을 완화시키고 긴장감 및 저항감을 낮추어 신뢰로운 평가 결과를 얻을 수 있다.

검사실에 어수선하거나 자극하는 물건이 많으면 아동의 주의가 분산되기 쉽고 검사 이외에 관심이 쏠려 검사 지속을 어렵게 만든다. 차분하지 못하거나 산만한 아동은 자동차, 시계 소리 등 외부의 소음에도 영향을 받을 수 있으므로 검사실은 조용한 장소에 배정하도록 한다. 심리검사 시 다양한 과제를 수행하기 위해서 책상 높이와 좌석 배치에도 주의를 기울여야 하는데 아동이 책상 위에 팔을 올려서 과제를 수행하는 것이 용이해야 하며, 아동과 임상가가 ㄱ자나 마주 볼 수 있도록 좌석을 배치한다.

흔히 아동심리평가 실시 시 종합심리검사 배터리(battery)를 실시하게 되면 아동 심리검사와 더불어 보호자 면담까지 포함하여 3시간 이상 소요되는 경우도 빈번하다. 따라서 수검 아동의 피로도, 과제 집중력, 주의지속 시간, 정서적 안정도 등을 고려해서 검사를 나누어서 실시하는 것이 요구되기도 한다. 특히, 아동들의 인지 수준이나 발달 수준을 평가하기 위해서 시행되는 경우라면 과제에 대한 흥미와 주의 지속력 등도 매우 중요한 변인으로 이를 고려하여 검사 중간에 휴식 시간을 갖는 등 아동들이 지속적으로 심리검사에 주의를 지속할 수 있도록 도와주어야 한다.

아동평가에서 함께 수행되는 부모(보호자) 면담 상황에서는 부모들이 과도하게 주관적이고 편향적인 대답을 하는 것은 아닌지 주의를 기울이도록 한다. 때로는 아동심리평가를 실시하는 과정에서 부모의 정신건강이나 부모-자녀 관계의 질, 부부 관계 등이 중요한 의제로 대두되기도 하므로 평가자는 이에 대한 민감한 이해가 요구된다. 특히, 가정 폭력, 학대와 관련하여 아동심리평가가 실시되거나, 자녀 양육권 결정을 돕기 위해 심리검사가 의뢰되는 경우 등과 같이 평가 결과에 기초하여 수검자에게 이루어진 결정이 수검자의 삶에 중요한 변화를 초래할 수 있다. 따라서 평가자는 항상 윤리적이며 객관적인 태도를 갖는 것이 매우 필요하다고 할 수 있다.

2. 심리검사의 선택

평가자는 심리검사를 실시하기 전에 심리검사 도구의 신뢰도와 타당도를 고려하여 아동의 발달 수준이나 검사 의뢰 사유에 적합한 심리검사를 선택할 수 있도록 해야 한다. 심리검사는 검사 내용과 구조화 수준에 따라 다음과 같이 분류할 수 있다(이우경, 이원혜, 2019).

1) 검사 내용에 따른 구분

기준	특징	종류
능력 검사	• 정답이 존재 • 수검자에게 능력을 최대한 발휘하도록 요구함 • 시간제한이 있는 검사와 시간제한이 없는 검사가 있음	지능검사 신경심리검사 적성검사
성향 검사	• 정답이 존재하지 않음 • 수검자가 선호하는 반응을 토대로 성향, 태도, 흥미 등을 측정함 • 시간제한이 적용되지 않음	성격검사 동기 및 태도 검사 흥미검사

2) 구조화 수준에 따른 구분

기준	특징	내용 및 종류
객관적 검사	• 실시와 해석의 편리함 • 표준화, 신뢰도, 타당도 확보가 용이하여 객관적 연구 자료가 많음 • 개인 간 비교 제시가 가능함 • 수검자 반응의 질적 독특성을 평가하기 어려움 • 수검자의 언어 이해력, 자기표현 능력에 제한을 많이 받음 • 수검자가 의도적으로 반응을 왜곡하거나 증상 은폐 혹은 과장이 가능함	• 검사 과제, 실시 지침 및 채점 과정이 구조화되어 있음 • 주로 표준화된 점수를 사용하고 이에 따라 해석 규준이 제시됨 (예: 웩슬러 지능검사, 신경심리검사와 같은 능력 검사, MMPI-2와 같은 문항 검사 혹은 자기보고형 성향 검사 등)
투사검사	• 수검자에게 풍부하고 독특한 반응을 이끌어 낼 수 있음 • 수검자의 의도에 따른 방어가 어려워 무의식적 내용을 평가하기 용이함 • 언어 이해력에 제한이 있는 대상에게도 실시 가능 • 평가자의 태도가 결과에 영향 미칠 수 있음 • 실시, 채점, 해석 절차가 복잡하거나 표준화되어 있지 않음 • 객관적 검사에 비해 타당도, 신뢰도가 충분히 입증되지 않음	• 상대적으로 비구조화된 검사 • 모호한 검사 자극을 제시한 후 수검자가 자유롭게 표현하는 내용을 통해 자극을 인지하고 해석하여 반응하는 과정을 평가함 • 수검자 스스로 인식하지 못하는 내적 사고 과정 및 사고 내용, 정서, 동기, 욕구, 내적 갈등, 성격 등을 측정하고자 함(예: 로르샤흐 검사, 주제통각검사, 집-나무-사람 검사(HTP), 문장완성검사 등)

3. 심리평가와 관련된 윤리적 문제

임상가들은 심리평가와 관련된 심리검사 윤리에 주의를 기울여야 한다. 심리평가와 관련된 윤리적 문제는 다음과 같은 상황에서 빈번하게 대두될 수 있는데, 예컨대 심리검사가 부적합한 맥락에서 사용되거나, 검사 타당도가 부족하거나, 비밀보장이 유지되지 못하거나, 평가자의 문화적, 인종적 편견이 검사 상황에 영향을 미치거나, 검사 자료 및 검사 결과가 방출된다거나 하는 경우들이 있다(이우경, 이원혜, 2019). Sattler(2008)는 심리학자의 평가 관련 기본 윤리를 크게 다음과 같이 설명하고 있다.

① 심리학자는 기술의 유용성과 적절한 적용에 관한 연구 또는 증거에 기반하여 평가 기법을 선택하며 면담 또는 평가 도구를 실시, 적용, 채점, 해석한다.
② 심리학자는 타당도와 신뢰도가 입증된 평가 도구를 사용한다. 타당도나 신뢰도가 확립되지 않은 평가 도구를 사용할 경우 검사 결과 해석 시 평가 도구의 강점과 한계를 기술한다.
③ 심리학자들은 수검자의 언어와 역량을 고려하여 적합한 평가 방법을 사용한다.

보다 구체적으로 평가 관련 윤리를 살펴보면, 한국 심리학회는 평가 관련 윤리 규정을 〈표 1-1〉과 같이 제시하고 있으며, 미국 심리학회의 심리평가 실시 및 적용과 관련된 윤리 규정은 〈표 1-2〉와 같다.

〈표 1-1〉 한국 심리학회 평가 관련 윤리 규정

제6장 평가 관련 윤리

제49조 (평가의 기초)
1. 법정 증언을 포함한 추천서, 보고서, 진단서, 평가서에 의견을 기술할 때, 심리학자는 자신의 의견을 입증할 만한 객관적 정보 또는 기법에 근거하여야 한다.
2. 개인의 심리 특성에 대한 의견을 진술할 때, 심리학자는 자신의 진술을 지지하기 위한 면밀한 검사 과정을 거쳐야 한다. 그러한 노력에도 불구하고 검사가 실제적이지 못할 경우, 심리학자는 자신이 기울인 노력의 과정과 결과를 문서화하고, 불충분한 정보가 자신의 견해의 신뢰도와 타당도에 영향을 미칠 수 있음을 밝히고, 결론이나 권고 사항의 본질과 범위를 제한한다.

3. 개인에 대한 개별 검사가 보장되지 않는 상황에서 자료를 검토, 자문, 지도 감독해야 할 경우에, 심리학자는 자신의 견해가 개별 검사에 기초하지 않았다는 사실을 밝히고 자신의 견해를 뒷받침하는 근거 정보를 제시한다.

제50조 (평가의 사용)

1. 심리학자는 검사 도구, 면접, 평가 기법을 목적에 맞게 실시하고, 번안하고, 채점하고, 해석하고, 사용하여야 한다.

2. 심리학자는 타당도와 신뢰도가 검증된 평가 도구를 사용하여야 한다. 그렇지 못한 경우에는 검사 결과 및 해석의 장점과 제한점을 기술한다.

3. 심리학자는 평가서 작성 및 이용에 있어서, 객관적이고 학문적으로 근거가 있어야 하고 세심하고 양심적이어야 한다.

제51조 (검사 및 평가 기법 개발)

검사 및 기타 평가 기법을 개발하는 심리학자는 표준화, 타당화, 편파의 축소와 제거를 위해 적합한 심리측정 절차와 전문적 지식을 사용해야 한다.

제52조 (평가에 대한 동의)

1. 평가 및 진단을 하기 위해서는 내담자로부터 평가 동의를 받아야 한다. 평가 동의를 구할 때에는 평가의 본질과 목적, 비용, 비밀 유지의 한계에 대해 알려야 한다. 그러나 다음의 경우는 평가 동의를 받지 않아도 된다.
   (1) 법률에 의해 검사가 위임된 경우
   (2) 검사가 일상적인 교육적, 제도적 활동 또는 기관의 활동(예: 취업 시 검사)으로 실시되는 경우

2. 동의할 능력이 없는 개인과, 법률에 의해 검사가 위임된 사람에게도 평가의 본질과 목적에 대해 알려 주어야 한다.

3. 검사 결과를 해석해 주는 자동화된 해석 서비스를 사용하는 심리학자는 이에 대해 내담자/환자로부터 동의를 얻어야 하며, 검사 결과의 기밀성과 검사 안정성이 유지되도록 해야 하며, 법정 증언을 포함하여, 추천서, 보고서, 진단적 · 평가적 진술서에서 수집된 자료의 제한성에 대해 기술해야 한다.

제53조 (평가 결과의 해석)

1. 평가 결과를 해석할 때, 심리학자는 해석의 정확성을 감소시킬 수 있는 다양한 검사 요인들, 예를 들어 피검사자의 검사받는 능력과 검사에 영향을 미칠 수 있는 상황이나 개인적 · 언어적 · 문화적 차이 등을 고려해야 한다.

2. 평가 결과의 해석은 내담자/환자에게 내용적으로 이해 가능해야 한다.

제54조 (무자격자에 의한 평가)

심리학자는 무자격자가 심리평가 기법을 사용하도록 허용해서는 안 된다. 단 적절한 감독하에 수련 목적으로 사용하는 경우는 예외로 하며 다음과 같은 사항에 주의한다. 수련생의 교

육, 수련, 및 경험에 비추어 수행할 수 있는 평가 기법들에 한정해 주어야 하며 수련생이 그 일을 유능하게 수행할 수 있는지 지속적으로 감독해야 한다.

제55조 (사용되지 않는 검사와 오래된 검사 결과)

1. 심리학자는 실시한 지 시간이 많이 경과된 검사 결과에 기초하여 평가, 중재 결정, 중재 권고를 하지 않아야 한다.
2. 심리학자는 현재 사용되고 있지 않거나 현재의 목적에 유용하지 않은, 제작된 지 오래된 검사나 척도에 기초하여 평가, 중재 결정, 중재 권고를 하지 않아야 한다.

제56조 (검사 채점 및 해석 서비스)

1. 다른 심리학자에게 검사 또는 채점 서비스를 제공하는 심리학자는 절차의 목적, 규준, 타당도, 신뢰도 및 절차의 적용, 그리고 사용할 수 있는 자격에 대해 정확하게 기술해야 한다.
2. 심리학자는 프로그램과 절차의 타당도에 대한 증거에 기초하여 채점 및 해석 서비스를 선택해야 한다.
3. 심리학자가 직접 검사를 실시, 채점, 해석하거나, 자동화된 서비스 또는 기타 서비스를 사용하더라도, 평가 도구의 적절한 적용, 해석 및 사용에 대해 책임을 져야 한다.

제57조 (평가 결과 설명)

검사의 채점 및 해석과 관련하여, 심리학자는 검사를 받은 개인이나 검사 집단의 대표자에게 결과를 설명해 주어야 한다. 그러나 관계의 특성에 따라서는 결과를 설명해 주지 않아도 되는 경우도 있다(예: 조직에 대한 자문, 사전 고용, 보안 심사, 법정에서의 평가 등). 이러한 사실은 평가받을 개인에게 사전에 분명하게 알려 주어야 한다.

제58조 (평가서, 검사 보고서 열람)

1. 평가서의 의뢰인과 피검사자가 동일하지 않을 경우에, 평가서와 검사 보고서는 의뢰인이 동의할 때 피검사자에게 열람될 수 있다.
2. 건강에 피해를 줄 수 있다고 판단되지 않는 한, 피검사자가 원할 때는 평가서와 검사 보고서를 볼 수 있도록 도와야 한다.
3. 평가서를 보여 주어서 안 되는 경우, 사전에 피검사자에게 이 사실을 인지시켜 주어야 한다.

제59조 (검사 자료 양도)

내담자/환자를 다른 서비스 기관으로 의뢰할 경우, 심리학자는 내담자/환자 또는 의뢰기관에 명시된 다른 전문가에게 검사 자료를 제공할 수 있다. 그러나 검사 자료가 오용되거나 잘못 이해되는 것으로부터 내담자/환자를 보호하기 위해 검사 자료를 양도하지 않을 수도 있다. 여기에서 검사 자료란 원점수와 환산점수, 검사 질문이나 자극에 대한 내담자/환자의 반응, 그리고 검사하는 동안의 내담자/환자의 진술과 행동을 지칭한다.

3. 심리평가와 관련된 윤리적 문제

〈표 1-2〉 미국 심리학회 평가 관련 윤리 규정

역량의 경계

평가자는 자신의 역량과 한계의 경계를 인식해야 하며 교육, 훈련 또는 경험을 통해 자격을 갖춘 후 평가를 실시한다. 평가자는 충분한 교육, 지도 감독을 받은 훈련, 심리평가 경험을 갖춰야 하며, 아동 및 가족 발달, 발달정신병리, 성인 정신병리학 등을 익힌 후 평가를 실시한다. 정신과, 법정심리, 또는 아동학대 관련 전문 분야 등에서 일하는 사람들은 그 분야에서 추가적으로 적절한 경험을 통해 전문지식을 발달시켜야 한다. 또한, 평가자는 그 분야의 최신 내용을 숙지하고 있어야 한다.

협의

평가자는 평가 결과, 특히 예상치 못했거나 의심스러운 결과에 대해 다른 전문가와 상의한다.

법령 및 법규에 대한 지식 관할권 관행에 대한 지식

평가자는 장애아동, 아동학대, 가정 폭력 및 양육권 평가 시 평가에 관련된 연방, 주 그리고 지방 법령과 규정에 대해 숙지하고 있어야 한다.

공정한 평가를 위한 노력

평가자는 객관적 평가와 권고를 방해할 수 있는 연령, 성별, 인종, 민족성, 국적, 종교, 성적 지향, 장애, 언어, 문화 또는 사회경제적 지위에 관한 자신의 개인적 편견을 알고 있어야 한다. 평가자는 이러한 편견을 극복하기 위해 노력해야 하며 편견을 극복하지 못할 경우 평가를 실시하지 않는다.

이해의 상충

평가자는 개인적, 과학적, 전문적, 법적, 재정적 또는 기타 이해관계나 관계에 있어서 문제가 있을 것이라고 합리적으로 예상되는 경우나, 전문적인 관계를 가지고 있는 개인이나 조직에 대해 해를 입히거나 착취할 것으로 생각되는 경우에는 전문적 역할을 맡는 것을 자제하여야 한다.

착취적인 관계

평가자는 "감독자 평가 또는 의뢰인/환자, 학생, 수련생, 연구 참여자 및 직원과 같은 기타 권한을 가진 사람을 이용하지 않는다"(American Psychological Association, 2010a, p. 6).

정보 동의

평가자는 평가를 수행하기 위해 모든 대상(예: 부모, 자식)에게 사전 동의서를 받는다. 사전 동의란 개인이 평가를 이해하고 잠재적 이익 및 위험성, 평가(또는 치료나 연구 프로젝트) 참여에 대해 자발적으로 합의함을 말한다. 법령이나 정부 규제에 의해 평가가 의무인 경우에는 사전 동의가 필요하지 않다. 평가자가 통역사의 서비스를 필요로 할 때, 피검 아동 또는 그 부모로부터 통역 사용에 대한 사전 동의를 받는다.

비밀유지 및 정보 노출
평가자는 아동과 부모에게 비밀유지의 한계와 정보 제공자가 노출되는 상황에 대해 알려 준다.

다양한 자료 수집 방법
평가자는 관련 장면에서 아동에 대한 정보를 수집하기 위해 여러 자원(평가 방법, 정보 제공자)을 사용한다. 예를 들어, 자원은 심리검사, 아동, 부모, 교사와의 면담, 행동관찰, 심리 및 정신과 보고서, 학교, 병원 및 여타 기관의 기록 등을 포함할 수 있다.

자료 해석
평가자는 평가 결과에 영향을 미칠 수 있는 검사 수행 능력 및 평가 목적, 개인적 그리고 언어 및 문화적 요소와 같은 상황별 요인과 아동의 특성을 고려하여 평가 결과를 해석한다. 또한 평가자는 자료를 신중하고 적절하게 해석하고, 대안적 해석을 고려하며, 자료에 대한 과도한 해석을 피한다. 또한 평가자는 자신의 가설을 지지하지 않는 자료를 찾으며, 자료가 뒷받침되는 경우에만 결론을 도출한다.

최신 평가 기법
평가자는 현재 평가 목적에 유용한 최신 평가 기법을 사용한다. 평가 도구는 신뢰할 수 있으며 시험 대상 모집단의 구성원과 함께 사용할 수 있도록 유효해야 한다. 평가자는 평가 도구의 신뢰성과 유효성이 확립되지 않았거나 평가 기법이 아동의 요구에 적합하게 고안된 검사가 아니라면, 평가 결과의 강점과 한계점을 설명해야 한다.

검사 채점 및 해석 서비스
평가자는 타당한 것으로 입증된 자동화된 프로그램을 포함하여 적절한 채점 및 해석 방법을 선택한다.

평가 결과 설명
평가자는 평가 의뢰기관, 부모, 그리고 해당 아동에게 평가 결과와 관련된 권고 사항을 명료하고 이해 가능한 방식으로 설명한다.

기록 및 자료
평가자는 이전에 수립된 정책과 관할 구역에 대한 규정을 준수하여 모든 데이터(예: 원자료, 서면 기록, 전자매체에 저장된 기록 및 리코딩)를 유지 관리한다.

검사 보안
평가자는 검사자료 및 기타 평가 도구의 무결성과 보안을 유지하기 위해 합당한 노력을 기울인다.

한편, 심리학자는 평가 절차에 대한 동의서를 받는 것이 중요하다. 미성년자의 경우 보호자(부모)의 동의서를 받도록 한다. 동의서 구성 내용에는 심리검사의 목적과, 검사 결과의 활용 방안 및 심리검사 결과 및 면담 과정에서 밝혀진 정보들은 비밀 보장이 된다는 것 등이 포함되어야 한다.

⟨표 1-3⟩ '심리평가 동의서' 양식 구하기

○○○ 심리상담센터

심리평가 동의서

본 심리평가는 표준화된 심리검사 도구를 사용하여 수검자의 인지적인 기능, 학업적 능력, 사회적 능력, 정서적 기능 및 현재 기능 수준을 평가할 목적을 가지고 있습니다. 심리평가는 심리검사, 면담, 관련 자료 검토, 보호자 면담 등으로 이루어져 있습니다. 심리평가 결과는 피드백 회기에 수검자와 보호자에게 설명해 드릴 것입니다.

심리평가 소요 시간은 내담자의 상황과 검사 상황에 따라 약 1~3시간 소요됩니다. 심리평가 결과는 내방하여 보는 것을 원칙으로 하며 원자료를 보여 주거나 심리평가 자료를 반출할 수 없습니다.

본 심리평가 결과에 대해서는 비밀 보장을 약속합니다. 하지만 다음과 같은 경우에는 비밀 보장의 예외가 적용됩니다.

1) 아동/지적장애인/노인 수검자가 학대를 받고 있다고 판단되는 경우
2) 수검자에게 심각한 자·타해 위험이 있을 경우
3) 수검자가 법적인 문제에 연루되어 법원의 명령에 따라 검사 자료를 공개할 의무와 책임이 있다고 판단되는 경우

위의 사항을 숙지하였으며 심리평가에 동의합니다.

수검자 성명 _____(인)

일자   년   월   일

4. 심리평가의 맥락

임상가는 심리평가 상황에 대한 다양한 요건들을 고려해야만 한다. 무엇보다도 임상가는 의뢰 장면의 문제와 요구를 이해해야 한다. 맥락에 대한 정확한 이해가 필요한 이유는 심리검사가 의뢰된 맥락에 대한 이해를 바탕으로 임상가는 적합한 검사를 선택하고 불필요한 검사를 실시하지 않으며, 검사 결과가 요구되는 맥락에 필요한 결과를 제시할 수 있다. 그렇지 않으면 검사자가 일련의 불필요한 검사들을 실시할 수 있고, 최악의 경우에는 의뢰자와 환자에게 쓸모없는 정보를 제공할 수 있다. 이러한 문제를 다루기 위해 임상가는 수검자의 어려움을 검사 맥락에 따라 이해하고 당면한 결정뿐만 아니라 잠재적인 대안들과 각각의 가능한 함의를 이해해야 한다. 또한 임상가는 다양한 대안들과 각각의 가능한 결과를 결정하는 데 있어서 심리평가의 잠재적 유용성을 구체화할 필요가 있다. 그 심리검사의 장점과 유익을 명확히 이해할 뿐만 아니라 그 과정에 내재된 한계를 설명해야만 한다.

따라서 임상가는 심리평가가 의뢰된 아동에게 적합한 발달진단 및 심리평가를 수행하기 위해서 평가가 요구되는 각각의 맥락을 이해하고 대응해야 한다. 또한 심리검사의 장점과 한계를 이해하고 수검자에게 설명할 수 있어야한다. Groth-Marnat과 Wright(2016)의 임상평가의 맥락을 참조하여 아동 임상평가의 맥락을 정리하면 다음과 같다.

1) 정신건강의학과 장면

Levine(1981)은 정신과 장면에서 심리학자가 인식해야 할 중요한 요인들을 다음과 같이 요약하였다. 정신건강의학과 장면에서는 주로 정신건강의학과 의사에 의해 심리평가 의뢰가 이루어지는데, 진단과 치료가 주된 정신건강의학과 의사의 역할이었던 과거에는 임상가가 심리평가를 실시하여 공식적인 진단 규준에 따라 진단을 내리는 것이 주요 업무였다. 여전히 정신과적 진단을 내리기 위해 심리평가가 실시되지만, 최근에는 평가가 다양한 목적으로 의뢰되고 있으며, 평가자는 평가의 유용성을 높이기 위해 정신과 의사들이 어떠한 정보를 구하는지 정확하게 이해해야 한다.

예를 들어, 병동 관리자 역할을 해야 하는 정신건강의학과 의사는 환자들의 자살 위험, 입원과 퇴원, 다양한 의료 절차의 적합성 등의 문제에 대해 결정을 내려야 하며, 이를 위해 임상가의 심리평가 결과를 구할 수 있다. 또한, 환자에게 가장 적합한 치료적 개입을 위해 평가를 의뢰할 수도 있으며, 이 경우에는 심리평가를 통해 치료 과정에서 나타날 수 있는 문제, 통찰 능력, 진단, 대처 양식, 저항 수준, 기능 수준, 문제의 복잡성 등을 정교하게 파악하여 가장 효과적일 것으로 생각되는 치료적 개입 방법과 기대되는 결과 등을 제안할 수 있다.

정신건강의학과에서 치료가 진행되는 도중에 평가가 의뢰된 경우라며 의뢰서에는 뚜렷하게 드러나지 않는 환자와 정신건강의학과 의사 사이에 미묘한 갈등이 존재할 수 있으므로, 이 경우에는 의사와 환자 사이의 상호작용의 맥락에서 정교한 평가가 이루어져야 한다. 이 경우에는 내담자뿐만 아니라 치료자의 불합리한 기대나 왜곡된 신념 등이 영향을 미치고 있을 가능성이 있으므로 이를 고려하여 전달할 필요가 있다.

2) 일반 의료 장면

선행 연구에 의하면 내과에 내원한 환자들의 3분의 2가 심리사회적 어려움을 지니고 있고, 분명한 의학적 진단이 내려진 환자들의 25~50%는 의학적 장애에 더하여 심리적 장애를 지니고 있는 것으로 밝혀졌다(Asaad, 2000; Katon & Walker, 1998; McLeod, Budd, & McClelland, 1997; Mostofsky & Barlow, 2000). 이러한 심리적인 어려움은 과거에 대부분 간과되어 진단이 내려지지 않거나 치료 의뢰가 이루어지지 않는 경우가 많았는데(American Journal of Managed Care, 1999; Blount et al., 2007; Borus, Howes, Devins, & Rosenberg, 1988; Mostofsky & Barlow, 2000) 최근에는 많은 인식 변화가 나타나고 있다.

의사들이 심리평가를 의뢰하게 되는 가장 빈번한 상황은 기저의 심리장애가 존재하는 경우나 의학적 호소와 연관하여 정서적 요인이 관여하는 경우와 함께 신경심리학적 평가가 요구될 때 또는 만성 통증의 심리학적 치료, 약물 의존의 치료, 환자 관리, 사례 자문 등의 사유로 의뢰되는 경우다. 이때 심리학자는 심리평가를 통해 가능한 심리사회적 어려움에 대해서 환자에게 어떠한 치료 개입이 적합한지 구체화하여 자문해 줄 수 있다(Kaslow et al., 2007; Wickramasekera, 1995a, 1995b).

먼저, 신경심리평가를 통해 신경심리학적 상태에 대한 정보를 제공해 줄 수 있다. 전형적인 신경심리학적 평가 영역은 기억, 순서 배열, 추상적 추론, 공간 조직화, 실행 기능 등으로 이를 평가함으로써(Groth-Marnat, 2000) 관찰된 행동상의 어려움에 기여하거나 이를 설명할 수 있는 신경심리학적 결함이 있는지 파악하는 데 초점을 둔다(Loenberger, 1989). 그 결과를 통해 의사들은 꾀병, 전환장애, 건강염려증, 기질성 뇌증후군, 유사 신경학적 특징을 지닌 우울증과 같은 특정 진단을 알고자 한다. 신경심리학자들은 평가 결과를 통해 확인된 손상의 성질과 정도, 손상의 부위, 정서 상태, 능력 저하의 정도 그리고 인지 재활, 직업 훈련, 가족 및 친구와의 재적응과 같은 치료 계획을 위한 제언을 할 수 있다(Lemsky, 2000; Lezak, Howieson, Bigler, & Tranel, 2012; Snyder, Nussbaum, & Robins, 2006). 또한, 수술에 대해 심각한 스트레스 반응을 보일 가능성을 평가하기 위해서 심리학자에게 수술 전 평가가 요청되기도 하는데 이 경우 심리학자는 환자의 현재 심리 상태뿐만 아니라 환경의 기여 요인을 평가해야 하며, 개입 과정을 제안하고 자문할 수 있다.

특히, 아동의 건강 관련 문제는 아동, 부모, 그 외 가족들 모두에게 큰 영향을 미치며 이는 심리적으로 중요하다. 소아과의 건강 관련 문제는 유뇨증 또는 유분증과 같이 가벼운 문제에서부터 암이나 당뇨병에 이르는 만성 질환에 이르기까지 범위가 넓다. 특히, 아동들의 경우 관상동맥성 심장병, 천식, 알레르기, 류머티즘 관절염, 위궤양, 두통과 같은 많은 전통적인 의학적 장애들이 유의미한 심리사회적 요소를 지니고 있다는 것이 밝혀졌다(Blount et al., 2007; Groth-Marnat & Elkins, 1996). 이처럼 심리적 요인들은 질병에 관련될 뿐만 아니라 건강의 발달 및 유지에도 관련된다는 인식을 바탕으로 아동들이 호소하는 신체의학적 장애에 영향을 미치는 신체적 · 심리적 · 사회적 변인들 간의 상호작용을 이해할 수 있는 심리평가 결과는 아동들의 치료적 개입에 중요한 기여를 할 수 있다.

3) 법적 맥락

법적 장면에서 심리학자의 역할의 범위가 더 확대되고 그 중요성 역시 더 커지고 있다(Goldstein, 2007; Otto & Heilburn, 2002 참고). 조사 단계에서 증인이 제시한 정보의 신뢰성과 질을 평가하기 위해서, 또는 다른 정신건강 전문가의 보고서의 질을 평가하거나 피고인의 능력을 평가하거나 범죄의 특정 사항을 결정하는 데 자문이 요구될 수 있다. 또한 정신이상이나 뇌 손상을 입증하기 위해 심리검사가 요청되기도 하며, 이를 통해 판사가 선고를 결정하는 데 중요한 근거 자료로 활용되기도 한다. 법률적 집행관은 구금의 유형과 위험 수준을 결정하거나 재활 프로그램을 계획하는 데 심리학자의 도움을 필요로 할 수 있다.

심리학자가 가장 빈번히 참여하게 되는 법적 업무는 자녀 양육권 소송, 개인의 사유재산 처분 능력, 미란다 원칙의 이해, 거짓 자백의 가능성, 개인적 피해 소송 등과 관련된 영역이며, 법정에 나가는 심리학자는 입증된 전문가로서의 자격을 갖추고 있어야 한다(www.abfp.com).

법적 맥락에서 심리학자의 주의가 요구되는 상황은 정신이상과 능력을 평가하는 경우다. 한 개인이 자신의 행위의 성질과 정도를 알지 못하고 자신의 행위가 사회 규범에 비추어 잘못된 것임을 구분하지 못한다면 그는 책임이 없다는 맥노튼 규칙(McNaughton Rule)에 따라 정신이상으로 판정되는 것은 법적 장면에서 중요한 이슈가 될 수 있는데 이를 결정하는 데 심리학자의 심리평가가 중요한 역할을 할 수 있다. 또한 피고가 재판을 견딜 수 있는 능력이 있는지 또한 정신이상의 정의와 관련된다. 이외에도 실제 폭력 행동 또는 임상적 위험성과 재범 가능성을 예측하기 위해 심리평가가 의뢰되고 있다.

또한, 심리학자는 자녀 양육권 결정을 돕기 위한 요청을 받게 되는데 이때 가장 중점적으로 고려할 영역으로는 부모의 정신건강, 부모와 아동 간의 애정의 질, 부모-자녀 관계의 성질, 각각의 결정이 아동에게 장기적으로 미칠 영향 등이며(Ackerman, 2006a, 2006b) 이를 종합하여 어떤 조정이 아동에게 가장 유익한지를 결정하게 된다.

이 밖에도 심리학자들은 교정 장면에서 재소자 분류를 돕도록 요청받는데 재소자 관리에서 중요하게 고려할 사항으로는 자살 위험 수준, 독실 대 공동 침실의 적절성, 다른 재소자들의 괴롭힘 가능성, 다른 재소자들에 대한 위험의 정도 등이 포함된다. 또한 재활 프로그램 배치와 실시 등을 위해 개인적 특성을 고려할 필요가 있다.

4) 교육적 맥락

교육적 맥락에서 임상가는 학교에서 어려움을 보이는 아동이나 특수학급 배치 등이 요구되는 아동을 평가하게 된다. 이때 임상가는 아동이 보이는 학습의 어려움의 정도와 유형을 평가하고, 인지적 강점과 약점을 측정하고, 행동문제를 평가하고, 아동의 특성에 적합한 교육 프로그램을 계획하거나, 교육적 개입이 아동에게 미치는 영향을 파악하고, 아동에게 실시되고 있는 프로그램이나 특수학급 배치에서의 변화를 권고하는 역할 등을 하게 된다(Sattler, 2008a, 2014). 교육적 맥락에서 가장 중요한 점은 아동의 역량, 인성, 다양성을 고려하고 교사의 특성과 부모의 욕구와 기대 간의 상호작용에 민감해야 한다는 점이다.

아동 심리검사는 아동 개인 심리검사를 실시하는 것과 더불어 가족평가 또는 교실 장면에서의 평가가 함께 시행될 때 매우 중요한 정보들을 수집할 수 있다. 하지만 실제 실시 과정에는 많은 제한이 뒤따르는데, 예컨대 교실에서의 아동 행동을 관찰하거나 교사와 아동 간의 상호작용을 관찰하는 것이 중요할 수 있지만, 불편함을 감수하면서 교사와 학교가 어느 범위까지 협조해야 하는지 명확하지 않으며 저항이 따를 수 있다. 부모를 대상으로 실시하는 평가나 면담 역시 임상가가 아동의 부모에게 요구할 수 있는 권한과 관련하여 법적 · 윤리적 제한이 존재한다. 따라서 교육적 맥락에서 이루어지는 평가는 아동에게 우선적인 초점이 주어지게 되고, 아동에게 큰 영향을 미칠 수 있는 가족 갈등이나 교사의 어려움, 교사와 아동 간의 갈등 등과 같은 주제들이 드러나지 않을 수 있는데, 아동에 대한 정확한 평가를 위해서는 아동 개인 심리검사뿐만 아니라 주변 상황에 대한 이해와 고려가 반드시 필요하다. 학교 맥락에서 이루어지는 아동심리평가는 행동관찰, 지능검사, 정서 및 행동 기능 검사들이 포함된다. 특히, 과거 아동의 정서 기능 평가는 주로 투사 기법에 의존하였으나 최근에는 실시, 채점 및 해석의 용이성을 위해 다양한 행동 평정 도구들과 학업성취 검사들이 활용되고 있다.

교육 장면에서 작성되는 보고서는 아동의 약점뿐만 아니라 강점에도 초점을 두어야 하며, 권고 사항에는 어떤 기술이 학습될 필요가 있는지, 이러한 기술은 어떻게 학습될 수 있는지, 목표의 위계, 학습을 어렵게 만드는 행동을 감소시키기 위한 기법 등이 현실적이고 구체적으로 담겨 있어야 한다. 특수교육을 위한 권고는 정규학습이 명백히 동등한 이익을 줄 수 없을 때에만 이루어져야 한다. 이러한 과정들이 1회의 심리평가를 통해 이루어져서는 안 되며 심리평가 결과에 대한 지속적인 모니터링이 요구된다.

아동에 대한 심리교육적 평가는 두 단계로 수행되어야 하는데, 우선 아동에게 양질의 교육이 제공되고 있는지 평가해야 하며 두 번째 단계에서는 종합심리평가를 통해 아동의 인지 능력과 학업기술, 사회기술, 적절한 동기 및 주의, 충동 조절 능력과 같은 적응 능력을 평가해야 한다. 이 과정에서 교육에 대한 아동의 가치 및 태도를 평가하는 것 또한 특히 중요하며, 학습을 방해할 수 있는 빈약한 시력, 심한 피로, 영양 결핍 등 신체적 어려움도 함께 파악하는 것이 중요하다. 이와 더불어 학습 환경의 질과 함께 교사, 가족 및 아동의 관계를 평가할 필요가 있다.

5) 심리치료센터

심리치료센터에서는 다양한 의뢰가 이루어진다. 우선 치료 계획과 관련하여 내담자의 특성을 평가하기 위한 평가가 이루어지며, 치료적 개입에 대한 반응을 관찰하거나 치료 변화를 파악하기 위해 활용되기도 한다(Lambert & Hawkins, 2004). 또한 평가를 통해 의료적 개입이 요구되는지, 더욱 강력하고 집중적인 치료가 요구되는지 등에 대한 부가적인 정보를 얻을 수 있다. 진단이 불분명하거나 치료의 진전이 없던 경우 심리평가를 통해 치료 계획에 도움을 얻을 수 있다.

간혹, 아동이 학교 문제 혹은 행동 문제로 평가가 의뢰된 경우 표면적인 사유와 달리 법적 소송 문제나 학교 내에서의 문제와 갈등 등이 주요한 평가 사유인 경우가 있다. 이러한 경우에는 특별한 주의가 필요한데, 임상가는 의뢰 사유와 더불어 수검자의 치료 과거력, 부모, 학교, 법정 및 아동 간의 관계 등을 자세히 이해하고 있어야 한다. 의뢰 사유가 명확해지고 나면, 임상가는 학교 교장, 이전 치료자, 보호관찰관, 변호사, 교사와 같이 그 사례에 관여된 다양한 사람들과의 만남을 계획할 수 있다. 포괄적인 정보 수집을 통해 가족치료의 필요성, 특수 학급에의 배정, 이혼한 부모 간의 양육권 합의 변경, 가족의 다른 성원의 치료 필요성, 전학 등 다양한 주제들이 드러날 수 있다.

지금까지의 심리검사가 이용되는 다양한 장면에 대한 논의는 언제 검사할지와 검사가 의사결정에 가장 도움이 되는 방식을 어떻게 명료화할지에 초점을 맞추었다. 이제 몇 가지 부가적인 요점을 강조할 필요가 있다. 앞서 논의한 것처럼, 의뢰자는 때로 의뢰 질문을 적절히 개념화하지 못한다. 사실 의뢰 질문은 대개의 경우 명확하지도 않고 간결하지도 않다. 의뢰 질문을 넘어서서 의뢰 사유를 가장 넓은 조망에서 결정하는 것은 평가자의 몫이다. 따라서 심리학자는 대인관계 요인, 가족 역동, 의뢰로 이끈 사건의 진행 과정 등을 포함하는 내담자의 복잡한 사회적 환경을 이해해야 한다. 의뢰 질문을 명료화하는 것에 더하여, 두 번째 주요 요점은 심리학자는 자신이 보고서를 작성하는 장면에 대한 지식을 갖는 것에 책임이 있다는 것이다. 이러한 지식에는 그 장면의 고유한 언어, 그 장면에서 일하는 개인의 역할, 의사결정자가 당면한 결정, 그가 지지하는 철학적 신념 등이 포함된다. 또한 임상가는 그 장면에서 추구하는 배후의 가치를 이해하고 이러한 가치가 자신의 가치와 일치하는지를 평가하는 것이 중요하다. 예를 들어, 혐오치료나 전기충격치료를 신뢰하지 않는 심리학자는 어떤 특정 장면에서 일하면서 갈등을 겪게 될 수 있다. 따라서 심리학자는 자신이 의뢰원에게 제공하는 정보가 어떻게 사용될지를 명확히 이해해야 한다. 그는 자신에게 중요한 책임이 있음을 인정하는 것이 중요한데, 왜냐하면 평가 결과에 기초하여 내담자에 대해 이루어진 결정이 내담자의 삶에는 중요한 변화를 초래할 수 있기 때문이다. 만일 그 정보가 평가자의 가치 체계와 맞지 않는 방식으로 사용될 가능성이 존재한다면, 그는 의뢰 장면과의 관계를 재고하거나 명료화하거나 변화시켜야 한다.

마지막 요점은 임상가는 자신을 '검사 기사' 혹은 '심리측정 기술자의 위치로 전락시키지 않아야 한다'는 것이다. 이러한 역할은 궁극적으로 내담자, 임상가 그리고 그 전문직에 도움이 되지 않는다. 임상가는 단순히 검사를 실시하고 채점, 해석해서는 안 되며, 전체 의뢰 맥락을 가장 넓은 의미에서 이해해야 한다. 이는 검사 자료를 다른 원천으로부터의 다양한 자료들과 통합할 수 있는 전문가가 되어야 함을 의미한다. 검사는 그 자체만으로는 복잡한 의뢰 문제를 다룰 수 있을 만큼 유연하거나 세련되지 않다는 것을 유념해야 한다.

 참고문헌

곽금주(2002). 아동 심리평가와 검사. 서울: 학지사.

신민섭(2017). 심리평가 핸드북. 사회평론 아카데미.

이우경, 이원혜(2019). 심리평가의 최신 흐름. 서울: 학지사.

한국심리학회 평가 관련 윤리규정. 한국심리학회 윤리위원회.

Ackerman, M. J. (2006a). *Clinician's guide to child custody evaluations* (3rd ed.). Hoboken, NJ: Wiley.

Ackerman, M. J. (2006b). Forensic report writing. *Journal of Clinical Psychology, 62,* 59–72.

American Board of Forensic Psychology (nd.). American Board of Forensic Psychology. www.abfp.com

American Journal of Managed Care (1999). Introduction. *American Journal of Managed Care, 5,* S764–S766.

American Psychological Association (2010). Ethical principles of psychologists and code of conduct: 2010 amendments.

Asaad, G. (2000). Somatization disorder. In M. Hersen & M. Biaggio (Eds.), *Effective brief therapies: A clinician's guide* (pp. 179–190). San Diego, CA: Academic Press.

Bamgbose, O., Smith, G. T., Jesse, R. C., & Groth-Marnat, G. (1980). A survey of the current and future directions of professional psychology in acute general hospitals. *Clinical Psychologist, 33,* 24–25.

Blount, A., Schoenbaum, M., Kathol, R., Rollman, B. L., Marshall, T., O'Donohue, W., & Peek, C. J. (2007). The economics of behavioral health services in medical settings: A summary of evidence. *Professional Psychology: Research and Practice, 38,* 290–297.

Borus, J. F., Howes, M. J., Devins, N. P., & Rosenberg, R. (1988). Primary health care providers' recognition and diagnosis of mental disorders in their patients. *General Hospital Psychiatry, 10,* 317–321.

Goldstein, A. M. (2007). *Forensic psychology: Emerging topics and expanding roles.* Hoboken, NJ: Wiley.

Groth-Marnat, G. (1988). A survey of the current and future direction of professional psychology in acute general hospitals in Australia. *Australian Psychologist, 23,* 39–43.

Groth-Marnat, G. (2000). Visions of clinical assessment: Then, now, and a brief history of the future. *Journal of Clinical Psychology, 56,* 349-365.

Groth-Marnat, G., & Edkins, G. (1996). Professional psychologists in general health care settings: A review of the financial efficacy of direct treatment interventions. *Professional Psychology: Research and Practice, 27,* 161-174.

Groth-Marnat, G., & Wright, A. J. (2016). *Handbook of Psychological Assessment* (6th ed.). Hoboken, NJ: Wiley.

Kaslow, N. J., Bollini, A. M., Druss, B., Glueckauf, R. L., Goldfrank, R. R., Kelleher, K. J., ... & Zeltzer, L. (2007). Health care for the whole person: Research update. *Professional Psychology: Research and Practice, 38,* 278-289.

Katon, W. J., & Walker, E. A. (1998). Medically unexplained symptoms in primary care. *Journal of Clinical Psychiatry, 59,* 15-21.

Lambert, M. J., & Hawkins, R. J. (2004). Measuring outcome in professional practice: Considerations in selecting brief outcome measures. *Professional Psychology: Research and Practice, 35,* 492-499.

Lemsky, C. (2000). Neuropsychological assessment and treatment planning. In G. Groth-Marnat (Ed.), *Neuropsychological assessment in clinical practice: A guide to test interpretation and integration* (pp. 535-576). New York, NY: Wiley.

Levine, D. (1981). Why and when to test: The social context of psychological testing. In A. I. Rabin (Ed.), *Assessment with projective techniques* (pp. 553-580). New York, NY: Springer.

Lezak, M. D., Howieson, D. B., Bigler, E. D., & Tranel, D. (2012). *Neuropsychological assessment* (5th ed.). New York, NY: Oxford University Press.

Loenberger, L. T. (1989). The question of organicity: Is it still functional? *Professional Psychology: Research and Practice, 20,* 411-414.

McLeod, C. C., Budd, M. A., & McClelland, D. C. (1997). Treatment of somatization in primary care. *General Hospital Psychiatry, 19,* 251-258.

Mostofsky, D., & Barlow, D. H. (2000). *The management of stress and anxiety in medical disorders.* Needham Heights, MA: Allyn & Bacon.

Otto, R. K., & Heilbrun, K. (2002). *The practice of forensic psychology: A look toward the future in light of the past. American Psychologist, 57,* 5-10.

Pincus, H. A., Pechura, C., Keyser, D., Bachman, J., & Houtsinger, J. K. (2006). Depression in primary care: Learning lessons in national quality improvement. *Administration and Policy in Mental Health and Mental Health Services Research, 33,* 2-15.

Sattler, J. M. (2008a). *Assessment of children: Cognitive functions* (5th ed.). San Diego, CA: Author.

Sattler, J. M. (2008b). *Resource guide to accompany Assessment of Children: Cognitive Foundations* (5th ed.). San Diego: Author.

Sattler, J. M. (2014). Foundations of behavioral, social, and clinical assessment of children (6th ed.). San Diego, CA: Author.

Snyder, P. J., Nussbaum, P. D., & Robins, D. L. (Eds.). (2006). *Clinical neuropsychology: A pocket handbook for assessment* (2nd ed.). Washington, DC: American Psychological Association.

Sroufe, L. A., & Rutter, M. (1984). The domain of developmental psychopathology. *Child Development, 55,* 17-29.

Wickramasekera, I. E. (1995a). A model of people at high risk to develop chronic stress-related somatic symptoms: Some predictions. *Professional Psychology: Research and Practice, 17,* 437-447.

Wickramasekera, I. E. (1995b). Somatization: Concepts, data, and predictions from the high-risk model of threat perception. *Journal of Nervous and Mental Disease, 186,* 15-23.

제 2장

면담과 행동관찰

1. 면담

면담은 심리평가를 위한 다양한 맥락에서 정보를 수집하고, 정보를 얻는 데 도움이 되는 관계를 형성하며, 문제해결에 도움이 되는 안내와 지원을 제공하는 과정이다(Groth-Marnat & Wright, 2016). 행동관찰이나 의뢰 시 내담자의 특이점 및 현재 환경에 대한 반응 등 다른 과정에서는 얻기 어려운 중요한 정보는 면담을 통해 얻을 수 있다. 면담은 전형적으로 명확한 순서가 있고 특정적이고 관련된 주제에 의해 조직화된다는 점에서 일반적인 대화와 구별된다.

평가 면담은 자료를 수집하는 동시에 라포를 형성하고 심리검사 결과를 해석할 때 타당성을 확보하는 데 도움이 된다(하은혜, 2021). 이러한 과정을 통해 수검자의 임상적 진단이 가능하고 발달 및 심리사회적 문제를 평가하며 이를 개선하기 위한 개입 목표, 전략 및 개입 방식을 제시하게 된다. 세부적으로는 수검자의 현재 주요 문제 및 증상, 발달사 및 과거력 수집, 피면접자 성격 및 성향 파악 등이 이루어지는 과정이다.

성인 면담과 달리 아동 및 청소년의 평가 면담은 아동 및 청소년 수검자뿐 아니라 부모/양육자를 대상으로 각각 이루어진다. 아동 및 청소년의 연령과 인지 발달 정도, 자신의 문제를 내성하고 언어화하는 능력에 따라 면담에서 파악해야 하는 정보를 누구에게 더 많이 얻고 신뢰해야 하는지가 달라질 수 있다.

1) 면담 전략

면담을 시작하기에 앞서 사전 준비를 하는 것이 좋다. 면담 환경의 물리적 상황을 검토하여 면담실의 정리 상태, 조명, 의자 배치 등을 확인하여 쾌적한 분위기를 형성하도록 한다. 만약 영유아를 대상으로 평가를 진행해야 한다면 면담 시 모가 안고 있어야 하는지, 영유아가 카펫이나 의자에 앉을 수 있도록 공간을 마련해야 하는지 등을 섬세하게 검토하는 것이 필요하다. 처음 만났을 때 평가자는 자신을 소개하고, 이때 선생님 또는 박사님 등의 적절한 호칭을 알려 준다. 면담의 목적을 설명하고 면담에 대해 수검자가 적절하게 이해하고 있는지 확인한다. 또한 면담에서 얻은 정보가 어떻게 활용되는지와 비밀보장에 대해 명료하게 설명하며, 수검자가 원치 않는다면 말하지 않아도 된다는 것도 알려 준다. 부가적으로 전체 평가에 사용될 도구, 소요 시간 등을 안내하며 수검자의 역할을 설명하게 된다. 평가자가 면담 시 내용을 기록하는 것에 대해 수검자가 불편할 수 있으므로 사전에 동의를 구해 녹화나 녹음을 하는 것도 도움이 될 수 있다.

면담의 구조화 정도와 지시적 면담 또는 비지시적 면담을 할지 여부는 평가자가 취하는 이론적 배경과 실제를 고려하여 결정하는 것이 좋다. 실제 평가 시간이 제한되는 상황이라면 지시적이고 간명한 질문이 좋다. 극도로 불안한 수검자의 경우 역시 구조화되고 지시적인 면담을 더 편안하게 지각한다. 수동적이고 위축되며 철수된 수검자에게도 직접적으로 묻고 답하는 방식이 효율적일 수 있다. 반면 면담이 비구조화되어 있을수록 수검자의 자기 탐색을 촉진하고 라포 형성에 도움이 되며 수검자의 전반적 특성을 파악하는 데 도움이 된다.

면담은 비지시적인 개방형 질문으로 시작해서 수검자의 반응을 관찰한 뒤, 보다 직접적인 질문을 하는 것이 일반적이다. 개방형 질문은 수검자가 구조화의 제한 없이 자신을 이해하고 조직화하고 표현할 수 있게 해 준다는 장점이 있다. 이러한 개방형 질문에 대한 수검자의 반응을 통해 언어적 유창성, 자기 주장성 수준, 목소리 톤, 에너지 수준, 망설임, 불안 수준 등의 특성을 파악할 수 있다.

일반적으로 평가 면담에서 면접자는 촉진, 명료화, 공감 그리고 직면 등의 기법을 사용하게 된다. 촉진은 대화의 흐름을 유지하고 장려하는 것으로, "더 이야기해 보세요", "계속해 주세요" 등의 언어적 촉진과 눈맞춤, 끄덕임 등 비언어적 촉진이 있다. 명료화는 수검자가 미묘한 단서를 제시하면서도 말하려는 주제에 관해 충분히 표현하지 못할 때 명확하게 해 달라고 요청하는 것으로, 정보의 개방을 촉진할 수 있다. 공감은 수검자의 자기 개방을 촉진할 수 있는데, 예를 들어 "속상했겠군요", "그건 무척 어려웠을 거 같아요" 등의 언어적 표현과 비언어적 행동이 있다. 직면은 수검자와의 면담 시 불일치가 나타나는 경우 사용하게 되는데, 대개 자신의 현재 모습과 되고자 하는 모습 간 불일치, 언어와 행동 간 불일치, 수검자의 자기지각과 면담자가 지각하는 것의 차이, 수검자가 보고하는 내용이 관련 정보나 맥락에 맞지 않는 경우 등이 있다. 이때 평가자가 불일치를 지적하여, 수검자에 대한 깊이 있는 정보를 얻을 수 있다. 하지만 직면은 충분한 라포가 형성된 후에 이루어지는 것이 효과적이다.

평가 면담의 초점은 문제행동(문제의 특성, 심각성, 관련 영역)과 내용(문제를 악화시키거나 완화시키는 조건, 원인, 선행사건, 결과)을 파악하는 것이다. 이때 평가 면담을 위한 기록지나 체크리스트를 활용할 수 있다. 수검자나 부모가 미리 작성한 기록지를 가지고 처음에 "여기에 어떻게 오셨죠? 제일 힘든 문제가 무엇인가요?"라는 일반적인 질문으로 시작한 후, 수검자가 설명을 조직화하는 방법, 말하는 것 등에 대해 관찰하고 기록한다.

평가 면담 시 수검자가 하는 말에 "왜요?"라는 식의 직접적 질문은 하지 않는다. 수검자의 방어를 유발하게 되며 자칫 비난으로 인식될 수 있기 때문이다. 면담 시 수검자의 언행에 주의를 기울일 뿐 아니라 평가자 자신의 상태에 대해서도 알아차릴 수 있어야 한다. 상체를 수검자를 향해 약간 기울인 상태에서 눈맞춤을 유지하며 공감적인 언어 및 비언어적 주의를 기울여야 한다.

면담은 시간제한을 두고 진행되는 경우가 많다. 면담자는 계획된 면담 완료까지 5~10분 정도 남았을 때 수검자의 주의를 환기함으로써 시간제한을 지킬 수 있도록 도와야 한다. 수검자와 면담자 모두 관련된 정보들에 최종적으로 집중할 수 있어야 하며, 수검자가 질문하거나 설명을 제공할 기회가 있어야 한다. 면담자는 마지막으로 면담의 주요 주제를 요약하고 적절한 경우 권고 사항을 전달하는 것도 필요하다.

2) 아동 및 청소년 대상 평가 면담

아동 및 청소년을 대상으로 하는 평가 면담에서는 일반적인 평가 면담 시 고려해야 하는 내용에 더하여 수검 아동 및 청소년의 연령과 발달적 특성을 세심하게 고려해야 한다.

먼저 면담의 순서를 어떻게 진행할지 고려해야 한다. 즉, 아동 및 청소년 면담을 먼저 시행할지, 부모나 주 양육자 면담을 진행할지 결정해야 한다. 일반적으로, 처음에는 부모와 함께 면담하는 것이 바람직하다. 하지만 대부분의 아동 및·청소년은 부모와 함께 있는 자리에서 자신의 문제를 자세히 보고하기 어려워하며, 부모 역시 자녀 앞에서 자녀의 문제를 자세히 말하는 것을 꺼려 한다.

아동의 경우, 아동과 부모를 대상으로 주요 문제 중심으로 비교적 간단한 평가 면담을 진행한 후 심리검사를 시행한다. 이후 부모 또는 주 양육자를 대상으로 평가 면담을 위한 기록지를 활용하여 검사 상황에서 관찰한 행동, 심리검사의 주요 내용을 통합하는 체계적인 평가 면담을 실시한다. 마지막으로, 아동 수검자와 부모가 함께 참여하는 상황에서 부족한 부분이나 불일치한 내용을 점검하여 마무리할 수 있다.

청소년의 경우, 먼저 청소년만을 대상으로 평가 면담을 진행한 후 심리검사를 시행하고, 이후 부모를 대상으로 체계적인 평가 면담을 실시한다. 마지막으로, 청소년과 부모와 함께 부족한 부분이나 불일치한 내용을 점검하며 마무리한다. 청소년 수검자를 가장 먼저 면담하는 이유는 대부분의 청소년이 심리평가나 심리치료에 대한 동기가 낮고 거부적이거나 저항적인 경우가 많기 때문이다. 즉, 부모와 먼저 면담하면 임상가가 자신에 대해 편견을 가지거나 부모가 자신을 험담할 수 있다는 의심과 두려움을 가지므로 라포 형성과 솔직한 표현이 어렵다. 임상가는 청소년 수검자에게 아무런 사전 정보나 편견이 없고, 청소년 수검자의 이야기를 가장 먼저 경청한다는 표현과 태도를 전달해야 한다.

(1) 아동 및 청소년 면담

수검 아동 및 청소년의 발달 수준, 언어 이해 및 표현 능력, 자신 및 상황에 대한 인식 수준에 따라 세심한 접근이 필요하다. 수검자가 면담 시 불안할 수 있으므로 임상가는 면담의 목적에 대해 간략하게 설명하고, 수검자의 질문에 진정성 있게 응답해 주는 등의 태도를 통해 면담 과정 동안 수검자가 안전감을 느낄 수 있도록 해야 한다. 임상가는 면담을 진행하는 동안 아동 및 청소년의 외양, 행동, 감각과 동작 기능, 언어와 인지기능, 상호작용 의도, 수준 및 특성 등을 면밀하게 관찰한다.

어린 아동의 경우 정서 발달이 미숙하고 자신의 감정과 생각을 언어로 표현하는 데 어려움이 있으며 내성 능력이 부족하므로 언어적 대화를 통한 면담에 제한이 있다. 이런 경우 놀이치료실에서 평가 면담을 실시할 수도 있다. 임상가는 아동의 자유놀이 장면을 관찰하면서 놀이에 대한 태도나 놀이 특성, 행동 특성, 놀이의 변화, 언어 표현 수준과 내용, 기분과 정동 등을 평가한다. 학령기 아동은 언어 능력과 개념 형성 능력이 어느 정도 발달하지만 낯선 성인에게 자신의 감정, 생각이나 관심사 등을 이야기하는 것이 어려울 수 있다. 따라서 초기에 간단한 게임으로 시작하는 것이 라포 형성에 도움이 되기도 한다. 학령기 후기나 청소년기 수검자를 대상으로는 반구조화 면담을 시행할 수도 있다.

(2) 부모 면담

부모 면담은 아동 및 청소년 심리평가의 매우 중요한 부분으로, 수검자와 가족에 대한 중요한 정보를 얻을 수 있다. 부모 면담을 통해 아동의 문제나 부모의 대처, 아동의 의학적, 발달적, 교육적, 사회적 과거력, 가족력, 부모의 기대 등을 파악할 수 있다. 특히, 부모가 아동의 문제를 어떻게 지각하는지, 부모 자신의 심리적 문제나 어려움에 압도되어 있는 상태는 아닌지 등 부모의 문제에 대한 탐색도 충분히 이루어져야 한다. 청소년 비행문제, 부모 이혼, 양육권 문제, 가정 폭력, 이들과 관련된 사법적 절차 등 심리평가를 시행하는 특수한 목적이 있는지 추가로 확인해야 한다.

부모 면담 시 자녀에 대한 걱정이 무엇인지, 가정환경이 어떤지, 형제자매, 친구와는 어떻게 지내는지 자녀가 부모와 어떻게 지내는지, 함께하는 시간은 얼마나 되며 어떠한지 등을 물을 수 있다. 또한 자녀의 최근 활동이 무엇인지, 관심 및 취미는 무엇인지, 신체 협응이나 운동 능력은 어떠한지, 인지 능력, 언어 능력, 학업기능 등은 어떠한지, 그 외 감정, 신체 발달, 의학적 문제, 발달사, 가족과 부모의 기대에 대해 질문할 수 있다.

3) 평가 면담의 형식

면담의 형식은 구조화되어 있는 정도에 따라 비구조화 면담, 구조화 면담, 반구조화 면담으로 구분할 수 있다. 면담 목적, 면담 결과의 활용, 임상가의 경험과 전문성 정도, 수검자의 상태와 특성, 면담 시 다루어야 할 내용, 심리평가 후 진행될 치료 유형에 따라 각기 다른 형식을 사용하게 된다.

(1) 비구조화 면담

비구조화 면담 또는 개방적 면담이란 특별한 형식과 절차를 미리 정해 두지 않고 면담 상황과 수검자의 반응에 대한 임상가의 판단에 따라 융통성 있게 진행되는 절차다. 미리 정해진 일정한 구조와 틀이 없이 수검자가 가지고 온 문제의 특징, 수검자의 상태, 면담 당시의 제반 여건과 상황 등에 따라 속도와 분량, 깊이와 범위를 조절하며, 경우에 따라서 특정한 부분에 대한 생략과 집중적인 탐색도 가능하다.

비구조화 면담은 임상가에 따라 다른 절차로 진행할 수 있고, 다루는 내용 또한 임상가에 따라 차이가 있을 수 있다. 임상가의 기술과 전문성에 따라 자료 수집의 효율성과 수집된 자료의 가치에 차이가 발생한다. 따라서 비구조화 면담을 통해 가치 있고 유용한 자료를 얻기 위해서는 임상가로서 상당한 정도의 숙련된 전문성이 필요하다.

(2) 구조화 면담

정신장애의 진단분류에 관한 관심과 연구가 활발해지면서 구조적 면담 도구가 다양하게 개발되었다. 정신병리의 기제, 약물 및 심리치료 기법 개발, 치료 효과 평가 등 연구 영역에서도 신뢰성 있고 정확한 진단체계에 기초한 방법론, 특히 면담자 간 일치도를 높일 수 있는 진단평가 방법이 강조되었다. 이러한 흐름은 DSM 체계를 보다 정교한 형태로 발전시켰으며, 구조화 혹은 반구조화 형식의 진단적 면담체계의 개발을 촉진하였다. 아동 및 청소년을 대상으로 하는 구조화된 면담체계는 아동용 진단 면담 스케줄 IV판과 아동 청소년 진단 면담이 대표적이다.

① 아동용 진단 면담 스케줄 IV판(DISC-IV)

아동용 진단 면담 스케줄 IV판(Diagnostic Interview Schedule for Children: DISC-IV; Shaffer, Fisher, Lucas, Dulcan, & Schwab-Stone, 2000)은 6~17세 아동 및 청소년의 정신장애 역학 연구에 사용하기 위해 미국 국립정신건강연구소에서 개발한 구조화된 면담체계다. 조수철 등(2007)의 국내 타당화 연구를 통해 신뢰도와 타당도가 보고되었다.

DISC-IV는 질문 순서, 어투, 기록방법까지 명확하게 규정하여 고도로 체계화된 진단 면담체계로서, 2~3일간의 도구 사용 훈련을 거친 면담자나 임상 전문가가 실시할 수 있다. DISC는 부모용(DISC-P, 6~17세)과 아동용(DISC-C, 9~17세)으로 구성되어 있고, 대부분의 문항들은 과거형이며, DISC-P는 대략 60~70분, DISC-C는 대략 40~60분이 소요된다.

② 아동과 청소년용 진단 면담(DICA)

아동과 청소년용 진단 면담(Diagnostic Interview for Children and Adolescent: DICA)은 6~17세 아동·청소년을 대상으로 또래관계, 학업과 사회적 기능, 증상을 다루며 모든 항목의 실시 순서, 사용 단어, 기록 방법 등이 구체적으로 명시된 고도로 구조화된 면담이다. DICA는 Herjanic과 Reich(1982)에 의해서 개발되었고, 이후 MAGIC이라 불리는 수정판도 출판되었다. DICA와 MAGIC 모두 아동용(6~12세)과 청소년용(13~17세)이 있는데, MAGIC는 코딩을 위한 보다 명확한 지시문과 핵심 증상을 이끌어 내기 위한 구체적인 지침서를 포함하고 있다.

DICA는 아동이나 부모를 대상으로 체계적 훈련을 받은 임상가가 시행할 수 있으며, 30~40분 정도 소요된다. 또한 185가지 증상의 유무, 증상의 시작, 증상이 나타난 기간, 증상의 정도, 관련 장애에 관한 정보뿐만 아니라 합산 점수를 제공한다. 또한 또래관계 문제, 학교에서의 행동, 학교 수업, 신체 증상, 신경증적 증상, 정신병적 증상 등의 6가지 영역에서 증상의 수를 확인할 수 있다. 증상 보고가 없는 장애에 대해서는 시간을 줄이기 위해서 건너뛸 수 있다. DICA는 광범위한 진단 범위를 포괄하고, 매우 구조화되어 있으며, 최소한의 훈련으로 사용될 수 있다는 점 때문에 대규모 역학 연구에 유용하며 면담자 간의 일치도도 적절하다.

(3) 반구조화 면접

비구조화와 구조화의 중간 수준으로 조직화된 반구조화 면담은 정해진 내용에 따라 면담을 진행하되, 필요한 경우 면담자가 관련된 내용을 추가로 질문을 할 수 있는 체계다. 이런 측면에서 구조화 면담보다는 좀 더 유연하게 정보를 탐색할 수 있는 장점이 있다.

반구조화 면담 도구로 K-SADS(Kiddie-Schedule for Affective Disorders and Schizophrenia: Kiddie-SADS)는 성인 대상의 정동장애와 조현병 스케줄(Schedule for Affective Disorders and Schizophrenia: SADS)에 기초해서 6~18세의 아동ㆍ청소년의 진단을 목적으로 개발된 가장 널리 사용되는 면담체계다. K-SADS는 DSM-III-R 진단기준에 따라 아동기 정서장애 연구를 위한 연구 대상자를 선별하기 위해 개발되었으나 다른 장애들에 대한 정보도 얻을 수 있어 감별진단 시 매우 유용하다. 아동 및 청소년 환자의 증상, 증상의 시작, 정도, 지속기간, 부수적 장애를 평가할 때 정확성이 매우 높고 정교하다는 장점이 있다. 한편 광범위한 임상 경험과 면담에 필요한 훈련을 받은 면담자만 실시할 수 있다는 제한점이 있다.

연구를 위한 진단기준에 초점을 맞추어 개발된 K-SADS-P(Present State), 현재 삽화와 가장 심했던 과거의 삽화에 대한 평가를 수집한 K-SADS-E(Epidemiological

Version), 절충형으로 K-SADS-PL(Present and Lifetime Version)이 개발되었다. DSM-IV 준거를 포함하도록 개정된 K-SADS-PL(K-SADS-Present and Lifetime version; Kaufman et al., 1996)은 국내에서 김영신 등(2004)에 의해 타당화되었다.

4) 평가 면담의 내용

면담을 통해 얻어야 할 정보는 부적응 문제 및 의뢰 사유, 주 문제의 구체적 특징, 발생 경과, 적응/부적응에 미친 영향 및 현재까지의 대처 시도, 발달력 및 가족력 등이다. 면담 진행 중 드러나는 내담자의 말, 표정, 자세 및 동작, 태도 등을 관찰할 수있고 필요한 경우 별도의 추가 질문을 통해 '정신상태 평가'가 이루어진다.

아동 및 청소년의 발달적 특성을 고려한 평가 면담 기록지를 활용한다면 주 문제와 관련된 요인들을 미리 탐색할 수 있고 필요한 정보를 누락하지 않고 체계적이고 효율적으로 면담을 하는 데 도움이 된다. 다음은 평가 면담 시 반드시 탐색해야 하는 내용을 표로 제시하였다.

〈표 2-1〉 **평가 면담 내용**

현재 문제 및 과거력	
문제의 기술	강도 및 기간
초기 발병	이전의 치료
빈도의 변화	해결 시도
선행사건/결과	공식 치료

가족력 및 배경	
사회경제적 수준	문화적 배경
부모의 직업	부모의 현재 건강
정서적·의학적 가족력	가족관계
기혼/별거/이혼	도시/시골 양육

개인 발달력	
유아기	
발달적 이정표 점검	초기 의학적 과거력
가족 분위기	배변 훈련
주 양육자 및 부모와의 접촉의 양	

초기 및 중기 아동기	
학교 적응	또래관계
학업성취	부모와의 관계
취미/활동/흥미	중요한 삶의 변화
청소년기	
초기 및 중기 아동기에 명시된 모든 영역	사춘기에 대한 반응
행동화 문제 여부(법적, 약물, 성적 문제)	아동기 학대 경험 유무
초기 연애 경험	
초기 및 중기 성인기	
경력/직업	가정 폭력
대인관계	의학적 · 정서적 과거력
인생 목표에 대한 만족감	부모와의 관계
취미/흥미/활동	경제적 안정성
낭만적 관계/결혼	물질 남용
후기 성인기	
의학적 과거력	쇠퇴하는 능력에 대한 반응
자아통합감	경제적 안정성
기타	
자기개념	신체적 염려(두통, 복통 등)
가장 행복한/가장 슬픈 기억	행복/슬픔을 유발한 사건
초기 기억	반복되는/주목할 만한 꿈
두려움	

출처: Groth-Marnat, G., & Wright, A. J. (2016). *Handbook of psychological assessment* (6th ed.). John Wiley & Sons Inc.

(1) 주 문제, 정서 및 행동문제

가장 먼저 확인해야 할 내용은 심리평가를 받게 된 직접적인 이유, 즉 '주 문제 또는 증상'이다. 연구를 위해서는 앞서 설명한 구조화 면담과 반구조화 면담 도구를 사용할 수 있다. 가능하면 DSM-5-TR(Diagnostic and Statistical Manual of Mental Disorders, Fifth Edition, Text Revision; APA, 2022)의 진단 목록을 활용하여 심리평가 의뢰자가 염두에 둔 심리장애와 함께 배제해야 할 심리장애, 감별할 심리장애 등에 대해 구체적으로 확인할 필요가 있다. 이때 부모가 나열한 주 문제를 DSM-5-TR의 증상 목록으로 전환하고, 이에 대한 실생활의 예를 들어 질문하는 것이 좋다. 예를 들어, "산만하고 정신없어요"라는 호소에 대해 ADHD 증상 목록의 '부주의' 증상으로 평가할 수 있는지 확인하기 위해 "학습할 때 집중하기 어려워하나요?", "물건을 자주 잃어버리나요?" 등의 추가 질문을 할 수 있다.

그 외 행동문제나 정서문제를 포괄적으로 확인한다. 수검자의 연령에 따라 주 문제의 확인 단계에서 드러나지 않는 인터넷 및 디지털 기기의 과몰입 또는 행위 중독, 학업 중단, 가출, 비행, 흡연, 음주 또는 약물 중독 등의 문제 영역을 확대하여 파악할 필요가 있다. 또한 우울 증상, 불안 증상 등 내면화 문제행동 및 증상에 대해 확인하고 섭식문제, 자살 사고 및 행동화 가능성에 대해서도 확인한다. 자기개념, 정체감, 특징적 감정과 방어, 자아강도 등을 파악하는 것도 중요하다.

(2) 발달력

수검자의 발달적 정보, 초기 사회적 환경과 변화에 관한 자료는 면담 시 직접적인 질문을 통해 얻을 수 있다. 여기에는 임신과 출산에 관한 정보, 어릴 때부터 현재까지의 발달 영역별 수준, 학업 수행 수준뿐 아니라, 청소년 수검자의 경우 아르바이트와 같은 직업력도 포함된다.

초기 발달력 정보는 부모의 계획 임신 여부, 원하는 자녀 및 성별 여부, 산모의 건강상태, 주산기 의학적 문제, 출산 과정의 문제, 출산 후 신생아의 건강 상태 등을 확인한다. 이를 통해 출생 전의 심리사회적 환경과 주산기, 출산 과정에서 발생할 수 있는 심리사회적 위험 요인, 그리고 신경발달장애 증상과 관련 가능한 위험 요인을 파악할 수 있다.

영유아기, 아동기의 전반적 발육과 건강 상태, 주 양육자와의 관계, 분리불안, 정서 문제 여부, 운동, 언어, 대소변 가리기 및 사회성 등 발달 영역별 수준을 확인하고 부상 경험도 탐색한다. 어린이집이나 유치원에서의 적응, 학교 진학과 학업 수행 양상을 파악한다. 쓰기, 읽기, 수개념 및 셈하기 등 기초학습 능력과 학업 수행 능력, 대근육 및 소근육 운동 발달, 교과목 성취도, 기타 학교 부적응 문제, 학업 외의 과외 활동에 대해서 탐색한다.

또한 또래관계와 사회 발달 수준을 확인도 필요한데, 일반적 또래관계와 친밀한 친구관계, 리더십 발휘 정도, 부모와 중요한 성인들과의 관계에 대해 자세히 파악한다. 일탈적 집단행동, 법적인 문제, 이성 관계 및 성적인 문제 가능성에 대해서도 놓치지 말고 확인한다.

(3) 가족력

수검자의 가족구조와 가족관계, 가족구조 내에서 수검자의 역할, 의미 있는 사건, 부모의 훈육행동, 초기 가족구조와 시간에 따른 가족관계에서의 변화 등에 대한 정보를 수집한다. 부모의 양육 태도, 수검자에 대한 태도, 가족 내 친밀하거나 소원한 관계의 구성원, 부모 및 형제 관계를 세심하게 파악해야 한다. 그 외에도 가정의 재정 상태, 스트레스 요인, 불화 수준 및 유발 요인, 가정 폭력 여부, 음주 및 약물 사용, 학대 및 방임 경험 등의 정보를 확인하는 것이 중요하다. 또한 유사한 정신건강의 어려움을 보이는 가족이나 친인척이 있는지에 대한 정보도 확인하여야 한다.

5) 아동 정신상태 평가

정신상태 평가(Mental Status Examination)는 수검자를 관찰하고, 자기 진술을 이끌어 내며, 질문을 통해 심리적 및 행동적 기능을 평가하는 과정이다. 원래 정신상태 평가는 신체 상태를 검사하기 위한 의학적 모델에서 출발하였는데, 정신의학적 평가의 주요 체계인 외모와 행동, 기분과 정서, 인지기능, 병식 및 통찰력 등을 평가할 수 있다(Edgerton & Campbell, 1994). 아동 정신상태 평가(Goodman & Sours, 1994)도 구성과 평가 영역이 유사한 아동 대상의 평가 도구다. 아동 정신상태 평가에서 나온 가공되지 않은 자료를 활용하면 전반적인 배경 정보와 통합해서 임상적 진단을 도울 수 있다. 또한 비교적 짧고 체계적인 방식으로 개인의 기능 및 역기능에 대한 포괄적인 영역을 검토할 수 있는 장점이 있다. 연령이 어릴수록 부모 또는 주 양육자의 보고와 면담을 많이 활용하고, 놀이 행동관찰, 양육자–아동의 체계, 사회체계, 가족체계 등의 영역도 포함된다.

아동 정신상태 평가 내용은 〈표 2-2〉에 요약하여 제시하였다(조수철, 신민섭, 김붕년, 김재원, 2010)이 개관한 주요 내용을 소개한다.

〈표 2-2〉 아동 정신상태 평가의 주요 항목과 내용

영역	주요 항목	세부 내용
1. 전반적 외양, 행동, 말	일반적 외양	• 영양 상태, 혈기 왕성함, 이차 성징의 여부 • 복장과 신체 상태
	보행과 자세	• 걸음걸이, 앉아 있는 자세, 긴장증, 활동성
	탐색 행동	• 어색함, 위축감, 불안, 행동 억제
	놀이	• 놀이의 질, 내용, 흐름
	관계 맺기	• 억제, 관망, 주저, 친밀감, 처벌적임, 난폭함
	눈맞춤	• 따뜻한 눈맞춤, 회피, 무시하기, 빤히 쳐다보기
	행동 조직	• 조직화된 행동, 구조화, 과잉행동
	협조적 행동	• 협조, 순응도, 지시 이행의 어려움
	정신운동 활동	• 과잉행동, 초감각, 지각장애, 초조, 안절부절못함
	비자발적 운동	• 근육경련, 비자발적 운동, 틱, 이상운동
	감정의 행동적 증거	• 감정 표현 변화, 특이적 · 비특이적 공포, 억제, 함구증
	반복 행동	• 손 비비기, 손가락 빨기, 손톱 물어뜯기, 손가락 마디 소리 내기
	주의력 장애	• 선택적 주의력, 지속적 주의력, 주의력의 강도, 억제성 통제력
	언어	• 실어증, 발달성 언어장애, 자발성과 말의 흐름 • 추상적 사고, 문법의 질, 의사소통의 질
	어조의 장애	• 언어 높낮이 이상, 리듬과 음조문제, 목소리
2. 기분과 정동	기분	• 내적으로 경험하는 지속적인 감정
	정동	• 밖으로 드러나는 감정의 표현
3. 감각	지남력	• 시간, 장소, 사람에 대한 인식
	기억	• 단기기억, 장기기억, 전향적 기억상실증, 후향적 기억상실증
	집중	• 집중력, 연속 7 빼기
	계산 능력	• 연속 7 빼기
4. 지적 기능		• 읽기, 쓰기, 이해력, 전반적 지식 수준
5. 사고	일관성	• 표현의 연결, 이해 정도, 명확성
	논리	• 논리적 규칙, 시간 · 장소의 규칙, 인과관계
	은유적 사고	• 청소년의 은유적 표현

목표 지향성	• 이야기가 자신의 생각을 잘 포함하는지, 주제와의 일치 • 우원증, 사고이탈
현실검증력	• 환상과 현실의 구분 • 머릿속의 사고와 외부 목소리의 구분
연상	• 생각의 연결, 정서적 운율, 관념-정동 불일치 • 중단, 연상 이완, 사고 비약
지각	• 합의적 확인 내의 정상적 지각, 환각, 착각, 이인증
망상	• 합의적 확인이 안 된 믿음, 관계 사고, 피해망상
기타 사고 내용	• 자살 사고, 타살 사고, 강박 사고, 강박행동, 알코올 · 물질 남용
판단	• 특정 상황에 대한 반응
추상적 능력	• 형식적 조작 사고, 어휘력, 은유 사용
통찰	• 자신의 문제 인정, 변화 의지

(1) 전반적 외양, 행동, 말

수검자의 첫인상을 잘 기록해 두고 아동과 가족에 대한 평가를 시행하는 동안 첫인상, 호감 여부, 특이점 등을 염두에 두고 관찰하도록 한다.

① 외양

실제 연령에 비해 어떻게 보이는지, 영양 상태, 혈기 왕성함, 이차 성징의 여부 등을 관찰해야 한다. 지나치게 말랐거나 비만인 경우는 섭식장애 관련 정보도 탐색해야 한다. 또한 얼굴의 안색, 이목구비의 특징, 머리카락의 상태 등도 파악하는 것이 바람직하다. 신발과 헤어스타일, 손톱 상태 및 화장 여부 등을 관찰하고, 연령과 성별에 적합한 의복을 착용하고 있는지, 위생 상태도 적절한지 복장과 신체 상태도 관찰한다.

피부의 문신, 자해 흔적, 그리고 손가락 관절과 손목 등에서의 다발성 상흔 등을 잘 살펴야 한다. 이런 표시는 만성적 자해행동이나 충동적인 공격성을 시사하므로 보이는 상처에 대해서는 그에 대한 과거력을 물어보아야 한다. 머리나 눈썹을 뽑은 흔적이나 손톱을 깨물고 피부를 뜯는 등의 강박적인 행동이 있는지도 세심히 관찰하도록 한다.

② 보행과 자세

아동이 면담실에 들어설 때 자세나 걸음걸이도 기록해야 한다. 흐느적거리는지, 질질 끄는지, 발끝으로 걷는지, 민첩하게 걷는지 등 걸음걸이와 관계된 다른 이상한 점이 없는지 살펴보아야 한다. 똑바로 앉고 서는지, 구부정한지, 의자나 테이블에 기대고 있는지 등도 살펴보는데, 일부 아동은 전반적으로 근긴장이 저하되어 둔하게 보이기도 한다. 조기 분리, 방임의 과거력이 있는 아동은 버릇없거나 일반적이지 않은 자세를 보여 주고 활동량이 적으며 무감동하기도 한다. 만성 퇴행 상태인 경우 신경운동학적 손상은 보이지 않으면서도 의자에 깊숙이 기대거나 소파나 바닥에 눕기도 하는데, 심한 우울 양상을 보이는 아동도 이런 모습을 보일 수 있다. 심한 정신운동 지연의 경우 활동량이 거의 없어 긴장증 상태처럼 보이기도 한다. 긴장증 상태인 경우, 눈 깜박임 감소, 비정상적 자세의 지속, 허공 응시, 또는 메마른 감정 표현 등을 포함한 운동불능증의 정도를 평가해야 한다. 반향 행동, 반향 언어(echolalia), 자동적 모방 태도, 납굴증 등을 관찰할 수도 있다. 어떤 아동은 약하고 기운 없어 보이거나, 기질적으로 저활동성, 저반응성의 인상을 주는데, 이런 아동은 의욕이 저하되어 있고 무언가에 대해서 동기를 유발하는 것이 어렵다.

③ 탐색행동

어떤 아동들은 낯선 면담실에 들어오면서 전혀 어색해하지 않으며 행동이 위축되지도 않는데, 이런 아동은 처음 만나는 임상가에게도 친밀감을 보인다. 다른 아동들은 면담실로 들어오는 것을 불안해하며, 부모가 적극적으로 격려해야 한다. 이런 아동은 행동 억제를 보이면서 부모 뒤에 숨거나 부모 옆에 머물고 눈맞춤을 피하기 위해 얼굴을 숨기기도 한다.

④ 놀이

아동기 중요한 특징 중 하나인 놀이의 질과 양은 적응을 예측하는 중요한 요인이다. 적응을 잘하는 정상 발달 아동의 경우 잘 노는 모습이 관찰된다. 놀이의 질이 빈약하다면 다른 발달상의 이탈(예: 조직화된 행동과 탐색행동의 부족)을 탐색하는 것이 필요하다. 또한 놀이 활동관찰을 통해 분리불안, 수동성, 억제 등을 발견할 수도 있다. 아동 놀이의 내용과 흐름에 주의를 기울이며, 아동의 행동화 양상, 감정적인 참여 정도(임상가와의 감정적인 교류나 아동의 개방적 감정 표현 등), 검사자를 놀이에 끌어들이는 방법 등을 기록해야 한다. 아동은 종종 자신이 열중하고 있거나 자신을 둘러싼 상황과 심리적으로 연관된 주제를 재연하는 경우가 많다(예: 가정 내의 주요 불안이나 갈등 등).

⑤ 관계 맺기

아동이 검사자와 관계하는 양상은, 연령과 기질 및 성향에 따라 다양한 양상으로 나타날 수 있다. 학령 전기 및 사춘기 이전 아동들은 낯선 사람을 만나면 처음에는 억제적인 태도를 보이지만, 안심이 되면 보다 친숙하게 관계를 맺기 시작한다. 아동은 일단 편안하게 느껴지면 보다 자발적으로 참여하게 된다. 불안한 아동은 편안하게 느끼고 관계를 형성하기까지 더 많은 시간이 필요하다. 한편 청소년은 관망하거나 주저하는 자세를 취한다.

일부 아동은 낯선 사람이나 검사자에게도 곧바로 친밀감을 보이는데, 이런 아동은 자아경계의 문제를 보일 수 있으며 적절한 행동을 하기 위해 지속적인 규제가 필요하기도 하다. 성적 문제를 보이는 아동이나 청소년은 성적으로 유혹적이거나 명백한 성행위의 증거를 보일 수 있다. 일부 아동은 난폭하고 공격적이거나 심지어 편집증적으로 행동하는데, 이런 아동은 과도하게 경계하며 의심이 많다.

⑥ 눈맞춤

눈맞춤은 기본적인 상호작용 행동으로, 애착과 관계 형성을 촉진하는 보편적인 비언어적 행동이다. 눈맞춤이 잘 안 되는 아동은 대인관계적 상호작용에 장애를 보일 수 있다. 불안하거나 애착 또는 신경심리적 어려움이 있을 때 눈맞춤을 피한다.

눈맞춤의 양상이 보편적 기준에서 일탈되어 있을수록 사회성 및 대인관계 영역에서 심각한 어려움이 시사된다. 자폐스펙트럼장애 아동의 경우 투시하는(see-through) 눈맞춤이, 정신병적이거나 편집적 사고장애 아동의 경우 빤히 쳐다보는(staring) 눈맞춤이 특징적이기도 하다.

⑦ 행동 조직

아동이 보이는 행동의 조직화 정도를 관찰함으로써 아동의 적응 정보를 얻을 수 있다. 어떤 아동들은 주변의 상황과 관계없이 활동에 적응적으로 참여할 수 있고 놀이와 같은 생산적 활동에 열중할 수 있다. 그러나 어떤 아동들은 안정된 환경에서도 조직화된 행동을 보이지 못하여 문제해결을 위한 체계적 접근이 부재하고 자신을 진정시키는 기능이 부족하다. 이러한 아동은 면담실에 들어서자마자 문제행동을 보이는 경우가 빈번한데, 매우 부산하며 과잉행동을 보이는 경우 언어적·비언어적 제한 설정이 필요하다.

⑧ 협조적 태도

아동의 순응성과 지시 이행 수준을 관찰함으로써 아동의 반항적이고 거부적인 행동의 특성과 그 원인을 파악하는 것이 필요하다. 즉, 수검 아동의 비협조적 태도가 통제에 대한 반응인지, 청각 및 언어이해 문제로 과제를 이행하지 못하는 것인지, 신경심리학적 결함이나 과제해결의 어려움이 기인한 것인지 탐색하는 것이 중요하다.

⑨ 정신운동 활동

정신운동 활동상의 특이성은 의학적·신경학적·정신건강의학적 상태에 기인할 수 있다. 우울하거나 불안한 경우 지나치게 늘어지거나 초조하고 안절부절못하는 행동으로 나타난다. ADHD의 경우 일차 증상인 산만함, 과잉행동 및 충동적 행동과 더불어 정서적 문제로 인한 이차 증상도 나타날 수 있다. 초감각과 지각장애의 경우 섬망의 가능성을, 초조하고 안절부절못하며 과잉운동, 과대사고, 연상이완, 언어압박 등이 함께 나타나는 경우 조증의 가능성이 의심된다.

⑩ 비자발적 운동

얼굴이나 신체 사지에서 틱, 근육경련, 반사운동 등도 살펴봄으로써 틱운동 장애 또는 투렛증후군이 있는지 확인할 수 있다. 또한 다른 비자발성 운동은 무도병, 헌팅턴병, 윌슨병 등 운동장애나 뇌성마비 또는 다른 신경학적 상태와 관련되는지 확인해야 한다.

⑪ 감정의 행동적 증거

아동의 감정 표현 변화에 주의를 기울여 감정 표현이 어느 정도 지속적인지, 변화

무쌍하고 불안정한지 관찰해야 한다. 불안장애는 공포 반응, 손가락 빨기, 손톱 깨물기, 피부 뜯기, 머리카락 뽑기, 긁기 등이 있으며, 빈뇨나 빈번한 배변 활동과 같은 불안과 관련된 증후를 보이기도 한다. 분리불안의 경우 양육자와 떨어지기를 거부하고, 억제, 얼어붙기, 선택적 함구증을 보이기도 한다.

우울한 아동은 슬픈 표정, 풀죽은 태도, 위축된 행동, 울기 등의 모습이 관찰되며 피로와 무기력을 호소한다. 조증 상태의 아동은 산만하고 과잉 활동과 과대사고를 보이는 경우가 많다. 수검 아동이 보이는 감정은 임상가의 감정에 영향을 미치므로 이에 대한 주의도 필요하다.

⑫ 반복행동

비비기, 손가락 빨기, 손톱 물어뜯기, 손가락 마디 소리 내기, 몸 흔들기, 손 털기 등의 반복되는 활동은 경미하게는 긴장을 의미하며 심각하게는 불안장애나 자폐스펙트럼장애와 관련된다.

⑬ 주의력 장애

주의력은 선택적 주의력, 지속적 주의력, 주의력의 강도, 억제 및 통제력, 주의력 전환 등의 하위 기능을 포함한다. 주의력은 정보처리 과정, 인지와 언어기능과 관련되며 고도의 실행기능에 요구되기도 한다.

⑭ 언어

언어이해의 어려움이 있다면 수용성 언어장애, 청각장애 등을 확인해야 한다. 언어 표현의 측면에서 자발성, 말의 흐름, 어휘 사용의 풍부함, 추상적 사고 능력, 문법의 질, 감정과 의미를 전달하는 능력 등을 살펴보아야 한다. 말의 속도와 양적 측면에서 목소리가 큰지, 빠른지, 느린지, 특정 자모의 발음문제가 없는지, 더듬지는 않는지, 특이한 단어를 사용하는지 등을 세심하게 살펴야 한다.

⑮ 어조의 장애

언어 높낮이의 이상은 심한 실어증과 발달장애에서 흔히 나타나며, 아동의 신경·언어 발달에 심각한 문제가 있다는 것을 의미한다. 자폐스펙트럼장애 아동의 경우,

단조로운 음조로 거의 모든 문장에서 질문하듯이 말끝을 올리며 어조와 억양의 특이성을 보이기도 한다.

(2) 기분과 정동

기분(mood)은 내적으로 경험하는 지속적인 감정이고, 정동(affect)은 밖으로 드러나는 감정의 표현이다. 임상가는 면담 중 두드러지게 관찰되는 수검자의 감정 상태와 수검자가 표현하는 주관적인 감정 상태에 대해서 기술해야 한다. 이때 감정 표현의 강도나 질적인 면도 관찰할 수 있을 것이다. 아동이 사랑받고 보살핌을 잘 받았다면 활달하며 개방적인 모습을 보일 가능성이 높으므로, 이런 상태에서 조금이라도 벗어나 있다면 자세히 기술해야 한다.

기분장애의 유무와 심각도를 평가하는 것은 쉽지 않다. 우울한 아동이라도 충분히 라포를 형성하고 안심시키면 긍정적인 반응을 보이고 즐겁게 상호작용하기도 한다. 면담이 진행되는 동안 아동의 자발적인 감정 표현과 변화에 주의를 기울이고, 감정이 사고 내용이나 면담의 문맥과 일치하는지의 여부도 중요한 요소다.

부적절한 감정 상태는 미성숙하거나 퇴행한 아동에게서 흔히 보이며, 경조증의 초기에도 나타날 수 있다. 기타 감정의 장애는 경계성 성격장애, 아스퍼거 증후군, 조현병 등에서도 관찰된다.

(3) 감각

① 지남력

지남력(orientation)은 장소, 시간, 사람에 대한 정보를 적절히 알고 있는지 여부로, 대부분의 취학 아동은 거의 정답에 가까운 답을 한다. 검사자가 아동에게 지남력에 대해 질문을 할 때 어떤 아동은 즉각적으로 답하지 못하고 정답을 기대하며 어머니를 바라보기도 한다. 이때 검사자는 지나친 의존성, 인지적 문제, 지남력에 대한 전반적인 어려움 등을 검토해야 한다. 시간에 대한 지남력의 심각한 문제는 지적장애, 학습장애, 우반구 기능장애를 시사할 가능성이 있다.

② 기억

기억의 장애는 정보의 등록 또는 인출문제에 기인한다. 새로운 학습의 장애, 즉 전향성 기억상실증(anterograde amnesia)은 기질성 기억상실증의 명확한 특징이며, 후향성 기억상실증(retrograde amnesia)은 뇌 손상 전에 획득한 기억의 손상이다. 검사자는 아동의 회상에 대한 정확성, 일관성, 상세함에 대해 주의를 기울여야 한다. 또한 수검자가 질문에 혼란스러워하거나, 명확하게 대답하지 못하거나, 대답할 때 주변 사람에게 도움을 구할 때 기억의 장애를 의심해야 한다. 단기기억에 대한 검사로 세가지 연관성이 없는 단어를 기억하게 하는 방식으로 진행될 수 있다.

③ 집중 및 계산 능력

집중력(concentration)은 집중할 수 있는 능력과 인지적 작업에서 주의를 지속할 수 있는 능력을 말한다. 정상 지능과 수학에서 특정 장애가 없는 청소년은 100에서 연속 7 빼기를 이용해 집중력 장애가 있는지 파악할 수 있다. 초등 저학년 이하의 아동에게는 이 과제가 어려울 수 있으므로 연속 3 빼기와 같은 조금은 쉬운 방법을 선택할 수도 있다. 숫자 외우기 검사는 집중력과 단기기억 측정을 위한 전통적인 검사다.

(4) 지적 기능

경험이 많은 면접자도 수검자의 지적 능력을 추정하는 것이 어려울 수 있다. 공존 장애가 있거나 언어 또는 학습장애가 있을 때, 지적 능력이 더 낮아 보이거나 드물게 더 높은 것으로 보이기도 한다. 지적 기능을 확인하는 데 있어서 자세한 발달적 정보, 즉 언어 시작 시기, 발달이정표 획득, 학업 능력 등이 필요하다.

(5) 사고

사고장애를 확인하는 데 있어 주의할 점은 심한 언어장애가 있을 때 임상적 판단이 어렵다는 것이다. 발달력과 학업에 대한 과거력을 파악함으로써 혼란을 줄일 수 있다.

① 일관성

면접자는 수검자의 사고에서 주요 맥락에 주의를 기울이고, 다음과 같은 질문을 고려해야 한다. 수검자의 생각이 의도하는 바를 표현하기 위해 잘 연결되고 있는지, 이해가 되는지, 이야기가 명확한지, 주제가 서로 잘 연결되는지 등을 판단해야 한다.

② 논리

수검자의 논리를 평가하기 위해 면접자는 논리적 규칙을 따르고 있는지, 시간과 장소 규칙을 따르고 있는지, 확립된 전제로부터 결론이 도출되는지, 인과관계가 유지되는지 등을 살펴야 한다. 비논리적 사고는 인지적 과정의 결함으로부터 생기며, 아동기 발병 조현병의 징후로 나타날 수 있다. 이러한 결함은 전두엽의 기능장애를 반영하는 것으로 보인다.

③ 은유적 사고

청소년은 그들의 관심과 갈등을 묘사하기 위해 은유를 사용하기도 하며, 임상가는 청소년이 사용하는 은유적 표현에 동참하면서 개입을 하는 것이 유용하다. 이러한 접근은 전치(displacement)를 이용한 면담 과정과 함께 이루어질 수 있다.

④ 목표지향성

목표지향성을 관찰하기 위해서 임상가는 수검자의 이야기가 자신이 의사소통하기 원하는 생각을 포함하고 있는지 관찰해야 하며, 주제와 관계없고 불필요한 내용에도 주의를 기울여야 한다. 목표지향성의 가장 흔한 문제는 우원증과 사고이탈로, 우원증은 생각의 흐름이 관계없는 것들을 경유하다가 결국 원래의 주제로 돌아오는 반면, 사고이탈은 주제에서 벗어나 관계없는 이야기들을 하는 것을 의미한다.

⑤ 현실검증력

초등학교 고학년 이상의 아동은 환상과 현실의 구분을 명확하게 할 수 있어야 한다. 실제 특정 연령에서 현실과 환상을 구분할 수 있는지, 환청과 망상이 나타날 수 있는지는 실증적인 연구가 더 필요하다.

⑥ 연상

연상은 생각과 생각이 서로 연결되는 방식을 의미하며, 임상가는 아동의 이야기를 적극적으로 경청하며 아동의 생각의 연결고리를 잘 평가해야 한다. 연상 과정의 장애로는 차단(blocking), 연상이완(loosening of association), 사고비약(flight of idea) 등이 있다. 극단적인 경우 생각이 지나치게 단절되어 단어와 단어 사이 연결이 무의미한 말비빔(word salad)을 보이기도 한다. 또한 사고 내용이 정서적으로 일관성을 가지는지 정서적 운율을 살피고, 관념과 정동 간 불일치를 보이지 않는지 평가해야 한다.

⑦ 지각

정상적 지각이란 해당 문화권 내에서 합의적 확인이 되는 것을 의미한다. 즉, 한 사람이 보고 듣고 만져서 느끼는 것을 다른 사람도 비슷하게 느낀다는 것이다. 지각 대상이 존재하지 않거나 객관적으로 확인되지 않지만 수검자가 지각한다면 환각에 해당하며, 지각 대상은 존재하나 그것을 잘못 인식할 때 착각이라고 한다. 환각 경험은 모든 감각의 형태로 나타날 수 있는데 환청이 가장 흔하다. 명령하는 내용이나 여러 목소리 간의 대화하는 환청은 특별히 임상적으로 주의를 기울여야 하며, 수검자가 지각하는 환청이 얼마나 심각한지, 환청에 대한 수검자의 반응은 어떠한지 평가해야 한다.

⑧ 망상

망상적 사고는 해당 문화권 내에서 합의적 확인이 되지 않는 믿음을 의미한다. 관계 사고는 수검자가 지각하는 것이 직접적으로 자신과 연관된다고 믿는 것을 말한다. 즉, 수검자 곁을 지나가는 사람이 옆 사람과 웃으며 말하는 것을 보았을 때 수검자는 자신을 비웃고 조롱한다고 믿는 경우다. 그 외에도 피해망상, 사고 침입, 사고 탈취 등과 같은 망상이 있는지 체계적으로 질문하여 탐색하도록 한다.

⑨ 기타 사고 내용

그 외에도 자살 및 타살 사고, 강박 사고 및 행동, 알코올 및 약물 남용, 폭력조직과의 연루 등을 확인해야 한다.

⑩ 판단

수검자의 판단력은 심리평가를 하는 동안 여러 특정 상황에서 수검자가 보인 반응을 관찰하여 평가한다. 질문에 대한 수검자의 대답뿐만 아니라 수검자의 과거력도 참조해야 한다. 임상가를 자신의 욕구대로 조종하려는 영리한 아동은 실제 행동할 때는 판단력의 문제를 보이지만 면담 시 시행되는 가설적인 질문에는 바람직한 답을 말할 수 있다.

⑪ 추상적 능력

추상적 사고력에 대한 판단은 아동의 인지 발달 수준을 고려할 필요가 있다. 후기 청소년기 또는 성인기 연령이 되었다고 누구나 형식적 조작기에 도달하는 것은 아니며, 구체적 조작기에 머물러 있는 경우도 있다. 대개 추상적 능력은 유사성과 속담풀이 같은 질문에 대한 반응을 관찰하며 평가할 수 있는데, 수검자의 어휘력이 풍부한지, 어떻게 문제에 관해 논리를 전개하는지 주의를 기울여 살펴보아야 한다.

⑫ 통찰

자신의 어려움과 그에 영향을 미치는 요인에 대한 인식을 통찰(insight)이라고 한다. 나이가 어린 수검자의 통찰을 판단하는 것은 어려운 일이다. 사춘기 이전의 아동은 자신의 문제를 인정하지 않으려 하고, 청소년은 종종 자신의 문제를 인식하는 것처럼 이야기하지만 변화하려는 의지는 보이지 않는다. 증상의 자아이질적(ego-dystonic, 자아동질적의 상대어로 자신을 불편하고 고통스럽게 느끼는 것을 의미)인 정도와 변화에 대한 의지에 기반하여 통찰을 판단해야 한다.

2. 행동관찰

심리검사와 면담 상황에서 검사자는 수검자의 표정이나 정서, 태도와 행동을 동시에 관찰하여 그 내용을 심리평가 결과로 통합한다. 특히, 영유아, 아동 및 청소년의 임상적 평가에서는 수검자들의 자발적 언어 표현이 제한되고 표현 내용이나 범위도 제한되므로 수검자가 검사 상황에서 보이는 태도, 표정 및 정서, 검사에 대한 동기, 언어 표현 등 관찰 가능한 행동을 검사 결과의 통합 및 해석에 중요하게 활용한다. '관찰'이라는 용어는 비형식적인 측면이 강하지만, '행동평가'는 이와 같은 비형식적 관찰을 구체화, 구조화한 결과물로서 다양한 방법이 개발되었다.

1) 행동관찰의 기본 요소

행동관찰은 심리평가 과정의 첫 순간부터 마지막 순간까지 지속적으로 이루어지며, 관찰자(임상가, 부모, 교사, 또래 등)가 관찰 대상의 행동을 보고하고 기술하는 일련의 모든 행위를 관찰에 의한 행동평가라고 할 수 있다. 행동관찰의 기본적인 요소는 〈표 2-3〉에 제시되어 있다.

〈표 2-3〉 관찰에 의한 행동평가의 기본적 요소

- 외양: 신체 조건, 위생 상태, 옷차림 등
  검사 상황에 대한 적응도
  주의 집중 정도

- 검사 및 검사자에 대한 태도: 검사자의 지시에 대한 순응 및 반응

- 언어 구사력: 어휘 수준, 유창성 정도, 명료한 발음 및 다양한 어휘 사용
  사고 패턴
  자발성 및 적극성
  정서 표현과 정동
  응답 유형
  실패와 성공 시 반응
  불안 수준
  활력 수준
  다른 작업으로 전환 시 유연성
  문제해결에 대한 접근 방식
  충동 통제력
  소근육 운동과 대근육 운동 능력, 활동 수준
  과잉행동

---

2) 행동평가

(1) 행동평가의 특징

행동평가는 투사적 검사, 신경심리평가, 객관적 검사 등과 함께 핵심적 평가 방법 중 하나다. 행동평가의 독특한 점은 행동장애와 치료에 대한 행동주의적 가정에 근

거하는 것으로 행동은 선행사건과 결과를 평가함으로써 효과적으로 이행할 수 있다는 것이다. 이 가정에서 출발하여 수많은 평가 방법들이 나왔는데, 행동주의적 면담, 행동관찰 전략들, 관련 인지의 측정, 정신생리학적 평가, 그리고 다양한 자기보고 질문지 등이 있다.

다른 전통적 평가 방법을 비교할 때 행동평가의 중요한 특징이 있다.

첫째, 행동평가는 상황 결정 요인과 행동의 맥락에 중점을 둔다는 것이다. 행동평가는 관련 선행사건과 행동의 결과를 완전히 이해하는 데 기여한다.

둘째, 행동평가는 행동의 맥락적 또는 상황적 특징을 이해하려는 노력을 넘어서 행동을 변화시키려는 방법 자체로서 활용된다는 점이다. 행동평가 자체와 치료적 의미의 행동치료는 서로 밀접한 관계가 있다.

셋째, 행동평가는 개인이 주변 환경과 상호작용하는 방식 중 관찰 가능한 측면에만 관심을 두며, 구체적 행동(내재적 · 외현적), 선행사건(내적 · 외적), 행동 조건과 결과를 다룬다.

넷째, 행동주의적 접근은 다양한 상태에 따라 행동장애가 다르게 발생한다는 점을 강조한다. 이 상태에 속하는 것은 외현적 행동, 인지, 생리적 상태의 변화 또는 언어 표현의 양상 등이다.

이와 같이 전통적인 평가와 행동평가 간의 차이가 명확하지만 실제 대부분의 임상가나 행동치료자들도 두 방법의 기술을 통합하고 적용하는 편이다.

(2) 행동평가 기법

행동평가 기법들은 심리평가에서 활용될 뿐만 아니라 행동치료 과정의 일부이기도 하고, 정신병리 및 치료 효과성 연구에서도 활용된다. 행동평가 기법에는 행동주의적 면담, 행동관찰, 인지행동평가, 정신생리학적 평가 등이 있다.

① 행동주의적 면담

아동 · 청소년의 평가에서 행동주의적 면담을 통해 완전한 기능적 분석을 하려면 수검자 본인뿐 아니라 주 양육자의 면담도 체계적으로 활용해야 한다. 행동주의적 면담은 일반적으로 선행사건, 행동, 결과 간의 관계를 설명하고 이해하는 데 초점을 둔다. 평가 대상 행동의 빈도, 강도, 기간을 체계적으로 고려하여 행동의 기저선 또는 치료 전 측정이 이루어진다. 또한 행동은 특정 행동의 과잉 또는 부족이라는 차원으로 함께 평가되는데, 어떤 방향이든지 객관적이고 신뢰성 있는 방법으로 측정할 수 있어야 한다.

행동적 접근이 치료 효율성에 중점을 둔다고 해도 행동주의적 면담에서 얻은 정보의 각 측면을 반드시 넓은 맥락에 적용할 필요가 있다. 예를 들어, 아동의 특정 공포증은 또래 관계를 어렵게 하고 자기효능감을 떨어뜨릴 수 있으며, 최소한의 관계만 맺으려 하고 무력감을 심화시킨다. 그러면 대처 능력이 저하되고 결국 공포증과 상호작용하여 상태가 더 악화된다. 이 때문에 행동주의적 면담에서도 공포증의 유무와 함께, 기질뿐 아니라 공포증이 또래관계, 학업 수행, 자기개념에 미치는 영향까지 평가한다.

행동주의적 면담의 목적은 매우 다양하다. 관련 목표행동을 파악하는 데 도움이 되거나 추가적인 행동평가 절차를 선택할 수도 있고, 동의 받기, 과거 병력, 현재 문제에 대한 잠재적 원인 규명, 문제행동의 기능적 분석, 수검자의 동기 높이기, 개입 프로그램 계획, 이전에 시도했던 개입의 효과 평가 등을 목적으로 한다.

행동주의적 면담의 초기 단계에서는 관계가 충분히 형성되어야 하고, 면담의 일반적 구체적 목적에 대해 자세히 설명해야 하며 수검자의 관련 병력을 검토해야 한다. 일반 임상 접근법으로는 반영적 검토, 탐색하기, 이해, 공감 표현 등이 있다. 개방형 질문을 한 다음에는 더 직접적인 질문을 할 수 있다. 세심한 행동 분석에는 문제행동에 대한 완벽한 기술이 있어야 하므로, 수검자와 검사자는 어려움의 정도, 어려움이 일어난 장소와 시간 그리고 대인관계에 미치는 영향을 추상적 언어가 아닌 구체적 행동 용어로 파악해야 한다.

넓은 범위에서 행동평가는 구체적으로 드러난 문제뿐 아니라 그 문제가 다른 영역으로 일반화되는 방식도 설명해야 한다. 수검자의 행동이 학교, 직장, 또는 가족관계에 미치는 영향에 대해 평가하여 단기적·장기적 성공을 목표로 하는 치료 프로그램으로 이어질 수 있으며, 궁극적으로 새롭게 변화된 행동의 일반화 가능성을 높여 줄 수 있다.

면담은 지금까지의 내용을 요약하고 필요한 정보를 추가 설명하며 성공 가능한 치료법을 제안하면서 종결해야 한다. 정보가 더 필요한 경우에 치료자와 내담자는 효과적으로 일지를 쓰는 방법, 다른 사람들이 관찰하도록 요청하는 것, 다른 행동에 대한 자기 모니터링 기술 등 필요한 정보의 종류와 이를 얻는 방법에 대해 동의해야 한다.

대부분의 면담은 다소 비형식적이고 무계획적인 경향이 있어서, 신뢰도와 타당도의 문제가 제기되므로 행동주의적 면담이 구조화, 표준화되어야 한다고 주장하는 연구자도 있다. 일반적으로 면담은 4단계 문제해결 과정에 따라 계획되어야 한다고 제안된다. 첫 번째 단계는 문제 규정으로, 문제를 구체화하고 탐색하며 바람직한 목표행동을 위한 절차를 정한다. 대체로 수검자의 설명이 모호하고 두루뭉술한 것이 많기 때문에 이를 구체적인 행동 서술로 발전시킨다. 두 번째 단계로 문제 분석을 하는데, 수검자의 자원을 평가하고 행동에 영향을 미치는 관련 환경 조건과 행동 과잉 또는 행동 부족으로 나타나는 맥락을 분석한다. 세 번째 단계는 계획을 실행할 방법을 정하는데 개입 방법 결정 및 실행으로, 이때 치료에 관련된 자료를 모으며, 진행하는 과정을 포함한다. 마지막 단계는 개입의 평가 단계로 치료 전−후의 측정을 통해 개입 프로그램의 효과성을 평가한다.

② 행동관찰

행동주의적 면담만으로도 적절한 평가가 충분한 사례들이 있지만 실제 치료 전, 중, 후에 행동관찰이 필요한 경우가 있다. 행동을 관찰하기 위한 특정 방법은 보통 초기 면담에서 결정된다. 면담은 주로 내담자에 대한 언어적 정보를 직접 얻는 반면, 행동관찰은 면담 동안 이루어진 행동 관련 영역을 측정하는 데 필요한 특정 전략, 기술, 그리고 실제로 치료 실행을 위한 것이다. 발달장애나 저항이 심한 수검자, 나이가 매우 어린 아동의 경우 행동관찰이 가장 중요한 평가 방법이 되기도 한다. 행동관찰은 실제 치료를 행하는 전문가 또는 수검자의 생활에 관여하는 주변인, 예를 들어 교사, 부모, 배우자에 의해 실시되거나 수검자 자신이 자기 관찰할 수도 있다. 가장 많이 쓰이는 방법은 이야기 기록, 구간 기록, 사건 기록, 평정 기록 등이 있다.

행동관찰의 첫 과제는 적절한 목표행동의 설정이다. 목표행동은 단일 반응부터 더 큰 상호작용까지 단위가 다양하다. 목표행동은 문제행동 자체에 관여하거나 유의미한 방식으로 관련이 있어야 하고, 기록한 행동의 수와 기록 방법의 상대적 복잡성에 따라 결정을 내려야 한다. 기록 방법과 목표행동 모두 지나치게 복잡하지 않고 분명해야 한다.

측정되는 모든 행동은 객관적이고 분명하게 정의해야 행동관찰이 객관화될 수 있다. 특히, 정의할 때 추상적이고 추론적인 용어는 구체적이고 객관적인 용어로 바꾸어야 한다. 또한 명확한 사전식 정의의 행동 묘사, 행동이 일어난 시간에 대한 구체적 언급, 행동의 빈도, 강도, 지속 정도를 평가할 수 있어야 한다.

기록할 때는 스톱워치, 기록 용지, 전자기기가 부착된 장치 등 다양한 장비들이 사용되는데, 특정 행동을 하면 누를 수 있는 버튼이 달린 사건 기록기도 있다. 최근 스마트폰 사용이 점점 더 흔해지고 있으므로 스마트폰에 내장된 기록 기능을 활용할 수 있다.

행동관찰 상황에 따른 유형은 자연적이거나 실제적 환경에서 관찰하는 자연관찰법, 특정 행동 유형을 끌어내는 역할극이나 가상 상황을 만들어 활용하는 유사 관찰법, 수검자의 자연적 환경의 일부인 부모, 교사 또는 가족 등을 훈련시켜 활용하는 참여 관찰법 등이 있다.

행동관찰의 기록 방법으로, 이야기 기록, 구간 기록, 사건 기록, 평정 기록 등이 있다. 이야기 기록은 관찰자가 관심을 두는 행동을 단순히 기록하는 방식으로 수량화 작업은 거의 없으며 관찰자마다 추론의 정도에서 차이가 날 수 있다. 장점으로는 향후 더 구체적 영역에서 양적인 방법으로 측정하는 데 도움이 되고 장비가 거의 필요 없으며 수많은 가설을 세울 수 있다는 점이다. 단점으로는 수량화가 어렵고 타당도가 낮으며 관찰자 개인의 기술에 따라 유용성이 좌우된다는 점이다.

구간 기록은 정해진 시간 간격 내에서 특정 행동이 일어나는지 기록하는 것이다. 구간 간격은 5~30초까지 다양하며 전체 관찰기간에 정해진 간격을 설정하고, 관찰의 단위, 기록방법을 결정한다. 목표행동은 초기 면담, 자기보고 질문지, 이야기 관찰, 특히 드러난 문제에 대한 보고를 토대로 정해 줄 수 있다. 관찰자에 따라 다른 관점을 지니고 있을 수 있으므로 두 채점자 간 일치도를 계산하여 채점자 간 신뢰도를 확인하는 것이 필요하다. 장점으로는 시간 효율적이고 특정 행동에 초점을 두며 거의 대부분의 행동을 측정할 수 있다는 것이다. 제한점으로는 목표행동의 질적 측정이 어려우며 목표로 설정하지 않는 다른 중요한 행동을 간과할 수 있다는 것이다.

사건 기록은 관찰자가 목표행동이 일어나기를 기다리며 행동의 관련 세부 사항들을 기록하는 것이다. 예로 공격적 행동, 인사 또는 자기주장, 비속어와 같은 언어 표현이다. 행동의 빈도, 기간, 강도를 목록표에 기록하거나 스마트폰으로 행동을 기록한다. 반응의 빈도로 수량화하고, 지속시간은 타이머로 잴 수 있으며, 행동의 강도는 강/중/약으로 명시할 수 있다. 장점으로는 빈도가 낮은 행동을 기록하고 시간에 따른 행동의 변화를 측정하는 데 유용하다는 것이다. 하지만 시작과 끝이 불분명한 행동을 측정하기 어렵고 오랜 시간 지속되는 행동에 관찰자가 주의를 지속하기 어려우며, 특정행동이 어떻게 왜 일어나는지 추론하기 어렵다.

평정 기록은 특정 행동에 대해 5점 척도나 7점 척도 등으로 채점하는 평가 척도를 활용한다. 주 양육자, 교사 또는 자기보고 등의 다양한 관찰자의 평정을 활용하고, 보통 관찰 기간(예: 2주 이내, 6개월 이내) 후 평정한다. ADHD 진단을 위한 ADHD 평가 척도(소유경, 노주선, 김영신, 고선규, 고윤주, 2002)와 문제행동 전반에 대한 포괄적 행동평가척도인 아동ㆍ청소년 행동평가척도(K-CBCL; 김영선, 하은혜, 오경자, 2014) 등이 대표적이다. 장점으로 다양한 행동에 광범위하게 적용 가능하고 통계분석에 활용하기 쉬우며, 비용대비 효율적이라는 점이 있다. 그러나 채점의 주관성으로 관찰자 간 일치도가 낮고, 선행사건과 결과에 대한 정보가 부족하며, 관찰과 채점 간 시간차로 채점이 정확하지 않을 가능성이 있다.

③ 인지행동평가

평가 가능한 외현 행동에만 중점을 두었던 행동주의에서 나아가 인지 과정과 내용의 변화를 통해 행동을 수정하는 인지행동치료가 발전되었는데, 이 과정에서 인지평가가 활발하게 사용된다. 행동장애와 연관된 자기 진술, 이러한 장애와 관련된 근본적인 인지 구조, 병리적 행동 대 정상 행동에서 인지적 왜곡의 차이점, 그리고 치료 중 일어나는 인지적 변화 등 행동장애에 기저하는 근본적인 인지적 과정과 내용을 평가하기 위한 다양한 방법이 개발되었다. 예를 들어, 내담자가 생각을 입 밖으로 말하게 하는 것, 다른 생각들을 나열하는 것, 다양한 간격으로 생각을 기록하는 것, 그리고 자기보고식 질문지 등이다.

그러나 매우 어린 아동이나 영유아의 진단평가와 치료 과정에서 인지평가의 활용 가능성은 제한된다. 또한 내적 과정에 대한 자기보고 결과는 왜곡이 발생할 가능성이 있으며, 내담자는 보통 자신의 인지 과정 결과를 회상하여 기술하지만, 결론에 도달하는 과정에 대해서는 설명하기 어렵다. 복잡한 평가 전략에 따라 성공적으로 회상했다고 할지라도 이 결과를 다시 복잡하게 분석해서 추론해야 할 것이다.

인지평가는 다음과 같은 다양한 자기보고 질문지와 인지를 기록하는 전략을 통해 이루어진다. 다양한 영역에서의 자기보고식 질문지는 진단평가와 인지행동치료에서 적극적으로 사용된다. 예를 들어, 역기능적 태도 척도(권석만, 1994)나 자동적 사고 질문지(양재원, 홍성도, 정유숙, 김지혜, 2005) 등이 이에 해당한다. 자기보고식 질문지는 안면타당도(face validity)가 높고 관리하기가 쉬우며 비용 측면에서 경제적이다. 인지를 기록하는 전략으로는 생각을 입 밖으로 내어 말하기, 생각 말하기, 사적인 언어, 명확한 사고, 산출법, 인정 방법, 생각목록, 사고 표집법, 사건 기록 등이 있다.

④ 정신생리학적 평가

문제행동이 일어나는 상황에서의 생리적 기능을 측정함으로써 인지, 정서 및 행동과 상호작용하는 방식을 평가한다. 가장 많이 평가되는 생리학적 반응은 심장 박동수, 혈압, 체온, 근육 긴장도, 혈관 확장, 피부 전기 반응, 뇌전도로 측정하는 뇌활성도 등이다. 기능적 자기공명영상 장치도 연구 분야에서 많이 활용되는 추세다.

참고문헌

권석만(1994). 한국판 역기능적 태도척도의 신뢰도, 타당도 및 요인구조. 심리과학, 3(1), 100-111.

김명선, 하은혜, 오경자(2014). 심리장애 진단아동의 K-CBCL 아동 청소년 행동평가척도 군집분석. 한국임상심리학회지, 33(4), 675-693.

김영신, 천근아, 김붕년, 장순아, 유희정, 김재원, 조수철, 서동향, 배명옥, 소유경, 노주선, 고윤주, Bennett Levcntha(2004). The Reliability and Validity of Kiddie-Schedule for Affective Disorders and Schizophrenia-Present and Lifetime Version-Korean Version(K-SADS-PL-K). *Yonsei Medical Journal, 45*(1), 81-89.

소유경, 노주선, 김영신, 고선규, 고윤주(2002). 한국어판 부모, 교사 ADHD 평가 척도의 신뢰도와 타당도 연구. 신경정신의학, 41(2), 283-289.

양재원, 홍성도, 정유숙, 김지혜(2005). 부정적 자동적 사고질문지와 긍정적 자동적 사고질문지의 타당화 연구: 청소년 집단을 대상으로. 한국임상심리학회, 24(3), 631-646.

오미영, 박용천, 오상우(2017). SCID-5-CV DSM-5® 장애에 대한 구조화된 임상적 면담. 서울: 인싸이트.

조성훈, 권정혜(2016). 인터넷 게임장애 구조적 면담검사(Structured Clinical Interview for Internet Gaming Disorder: SCI-IGD) 타당화 및 DSM-5 진단준거의 진단적 유용성 검증: 성인을 대상으로. 한국임상심리학회, 35(4), 831-842.

조수철, 김붕년, 김재원, 김효원, 최현정, 정선우, 양영희, 정동선, 고복자, 김봉석, 신민섭, 유한익, 유희정, 이동우, 이상은, 이준영, 이재원, 전성일, 정희연, 홍진표, 황준원, 한성희(2007). 한국어판 DISC-IV의 신뢰도 및 타당도. 소아청소년정신의학, 18(2), 138-144.

조수철, 신민섭, 김붕년, 김재원(2010). 아동 청소년 임상면담. 서울: 학지사.

하은혜(2021). 아동 청소년 심리평가. 서울: 학지사.

American Psychiatric Association (2022). *Diagnostic and Statistical Manual of Mental Disorders(DSM-5-TR)*. American Psychiatric Pub.

Edgerton, J. E., & Campbell, R. J. (1994). *American psychiatric glossary* (7th ed.). American Psychiatric Association.

First, M., Williams, J. B. W., Karg, R. L., & Spitzer, R. L. (2015). *Structured Clinical Interview for DSM-5 Disorders Clinical Trials Version*. Washington, DC: American Psychiatric Association.

Goodman, J. D., & Sours, J. A. (1994). *The child mental status examination*. Basic Books,

Inc.: New York and London.

Groth-Marnat, G., & Wright, A. J. (2016). *Handbook of psychological assessment* (6th ed.). John Wiley & Sons Inc.

Herjanic, B., & Reich, W. (1982). *Diagnostic Interview for Children and Adolescents (DICA)*. Department of Psychiatry. Washington University School of Medicine, St. LOLIIS.

Kaufman, J., Birmaher, B., Brent, D., Rao, U., & Ryan, N. (1996). *Kiddie-Scales-Present and Lifetime version(K-SADS-PL)*. Pittsburgh, University of Pittsburgh, School of Medicine.

Orvaschel, H., Puig-Antich, J., Chambers, W., Tabrizi, M. A., & Johnson, R. (1982). Retrospective assessment of prepubertal major depression with the Kiddie-SADS-E. *Journal of the American Academy of Child Psychiatry, 21*(4), 392-397.

제3장

놀이평가

놀이평가는 훈련받은 전문가가 아동의 놀이행동을 자세히 관찰하여 아동의 심리사회적 기능을 이해하는 과정이다(Smith, 2000). 모든 시대와 모든 문명에 걸쳐 아동들은 놀이를 해 왔다. 초기에는 놀이를 잉여에너지의 표현(Garvey, 1977에서 인용), 또는 종교적이고 문화적인 통과 제례로 이해되었지만(Reilly, 1974), 19세기 중반에 이르러서야 놀이가 아동에게 중요하고 적절한 활동이라는 측면에서 심리학적 의미가 재조명되었다(Gitlin-Weiner, Sandgrund, & Schaefer, 2001).

Freud(1955)는 초기 사례 분석을 통해 아동의 놀이는 숙달과 소산의 구체적 수단일 뿐 아니라 무의식적 관심과 갈등을 일부 반영한다고 보았다. Little Hans 사례에서 나타나듯 Freud는 놀이를 부모가 자녀와 의사소통하고 중재하는 도구로 활용하였다. 놀이가 치료과정으로 통합된 것은 Melanie Kleine(1955)과 Anna Freud(1963)의 업적으로, 이들은 아동에 대한 효과적인 치료를 위해 놀이 자료를 적극적으로 활용하였다. 더불어 Piaget(1962)는 상상과 가상놀이에 대한 상징적 사고의 영향을 자세히 설명하였고, 놀이의 변화는 지적 발달을 반영한다고 제안하였다. 이 같은 놀이에 대한 **관점의 변화를 통해 결국 전문가들이 아동을 자세히 이해하기 위해서는 놀이를 사용하는 것이 필요하다는 인식이 확장되었다.**

놀이는 아동 발달 단계에서 가장 자연스럽고 적합한 접근으로 아동의 치료와 평가에서 중요하게 활용되고 있다(조수철, 신민섭, 김붕년, 김재원, 2010). 아동평가에서 놀이를 활용하는 경우, 놀이를 관찰하는 방법을 통해 평가를 진행한다(Fasulo et al., 2017). 관찰에 의한 평가는 감각이나 언어 발달의 어려움이 있는 경우를 포함하여 공식적인 검사를 받기 어려운 아동에게 유용하다(최은희, 2011).

놀이평가는 자연스러운 자유놀이 관찰에서부터 고도로 구조화된 실험실 놀이 면접까지 다양한 형식이 있다. 특정 사례의 의뢰된 질문에 답하기 위해 필요한 정보를 얻기 위해서는 평가 프로토콜을 구조화하는 단계를 설정하는 것이 바람직하다. 피검자의 발달 단계에 따라 놀이평가는 어린 연령의 아동에게는 특정 놀이 도구를 이용하여 놀이 면접에 활용할 수 있다.

1. 놀이평가의 역사

20세기 중반 전후 놀이와 놀이의 분석은 아동을 위한 치료적 개입 기법으로 인식되었다. 그동안 발달 이론가들이 아동의 놀이를 기술하고 분류하는 노력을 쌓아 왔으며, 마침내 놀이를 진단적 기법으로 활용하고자 하는 시도가 활발해졌다.

Parten(1932)은 놀이를 통해 정상적 사회성 발달을 연구하기 위해 구조화된 평가 전략을 고안하였고, 그 결과 놀이 활동을 6개의 범주로 분류하였다. 즉, ① 비참여 놀이(unoccupied play), ② 혼자 놀이(solitary play), ③ 방관자적 행동(onlooker behavior) ④ 병행 놀이(parallel play), ⑤ 연합 놀이(associative play), ⑥ 협동 놀이(cooperative play)로 나누었다. Parten 척도는 범주 이름과 용어의 정의가 몇 차례 수정되어 현재까지도 연구 과제에서 계속 사용되고 있다.

Lowenfeld(1939)는 '축소된 세계 기법(Miniature World Technique)'을 고안하였고, 수정을 거쳐 평가 과정에서 사용하였다. Lowenfeld는 다양한 종류의 피겨와 모래상자로 일련의 세계를 만들도록 지시하고, 몇 회기에 걸쳐 제작된 축소된 세계 작품은 내용, 형식, 주제, 순차적 변화, 완성 과정, 사용된 공간, 범주의 수 및 유형 등의 측면에서 분석했다. 이를 통해 얻어진 정보는 체계적인 해석을 통해 언어, 운동, 인지, 사회성 및 정서 발달 등 다양한 아동의 기능수준을 평가하는 데 활용되었다.

독일의 Buhler(1951)와 동료들은 '세계검사(World Test)'를 고안하였고, 유사한 시기에 스웨덴의 Bratt과 Harding은 주제통각검사(TAT)에 필적할 만한 3차원의 포괄적인 투사적 기법인 'Erica Medthod'를 발전시켰다(Gitlin-Weiner et al., 2001). 두 검사 모두 진단적인 해석을 위해 체계적인 과정뿐 아니라 표준화된 절차 및 규준이 개발되었고 임상적 해석에 관한 정보가 누적되는 등 유럽에서 활발하게 연구되었다.

1970년대 이후 놀이는 치료 기법으로 활용되는 것을 넘어서, 보다 넓은 범위에서 놀이행동을 관찰하고 비교하는 연구가 급증하게 되었다. 이를 바탕으로 신뢰도가 높은 규준 자료에 기초한 다양한 놀이진단 도구들이 개발되었다(Gitlin-Weiner et al., 2001). 이후 놀이행동과 패턴은 아동의 내적 삶, 여러 기능의 발달 수준, 그리고 능력의 다양한 측면이 반영될 것으로 간주되고 있다(Fenson, 1986; O'Connor & Ammen, 1997). 놀이에서 관찰 가능한 특성에는 아동의 자아 발달, 인지 양식, 적응성, 언어기능, 정서적 및 행동적 반응성, 사회적 수준, 도덕성 발달, 지적 능력, 대처 양식, 문제해결 기법, 그리고 주변의 세계를 지각하고 해석하기 위한 접근 등이 있다.

2. 놀이평가의 이점

① 어린 아동의 미숙한 언어 및 인지 발달의 한계를 뛰어넘어, 아동의 강점과 약점을 나타낼 수 있는 친숙하면서도 스트레스를 덜 주는 양식이다.
② 아동의 놀이는 가장 포괄적인 표현 양식으로 무의식에 접근할 수 있다(Klein, 1955). 놀이관찰에서 나온 정보의 풍부함과 깊이는 전통적 평가를 통해 얻는 정보를 넘어선다.
③ 전통적이고 공식적인 평가 도구를 사용하기 어려운 특정 장애(예: 자폐스펙트럼장애, 지적장애, 청각장애 등) 아동에게 유용하다.
④ 전통적이고 공식적인 평가에 더하여 놀이평가를 함께 시행할 경우 중요한 정보를 추가적으로 얻을 수 있다. 특히, 보호자나 부모 면접을 통해 얻어진 불확실한 정보를 확인하는 데 도움이 된다.
⑤ 불안하거나 지나치게 억압된 아동을 평가할 때, 놀이 형식은 친숙하고 위협적이지 않은 분위기에서 자신을 표현하도록 돕는다.

3. 놀이평가의 절차

놀이평가 절차와 평가도구는 평가 목적과 상황에 따라 다르지만, 놀이평가는 놀이치료자의 관찰에 의해 이루어지는 평가다(이영애, 2009; Grady & Dusing, 2015). 일반적으로 놀이평가는 다음의 절차로 진행된다(박현주, 2019; 서인숙, 2021; Gitlin-Weiner et al., 2001).

첫째, 놀이평가 의뢰 단계로 놀이평가 접수 및 예약이 이루어진다. 내담자에게 놀이평가 시간과 비용에 대해 안내하고, 치료자는 아동의 연령, 성별, 거주지, 가족관계와 같은 기본 인적 사항 및 평가 목적을 확인해야 한다(박현주, 2019).

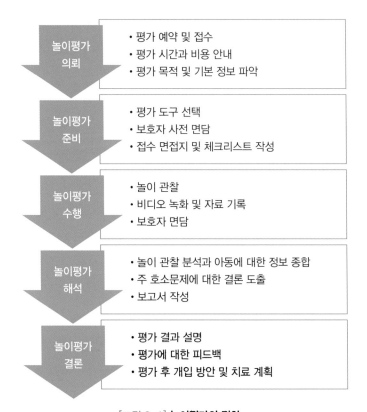

[그림 3-1] **놀이평가의 절차**

출처: 서인숙(2021). 근거이론 기반 놀이치료자의 초기 놀이평가 경험 연구. 숙명여자대학교 대학원 박사학위논문.

　둘째, 놀이평가 준비 단계로 놀이평가 의뢰 단계 정보를 기초로 평가 목적을 보다 구체화하고, 놀이평가 도구를 선택해야 한다(서인숙, 2021). 아동의 부모 및 보호자에게 접수 면접지를 작성하도록 하여, 아동의 현재 발달 수준에 영향을 미치는 과거 발달사, 양육환경에 대한 다양한 정보를 수집한다. 또한 부모보고에 의한 체크리스트를 작성하여, 객관적 척도 자료도 평가 자료에 포함될 수 있도록 함께 준비한다. Gitlin-Weiner, Sandgrund와 Shafer(2001)는 놀이평가의 사전 준비 사항에 대해 평가 목적 구체화(부모나 교사가 평가에서 얻고자 하는 대답은 무엇인가?), 양육자 면담으로 아동의 일상생활에 대한 정보 수집(평소 기능, 선호하는 놀이나 활동) 및 아동의 주호소에 적합한 평가 방식과 평가 순서 등이 필요하다고 보았다. 또한 놀이평가 환경은 아동이 놀이 활동을 충분히 할 수 있는 장소, 장난감은 아동의 발달 수준에 따라 분류되어 있는 것이 좋으며, 다양한 문화적 배경을 고려한 장난감이 구비되어 있는 놀이실이 좋다.

셋째, 놀이평가 수행 단계로 놀이치료자가 아동의 놀이 또는 부모-아동 놀이 상황을 관찰하는 단계다. 이 단계에서 놀이치료자는 자유놀이 혹은 평가 과제를 어느 정도 구조화해서 제시할 필요가 있는지 판단해야 한다. 놀이치료자는 아동의 연령을 고려하여, 면담 및 그림 검사와 같은 기법을 놀이평가에서 시행할 수 있다. 구조화된 부모-자녀 상호작용 평가(예: MIM, P-CIPA)의 경우 정해진 절차에 따라 평가를 진행하고, 면담에서는 과제 수행에 대해 정해진 질문을 한다. 놀이관찰 과정은 아동의 놀이나 부모-아동 상호작용을 반복하여 분석 검토할 수 있도록 비디오 녹화가 좋은 기록 방법이다. 그 외에도 녹음과 자세한 수기 기록을 하거나 일방경이 설치된 곳에서 관찰하는 것도 고려해 볼 수 있다.

넷째, 놀이평가 해석 단계로 놀이관찰, 면담 자료와 함께 놀이평가 준비 단계에서 수집한 체크리스트 자료 등 아동에 대한 종합적 자료를 통합하여 해석한다. 놀이평가 관찰에서 수집된 자료를 보완하기 위해 부모 면담, 교사보고, 심리검사 및 평정 척도 등 다양한 출처의 정보를 수집하는 것이 필요하다(Gitlin-Weiner et al., 2001).

다섯째, 놀이평가 결론 단계로, 결과에 대해 부모 및 보호자에게 설명하는 단계다. 이 같은 피드백 세션에서 놀이관찰 비디오 자료를 부모와 함께 보는 과정은 평가 결과에 대한 부모의 이해도를 높이고, 상호작용에 대한 이해를 돕는 강력한 효과가 있다(Smith, 2000). 놀이평가 후 아동에게 필요한 개입 방안을 제시하고, 평가 결과에 기초하여 치료 계획을 세울 수 있다.

놀이평가 결과를 제시할 때 내담아동의 성별/연령/생년월일, 평가일, 평가자의 정보와 평가 내용/도구를 기술하고, 의뢰 사유와 배경정보, 행동관찰, 놀이평가 내용, 요약 및 제언을 제시한다. 놀이평가 내용으로는 평가자와의 놀이 및 특징, 부모와의 놀이 및 특징, 언어 발달, 인지 발달, 정서 및 사회성 발달 순으로 제시하는 것이 적절하다(박현주, 2019).

4. 놀이평가의 종류

놀이평가는 다양한 방식으로 범주화될 수 있는데, Gitlin-Weiner 등(2001)은 놀이평가를 '발달적 놀이평가', '진단적 놀이평가', '부모-아동 상호작용 놀이평가', '가족 놀이평가', '또래 상호작용 놀이평가', '투사적 놀이평가' 등으로 분류하였다.

발달적 놀이평가는 유아 및 아동의 놀이 발달 연구에 기반하여 표준화된 연령-관련 놀이행동의 준거에 기초를 두고 있다. 즉, 놀이를 사용하는 기능에서의 지체와 일탈뿐 아니라 전형적인 성장 과정을 추적하도록 고안된 도구들이 이에 포함한다. 상징 놀이가 기본적으로 정상 아동과 장애를 지닌 아동의 발달패턴을 명백히 하고 구별하는 수단으로 사용될 수 있다. 발달적 놀이평가에 포함되는 도구로는 Westby의 아동 놀이 발달 평가용 척도, Lowe와 Castello(1988)의 상징 놀이 검사, Matheny(1983)의 유아 및 걸음마기 아동의 기질에 대한 표준화된 놀이평가, Behnke와 Menarchek-Fetkovich(1984)의 놀이 내력 면담(Play History Interview), Linder(1993)의 다학제간 평가(Transdisciplinary Play-Based Assessment) 등이 있다.

진단적 놀이평가는 아동의 장애나 어려움을 구별하고 진단하는 목적으로 전통적이고 공식적인 표준 진단평가가 어려운 경우 활용될 수 있다. 특히, 기능 수준이 낮고, 심각하게 손상되어 있으며 언어장애가 동반되어 있는 아동을 평가할 때 놀이평가는 실질적인 도움이 된다. 아동기 사고장애를 진단하기 위한 Caplan 등(1989)의 아동용 형식적 사고장애 평가척도 및 이야기 게임(Kiddie Formal Thought Disorder Rating Scale and Story Game), 아동 성학대 진단을 위한 White(1988)의 해부학적 인형을 사용한 학령 전 아동의 면접, 발달장애 및 발달지체 위험 아동의 사정과 중재에 유용한 Lifter(1996)의 발달 놀이평가 척도(Developmental Play Assessment Scale), 어린 아동의 발달/진단 관찰 체크리스트와 통합된 Mgford-Bevan(2001)의 POKIT(Play Observation Kit) 등이 있다.

부모-아동 상호작용 놀이평가는 다양한 발달적 정서적 어려움의 원인을 규명하기 위해 부모-아동의 초기 상호작용에 대해 이해하고자 개발되었다. 부모-아동 상호작용의 평가는 면접뿐 아니라 자발적 행동이 요구되는 상황에서 명백해지기 때문에 직접관찰이 특히 유용하며, 표준화된 실험실 상황부터 자연스러운 학교나 가정환경까지 관찰 절차의 장면과 형식은 다양하다. Roggman, Boyce와 Newland(2001)의 모-유아 놀이 상호작용 평가, Smith(2000)의 부모-자녀 상호작용 놀이평가(P-CIPA), Marschak(1960)의 Marschak 상호작용 기법(MIM), Gauvain과 Rogoff(1989)가 개발한 학령전 아동의 부모-아동 상호작용 관찰방법인 '가게에 가기(The Going th the Store)'의 식품점 게임(GSG) 등이 이에 해당한다.

가족 놀이평가는 모든 가족 구성원들을 포함한 평가 절차의 필요성과 놀이가 가진 포괄적인 적용성과 매력을 인정한 가족 임상가들에 의해 개발되었다. 가족에 대한 평가는 부모-아동 상호작용의 평가와 유사하지만, 두 사람의 상호작용보다 많은 것을 포함하는 경험들도 제공해야 한다. Gehring(1998)의 가족체계 검사(Family System Test: FAST), Smith(1985)의 창의적인 도구인 협동화 기법(Collaborative Drawing Technique: CDT), Harvey(1990)의 역동적 놀이를 통한 가족관계 관찰 기법, Stollak, Barlev와 Kalogiros(2001)의 놀이 맥락에서 아동 및 가족 평가 기법 등이 이 범주에 해당된다.

또래 상호작용 놀이평가는 또래와 상호작용하는 아동을 관찰해서 진단 과정에서 가치 있는 정보를 얻고자 한다. 사회적 자각, 공감, 이타주의와 같은 특성과 관련된 어려움은 ASD부터 ADHD와 같은 문제행동의 전 영역에 걸쳐 다양한 아동기 장애에 관한 의미 있는 진단 지표가 될 수 있다. Welsh, Bierman과 Pope(2001)의 아동의 또래 상호작용 놀이평가, Segal, Montie와 Iverson(2001)의 취학 전 아동의 사회적 상호작용 유형에서의 개인차 관찰기법, Coplan(2001)의 초기 아동기의 비사회적 놀이평가, Fantuzzo와 Hanpton(2001)의 PENN 또래 놀이 상호작용 척도(PIPPS) 등이 있다.

놀이의 투사적 평가는 전통적인 투사 기법과 유사하게 놀이를 통해 아동의 사고, 느낌, 지각, 신념 등을 자연스럽게 드러나게 할 수 있다. TAT와 유사한 Mueller(2001)의 MUG(Mueller-Ginsburg Story Technique)와 테디곰의 소풍 이야기 기법, Ross(2001)의 가족 퍼펫 기법, 문장완성검사를 취학 전 아동에게 적용하도록 만든 Knell(1992)의 퍼펫 문장완성검사, 아동의 정서 표현을 측정하는 정서 놀이 척도(Affect in Play Scale; APS) 등이 이에 해당한다.

이처럼 다양한 목적과 의뢰 사유에 적합하도록 놀이진단 및 평가 도구를 선별하여 사용하는 것은 임상가의 또 다른 역할이다. 이미 기술한 다양한 놀이진단 및 평가 도구 중 임상 장면에서 어린 아동들에게 유용하게 사용할 수 있는 놀이평가를 중심으로 자세히 살펴보고자 한다.

1) 해부학적 인형을 사용한 학령 전 아동의 면접

임상 장면에서 해부학적으로 자세히 묘사된 인형을 사용한 것은 약 1970년대 중반에 몇몇 임상가들이 개인적으로 만들어 사용하였던 것으로 알려진다. 1970년대 후반에서 1980년대 초에 걸쳐 해부학적 인형은 성학대 피해자로 주목되는 아동들의 평가에 광범위하게 사용되기 시작했다(Boat & Everson, 1988). 그 외에도 언어적 의사소통을 방해하는 발달상의 문제나 의학적 징후가 있는 성인(예: 함묵증, 발작 후 실어증), 아주 어린 아동, 언어적 표현에 어려움이 있는 아동, 지적장애를 지닌 아동이나 청소년 등에게 더욱 유용할 수 있다.

해부학적 인형을 사용할 때 사용하는 인형의 수, 인형의 크기, 가정되는 인종, 세밀한 손가락, 개방되어 있는 구멍(입, 질, 항문), 옷의 형태, 생식기의 크기 등을 고려해야 한다. 대개 8개의 인형을 사용하며 인종이 혼합되어 있는 성인인형 4개, 아동 인형 4개를 이용한다. 인형의 손가락이 붙어 있는지 각각 분리되어 있는지 고려해야 한다. 또한 인형의 입, 생식기, 항문은 아동이 그 속에 손가락을 집어넣을 수 있을 정도로 충분히 큰 것이 좋다. 인형의 옷은 아동들이 거칠게 다룰 수 있기 때문에 튼튼하게 만들어져야 한다.

인형면접을 위한 장소는 다음의 몇 가지 기준을 충족하는 것이 필요하다.

첫째, 어떤 방해도 없어야 하며 적절하지 않은 사람이 면접을 관찰하지는 않도록 해야 한다. 둘째, 주변의 소음은 최소화해야 한다. 전화벨 소리나 주변에서 들리는 사람 찾는 소리 등 사소한 소음도 이미 불안한 아동에게는 불안과 긴장을 고조시킬 수 있다. 셋째, 녹화 장치나 관찰자는 일방경 뒤에 있거나 가능한 아동의 눈에 띄지 않도록 해야 한다. 물론 어린 아동이라 하더라도 녹화되고 관찰되고 있다는 사실은 미리 알려야 한다.

면접실은 면접을 받는 피면접자의 연령에 적합한 가구나 도구가 구비되어 있는 것이 좋다. 학령기 아동이라면 주의 집중을 위해 가능한 단순하고 정돈된 환경이면 적절하다. 학령 전 아동에게는 여러 가지 장난감이 이용될 수 있으나, 너무 많으면 혼란스럽고 주의가 분산될 수 있다. 어린 아동이 주로 선택하게 되는 장난감은 주로 중앙에 배치하고 해부학적 인형은 그 뒤에 놓는 것이 적절하다.

인형면접 시 부모나 다른 성인이 참여하는 것에 대해서는 논란의 여지가 있다. 즉,

아동의 심리적 안정을 위해 부모나 성인이 참여하는 것이 필요하다는 의견과 부모나 성인이 참여함으로써 아동의 반응을 잠재적으로 오염시킬 수 있다는 의견이 맞서고 있다. White와 Quinn(1988)의 연구에 의하면 우연이라도 부모가 면접실에 있는 경우 아동의 반응에 영향을 미친다는 것이다. 즉, 부모는 '진실을 말하라'고 하지만 비언어적으로 아동에게 비밀을 유지하도록 압력을 가하는 경우가 있기 때문이다. 부모가 대기실에 머무를 수 있도록 '인형면접을 나중에 법적으로 사용하기 위해 아동 반응의 편향을 없애기 위해서는 아동을 면접할 때 부모나 성인이 면접실에 없는 것이 아동의 권리를 최대한 보호할 수 있다'고 설명하여 도움을 받을 수 있다. 또한 '아동의 안전에 대한 즉각적인 대처가 필요한 상황이 아니라면, 평가가 끝날 때까지 어떤 정보도 부모와 공유되거나 논의되지 않을 것이다'라고 미리 알림으로써 잠재적 오염을 막을 수 있다.

면접하기 전 부모가 전체 평가의 맥락에서 아동에게 인형면접을 미리 소개하도록 한다. 즉, 아동이 해부학적 인형을 사용하여 면접 상황에 접하게 되는데, 아동의 실제 생활 경험을 인형 놀이를 통해 표현할 수 있다는 것을 안내한다. 또한 아동이 가진 다양한 걱정에 대해 면접자와 이야기 나눌 것임을 미리 알린다. 이때 '엄마는 밖에서 기다려야' 하며 면접자와만 이야기를 나눌 것이라고 설명한다. 이때 부모나 양육자가 학대를 추측하게 할 만한 것을 아동에게 말해서는 안 된다는 것을 강조하여 전달한다.

(1) 인형면접 실시

아동과 부모나 양육자를 대기실에서 맞이하고 잠깐 긴장을 풀 수 있도록 면접자는 일반적인 이야기를 나누도록 한다. 이후 면접자는 긍정적이면서도 단호한 음성으로 아동에게 "우리는 놀이실에 가서 이야기할 거야. 엄마는 여기서 우리가 올 때까지 기다리실 거야. 엄마에게 인사하고 놀이실로 가자."라고 말한다. 만약 아동이 분리를 거부하고 극도로 저항한다면 "엄마에게 우리가 있을 방을 보여 준 다음 엄마는 다시 여기로 와야 한단다. 자, 엄마도 같이 가시지요."라고 미리 약속한 다음 면접실 문 앞에서 "엄마가 여기까지 같이 와주셔서 고맙습니다. ○○와 저는 저 방 안에 무엇이 있는지 보러 갈 거예요. 엄마에게 '안녕, 있다가 만나요'라고 하자."라고 분리를 시도한다. 면접실에서도 아동이 울음을 멈추지 않는다면 감정을 반영하고 놀이를 통해 기분을 전환하도록 돕는다. 그럼에도 아동이 울음을 그치지 않는다면 자유놀이에 부모가 참여할 수 있도록 한다. 하지만 인형면접은 부모가 관찰하지 않는 상황에서 이루어지도록 한다.

인형면접은 자유놀이와 인형면접평가 순으로 이루어져 있다. 각 영역에서 학대에 관한 진술을 뒷받침하는 정보를 수집할 수 있다.

① 자유놀이

인형면접 시 자유놀이를 먼저 시행하는 것은 몇 가지 목적이 있다.

첫째, 면접자와 아동 간 라포를 형성하고 관계를 정의하는 것이다. 즉, 아동은 면접자가 자신에게 의학적 처치나 가혹한 심리치료를 하는 것이 아니라 자신의 안전을 지켜 줄 것을 알게 한다. 둘째, 언어이해 및 표현 능력, 인지 능력, 상호작용 기술 등 아동의 발달 수준을 비공식적으로 평가하는 것이다.

자유놀이는 아동과 라포를 형성하고 아동의 능력을 판단하는 데 필요한 시간이 확보되어야 한다. 대개 5~35분 정도 소요되며 자유놀이의 목적에 충실하게 진행되는 것이 중요하다. 법정에서 때로는 자유놀이 시 아동의 자발적인 행동과 언어 표현이 더 신뢰로운 것으로 간주하기도 한다.

② 인형면접

라포가 형성되고 아동의 능력에 대한 평가가 이루어진 후 본격적으로 인형면접에 들어갈 때는 해부학적 인형을 제외한 다른 장난감은 치우도록 한다. "우리는 이제 인형을 살펴보아야 하기 때문에 여기에 있는 장난감을 치워야 해."라고 말한다. 다른 장난감을 치운 후, 면접자는 "여기에 사람처럼 신체 부분이 있는 특별한 인형이 있네."라며 아동의 관심을 돌리도록 한다. 아동에게 인형 하나를 고르게 한 후, 면접자가 인형을 들고 있으면서 아동에게 바닥에 앉히고 다음의 프로토콜에 따라 진행한다.

인형 확인: 제시된 인형에 대해 3개의 구체적 질문을 하고 다른 인형에게도 반복한다.

1. "이건 여자아이 인형이니? 남자아이 인형이니?"
2. "이 인형이 ~라는 것을 어떻게 알았니?"(아동이 사용하는 성정체성의 분류체계 이해)
3. "이것은 누구니? 이 인형은 이름이 있니?"(아동이 부여하는 특정한 정체성 파악)
   * 주의: 면접자가 인형에게 정체성을 부여하는 언급을 해서는 안 된다.

신체 부분 확인과 기능: 아동이 신체 부분(머리카락, 눈, 코, 입 등의 중성적 부분 → 성적 부분)에 대한 이름과 각 부분의 기능을 알고 있는지를 확인한다.

1. "이 부분은 뭐지?", "이 부분을 무엇이라고 하지?"
2. "이 부분으로 우리는 무엇을 할까?", "이 부분은 무엇을 하는 곳이니?"
   * 주의: 아동이 명명한 이름을 그대로 사용하도록 하며, 아동이 거부할 때 대답을 강요하지 않는다. 중성적인 신체 부위와 성적인 신체 부위에 대해 제시하고 질문하는 데 차이가 없어야 한다. 중성적 신체 부위 조사 후 아동이 인형의 옷을 벗기도록 한다. 아동이 자발적으로 옷을 벗기지 않으면 "인형의 옷이 벗겨지니, 인형 옷을 벗도록 도와줄래?"라고 한다. 최소한 3개 인형, 즉 성인남자 인형, 성인여자 인형, 아동의 성과 동일한 아동 인형이 조사되어야 한다. 단, 특정 인형이나 성을 지적하지 않고 아동이 자발적으로 인형을 선택할 수 있도록 해야 한다. 3개 인형으로 신체 부분에 대한 면접을 진행한 후 아동이 다른 인형을 가지고 노는 것이 유용하다면 다른 인형을 평가할 수 있다.

학대평가: 신체 접촉에 관한 일반적 질문

1. 너의 몸 부분을 접촉한 적이 있었니?
2. 누군가의 몸 부분에 접촉한 적이 있었니?
3. 너의 몸 부분이 상처를 입은 적이 있었니?
4. 누군가의 몸 부분에 상처를 입힌 적이 있었니?
5. 너의 몸에 네가 원하지 않는 일을 한 사람이 있었니?
6. 누군가의 몸에 네가 하고 싶지 않은 것을 하라고 시킨 사람이 있었니?
7. 너의 몸에 어떤 것을 넣은 사람이 있었니?
8. 옷을 벗었던 적이 있었니?
9. 너에게 옷을 벗으라고 한 사람이 있었니?
10. 옷을 입지 않고 있는 사람을 본 적이 있니?
11. 너의 몸에 대해서 말하지 말라고 한 사람이 있었니?
12. 만약 네가 네 몸에 대해서 이야기를 하면 너나 다른 사람에게 나쁜 일이 일어난다고 말한 사람이 있었니?
13. 너에게 키스를 한 사람이 있었니?
14. 키스를 하고 싶지 않았는데도 너에게 키스를 한 사람이 있었니?
15. 너의 사진을 찍은 사람이 있었니?
16. 네가 옷을 입지 않은 사진을 찍은 사람이 있었니?
    * 주의: 해부학적 인형은 전반적 신체 접촉 경험에 대해 아동이 언어로 반응할 때 소품으로 사용될 수 있다.

학대평가: 신체 접촉에 관한 구체적 질문

* 주의: 신체 접촉에 대한 일반적 질문에 대해 아동이 긍정적 답을 할 경우 구체적으로 탐색해야 한다. 하지만 아동에게 유도하거나 강압적인 기법을 사용하지 않도록 유의한다. 건강한 접촉과 학대적 접촉 간의 차이를 서술하기 위해서는 특별하게 배려하여 면담이 이루어져야 한다.

앞의 과정을 통해 진행된 면접에서 충분한 정보를 수집했거나 아동이 그 날 면접과정에서 피곤해하는 등 한계에 도달했다고 느낀다면 인형면담을 종결한다. 이후 면접자는 아동을 이완시키기 위해 자유놀이를 제시할 수 있는데, 아동이 원하는 대로 진행하는 것이 좋다. 대부분의 아동은 더 이상 놀이 없이 끝내고 싶어 하는 경우가 많다. 대기실에서 기다리는 부모나 양육자에게는 면접의 내용은 언급하지 않아야 하며, 대신 "오늘 ○○가 아주 열심히 했어요"라고 격려를 해 주는 것이 바람직하다.

인형면접의 회수는 아동 정보에 대한 일관성을 평가하고 아동이 원하는 만큼 정보를 드러내기 충분히 편안함을 느낄 수 있도록 최소 2회 이상의 면접을 권장한다. 만약 아동의 반응에 일관성이 없을 경우 "지난번에 X가 너를 만졌다고 말했는데, 이번에는 Y라고 했어. 선생님이 혼동이 된단다. X가 무엇을 했고, Y가 무엇을 했는지 다시 말해 줄래?"라고 확인할 수 있다.

인형면접 시 아동의 반응은 강요되어서는 안 되며, 아동의 반응이 아닌 다른 내용이 덧붙여져서도 안 된다. 어린 아동의 경우 불명확하게 대답할 가능이 많은데, 이때 면접자가 아동과 동일한 소리로 모방하여 확인하는 것이 도움이 된다. 대개 이런 경우 아동들은 "아니~, ~라고 했어요"라고 면접자의 말을 수정하는 과정에서 보다 명료하게 답하게 된다. 또한 면접 활동이 아동의 기억을 변화시킬 수 있다는 점에 대해서도 유의해야 한다. 즉, 면접자와 면접 활동이 아동의 응답에 불필요한 영향을 미치지 않도록 최대한 노력을 기울여야 한다.

면접 자료는 가능한 원래의 상태에 가깝게 보존하기 위해 비디오 녹화가 가장 좋다. 비디오 녹화는 아동이 많은 사람들과의 면접 회수를 최소화시킬 수 있는 방법이다. 비디오 녹화가 불가능하다면 오디오 녹음을 권장하는데, 이때는 면접자가 아동의 행동 반응에 대해 언급함으로써 녹음본 자료의 단점을 보완할 수 있다. 앞의 방법 모두 불가능하다면 숙련된 관찰자가 일방경 통해 관찰하고 자세하게 요약할 수 있는데, 두 사람 이상 동시에 기록함으로써 정보 누락을 최소화하도록 한다.

인형면접은 성학대가 의심되는 내담자를 대상으로 가능한 편향되지 않는 증거 자료를 제공하기 위해 고안되었다. 아동 성학대의 진단은 형사적 절차 및 법적 체계와 병행되므로 객관적인 면접 절차가 진행되고 기록을 안전하게 보관하여 적절하게 제시되는 것이 매우 중요하며 관련된 후속 연구가 진행되어야 할 것이다.

2) 머샥 부모-자녀 상호작용 평가(MIM)

(1) MIM의 개발

MIM은 Marianne Marschak에 의해서 개발되어(Marschak, 1960), 처음에는 통제된 상호작용 스케줄(Controlled Interaction Schedule: CIS)로 불리며 다양한 부모-아동 간 상호작용 연구에 활용되었다. 이후 Chicago의 치료놀이 기관의 Ann Jernberg 등(Jernberg & Booth, 1999)은 아동 집단과 결혼한 커플에 대한 평가 및 치료용 임상 도구로 응용하여 MIM의 사용 방법을 확대했다. 현재 MIM은 치료놀이 기관의 종사자나 수련생이 치료놀이를 시작하기 전 기본적인 평가 도구로 사용되고 있다.

(2) MIM의 구조

MIM을 분석하기 위한 구조화, 도전, 양육, 개입의 4가지 차원이 포함된다. 부모-아동 간 상호작용을 통해 구체화하는 부모에 대한 평가 항목과 아동에 대한 평가와 관련된 차원별 항목은 〈표 3-1〉과 같다.

〈표 3-1〉 MIM의 차원과 평가

차원	부모에 대한 평가	아동에 대한 평가
구조화	환경을 구조하고 기대와 제한을 명확하고 적절하게 설정하기	성인의 구조화를 받아들이기 vs. 다른 시도를 주장하기
개입	아동의 상태와 반응에 맞추면서 아동을 상호작용에 참여시키기	성인과 참여하기 vs. 철회, 회피, 지나친 독립적 활동
양육	아동의 욕구를 양육적인 방법으로 반응하기	성인의 양육행동을 받아들이기 vs. 자신만의 편안함 추구하기
도전	적절한 도전을 제공하기	적절한 도전에 반응하기 vs. 무기력하고 매달리기, 경쟁적·요구적 행동

(3) MIM의 실시

MIM을 실시하기 전에 부모와의 초기 면접을 통해 아동과 그 가족에 대한 정보를 수집한다. 그 이후 아동과 각각 부모와 MIM 상호작용을 수행한다. 모-아동, 부-아동 간 MIM은 각각 30~45분가량 소요된다. 가능하다면 두 회기는 다른 날 일정을 잡는 것이 좋으며 불가피한 경우는 도중에 휴식시간을 두고 같은 날 시행할 수 있다. MIM 시행 과정은 비디오로 녹화하여 피드백 회기에 검사자와 부모가 평가 결과에 대해 논의하고 치료 계획을 세우는 데 도움이 될 수 있도록 한다.

　　MIM 과제를 선택하고 순서를 정할 때, 검사자의 주의 깊은 설계가 필요하다. MIM의 기본적 분석에 유용한 표준 과제는 목록으로 〈표 3-2〉와 같이 제시되어 있다. 예를 들어, 성인이 한 세트의 블록으로 특정 구조를 만들고 아동에게 '내 것과 똑같이 만들어 보자'라고 요청하는 과제는 구조화하도록 요구하는 것이다. 또한 특정 과제에서 두 가지 이상의 차원을 요구할 수 있는데, 예를 들어 '상대방의 손에 로션을 발라 주기'는 양육 차원의 과제이지만, '로션으로 꽃을 그려 보자'라고 한다면 구조화와 도전 차원도 포함된다.

　　초기 면접을 통해 얻은 아동과 가족에 대한 정보를 바탕으로 MIM 과제를 선택할 수 있다. 즉, 적절한 구조화의 문제가 드러난 가족에게 검사자는 부모가 아동에게 지시 따르기를 요구하는 과제를 선택하여 제시한다. 만약 양육을 거부하는 아동의 가족을 평가할 때 검사자는 퇴행적이고 보살펴 주는 활동 과제를 많이 포함시켜야 할 것이다.

　　대개 3세 이상의 학령 전 또는 학령기 아동에게 추천하는 과제의 목록은 〈표 3-2〉와 같다.

〈표 3-2〉 **학령 전 및 학령기 아동 대상 MIM 과제 및 순서**

과제	차원
• 성인과 아동은 각각 찍찍이 동물인형을 하나씩 갖는다. 두 마리 동물로 함께 놀이하기	개입
• 성인이 아동에게 아동이 모르는 것을 가르치기	도전
• 성인과 아동이 각각 로션병을 하나씩 갖는다. 서로에게 로션 발라 주기 혹은 • 성인은 아동 머리를 빗겨 주고 아동에게 성인 머리를 빗기도록 요청하기	양육
• 성인과 아동 모두에게 친숙한 게임하기	개입
• 성인은 아동에게 "네가 어린 아기였을 때……"로 시작하여 아동의 어린 시절에 대해 이야기하기 혹은	양육

• 입양 또는 위탁아동의 경우 "네가 처음으로 우리와 살게 되었을 때'로 시작하여 가족과 합쳤을 때에 대해 이야기하기	
• 성인은 아동을 남겨 두고 1분 동안 방을 떠나기	양육
• 성인과 아동은 서로에게 모자를 씌우기	개입
• 성인과 아동은 종이와 연필을 가진다. 성인은 그림을 그려 아동에게 모사하도록 격려한다. 혹은 • 성인과 아동은 각각 블록세트를 가진다. 성인이 자신의 블록으로 구조물을 만들어 아동에게 "너의 블록으로 내 것과 똑같이 만들어 보렴"이라고 지시하기	구조화, 도전
• 성인과 아동은 서로 먹여 주기	양육

MIM을 시행하기 위해 성인과 아동은 나란히 앉고 각 파트너의 영역을 설명하기 위해 테이블 중앙에 테이프를 붙인다. 선택된 과제의 카드와 같은 번호가 붙은 봉투 재료를 성인 주변에 둔다. 다른 장난감이 없고 주의를 분산할 자극이 적으며 방해받지 않는 곳에서 시행할 것을 권장하나 여의치 않은 경우 거실, 놀이치료실, 병실 등에서도 가능하다. 검사자는 눈에 띄지 않는 구석에서 기록하거나 일방경 뒤에서 관찰한다. 가능한 한 번에 부모 한 사람과 아동만 시행하고 다음번에 다른 부모와 아동의 MIM을 시행하는 것이 좋다. 하지만 경험이 많은 임상가는 다양한 방식(양쪽 부모-아동, 부모 한 사람-아동과 형제 등)으로 시행할 수 있다.

MIM 회기에 들어가기 전, 부모에게 자녀와 게임 몇 가지를 함께 할 것이며, 이는 녹화될 것이라고 아동에게 이야기하도록 지시한다. 부모와 아동이 카드 및 활동 재료가 놓인 테이블에 앉은 후 실제 MIM 회기의 지시가 전달된다.

> "이 카드에는 여러분이 함께 하기 원하는 것에 대한 설명이 기록되어 있습니다. (부모에게) 맨 위에 있는 카드를 들고 큰 소리로 읽으세요. 그리고 카드에 제시된 활동을 하시면 됩니다. 다음 활동을 언제 할 것인지에 대한 결정은 당신이 할 수 있습니다. 활동을 할 때 옳고 그른 방법은 없습니다. 과제 활동이 끝냈을 때, 제가 돌아와서 몇 가지 질문을 할 것입니다."

과제를 끝냈을 때 검사실로 돌아와 사후 질문을 다음과 같이 부모에게 진행된다. 만약 아이가 언어적으로 충분히 자기표현을 할 수 있다면 부모가 좋아하는 것과 싫어하는 것을 추측하여 답하도록 동일한 방식으로 질문한다.

- 가정에서 당신과 아이 두 사람 사이에서 사건이 진행되는 방식을 보여 주는 적절한 장면이었나요?
- 만약 그렇지 않다면 우리가 놓친 것은 무엇입니까?
- 놀라운 것이 있었습니까?
- 당신이 가장 좋아하는 활동은 어떤 것이었나요? 왜 그렇습니까?
- 당신이 가장 싫어하는 활동은 어떤 것이었나요? 왜 그렇습니까?
- 아이가 가장 좋아하는 활동은 어떤 것이었나요? 왜 그렇습니까?
- 아이가 가장 싫어하는 활동은 어떤 것이었나요? 왜 그렇습니까?

(4) MIM의 분석

검사자는 부모와 아동의 상호작용을 녹화본을 통해 관찰과 분석하는 과정을 거친다. 한 활동에 대해 부모와 아동을 구분지어 대칭적으로 기록하는 것을 권장하는데, 그 양식은 〈표 3-3〉에 제시되어 있다.

〈표 3-3〉 MIM 활동 분석표의 예

과제 표본: 찍찍이 동물

부모				아동			
1	2	3	4	5	6	7	8
피드백	가설	언어	비언어	비언어	언어	가설	피드백
느낌?			아동이 카드를 잡는 것을 지켜본다.	카드를 집으려고 엄마 무릎 쪽으로 기울인다.	끙끙	책임 떠맡기	
	지시 따르도록 아동의 허락을 구한다.	좋아, 우리는 순서대로 하려고 해, 알았지?	카드를 보기 위해 아동 쪽으로 기울인다.	카드를 본다.	'성인'(카드에 적힌 글을 읽는다.)		
		성인 맞았어.	아동 바라보기	카드 보기	'아이'		
	아동이 카드의 단어를 읽을 수 있는 것에 만족한다.	맞았어, 아주 잘 읽네.		입에 손을 대기, 발을 흔들기	(아기처럼) 이게 무슨 말인지 모르겠어.	과제를 할 수 없다고 주장, 퇴행적 모습	

MIM 분석표에서 비언어적 행동에 대한 관찰은 시선, 얼굴 표정, 서로를 향하거나 피하는 움직임, 신체 접촉 같은 상호작용의 비언어적 행동을 주의 깊게 살펴 기록한다. 비언어적 상호작용을 관찰하기 위해서는 무음 처리된 녹화 테이프를 보는 것이 유용하다. 언어적 행동에 대한 관찰은 말, 소리, 웃음, 음조 등을 기록한다.

임상가설은 관찰된 행동에 기초를 둔 임상가의 추측이다. 이러한 임상가설을 확인하거나 기각하기 위해서는 다른 과제에서 보다 많은 증거를 찾아야 한다. 피드백 회기에서 어머니와 이 가설에 대해 논의하고 그 가설이 정확하다면 치료 계획의 요소가 된다.

피드백은 부모와 피드백 회기에 논의하기 원하는 구체적 상호작용에 대해 기록해 둔다. 기록하여 언급할 만한 조언과 약어의 예는 다음과 같다.

- 지지: 여기에서 지지를 제공하라.
- 회피: 아동이 부모의 시도를 어떻게 회피하는지 지적하기
- 행동: "○○가 항상 이러한 행동을 하는가?" 질문하기
- 느낌: "○○가 그렇게 했을 때 당신은 어떻게 느끼는가?" 질문하기
- 욕구: "○○가 지금 요구하는 것에 대해 어떻게 생각하는가?" 질문하기
- 독백: "○○가 자신에게 말하는 것에 대해 어떻게 생각하는가?" 질문하기

(5) MIM 피드백 회기

MIM의 마지막 단계로 대개 MIM 수행 후 일주일 이내에 이루어지며 약 60~90분 정도 소요된다. 부모는 상호작용에 대한 자신의 생각은 어떠했는지, 그리고 그동안 일어난 것에 관한 새로운 정보에 대해 질문을 받게 된다. 검사자는 MIM 회기 동안 일어난 관찰과 해석을 설명하고 해석의 기반이 된 상호작용 활동이 무엇인지 설명한다. 상호작용의 긍정적 측면, 강점과 창조적 문제해결 방법에 집중하여 가족과 치료 동맹을 발전시키는 방식으로 논의된다. 이러한 과정을 통해 치료 목표를 설정하고 구체적으로 논의하도록 한다.

3) 부모-아동 상호작용 코딩 시스템(DPICS)

임상 현장에서 놀이평가가 활용되고 있지만 부모와 아동의 구체적인 행동을 알기 쉽게 분류하여 분석하기란 쉽지 않다. 각 검사 도구의 요인들은 큰 맥락에서 상호작용의 흐름을 파악하는 정보는 제공하지만 부모교육에 구체적인 정보를 제공하는 데 한계가 있다. 이에 Eyberg(1988)는 부모와 아동의 상호작용을 보다 구체적인 유형으로 범주화시킨 부모-아동 상호작용 코딩 시스템(Dyadic Parent-Child Interaction Coding System: DPICS)을 개발하였다. 이후 Eyberg이 2005년에 수정한 버전을 두정일과 이정숙(2012)이 국내 상황에 적합하게 번안하였다.

Eyberg(1988)는 Baumrind(1991)의 부모 양육 유형 연구에 그 이론적 기초를 두고, 조작적 조건 이론, 전통적 아동심리치료와 초기 아동 발달 같은 다양한 이론에 근거하여 부모-아동 상호작용 코딩 시스템(DPICS)을 개발하였다. DPICS는 아동기 장애와 양육기술에 대한 심리평가의 하나로 부모와 아동이 상호작용하는 동안 부모와 아동의 행동관찰치를 제공하고, 부모와 아동 상호작용 패턴을 변화시키기 위한 다양한 치료의 사전, 사후, 중간 평가를 위한 측정치를 제시하기 위한 데 그 목적이 있다.

DPICS는 부모-자녀의 사회적 상호작용과 관계의 질을 평가하기 위해 고안된 행동관찰 시스템이다. 이 관찰 시스템은 언어적 상호작용의 내용, 언어의 톤 혹은 음성, 다양한 신체 행동 그리고 순종, 불순종, 순종 기회 상실과 같은 반응행동을 관찰함으로써 보다 다양한 각도에서 상세하게 부모-아동 상호작용의 질을 평가하고 있다.

DPICS는 아동 주도 놀이, 부모 주도 놀이, 정리하기의 구조화된 세 가지 상황을 제시하고, 어머니와 아동이 일상생활에서 표현할 수 있는 다양한 유형의 상호작용을 제시함으로써 어머니와 아동이 상호작용을 하는 데 있어서 보다 구체적인 자료를 제시할 수 있다(Eyberg, 2005). 이렇듯 관찰을 통해 얻은 다양하고 과학적인 자료로 추후 임상 현장에서 어머니와 아동의 관계를 개선시키는 목적으로 각각의 유형을 분석하고 제시하여 교육할 수 있는 기반이 된다.

DPICS는 세 가지 상황에서 부모와 아동의 행동을 관찰 및 분석하며, 놀잇감을 선정하는 데에서 지시문을 읽는 것까지 정해진 세팅을 따르는 구조화된 관찰평가 도구다. DPICS는 세 가지 상황을 제시하여 총 20분간 어머니와 아동의 상호작용 행동을 관찰한다. 첫 10분의 상황은 아동-주도 놀이(Child-Lead Play: CLP)로 부모에게는 자녀가 어떠한 놀잇감이나 활동을 선택하든지 그것을 허용하고 아동의 규칙 아래 아동이 놀이를 이끌어 갈 수 있도록 하라는 지시가 주어진다. 두 번째 상황인 부모-주도 놀이(Parent-Lead Play: PLP) 상황은 총 5분으로 부모가 원하는 놀잇감이나 활동을 선택하고 부모의 규칙에 따라 자녀와 함께 놀이를 하라는 지시를 받는다. 마지막 5분은 정리하기(Clean Up: CU)로 부모는 정리를 하고 놀이실을 나가야 한다는 지시를 아동에게 전달한 채, 도움을 주지 않고 자녀가 방에 있는 장난감을 모두 정리하도록 한다. 관찰자는 각각의 상황마다 5분을 연속해서 코딩하고 행동의 총 빈도수를 산출하는데, 첫 번째 상황인 CLP에서 앞의 5분은 '준비시간(Warming up time)'으로 간주하여 코딩하지 않고 준비시간 5분 이후 CLP 5분, PLP 5분, CU 5분을 분석하여 코딩한다.

부모와 아동의 상호작용은 실시간으로 분석하여, 기록(코딩)할 수도 있고, 녹화된 비디오테이프를 보며 코딩할 수도 있다. 실시간 분석은 부모-아동 상호작용 치료(PCIT) 회기나 일반적인 임상평가 동안에 주로 사용되며, 비디오테이프를 이용한 코딩은 주로 연구평가에 사용된다. 연구에서는 보다 정확한 분석을 위해, 상황을 기록한 비디오테이프를 이용하여 코딩하며, 그에 따른 분석을 위한 코딩 용지는 〈표 3-4〉와 같다.

〈표 3-4〉 DPICS 코딩 자료 기록 용지

아동 이름: 날짜: 관찰차:
부모: □ 엄마   □ 아빠   상황: □ CLP   □ PLP   □ CU

부모의 행동	빈도	아동의 행동	빈도
직접 지시(DC)		부정적인 말(NTA)	
뒤이어:		친사회적인 말(PRO)	
순종(CO)			
불순종(NC)		질문(QU)	
순종기회 상실(NOC)		지시(CM)	
간접 지시(IC)			
뒤이어:		징징대기(WH)	
순종(CO)		고함(YE)	
불순종(NC)			
순종기회 상실(NOC)		긍정적 터치(PTO)	

DPICS 실시와 관련된 지시문은 [그림 3−2]와 같다.

1. 아동-주도 놀이/준비시간(Child Lead Play/Warm Up Time: 5분 관찰)
"이 상황에서 ○○한테 놀고 싶은 것을 선택해서 놀아도 된다고 말하세요.
아동이 원하는 놀이를 고르게 하시고,
어머니는 아이가 이끌어 가는 대로 따라 주면서 함께 노세요."

아동-주도 놀이(Child Lead Play: 5분 관찰, 코딩)
"네, 잘하고 계세요. 계속해서 아이가 이끌어 가게 해 주세요."

2. 부모-주도 놀이(Parent Lead Play: 5분 관찰, 코딩)
"잘하셨습니다. 지금은 장난감을 치우지 마세요.
이제 두 번째 상황으로 바꿀 거예요.
이번에는 엄마가 놀이를 선택할 차례라고 ○○한테 말을 하세요.
어머님이 어떤 놀이든 선택하시고 어머님의 규칙에 따라서 노세요."

3. 정리하기(Clean Up: 5분 관찰, 코딩)
"잘하셨어요. 이제 놀이실을 나갈 시간이어서 장난감을 정리해야 한다고
○○한테 말하세요. 아이 스스로 장난감을 정리하도록 하세요.
아이가 모든 장난감을 각각의 그릇에 담아 장난감 통에 넣도록 하세요."

[그림 3−2] DPICS의 구조화된 상황 절차와 지시 시항

 참고문헌

박현주(2019). 아동을 위한 접수상담. 서울: 학지사.

서인숙(2021). 근거이론 기반 놀이치료자의 초기 놀이평가 경험 연구. 숙명여자대학교 대학
　　원 박사학위논문.

이소연(2013). 부모-아동 상호작용 코딩시스템(DPICS)을 통한 어머니와 아동의 상호작용 연
　　구. 한양대학교 대학원 석사학위논문.

이영애(2009). 자유놀이 및 집단활동 상황과 유아의 사회지능에 따른 인지적 행동과 정의적
　　행동. 이화여자대학교 대학원 박사학위논문.

조수철, 신민섭, 김붕년, 김재원(2010). 아동·청소년 임상 면담. 서울: 학지사.

최은희(2011). 관찰 중심의 아동 평가에 대한 고찰-관찰법을 중심으로-. 대한감각통합치료학
　　회지, 9(1), 53-61.

Baumrind, D. (1991). The Influence of Parenting Style on Adolescent Competence and
　　Substance Use. *The Journal of Early Adolescence, 11*(1), 56-95.

Behnke, C., & Menarchek-Fetkovich, M. (1984). Examining the reliability and validity of
　　the play history. *American Journal of Occupational Therapy, 38,* 94-100.

Boat, B., & Everson, M. (1988). Use of anatomical dolls among professionals in sexual
　　abuse evaluations. *Child Abuse and Neglect, 12,* 171-179.

Buhler, K. (1951). On thought connections. In D. Rapaport (Ed.), *Organization and
　　pathology of thought. Selected Sources* (pp. 39-57). New York and London:
　　Columbia University Press.

Caplan, R., Guthrie, D., Fish, B., Tanguay, P. E., & David-Lando, G. (1989). The Kiddie
　　Formal Thought Disorder Scale(K-FTDS): Clinical assessment, reliability, and validity.
　　Journal of American Academy of Child Psychiatry, 28, 408-416.

Coplan, R. J. (200). A social Play assessment of early childhood. In K. Gitlin-Weiner, A.
　　Sandgrund, & C. Schaefer (Eds.), *Play Diagnosis and Assessment* (2nd ed., pp. 538-
　　593). NY: John Wiley & Sons.

Eyberg, S. M. (1988). Parent-child interaction therapy: Integration of traditional and
　　behavioral concerns. *Child and Family Behavior Therapy, 10,* 33-46.

Eyberg, S. M. (2005). Tailoring and Adapting Parent-Child Interaction Therapy to New
　　Populations. *Education and Treatment of Children, 28*(2), 197-201.

Eyberg, S. M., Nelson, M. M., Duke, M., & Boggs, S. R. (2012). 부모-아동 상호작용 코딩 시

스템 매뉴얼(두정일, 이정숙 공역). 서울: 시그마프레스.

Fantuzzo, J. W., & Hanpton, V. R. (2001). *Penn Interactive Peer Play Scale*. In K. Gitlin-Weiner, A. Sandgrund, & C. Schaefer (Eds.), *Play Diagnosis and Assessment* (2nd ed., pp. 593-629). NY: John Wiley & Sons.

Fasulo, A., Shukla., & Bennett, S. (2017). Find the hidden object. Understanding play in psychological assessments. *Frontiers in psychology, 24*, 1-12.

Fenson, L. (1986). The developmental progression of play. In A. W. Gottfried & C. C. Brown (Eds.), *Play Interactions: The Contribution of Play Materials and Parental Involvement to Children's Development* (pp. 53-66). Lexington, MA: Heath.

Freud, A. (1963). The concept of developmental lines. *Psychoanalytic Study of Child, 18*, 245-265.

Freud, S. (1955). *Analysis of a phobia in a five year old boy*. London, England: Hogarth Press.

Garvey, C. (1977). "Play with Language." In *Biology of Play*, edited by Barbara Tizard and David Harvey, 74-99.

Gauvain, M., & Rogoff, B. (1989). Collaborative problem solving and children's planning skills. *Development Psychology, 25*, 139-151.

Gehring, T. M. (1988). *The Family System Test*. Seattle: Hogrefe & Huber Publishers.

Grady, M. G., & Dusing, S. C. (2015). Reliability and validity of play-based assessment of motor and cognitive skills for infants and young children: A systematic review. *Physical Therapy, 95*(1), 25-38.

Gitlin-Weiner, K., Sandgrund, A., & Schaefer, C. (2001). *Play Diagnosis and Assessment*. John Wiley & Sons.

Harvey, S. A (1990). Dynamic play therapy: An integrated expressive arts approach to the family therapy of young children. *The Arts in Psychotherapy, 17*(3), 239-246.

Jernberg, A. M., & Booth, P. B. (1999). *"Theraplay: Helping Parents and Children Build Better Relationships Through Attachment-Based Play* (2nd ed.). San Francisco: Jossey-Bass.

Klein, M. (1955). The psychoanalytic play technique. *American Journal of Orthopsychiatry, 25*(2), 223-237.

Knell, S. M. (1992). *The Puppet Sentence Completion Task*. Unpublished manuscript.

Lifter, K. (1996). *Assessing play skills*. In M. Mclean, D. B. Bailey, Jr., & M. Wolery (Eds.), *Assessing infants and preschoolers with special needs* (2nd ed., pp. 435-461). Englewood Cliffs, NJ: Merrill.

Linder, T. W. (1993). *Transdisciplinary play-based assessment: A functional approach to working with young children.* Baltimore: Paul H. Brookes Publishing Co.

Lowe, M., & Costello, A. J. (1988). *Symbolic Play Test* (2nd ed.). Windsor, Berkshire, England: NFER-Nelson.

Lowenfeld, M. (1939). The World Pictures of Children: A Method of Recording and Studying Them. *British Journal of Medical Psychology, 18*(1), 65-101.

Marschak, M. (1960). "A Method for Evaluating Child-Parent Interaction Under Controlled Conditions." *The Journal of Genetic Psychology, 97,* 2-22.

Matheny, A. P., Jr. (1983). A longitudinal study of stability of components from Bayley's Infant Behavior Record. *Child Development, 54,* 356-360.

Mueller, N. (2001). MUG and Teddy Bears' Picnic. In K. Gitlin-Weiner, A. Sandgrund, & C. Schaefer (Eds.), *Play Diagnosis and Assessment* (2nd ed., pp. 593-629). NY: John Wiley & Sons.

O'Connor, K. J., & Ammen, S. (1997). *Play therapy treatment planning and intervention: The ecosystemic model and workbook.* San Diego, CA: Academic Press.

Parten, M. B. (1932). Social participation among preschool children. *Journal of Abnormal and Social Psychology, 27,* 243-269.

Piaget, J. (1962). *Play, dreams, and imitation in childhood.* New York: W. Notton.

Reilly, D. H. (1974). A Conceptual model for school psychology. *Psychology in the schools, 11*(2), 165-170.

Roggman, L. A., Boyce, L., & Newland, L. (2001). *Mother-Infant Play Interaction Assessment.* In K. Gitlin-Weiner, A. Sandgrund, & C. Schaefer (Eds.), *Play Diagnosis and Assessment* (2nd ed., pp. 312-361). NY: John Wiley & Sons.

Ross, P. (2001). The family puppet technique. In K. Gitlin-Weiner, A. Sandgrund, & C. Schaefer (Eds.), *Play Diagnosis and Assessment* (2nd ed., pp. 717-749). NY: John Wiley & Sons.

Segal, M., Montie, J., & Iverson, T. J. (2001). Preschoolers' Individual difference observation in the social interactive type. In K. Gitlin-Weiner, A. Sandgrund, & C. Schaefer (Eds.), *Play Diagnosis and Assessment* (2nd ed., pp. 503-537). NY: John Wiley & Sons.

Smith, D. T. (2000). Parent-child interaction play assessment. In K. Gitlin-Weiner, A. Sandgrund, & C. Shafer (Eds), *Play diagnosis and assessment* (pp. 228-261). John Wiley & Sons, Inc.

Smith, G. M. (1985). The collaborative drawing technique. *Journal of Personality Assessment, 49,* 582-585.

Stollak, G. E., Barlev, A., & Kalogiros, I. D. (2001). Child and Family assessment technique in the context of play. In K. Gitlin-Weiner, A. Sandgrund, & C. Schaefer (Eds.), *Play Diagnosis and Assessment* (2nd ed., pp. 503-537). NY: John Wiley & Sons.

Welsh, J., Bierman, K., & Pope, A. (2001). Children's peer interaction play assessment. In K. Gitlin-Weiner, A. Sandgrund, & C. Schaefer (Eds.), *Play Diagnosis and Assessment* (2nd ed., pp. 503-537). NY: John Wiley & Sons.

White, S. (1988). Should investigatory use of anatomical dolls be defined by the courts. *Journal of interpersonal Violence, 3,* 471-475.

White, S., & Quinn, K. M (1998). Investigatory independence in child sexual abuse evaluations: Conceptual considerations. *Bulletin of the American Academy of Psychiatry and the Law, 16,* 269-278.

제4장

발달평가

인간은 전 생애를 통해 지속적이고 체계적인 양적·질적 변화를 경험한다. 이같이 "개인에게 나타나는 체계적이고 연속적인 변화"를 발달이라고 정의하였다(Shaffer, 1999). 발달은 보편적으로 일정한 순서와 방향성을 지니고 있으므로 예측이 가능하다. 즉, 특정 발달의 전 단계가 다음 발달의 기초가 되며, 다음 발달로 이행한다는 것은 이후의 높은 차원으로 발달한다는 의미를 가진다. 한편 발달의 속도는 개인차가 있어, 신체, 인지, 언어, 정서, 사회성 발달에서 각기 다른 속도를 보이기도 한다.

인간 발달의 초기 단계인 영유아기는 이후 발달 단계의 성장을 좌우할 만큼 매우 중요한 시기이기도 하다(김동일 외, 2003). 따라서 영유아기 발달 과정상 장애 혹은 지체를 보이는 아동을 조기에 선별하고 진단하여 조기 교육 및 중재를 제공하는 것이 필요하다. 「장애인 등에 대한 특수교육법」에 따르면 아동 발달 영역을 인지, 신체, 의사소통, 사회 및 정서, 적응행동 등으로 나누어 볼 수 있다. 이 장에서는 영유아기 및 아동기 발달 진단평가로 보편적으로 사용되는 베일리 영유아 발달검사, 한국형 덴버 II 검사, BeDevel 검사와 자폐스펙트럼장애 아동의 선별 목적으로 사용되는 K-CARS 2에 대해 살펴보고자 한다.

1. 베일리 영유아 발달검사(K-Bayley-III)

1) 개관

베일리 영아 발달검사(Bayley Scales of Infant Development: BSID; Bayley, 1969, 1993, 2006)는 영유아의 발달적 기능을 평가하기 위한 개인용 검사로 개발되었다. 현재 국내에서 사용되고 있는 한국형 베일리 영유아 발달검사 3판(Korean Bayley Scales of Infant and Toddler Development-Third Edition: K-Bayley-III)은 기존 Bayley-II를 질적으로 개선하고 유용성을 증진시킨 Bayley-III를 번안하되, 일부 내용을 한국적 문화에 맞도록 수정하는 절차를 거쳤다(방희정, 남민, 이순행, 2019). K-Bayley-III는 생후 16일부터 42개월 15일까지 영유아들의 발달 수준을 평가함으로써, 영유아의 발달지연 여부와 조기 개입 프로그램의 효과를 평가하고 아동 발달에 대한 부모교육 자료로도 활용된다.

가장 처음 개발되었던 베일리 영아 발달검사(Bayley Scales of Infant Development: BSID; Bayley, 1969)는 이론적으로 다양한 관점의 영아 발달검사들과 개발 당시의 최신 연구 결과에 기초를 두고 있다. Bayley(1969)는 영아 평가는 초등학생이나 성인 대상 평가와는 다른 독특한 절차를 필요로 한다고 주장하였고, BSID는 융통성 있는 시행 방식과 표준화된 절차를 통합하여 영아를 적절히 평가할 수 있는 도구로 개발되었다. BSID는 2~30개월 영아를 대상으로 하여 정신(Mental) 척도와 운동(Motor) 척도로 구성되어 있으며, 문항의 난이도에 따라 배열되어 있다.

베일리 영아 발달검사 2판(Bayley Scales of Infant Development-Second Edition: BSID-II; Bayley, 1993)은 BSID와 동일하게 정신 및 운동 척도를 유지하면서 연령 범위를 1~42개월로 확장하였다. 당시 영아 발달 이론과 방법론 패러다임을 참조하여 정신 척도에서는 지각 발달, 문제해결, 수개념, 언어 발달, 개인/사회적 발달 등의 문항이, 운동 척도의 경우 운동, 감각 통합, 감각 간 지각, 지각–운동 통합 발달 등의 새로운 문항들이 추가되었다. 한국에서는 2004년 BSID-II를 한국 문화에 맞게 일부 문항을 수정하고 추가하여 한국판 베일리 영유아 발달검사 2판(K-BSID-II; 박혜원, 조복희, 2004)이 출간되었다.

2판 출판 후 아동 발달 연구의 기본 개념들이 더욱 정교화되는 추세에 맞추어 Bayley-III(2006)는 최신의 영유아 정상 발달 연구 및 이론에 근거하여 개발되었다. 이를 번안한 K-Bayley-III(2019)는 생후 16일부터 42개월 15일로 평가 대상 영유아의 연령 범위가 확대되었고 평가 내용의 범위도 확장되었다. K-Bayley-III는 검사자의 실시로 3개 발달 영역을 평가하며, 주 양육자의 보고로 2개 발달 영역을 보고한다. 즉, K-Balyey-III는 검사자가 아동에게 도구나 언어적 지시를 사용해 지시한 후 수행수준을 평가하는데, 일부 항목은 보호자의 도움이 필요하다. 또한 아동 행동 관찰, 검사 수행 시 아동 행동에 대한 보호자 평가 등이 포함되어 당시 평가 상황에서 나타나

〈표 4-1〉 **K-Bayley-III의 평가 영역**

검사자 시행	주 양육자 보고
• 인지 발달 • 언어 발달(수용언어/표현언어) • 운동 발달(소근육 운동/대근육 운동)	• 사회-정서 발달 • 적응행동

지 않는 영유아의 발달행동도 평가할 수 있도록 하였다. K-Bayley-III에서 평가하는 발달 영역과 각각의 특징 및 하위 검사는 다음에 제시되어 있다.

- **인지 발달**: 인지발달검사는 감각운동, 탐색적 조작, 대상 영속성, 개념 형성, 기억, 기타 인지처리를 평가하는 문항들을 포함한다. 기본적인 문항 구성은 K-BSID-II의 정신 척도 문항들을 대부분 포함하며, 인지 검사의 독특성을 더욱 강화하기 위하여 수용언어 기술이 덜 요구되고 운동 기술의 영향을 감소시키는 방향으로 개정되었다.

- **언어 발달**: 언어발달검사는 '수용언어'와 '표현언어' 하위 검사로 구성되며, K-BSID-II의 정신 척도 항목 중 수용언어나 표현언어를 측정하는 문항 대부분을 포함하였다. 더불어 확대된 연령 범위의 내용을 다루고, 최근 언어 발달 연구 추세에 맞추어 넓은 범위의 내용이 포함되도록 새로운 문항을 추가하였다. 즉, 수용언어 및 표현언어 하위 검사에는 '전언어적 요소'에 대한 이해 및 표현이 포함되어 있다. '전언어적 요소'로는 옹알이, 몸짓, 공동주시, 번갈아 주고받기와 같은 전언어적 행동을 이해하고 의사소통에 사용할 수 있는지 등이 포함된다.

- **운동 발달**: '소근육 운동'과 '대근육 운동' 하위 검사로 구성되며, K-BSID-II의 문항 중 소근육 운동이나 대근육 운동을 주로 측정한다고 확인된 문항들을 포함하고 있다. 또한 최근 연구 결과에 반영된 영유아의 운동 발달 연구 추세에 맞추어 (예: 운동의 질에 대해 증가된 관심) 일부 항목을 추가하였다.

- **사회-정서 발달**: 사회-정서 발달 검사는 해당 영역의 전문가인 Stanley Greenspan(2004)에 의해 개발된 Greenspan Social-Emotional Growth Chart: A Screening Questionnaire for Infants and Young Children을 사용하였다. 연령별 기대되는 사회 및 정서 발달의 이정표를 제시하고 대상 영유아가 이에 도달했는지를 평가한다. 기능적인 정서 기술의 숙달 정도를 평가할 수 있는 문항으로 구성되어 있는데, 자기 조절 능력의 발달, 환경에 대한 관심, 자신의 요구를 소통하는 능력, 다른 사람의 주의를 끌고 관계를 형성하기, 감정을 상호적이고 의도적인 방식으로 사용하기, 정서 신호나 몸짓을 이용해 문제 해결하기 등이 포함된다.

- **적응행동**: 적응행동검사는 적응기술 기능을 평가하는 Adaptive Behavior

Assessment System-Second Edition(ABAS-II; Harrison & Oakland, 2003)의 부모/주 양육자용(0~5세) 문항을 사용하였다. 하위 척도로는 의사소통(말하기, 언어, 듣기, 비언어적 의사소통), 지역사회 이용(집 밖 활동에 대한 흥미와 주변 시설물 인지하기), 학령 전 학업기능(글자 인식, 셈하기, 단순한 형태 그리기), 가정생활(어른을 도와 집안일하기, 개인 소유물 간수하기), 건강과 안전(위험한 것에 주의하기), 놀이 및 여가(놀이, 규칙 따르기, 취미활동 하기), 자조기술(먹기, 화장실 가기, 목욕), 자기주도(자기 통제, 지시 따르기), 사회성(타인과 어울리기, 감정 인식하기), 운동기술(이동 능력과 환경 조작) 등 일상적 행동기술을 측정하는 문항들로 구성되어 있다. 적응행동검사는 주 양육자가 작성하는 질문지형 검사로 각 문항은 4점 척도로 평정되며, 응답자가 아동의 수행을 추측하여 답하는 경우 추측 칸에 별도 표시하도록 한다.

2) 실시

(1) 표준화된 시행과 검사 환경

K-Bayley-III 규준은 표준화된 실시 방법과 채점 절차에 의해 동일한 검사 조건에서 형성된 자료다. 따라서 K-Bayley-III 검사 결과를 정확하게 해석하기 위해서는 지침서에 제안된 방식대로 검사 조건을 구비하고 제시된 실시 및 채점 방식에 따라 시행되어야 한다. 검사 문항을 제시하는 방식이나 지시를 변경한다면 검사 결과의 신뢰도와 타당도가 낮아질 수 있다는 점에 유의해야 한다.

검사실은 조용하고 조명은 적절하며 편안한 분위기로 아동의 주의를 분산시키는 자극이 적도록 구성되어야 한다. 기기, 걷기, 달리기, 뛰기 등 아동의 대근육 운동기술을 평가할 수 있도록 검사실 공간은 충분히 커야 한다. 검사실에는 작은 책상과 의자 2개가 준비되어야 하며, 계단을 오르내리는 검사 문항 시행을 위한 표준 규격의 계단 세트가 있어야 한다. 검사에 참여하는 인원은 최소로 제한되는 것이 바람직한데, 검사 시행 시 최적의 조건은 검사자, 아동, 그리고 주 양육자 한 명이 참여하도록 한다.

수검 아동과 검사자 간의 라포 형성은 특히 영유아를 대상으로 하는 평가에서 중요하다. 라포 형성을 위한 시간과 방법은 아동의 연령과 기질적 특성에 따라 다를 수 있다. 부모 또는 양육자로부터 사전 또는 현장에서 얻은 정보를 바탕으로 라포 형성하는 것도 도움이 될 수 있다. 검사자는 라포를 형성한 후 검사를 일정한 속도로 진행하되, 아동의 기분, 활동 수준, 협조적 태도 등의 변화를 민감하게 살피며 적절하게 아동을 격려하는 것이 중요하다. 어린 아동에게 K-Bayley-III를 실시할 때 양육자의 격려를 통해 아동의 평균적 수행 수준을 이끌어 내는 데 도움이 되기도 한다. 검사자가 검사 실시, 시간 재기, 기록하기, 채점하기에 대해 충분히 숙지하고 있을 때 검사 속도를 지연시키지 않으면서 아동과 자연스러운 상호작용을 이끌어 낼 수 있다.

K-Bayley-III 검사 도구는 검사 과정에서 쉽게 이용할 수 있도록 미리 배열해 둔다. 시행 문항에서 사용하지 않은 도구들은 아동에게 보이지 않게 보관함으로써 아동의 주의를 분산시키지 않는 환경을 조성하는 것이 좋다. 그 외 티슈, 100원짜리 동전 5개, 과자 조각(치리오스 시리얼), 자르기용 카드 여러 장, 아동용 안전가위, 표준 규격의 계단, 줄 없는 흰 종이 여러 장이 필요하다.

(2) 실시 지침

실시 시간은 연령에 따라 다르다. 대개 12개월 이하 아동에게 전체 검사는 약 50분 정도 소요되며, 13개월 이상 아동은 약 90분 정도 소요된다. 더불어 검사 친숙도, 아동의 장점과 단점, 검사 행동에 따라서 검사 시간은 가변적이므로 아동의 요구와 기질, 성향에 맞추어 검사 시간을 조율하는 것이 필요하다.

시행되는 모든 하위 검사는 시작 규칙과 중지 규칙을 따르게 되는데, 이는 수검 아동에게 가장 적절한 문항을 시행하기 위해서다. 인지, 언어, 운동검사에 적용되는 시작 규칙은 모두 동일하다. 즉, 아동은 연령별 시작점에서 3개의 문항을 연속해서 1점을 얻어야 기저선을 획득하여 검사를 지속할 수 있다. 만약 아동이 첫 3개의 문항에서 하나라도 0점을 받으면, 이전 연령의 시작점으로 가서 순서대로 시행하여 3문항 연속 1점을 얻어야 한다. 시작 규칙이 통과되면, 문항 번호 순으로 진행하다가 5개 문항 연속 0점을 받으면 중지하게 된다.

제한시간이 제시된 문항은 초시계로 시간을 측정해야 한다. 아동이 과제를 거의 완성해 가는 경우 제한시간이 지났더라도 라포를 유지하고 아동의 좌절을 줄이기 위해서 과제를 완수할 수 있는 시간을 더 줄 수 있다. 이 경우 제한시간 내에 수행한 것만 기준으로 하여 채점한다.

예시 문항은 일부 문항에서 실제 채점되는 문항 전에 제시할 수 있다. 아동이 과제

발달검사 3판 [실시지침서](방희정, 남민, 이순행, 2019)의 제3장에 자세하게 제시되어 있다.

예를 들어, 24개월 10일의 유아를 대상으로 검사를 시행하는 경우, 시작점은 M의 41번 문항이다([그림 4-2] 참고). 왼편 검사 기록지에는 41번(투명상자: 앞면) 문항이 제시되어 있고, 실시지침서 내용은 오른편에 제시하였다. 오른편 실시지침서에는 검사 시행과 관련된 지침이 기술되어 있을 뿐 아니라, 그 하단에 1점, 0점의 채점기준이 제시되어 있으므로 그에 따라 채점이 이루어진다.

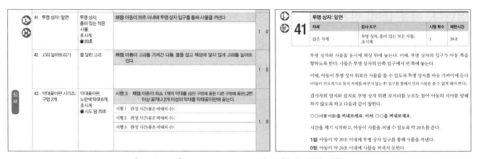

[그림 4-2] K-Bayley-Ⅲ 41번 문항과 시행 지침

주 양육자 보고에 의한 사회-정서 발달검사와 적응행동검사를 하기 위해서 응답자는 아동에 대해 잘 알고 있어야 한다. 사회-정서 발달검사는 특정 행동이 얼마나 자주 관찰되는지를 가장 잘 묘사하는지 0(알 수 없다), 1(전혀), 2(때때로), 3(반 정도), 4(대부분), 5(항상)의 6가지 평정 중 하나를 선택한다. 적응행동검사는 각 문항에 대해 아동이 필요할 때 적응기술을 어느 정도로 수행하는지 평가하기 위해 0(아직 못함), 1(거의 안 함), 2(가끔 함), 3(항상 함)의 4가지 평정 중 하나를 선택한다. 만약 응답자가 특정 문항에 대해 아동의 수행을 추측하였다면 추측 칸에 표시하도록 한다. 추측하도록 격려하였는데도 응답자가 답할 수 없다면 빈칸으로 두고 0점으로 채점한다.

4) 해석

4개의 발달 영역(인지 발달, 언어 발달, 운동 발달, 사회-정서 발달)과 적응행동 영역에는 발달지수, 백분위 점수, 신뢰구간 및 발달 월령이 제시된다. 이 중 발달지수는 웩슬러 지능검사의 FSIQ나 지표점수들과 동일한 기준에 따라 분류 및 해석할 수 있다.

각 발달 영역의 하위 검사들은 원점수, 척도점수(환산점수) 및 발달 월령이 제시되며, 적응행동 영역 하위 검사에 대해서는 척도점수(환산점수)만 제시된다.

(1) 발달지수

발달지수는 평균 100과 표준편차 15, 범위는 40~160으로 환산한 점수로서, 또래와 비교한 아동의 상대적 위치에 대한 정보를 알려 준다. 발달지수는 90~109점은 평균, 80~89점은 평균하, 70~79점은 경계선, 69점 이하는 지연 수행을 의미한다. 또한 110~119점은 평균상, 120~129점은 우수, 130점 이상은 매우 우수한 수행을 의미한다. 발달지수는 인지, 언어, 운동, 사회-정서, 적응행동의 5개 발달 영역에 대해 제공되며 상대적 강점과 약점을 파악할 수 있다.

(2) 척도점수

척도점수는 각각의 하위 소검사의 원점수 총점을 평균 10, 표준편차 3, 범위 1~19로 환산한 점수로, 또래와 비교하여 수검 아동의 상대적 위치에 대한 정보를 제공한다. 척도점수 10은 평균 수행을 의미하며 척도점수 7점과 13점은 평균으로부터 1SD(표준편차) 떨어진 위치이며, 4점과 16점은 평균으로부터 2SD(표준편차) 떨어진 위치를 의미한다. 척도점수는 총 16개 하위 검사에 대해 제공하고 수검 아동의 상대적 강점과 약점에 대한 정보를 알 수 있다.

(3) 백분위 점수

백분위 점수는 1~99까지의 범위로, 평균과 중앙치가 50으로 환산된 점수로, 또래와 비교하여 수검 아동의 상대적 순위 정보를 제공한다. 예를 들어, 36개월 아동이 운동 영역에서 백분위 90을 얻는다면, 이는 표준화 표본의 36개월 아동의 90%보다 높다는 것을 의미한다. 백분위 점수는 인지, 언어, 운동, 사회-정서, 적응행동에 대해 제공된다.

(4) 신뢰구간

신뢰구간은 아동의 실제 점수가 해당할 가능성이 있는 점수의 범위로, 검사점수의 정확도를 보고하는 수단이다. 신뢰구간은 5가지의 발달지수에 대해 90%, 95% 신뢰구간이 제공된다.

(5) 발달월령

　　발달월령은 특정 원점수 총점이 일반적으로 나타나는 평균 개월수를 의미한다. 예를 들어, 인지발달검사의 원점수 총점 56점이 일반적으로 나타나는 평균 개월수는 19개월이므로, 인지발달검사의 원점수 56점에 해당하는 발달월령은 19개월이다. 발달월령은 인지, 수용 언어, 표현 언어, 소근육운동, 대근육운동 하위 검사에 대해 제공된다. 다만 발달월령이 또래와 비교한 상대적인 위치 정보는 제공하지 못하므로 척도점수가 3점 이하이거나 17점 이상인 경우에만 제공되며, 등간 척도가 아니므로 해석상 주의가 필요하다.

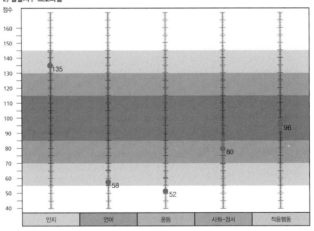

[그림 4-3] K-Bayley-III 결과 해석지 (1)

K-Bayley-III Korean Bayley Scales of Infant and Toddler development: 3rd edition
2015/08/25 Page 14   sample 남   19개월 24일

2. K-Bayley-III 척도점수 결과

1) 하위검사 척도점수 분석

1세 미만의 경우, * 표시된 영역만 실시함
** 척도점수가 3점 이하이거나 17점 이상일때만 제공됨

하위검사		원점수	척도점수	발달연령**
인지**		70	17	26개월
언어	수용언어**	13	4	
언어	표현언어**	10	2	9개월
운동	소근육운동**	28	3	12개월
운동	대근육운동**	20	1	5개월10일
사회-정서		87	6	
적응행동	*의사소통	18	3	
적응행동	지역사회이용	38	17	

하위검사		원점수	척도점수
적응행동	학령전 학업기능	30	18
적응행동	가정생활	30+	10
적응행동	*건강과 안전	25	7
적응행동	*놀이 및 여가	42	11
적응행동	*자조기술	21	1
적응행동	*자기주도	45	13
적응행동	*사회성	35	9
적응행동	*운동기술	25+	2

'+'로 표기된 적응행동의 하위척도는 '추측'으로 표기한 문항수가 평균(3개)보다 많으므로 해석에 주의를 요함

2) 척도점수 프로파일

인지 17 | 수용언어 4 | 표현언어 2 | 소근육운동 3 | 대근육운동 1 | 사회-정서 6 | 의사소통 3 | 학령전학업기능 18 | 자기주도 13 | 놀이 및 여가 11 | 사회성 9 | 지역사회이용 17 | 가정생활 10 | 건강과 안전 7 | 자조기술 1 | 운동기술 2

언어발달 | 운동발달 | 적응행동

K-Bayley-III로 sample 아동의 하위검사 발달을 살펴본 결과, sample 아동의 발달적 강점은 학령전학업기능이고, 다른 하위검사와 비교한 상대적 약점은 자조기술,대근육운동 입니다.
자조기술,대근육운동 의 발달을 촉진시키기 위하여 부록에 제시된 '부모와 아동을 위한 활동'을 참조하시면 도움이 될 것입니다.

[그림 4-4] K–Bayley–III 결과 해석지 (2)

검사 결과 해석지는 부모용, 전문가용으로 산출되며 이 장에서는 부모용 해석지를 제시하였다.

K-Bayley-III는 영유아의 발달 이상 여부를 선별하는 검사로서 유용하지만 의사소통장애, 지적장애, 자폐스펙트럼장애 등 특정 신경발달장애를 진단할 목적에서 사용하지 않도록 주의해야 한다. 예를 들어, K-Bayley-III를 통해 언어 발달의 문제가 의심된다면 영유아기 언어 발달에 특화된 검사를 추가 시행하여 언어장애 진단이 가능한지 보다 상세하게 평가해야 한다. 또한 감각 이상이나 신체적 문제를 갖고 있는 영유아에게 표준화된 절차로 이 검사를 실시하고 규준을 적용한다면 실제 기능이 저평가될 수 있으므로 이에 대해서도 주의가 필요하다.

2. 한국형 Denver II(Korean-Denver Developmental Screening Test II: K-DDST II)

1) 개관

Denver II(Frankenburg, Goldstein, & Camp, 1971)는 덴버 발달선별검사(Denver Development Screening Test: Frankenburg, & Dodds, 1967)의 개정판으로, 외견상 이상이 없어 보이는 아동에게 시행하여 발달장애 가능성이 있는지 선별할 목적에서 사용되는 발달 평가 도구다. 국내에서는 우리나라 실정에 맞게 신희선, 한경자, 오진수, 오가실, 하미나(2002)에 의해 한국형 Denver II로 표준화되었다.

Denver II는 출생 시부터 6세 사이의 아동을 대상으로 다양한 도구를 사용해 아동의 행동 수준을 관찰, 평정하도록 되어 있으며 개인-사회성 발달, 미세운동-적응 발달, 언어 발달, 전체 운동 발달의 4개 발달 영역을 평가하며 총 125문항으로 구성되어 있다. 한국형 Denver II는 한국 내 표준화 과정을 통해 개인-사회성 발달 영역 22문항, 미세운동-적응 발달 영역 27문항, 언어 발달 영역 34문항, 운동 발달 영역 27문항으로 총 110문항으로 개발되었다.

〈표 4-2〉 한국형 Denver II 검사의 평가 영역

영역	문항 수	내용
개인-사회성 발달	22	사람들과 상호작용하고 일상생활을 위한 개인적 요구를 스스로 해결할 수 있는 자조 능력
미세운동-적응 발달	27	눈-손의 협응력, 작은 물체의 조작, 문제해결 능력
언어 발달	34	듣고 이해하고 언어를 사용하는 능력
전체 운동 발달	27	앉고 뛰고 걷는 등 큰 근육운동

2) 실시

검사를 시행하기 위해 안전하고 청결한 환경에서 검사 도구와 검사지를 준비한다. 검사 도구로는 검사지, 검사 도구, 검사 지침서, 그리고 빨간 털실뭉치 1개, 건포도 몇

개, 손잡이가 있는 딸랑이 1개, 적목 10개(빨간색, 노란색, 초록색, 파란색, 주황색 각 2개
씩), 작은 종 1개, 테니스 공 1개, 빨간색 연필 1개, 종이 1장, 작은 플라스틱 인형, 손
잡이 달린 컵을 준비한다.

Denver II는 검사일을 기준으로 할 때 2세 이하이며 예정일보다 2주 이상 조산인
아동의 경우, 조산된 기간을 생활연령에서 감하여 계산한다. 이처럼 수검 아동의 정
확한 연령을 계산한 후, [그림 4-5]와 같이 연령선을 검사지 위에서 아래로 일직선으
로 긋는다. 연령선을 그은 후 그 위에 검사 날짜를 기록한다.

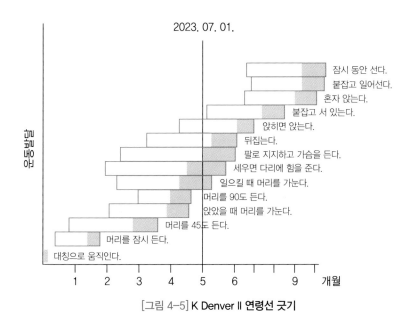

[그림 4-5] K Denver II 연령선 긋기

검사는 먼저 연령선이 지나는 각각의 항목을 시행하며 적어도 연령선의 왼쪽에서
가장 가까운 3개 항목을 전부 시행한다. 아동이 이 단계에서 특정 항목을 시행하지
못하면(실패, 거부, 기회 없음) 세 항목을 아동이 통과할 때까지 해당 영역의 왼쪽으로
항목을 추가하여 검사를 진행한다. 아동의 상대적인 최고 능력을 확인하기 위해서는
3개의 실패 항목이 나올 때까지 계속하여 오른쪽으로 항목을 시행하도록 한다. 각 항
목 수행에 따른 기록은 〈표 4-3〉과 같이 시행하며, 실패로 결정하기 전에 적절하다
면 3번의 기회를 준다. 각 항목의 결과는 50%의 눈금이 있는 위치에 표시한다.

〈표 4-3〉 한국형 Denver II의 수행 기록

기록	내용
P(Pass)	아동이 항목을 성공적으로 수행한 경우 보호자가 아동이 평소 항목을 수행할 수 있다고 답함
F(Fail)	아동이 항목을 성공적으로 수행하지 못한 경우 보호자가 아동이 평소 항목을 수행할 수 없다고 답함
NO(No opportunity)	아동이 항목을 수행할 기회가 없었을 경우 특정한 사유로 항목 수행에 제한이 가해진 경우
R(Refusal)	아동이 항목 수행을 거부한 경우

3) 해석

(1) 개별 항목 해석

각 항목 막대에는 표준표본의 25%, 50%, 75%, 90%가 통과된 연령이 표시되어 있다. 예를 들어, [그림 4-6]에서 '짝짜꿍을 한다'라는 항목에서 막대 왼쪽 끝이 가리키는 연령선은 정상 아동의 25%가 7개월 정도에서 할 수 있다는 것을 의미하며, 정상 아동의 50%는 9개월경, 정상 아동의 75%는 11.5개월 가능하며, 막대의 오른쪽 끝은 정상 아동의 90%가 13개월경 가능하다는 것을 의미한다.

[그림 4-6] 한국형 Denver II 검사 항목의 예

개별 항목들을 해석할 때는 다음과 같은 기준에 따라 월등한 항목, 정상 항목, 주의 항목, 지연 항목, 기회 없음 항목 등으로 나누어 볼 수 있다. 개별 항목에서의 '주의', '지연'은 전체 검사를 해석할 때 중요하게 고려되어야 한다.

① 월등한(Advanced) 항목

아동의 연령선보다 오른쪽에 있는 항목을 Pass하는 경우, 해당 항목에서 아동의 발달 수준은 또래보다 높다는 것을 의미한다.

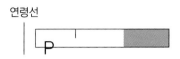

② 정상(Normal) 항목

각 항목의 실패나 거절은 반드시 발달 지연을 의미하는 것은 아니다. 아동의 연령
선 오른쪽에 있는 항목을 실패하거나 거부한다면 아동의 발달은 정상 범주에 포함된
다. 이는 그 항목을 수행한 표준화 표본 아동 25%의 연령보다 수검 아동이 더 어리기
때문이며, 아동은 연령이 더 증가할 때까지 그런 항목을 통과하도록 요구되지 않는
다. 또한 연령선이 25%와 75% 사이에 있을 때 아동은 통과, 실패 또는 거부로 평가될
수 있으며, 이 항목에서 아동 발달은 정상으로 평정된다.

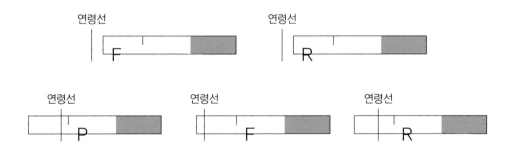

③ 주의(Caution) 항목

전체적인 검사를 해석할 때 각 항목에서 주의 항목을 고려해야 한다. '주의'는 아동
이 연령선이 지나는 항목이나 연령선이 75%와 90% 사이에 있는 항목에서 실패 혹은
거부했을 경우에 해당한다. 수검 아동보다 더 어린 연령의 표본 아동 75%가 이 항목
을 수행했다는 의미를 지니고 있기 때문이다. '주의'는 막대의 오른쪽에 'C'라고 표시
한다.

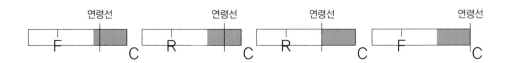

④ 지연(Delay) 항목

연령선에서 완전히 왼쪽에 있는 항목을 실패했거나 거부했을 때 해당한다. 이는 더 어린 표본 아동의 90%에서 통과한 항목을 수검 아동이 실패하거나 거부했기 때문이다. '지연'은 막대의 오른쪽 끝에 색칠하여 표시한다.

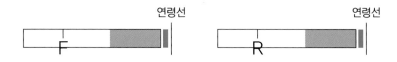

⑤ 기회 없음(no opportunity) 항목

부모 보고에 의한 항목으로, 아동이 시도할 기회가 없었다고 부모가 말하는 경우 NO로 표시한다. 이 항목은 전체 검사 해석 시 고려되지 않는다.

(2) 전체 검사 해석

검사자의 판단에 따라 합격(P), 불합격(F)으로 평정하며 전체 문항의 수를 합산하여 정상 발달, 의심스러운 발달, 검사 불능, 의뢰 기준의 범주로 해석한다.

〈표 4-4〉 한국형 Denver II 해석 기준

결과 범주	해석 기준
정상 발달(Normal)	• 지연 항목이 없고 주의 항목이 1개 이하인 경우
의심스러운 발달 (Questionable)	• 주의 항목이 2개 이상 있거나 1개 이상의 지연 항목이 있는 경우 • 1~2주 내에 재검사 실시
검사 불능 (Untestable)	• 연령선의 맨 왼쪽의 항목에서 1개 이상의 거부 • 75~90% 사이에 연령선이 지나는 항목에서 2개 이상의 거부(R)가 있는 경우 • 1~2주 내 재검사 실시
의뢰 기준(Referral)	• 재검사 결과 다시 의심이나 검사 불능으로 나오는 경우 • 검사 결과 검토(주의와 지연 항목 수), 이전 발달 정도, 과거력 등에 근거하여 전문가에게 의뢰

검사자가 시행과 해석 시 주의해야 할 점은 다음과 같다.

① 아동의 지능 수준을 측정하는 것이 아니라 발달 정도를 선별한다는 것을 부모에게 충분히 설명 후 검사를 시행해야 하며, 검사자가 직접 아동 행동을 관찰하거나 매일 돌보는 사람으로부터 아동에 관한 자료를 수집해서 검사한다.

② 수줍어하는 아동은 계속해서 질문하게 되면 움츠러들어 평상시 행동과 같은 반응을 하기 어려우므로 쉽고 간단한 항목을 먼저 선택해서 검사한다.

③ 검사 전 아동이 검사 도구에 익숙하도록 검사 도구를 보여 주어야 한다. 검사가 시작되면 주의 집중력을 높이기 위해 꼭 필요한 도구 외에는 어떤 것도 탁자 위에 두지 않도록 하며, 각 검사 항목은 3번까지 아동에게 해 보도록 한 다음 P나 F를 결정한다.

3. 걸음마기 아동 행동 발달 선별 척도(BeDevel)

1) 개관

BeDevel(Behavior Development Screening for Toddlers)은 42개월 미만의 어린 아동들을 대상으로 자폐스펙트럼장애를 조기에 선별하기 위해 개발한 도구다(유희정, 봉귀영, 이경숙, 정석진, 선우현정, 장정윤, 김정훈, 홍유화, 2022). 이는 우리나라의 사회 문화적 특성에 맞는 자폐스펙트럼장애 선별 도구를 개발하고 보급함으로써 자폐스펙트럼장애의 조기 발견과 조기 개입을 위해 개발되었다. 보건복지부의 사회 서비스 R&D 사업의 일환으로 2014년부터 2018년까지 4년간의 연구를 통해 도구의 개발 및 타당화 과정을 거친 척도로, 구체적인 검사 지침서, 교육 자료, 시각적 보조 자료를 포함하는 통합적인 선별검사 패키지다.

자폐스펙트럼장애의 선별 도구로서, 자폐스펙트럼장애의 정신의학적 진단 기준을 잘 반영하고, 통계적으로 높은 타당도와 신뢰도를 보고할 수 있으며, 실제 한국의 의료체계와 유아교육/보육 현장의 현실적 요건이 반영되어 다양한 전문가에 의해 충분히 활용할 수 있도록 하였다.

BeDevel 검사 도구는 크게 보호자 면담 도구인 BeDevle-I(BeDevel-Interview)와 아동 관찰 평가 도구인 BeDevel-P(BeDevel-Play)로 이루어져 있다. 그 외에도 부모 혹은 교사가 평정하는 설문지인 BeDevel-Q(BeDevel-Questionnaire)도 함께 개발되었다. BeDevel의 구성은 다음과 같다.

- BeDevel-Interview protocol(BeDevel-I): 보호자 면담 도구 프로토콜
- BeDevel-Play protocol(BeDevel-P): 아동 관찰 도구 프로토콜
  - BeDevel-Play Toolbox: 아동 관찰 도구세트
- BeDevel-Questionnaire(BeDevel-Q): 설문지
  - BeDevel-Questionnaire/Parent(BeDevel-Q/P): 설문지/부모용
  - BeDevel-Questionnaire/Teacher(BeDevel-Q/T): 설문지/교사용
- BeDevel Guideline: 전문가 지침서
- BeDevel Handbook: 영유아 사회성 발달안내서
  (자폐스펙트럼장애의 발달적 특성에 대한 교육자료)
- BeDevel-Visual aids(BeDevel-V): 자폐스펙트럼장애의 특성에 대한 시각적 보조 자료

---

(1) BeDevel-I

BeDevel-I는 아동을 직접 양육하거나 오랜 시간 관찰하는 사람(예: 부모, 조부모, 보육교사 등)과의 면담을 통해 각 연령대별로 기대되는 사회적 행동과 의사소통 행동들이 적절하게 발달하고 있는지, 자폐스펙트럼장애와 관련된 행동 특성들이 나타나는지 파악하기 위해 제작된 질문지와 답안지다. BeDevel-I를 시행하고 채점하는 데 15~20분 정도 소요된다.

BeDevel-I에서 탐색하는 영역은 DSM-5-TR 진단기준에 맞추어 ① 사회적 의사소통 및 상호작용, ② 제한적이고 반복적인 행동 특성 및 관심사, ③ 기타 행동 특성으로 구분되어 있다. [사회적 의사소통 및 상호작용] 영역에서는 연령대별로 6~14개의 행동 특성에 대해 질문하고 보호자의 답변 후 4~5개 중 하나에 평정할 수 있도록 구성되어 있다. [제한적이고 반복적인 행동 특성 및 관심사] 영역은 상동 행동, 동일한 것을 고집, 의식화된 행동, 제한된 관심과 흥미, 감각적 특성 4개 영역으로 나누어져 있으며, 각 하위 영역별 구체적 행동과 그 빈도 및 심각도를 평가한다. [기타 행동 특

성] 영역에서는 비일반적인 행동 특성 및 신체장애, 생물학적 장애를 보이는지 질문하고 보고된 특성이 있다면 이를 기록한다. 채점은 1, 2, 3점으로 채점하는데, 1점은 전형적인 발달, 2점과 3점은 전형적이라고 보기 어려운 발달을 의미한다.

연령대별 BeDevel-I 구성은 〈표 4-5〉에 제시되어 있다. 또한 BeDevel-I의 측정 항목 및 적용 연령은 〈표 4-6〉에 포함되어 있다.

〈표 4-5〉 BeDevel-I 구성

구분	문항 수		기타 행동 특성
	사회적 의사소통 및 상호작용	제한적이고 반복적인 행동 특성 및 관심사	
9개월(9~11개월)	6문항	4개 하위 영역 8개 세부 문항	14문항
12개월(12~17개월)	9문항		
18개월(18~23개월)	11문항		
24개월(24~35개월)	13문항		
36개월(36~42개월)	14문항		

〈표 4-6〉 BeDevel-I의 측정 항목 및 적용 연령

	측정 항목	적용 연령				
		9~	12~	18~	24~	36~
A-1 상호적 · 감정적 상호성의 결함	호명 반응	V	V	V	V	V
	사회적 미소	V	V	V	V	V
	사회적 참조	V	V	V	V	V
	관심 공유하기				V	V	V
	대화					V
A-2 사회적 상호작용을 위한 비언어적 의사소통 행동의 결함	눈맞춤	V	V	V	V	V
	표정의 사용	V	V	V	V	V
	제스처			V	V	V
	가리키기(공동 관심 행동)			V	V	V
	가리키기 행동의 반응			V	V	V
	모방 행동		V	V	V	V
A-3 관계를 발전시키고 유지하며 이해하는 것의 경험	사회적 관심과 관계 맺기	V	V	V		
	또래에 대한 관심				V	V
	놀이 수준				V	V

B 제한적이고 반복적인 행동이나 흥미, 활동	상동적이고 반복적인 행동	V	V	V	V	V
	동일한 것에 대한 고집, 의식적인 행동	V	V	V	V	V
	제한된 관심과 흥미	V	V	V	V	V
	감각적 특성	V	V	V	V	V
C 기타	기타 행동 특성	V	V	V	V	V

(2) BeDevel-P

BeDevel-P는 검사자와 함께 간단한 놀이를 하는 과정에서 아동을 관찰하여 사회적 상호작용과 의사소통, 그리고 반복적인 행동을 평가할 수 있도록 구성된 직접관찰 도구다. 연령대에 따라 3~14개의 놀이 활동과 검사자가 종합적으로 관찰하여 평가하는 4~6개의 항목으로 구성되어 있다. 각 놀이 활동은 해당 연령 아동들에게 적합한 상호적인 놀이, 또는 간단한 과제로 이루어져 있는데, 놀이 활동 시행을 위한 지침이 단계적이고 구체적인 시나리오 형태로 제시되어 있다. 또한 이러한 활동을 시행하면서 중요하게 관찰해야 하는 항목들을 명시되어 있다. 놀이 중에 나타나는 제한적이고 반복적인 행동 및 흥미 역시 평가할 수 있도록 관찰체계를 구성하고 있는데 이는 〈표 4-8〉에 제시되어 있다. BeDevel-P를 시행하고 채점하는 데는 15~20분 정도 소요된다.

〈표 4-7〉 BeDevel-P의 구성

구분	문항 수	
	활동 수	종합 평가 항목
9개월(9~11개월)	3개	4문항
12개월(12~17개월)	9개	6문항
18개월(18~23개월)	10개	6문항
24개월(24~35개월)	12개	6문항
36개월(36~42개월)	14개	6문항

첫 번째 활동인 [익숙해지기]를 제외하고는 각 놀이 활동마다 아동이 보이는 특정한 행동에 점수를 부여할 수 있게 되어 있다. 점수는 1~3점 체계(일부 문항은 1점, 3점두 가지)로, 1점은 전형적인 발달, 2점은 충분하지 않거나 비일관적 발달, 3점은 전형

적이지 않거나 상당히 제한된 발달 특성을 보이는 것을 의미한다.

연령대별로 BeDevel-P에서 시행하는 놀이 활동과 관찰해야 하는 행동들을 〈표 4-8〉에 요약하여 제시하였다.

〈표 4-8〉 BeDevel-P의 활동, 측정 항목 및 적용 연령

사회적 미소검사 활동		측정 항목	적용 연령				
			9~11 개월	12~17 개월	18~23 개월	24~35 개월	36~42 개월
1	익숙해지기	눈맞춤, 표정, 관심 공유, 제스처, 표현언어, 놀이의 수준, 상동 행동, 제한된 관심	V	V	V	V	V
2	이름 부르기	사회적 반응, 호명에 대한 반응	V	V	V	V	V
3-1	사회적 미소-얼러주기	사회적 반응, 사회적 미소	V				
3-2	사회적 미소-까꿍놀이	사회적 반응, 사회적 미소		V			
3-3	사회적 미소-칭찬하기, 인사하기	사회적 반응, 사회적 미소				V	V
4-1	표정 살피기-태엽 장난감	사회적 참조, 표정의 이해		V	V		
4-2	표정 살피기-블록	사회적 참조, 표정의 이해			V	V	V
4-3	표정 살피기-속상해요!	사회적 참조, 표정의 이해				V	V
5	숨기기	제스처의 이해, 표정의 이해				V	V
6	원하는 것 거리키기-멀리 있는 장난감	제스처의 사용, 가리키기 행동 사용		V	V	V	V
7-1	캐릭터 스티커 함께 보기-반응	공동 관심 행동에 대한 반응		V	V	V	V
7-2	캐릭터 스티커 함께 보기-이동의 시작	공동 관심 행동의 시작, 가리키기 행동		V	V	V	V
8-1	행동 따라 하기-컵	모방, 관심 공유하기		V			
8-2	행동 따라 하기-바람개비	모방, 관심 공유하기, 상동 행동			V		
8-3	행동 따라 하기-미끄럼틀	모방, 관심 공유하기, 제한된 관심				V	V
9-1	함께 놀이하기-간지럼 태우기	사회적 상호 교환성		V	V		
9-2	함께 놀이하기-공 주고받기, 줄다리기, 코코코	사회적 상호 교환성				V	
9-3	함께 놀이하기-상상놀이, 쎄쎄세, 쌀보리	사회적 상호 교환성					V

10	말 이해하기	사회적 상호 교환성, 표현언어				∨	∨
11	짧은 이야기 나누기	사회적 상호 교환성, 표현언어, 수용언어					∨
12	눈맞춤	눈맞춤의 활용	∨	∨	∨	∨	∨
13	표정	표정의 다양성, 적절성, 활용	∨	∨	∨	∨	∨
14	제스처	제스처의 다양성, 적절성, 활용		∨	∨	∨	∨
15	관심 나누기	보여 주기, 나눠 주기, 관심 유도하기		∨	∨	∨	∨
16	사회적 관계	사회적 관심, 상호작용의 개시	∨	∨	∨	∨	∨
17	제한적이고 반복적인 행동 및 관심사	상동적인 언어와 행동, 제한된 관심, 반복적인 행동, 동일한 것에 대한 고찰	∨	∨	∨	∨	∨

※ 12~17번 활동은 BeDevel-P 검사 전반에 걸쳐 아동을 관찰하여 채점하는 '종합 평가 항목'이다.

BeDevel-P Toolbox는 BeDevel-P 시행을 위해 필요한 도구 세트로, 검사 대상인 아동의 발달 수준과 흥미를 고려하여 선택된 장난감과 자료 등이다. 검사 도구들은 하나의 활동에만 사용되는 것이 아니라 서로 다른 활동에 중복되어 사용되기도 하며, 아동의 발달 수준과 관심 정도에 따라 포함된 도구 내에서 다른 것으로 대체할 수도 있다.

BeDevel 핸드북은 BeDevel이 가진 고유한 특징 중 하나로, 자폐스펙트럼장애에서 나타나는 의사소통과 사회적 상호작용, 반복적 행동을 발달적 맥락에서 이해하도록 돕기 위해 만든 교육 자료다. 핸드북을 통해 아동의 행동을 평가할 뿐 아니라 아동 행동을 발달 궤적 내에서 이해할 수 있도록 돕고, 이를 양육자에게 전달하고자 하였다.

BeDevel-V는 BeDevel을 시행할 때 언어적 전달되는 내용의 불확실성과 주관성을 보완하기 위해 시각적 보조 자료로 제작되었다. 기존의 선별 척도에서 문화권에 따라 각기 다른 결과치나 규준을 보이는 것도, 답변하는 사람의 장애에 대한 인식 수준을 반영하는 것과 관련된다. 따라서 다양한 교육수준을 지닌 부모들이 쉽게 이해할 수 있고, 면담에 활용하거나 교육 자료로도 활용 가능한 자료로 개발되었다.

2) 실시 및 채점

BeDevel 검사 시행과 채점에 대한 명확한 지침을 제공하여 일관된 시행과 채점을 돕기 위해 BeDevel 걸음마기 아동 행동 발달 선별 척도의 전문가 지침서(유희정 외, 2022)에 자세한 내용이 제시되어 있다. BeDevel-I와 BeDevel-P 검사 시행에 대한 요약은 〈표 4-9〉에 제시하였다. BeDevel-I의 면담 목적과 BeDevel-P의 관찰 목적은 DSM-5-TR 진단기준에 맞추어 있으며, 〈표 4-10〉에서 기술하고 있다.

〈표 4-9〉 **BeDevel 시행 요약**

	BeDevel-I	BeDevel-P
시행 방법	면담	아동 관찰
준비물	연령에 맞는 BeDevel-I 검사지	연령에 맞는 BeDevel-P 검사지, BeDevel-P Toolbox
소요 시간	15~20분	15~20분
검사 대상	아동 양육자	아동
채점	면담 시행 중 혹은 직후에 채점, 온라인 코드 입력을 통한 결과 산출	

〈표 4-10〉 **DSM-5-TR 진단 기준에 따른 면담 및 관찰 목적**

DSM-5-TR 진단 기준	세부 면담/관찰 목적
SER (social-emotional reciprocity) 사회적-감정적 상호성의 결함	1. 관심의 공유 2. 감정의 공유 및 위로하기 3. 상호작용 시작하기 4. 사회적 반응 5. 주고받는 대화
NCB (nonverbal communicative behaviors) 사회적 상호작용을 위한 비언어적 의사소통 행동의 결함	1. 눈맞춤 특성 2. 표정의 활용 및 이해 3. 제스처의 표현 및 이해
REL (relationships) 관계를 발전시키고 유지하며 이해하는 것의 결함	1. 사회적 맥락에 따른 행동 조절 2. 또래에 대한 관심과 관계 형성 3. 역할놀이, 협동놀이
RRB (Restricted, repetitive patterns of behaviors) 제한적이고 반복적인 행동	1. 반복적인 행동(물건의 사용/언어/몸의 움직임) 2. 의식화된 행동과 언어 3. 제한된 관심사 4. 감각적 특성(감각 추구/예민성)

(1) BeDevel-I

BeDevel-I 실시와 채점 지침서는 각 문항별 ① 면담 목적, ② 면담 지침, ③ 채점 지침, ④ 참고 순으로 구성되어 있다. 예를 들어, 아동의 양육자와 면담 시 눈맞춤에 대한 문항을 실시할 때 질문과 채점하는 가이드라인은 전문가 지침서(유희정 외, 2022)에 [그림 4-7]과 같이 제시된다.

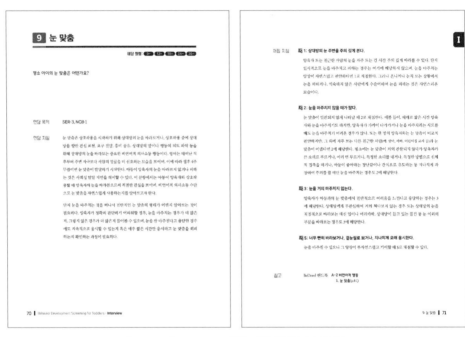

[그림 4-7] BeDevel-I 시행 지침서(문항 9 눈맞춤)

(2) BeDevel-P

BeDevel-P 실시와 채점 지침서의 구성은 검사 활동(시나리오)을 명확하고 일관되게 시행할 수 있도록 각 활동별로 ① 관찰 목적, ② 검사 도구, ③ 검사 준비, ④ 시행 전 지침, ⑤ 시행 지침, ⑥ 채점 지침, ⑦ 참고로 구성되어 있다. 예를 들어, 문항 1. 익숙해지기를 시행할 때 관찰하여 채점하는 가이드라인은 전문가 지침서(유희정 외, 2022)에 [그림 4-8]과 같이 제시된다.

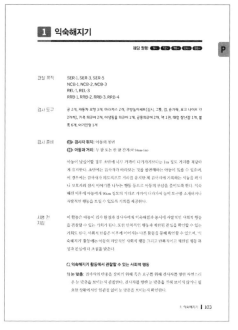

[그림 4-8] BeDevel-P 시행 지침서(문항 1 익숙해지기)

3) 해석

BeDevel은 각 연령에 따라 서로 다른 선별 기준을 가지고 있다. 이는 연령에 따른 자폐스펙트럼장애를 선별하는 주요 지표가 서로 다르기 때문이다. 9~11개월, 12~17개월은 아직 선별 기준점을 제시하지 않지만, 해당 연령의 영유아의 발달 적합성을 임상적으로 평가하기 위해 BeDevel을 활용하는 것이 가능하다.

BeDevel은 9~42개월 아동을 대상으로 하고 있으나, 발달상 지연을 보이는 43~53개월의 아동들에게도 예외적으로 적용할 수 있다. 이러한 경우에는 36~42개월 대상 검사를 시행하며, 36~42개월 규준 결과를 제공하도록 한다.

(1) BeDevel의 채점

BeDevel-I와 BeDevel-P 모두 1, 2, 3점, S점으로 채점되도록 구성되어 있다. 1점은 전형적인 발달, 2점과 3점은 전형적이라고 보기 어려운 발달을 의미한다. 특히, 3점은 전형적이지 않다는 사실이 명백하거나 발달상 상당한 제한이 있는 경우에 부여한다. 2점은 탐색하고자 하는 발달 행동이 나타나지만 빈도나 발달 정도에서 전형적이라고 보기에 충분하지 않거나 일관성이 부족한 경우에 채점한다. S점은 비전형적행동들 가운데 자폐스펙트럼장애에 특이적으로 나타날 수 있는 행동, 그리고 발달의 지연 여부와 상관없이 전형적인 특성으로부터 벗어났다고 보이는 행동을 의미한다.

(2) 핵심 문항과 절단점수

BeDevel에서는 각 연령대별로 선별 변별도가 높은 문항들을 핵심 문항(primary item)으로 선정하였으며, 이는 각 문항과 자폐스펙트럼장애 진단 일치도를 고려할 때 진단을 가장 잘 반영하는 문항이다.

BeDevel에서 자폐스펙트럼장애 가능성 여부는 전형적이지 않은 행동에 해당하는 점수를 받은 핵심 문항의 개수에 의해 판별될 수 있다. 즉, 핵심 문항에서 전형적 발달을 의미하는 1점을 받지 않은 문항의 개수를 모두 합산하여 평가할 때 진단 여부를 가장 잘 반영하는 것으로 나타났다. 이처럼 전체 총점의 절단점수에 의해 선별 여부를 판단하지 않도록 하였는데, 이는 임상적으로 중요한 문항에서 어려움을 보이는 경우에도 다른 문항에서 전형적 발달을 보이는 것으로 나타날 때 평균점수에 의해 핵심 증상이 가려짐으로써 진단의 민감도가 낮아지는 결과를 방지하기 위함이다.

(3) 온라인 채점 방법 및 해석

BeDevel의 채점은 인싸이트의 온라인 채점 방식을 활용한다. BeDevel 채점 화면에 기본 인적 사항 등을 입력하면 내담 아동의 연령에 해당하는 전체 문항이 제시된다. 모든 문항의 점수를 기입하면 핵심 문항 중 1점이 아닌 점수를 받은 문항의 개수가 자동으로 산출된다. 검사 결과 보고서를 통해 각 문항에 대한 간단한 결과와 함께 선별 여부를 확인할 수 있다. BeDevel 검사 결과 보고서는 [그림 4-9]와 같이 제시된다.

절단점수를 넘은 경우 자폐스펙트럼장애 고위험군으로 선별되며, 아동이 받은 점수가 높을수록 자폐스펙트럼장애 관련 특성을 많이 보이는 것을 의미한다. BeDevel-I와 BeDevel-P 중 한 가지 검사에서만 고위험군으로 선별된 경우에도 보다 자세한 평가를 통해 정확한 진단을 받는 것이 필요하다.

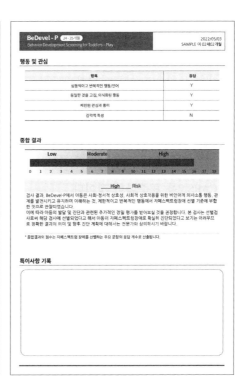

[그림 4-9] BeDevel-P의 결과 보고서

으며 지금까지 출간된 『정신장애 진단 통계편람(DSM)』의 모든 개정판에서 언급하는 기본적인 증상을 잘 표현하고 있다. 고기능형은 초판을 기본으로 하였으나 고기능 자폐나 아스퍼거 장애인의 행동 특성을 판별하는 목적에 따라 현행 연구 문헌을 기반으로 수정되었다. 따라서 두 가지 평가지에서의 평정은 모두 진단 과정을 지원하기 위해서 자폐의 행동 증상 출현을 판별하는 데에 매우 유용하며 또한 연구와 분류의 목적에도 유용하다.

K-CARS 2의 표준형과 고기능형의 평가지는 다른 도구에 비해서 다음과 같은 몇 가지 장점을 지닌다.

① 평가지는 폭넓은 범위의 장애 진단 기준에 대해 질문하고 지속적인 임상 연구 결과로 도출된 자폐 증상에 대한 확장된 자료 기반으로 항목이 구성되었다.
② 척도의 개발, 실시에 대한 개선, 실시를 위한 지원은 수십 년에 걸쳐 의뢰된 수많은 사람들에게 사용했던 결과에 근거한다.
③ 척도 항목은 대부분의 모든 연령과 기능 수준에 걸쳐 평가할 수 있도록 구성되었다.
④ 표준형과 고기능형 모두 직접적인 행동관찰을 근거로 객관적으로 수량화한 정확한 평정을 가능하게 하며, 동시에 다양한 자폐 징조 및 증상을 종합적으로 포함하고 임상 기록을 제공한다.
⑤ 부모에게 장애진단 관련 피드백을 제공할 때 출발점으로 사용하기에 특히 도움이 된다. 평가지는 자폐스펙트럼장애와 관련된 증상의 범위와 강도를 설명한다. 이러한 점은 부모로 하여금 자녀의 특별한 행동이 종합적인 평가 과정에서 적절하게 고려되었는지에 대하여 신뢰할 수 있게 해 준다. 이들은 단일 점수 결과가 어떻게 포괄적인 관찰, 면담, 기록된 정보를 종합할 수 있는지에 대해 쉽게 판별할 수 있다.

표준형과 고기능형 평정은 부모 면담, 학급 관찰, 사례사 검토 등 다양한 상황에서 이루어질 수 있지만 이러한 도구 자체만으로 장애를 진단할 수 있는 것은 아니라는 사실에 주의해야 한다. 발달력, 의학적 증후, 각 사례의 고유한 특성과 같은 기타 요인에 대해서 감별진단 과정에 대한 훈련을 받고 임상 진단 자격을 갖춘 숙련된 자폐

전문가의 평가를 통해 장애 진단이 이루어져야 한다.

K-CARS 2 고기능형을 작성할 때는 반드시 다양한 근거의 정보를 활용해야 한다. 예를 들어, 고기능형을 작성하기 위해서는 수검자가 다양한 상황에서 보이는 행동에 대해서 잘 아는 사람과의 면담을 함께 직접관찰로부터 수집된 정보가 반드시 필요하다. 반면 K-CARS 2 표준형은 부모 면담이나 직접관찰 회기와 같은 단일 근거로부터 얻은 정보를 기반으로 작성될 수 있다. 자폐 진단을 위해서는 다양한 근거로부터 정보를 얻는 것이 중요하지만 다양한 근거로부터 얻어진 정보를 기반으로 표준형을 평정하는 경우에는 주의가 필요하다. 일반적으로 다른 사람에게서 얻는 정보보다는 직접 관찰에 좀 더 비중을 두어야 한다. 다른 사람의 보고를 통한 정보를 포함시키는 경우 전문가는 보고자가 실제로 특정 평가 항목에 포함된 행동을 말하는지를 결정하는 데에 도움이 될 수 있는 구체적인 사례를 포함시켜야 한다.

고기능형은 고기능 자폐인이 자폐스펙트럼장애로 진단되기에 충분한 증상을 나타내고 있는지 결정하는 데 도움을 주기 위한 것이다. 평가에 의뢰되는 고기능 아동이 증가하고 있다는 점을 고려할 때 다양한 근거의 수렴적인 증거는 감별진단 과정에서 매우 결정적인 역할을 하게 된다. 고기능형에서의 평정은 다양한 상황에서 나타나는 행동 출현에 주의를 기울이도록 요구한다. 이것은 고기능 자폐아동이 평가되는 다양한 학교 또는 임상 장면에서의 판별을 지지하는 데 특히 적합하다. 그러나 이것은 평가지를 작성하는 데에 필요한 정보는 다양한 근거로부터 수집되어야 함을 의미하는데, 다양한 근거란 직접 관찰, 부모, 교사 및 해당인과의 상호작용 또는 기타 근거로부터의 정보를 포함한다. 따라서 고기능형을 작성하는 전문가는 평정을 위해서 다양한 근거로부터 충분한 자료를 수집해야 한다.

주의할 점 중 하나는 부모에게 표준형이나 고기능형을 직접 작성하도록 요구해서는 안 된다는 사실이다. 부모로부터의 정보는 부모/양육자 질문지와 직접 면담을 통해 수집해야 한다.

2) 실시 및 채점

(1) K-CARS 2-ST(표준형)
15개의 문항은 모두 1점부터 4점까지 평정한다. 1점은 해당 연령의 전형적 범위에 속하며, 2점은 해당 연령의 전형적 범위에서 경미한 정도로 벗어난 경우, 3점은 해당 연령의 전형적 범위에서 중간 정도로 벗어난 경우, 4점은 해당 연령의 전형적인 범위에서 심각하게 벗어난 경우에 해당한다. 또한 평정하는 행동이 두 점수 사이에 속하는 것으로 보일 때는 4개의 평정값 외에 두 점수 간 중간 점수(1.5, 2.5, 3.5)를 사용한다.

평정을 위해서는 수검자의 행동을 전형적인 발달을 보이는 동일 연령 또래들 행동과 비교해야 한다. 즉, 전형적 범위에서 벗어나는 정도를 결정하기 위해서는 개인의 생활연령뿐만 아니라 행동의 특이함, 빈도, 강도, 지속시간도 함께 고려해야 한다. 특이함이란 일반적으로 행동의 독특한 또는 이상한 정도를 말하며, 지체되었거나 어린 아동의 행동과 같은 것을 의미하는 것은 아니다. 빈도는 행동이 얼마나 자주 발생하는지와 관련된다. 강도는 행동이 발생할 때 얼마나 심한지와 얼마나 변화시키기 어려운지를 의미한다. 이러한 속성이 동일 연령 또래와 비교할 때 얼마나 다른지는 행동이 전형적 범위로부터 얼마나 벗어나는지와 얼마나 높은 점수를 받게 되는지를 결정한다.

K-CARS 2-ST 평정은 심리평가나 학습 관찰과 같은 다양한 상황에서 관찰, 자녀에 대한 부모 보고, 종합적 임상 기록 또는 이 같은 정보들을 종합함으로써 이루어질 수 있다. 평가자는 정보 수집 과정에 앞서 15개 항목에 대한 설명과 채점 기준을 숙지해야 한다. 각 항목의 정의와 고려 사항은 K-CARS 2 전문가 지침서(이소현 외, 2019)에 자세하게 기록되어 있다.

〈예〉

항목 1-사람과의 관계

- **정의**: 아동이 다른 사람과의 상호작용이 포함된 다양한 상황에서 어떻게 행동하는지 평정한다.
- **고려 사항**: 성인, 형제자매, 또래와의 상호작용 기회가 포함된 구조화 및 비구조화 상황을 모두 고려한다. 반응을 얻기 위한 지속적이고 집중적인 시도부터 완전한 자유를 허용하는 행동에 이르기까지 어떻게 반응하는지 또한 고려한다. 특히, 성인이 아동의 관심을 얻기 위해서 얼마나 지속적으로 또는 강압적으로 행동해야 하는지 기록한다. 신체적인 접촉, 안아 주기나 쓰다듬기와 같은 신체적인 애정 표현, 칭찬이나 비판에 대한 아동의 반응을 기록한다. 아동이 부모나 다른 사

람에게 어느 정도 달라붙는지 고려한다. 다른 사람과 상호작용을 시작하는지 기록한다. 반응성, 무관심, 수줍음, 낯선 사람에 대한 인식에 대해서도 고려한다.

• 채점

① 사람과의 관계에 있어 어떤 어려움이나 비전형성의 증거가 없음. 아동의 행동은 자신의 연령에 적절함. 무엇인가를 하라고 했을 때 약간의 수줍음, 까탈스러움, 짜증이 관찰될 수 있지만 동일 연령 아동이 보이는 전형적인 정도 이상은 아니다.

② 전형적인 범위에서 경미하게 벗어나는 관계. 성인의 눈을 쳐다보지 않으려고 할 수 있으며, 상호작용을 강요하면 성인을 피하거나 까탈스럽게 굴 수도 있고, 지나치게 수줍어하거나 전형적인 발달을 보이는 동일 연령 아동만큼 성인에게 반응적이지 않을 수도 있으며, 대부분의 동일 연령 아동보다 부모에게 더 달라붙기도 한다.

③ 전형적인 범위에서 중간 정도로 벗어나는 관계. 아동은 때때로 무관심해 (성인을 의식하지 않는 것처럼) 보인다. 아동의 관심을 얻기 위해서 때로는 지속적이고 강력하게 시도할 필요가 있다. 아동은 최소한의 접촉만을 시작하며, 접촉할 때 인간미가 없다는 특성을 지니기도 한다.

④ 전형적인 범위에서 심각하게 벗어나는 관계. 성인이 하고 있는 것에 대해서 지속적으로 무관심하거나 의식하지 않는다. 성인에게 거의 반응하지 않거나 접촉을 시도하지도 않는다. 아동의 관심을 얻기 위해서 매우 끈질기게 시도해야만 약간의 효과를 볼 수 있다.

(2) K-CARS 2-ST 평정 정보 제공을 위한 K-CARS2-QPC의 사용

K-CARS 2-QPC(부모나 양육자를 위한 질문지)는 부모나 양육자로부터 자폐와 관련된 행동에 대한 정보를 얻는 데 도움을 받기 위해서 고안된 채점이 필요하지 않은 양식이다. K-CARS2-QPC로부터 얻은 정보는 K-CARS2-ST 최종 평정 시 다른 평가 정보와 통합해서 사용될 수 있다.

K-CARS2-QPC는 K-CARS2-ST의 15개 항목과 관련된 정보를 제공할 수 있도록 양육자에게 가장 의미 있는 방식으로 구성되어 있다. 부모와 양육자의 반응을 K-CARS2-ST 평정에 효과적으로 통합하기 위해서는 자폐장애를 잘 아는 전문가가 검토하고 요약하는 면담체계로 사용하는 것이 도움이 된다

(3) K-CARS 2-HF(고기능형)

비교적 기능이 높은 자폐 관련 행동은 진단하기 어렵기 때문에 K-CARS 2-HF 평정은 평정을 내린 기준에 대한 탄탄한 이해를 제시할 수 있어야 하며 개인에 대한 다양한 근거의 정보를 수집하고 종합해야 한다는 점에서 특별히 중요하다.

K-CARS 2-HF는 K-CARS 2-ST보다 좀 더 나이가 많은 수검자에게 사용될 수 있다. 따라서 평정 방법은 평가 대상자의 연령을 고려해서 K-CARS 2-ST의 평정 방법보다 좀 더 일반적으로 서술되었다.

K-CARS 2-ST와 마찬가지로 K-CARS 2-HF는 직접적인 진단 회기나 학급 관찰 등 다양한 맥락의 관찰, 부모나 배우자와 같은 관찰자 보고, 임상 기록 등을 통해서 평정할 수 있도록 개발되었다. 이 중 어떤 근거의 정보도 15개 각 항목의 평정에 필요한 정보 제공에 활용될 수 있다. 그러나 K-CARS 2-HF의 항목 2(정서 표현 및 정서 조절), 8(청각 반응), 9(미각, 후각, 촉각 반응 및 사용), 10(두려움 또는 불안)을 평정할 때에는 증상이 다양한 상황에서 광범위하게 나타나는지에 대한 정보를 반드시 수집해야 한다.

〈예〉

항목 2-정서 표현 및 정서 조절

- **정의**: 자신의 정서를 표현하고 조절하는 개인의 능력을 평정한다.
- **고려 사항**: 이 항목은 다른 상황에서 대상자의 행동을 관찰한 다른 사람의 보고와 직접 관찰 두 가지 모두를 기반으로 한다. 직접적인 상호작용 중에 그 사람에게 발생했던 긍정적이거나 부정적이었던 사건에 대한 이야기를 나눈다. 얼굴 표정과 감정이 이야기의 내용과 일치하는지 기록한다. 온전한 범위의 정서를 보이는가? 긍정적이거나 부정적인 사건에 대한 과장된 반응을 보이는가? 스트레스를 받을 때 정서나 행동을 통제하는 데 어려움이 있다고 보고하는가? 이러한 정서 조절 문제가 한 가지 상황에서만 일어나는가 아니면 여러 상황(예: 집과 직장)에서 일어나는가? 이 항목에서는 부모와 관찰자의 보고가 매우 중요한데, 왜냐하면 다양한 상황에서 정서 조절에 문제를 보이는 사람이 높은 점수를 받기 때문이다.
- **채점**

① 연령에 적절하고 상황에 적절한 정서 반응. 말과 행동 모두에 있어서 적절한 형

태 및 정도의 정서 반응을 보이는데, 이는 행동, 슬픔, 자부심, 분노, 두려움, 불안 그리고 이와 관련된 내적 상태와 같은 정서 변화를 포함한다.

② 전형적인 범위를 경미하게 벗어나는 정서 반응. 정서 표현이 비교적 단조롭거나 왜곡되거나 약간 과장된다. 비구어 정서 표현이 구어 내용과 항상 일치하지는 않는다. 자신의 정서를 몇 가지는 표현할 수 있지만 발달 수준에 비해 제한된다. 간헐적으로 정서 조절 문제를 보인다.

③ 전형적인 범위에서 중간 정도로 벗어나는 정서 반응. 정서 표현이 단조롭거나 과도하거나 종종 말하고 있는 주제의 상황 또는 내용과 일치하지 않는다. 특별한 관심사나 특이한 걱정거리에 대하여 예상 외로 지나친 정서 반응을 보이기도 한다. 자신의 정서 상태를 설명하거나 이해하는 능력이 제한된다. 최소한 한 가지 상황에서 빈번하게 정서 조절 문제를 보인다.

④ 전형적인 범위에서 심각하게 벗어나는 정서 반응. 한 가지 이상의 상황에서 극심한 정서 조절 문제를 보인다. 반응이 극단적이거나 이야기 상황이나 내용에 적절한 경우가 거의 없다. 극심한 기분 변화를 보이며 전환시키기 어렵다. 두세 가지 정서만을 과장된 형태로 표현하거나 특정 정서를 이해하지 못한 채로 집요하게 보인다.

K-CARS 2-ST/HF 평정은 발달력, 이전 평가 검토, 부모나 양육자 면담, 지능, 학업/직업 적응 행동 평가 결과, 평가 대상자와의 직접적 상호작용 및 진단을 포함하는 다차원적 평가의 일부로만 사용되어야 한다.

3) 해석

특정 사례에서 K-CARS 2-ST, K-CARS 2-HF 점수를 해석하기 전에 각 행동 영역에 대한 정보의 신뢰도를 파악하는 것이 중요하다. 즉, 신뢰할 만하고 일관성 있는 정보가 철저한 발달력과 함께 다양한 정보 제공자와 다양한 상황을 통해 수집되는 것이 이상적이다. 실제적으로는 정보의 정확성과 신뢰도를 확인하기 위해 정보가 일관성이 있는지 또는 정보 제공자가 모순된 보고를 하지 않는지 정도를 고려하게 된다.

K-CARS 2-ST, K-CARS 2-HF의 양적 결과를 해석하는 절차를 진행하기 위해 원점

수, 분할점, T점수, 개별 항목의 평정값의 장점과 제한점에 대해 잘 숙지하고 있어야 한다. 원점수는 각각 15개 평정 영역에 대한 평정값을 합산한 점수이며 이에 대한 해석은 〈표 4-12〉와 같다.

〈표 4-12〉 K-CARS 2-ST와 K-CARS 2-HF 원점수 범위와 관련된 해석

K-CARS2-ST 원점수	K-CARS2-HF 원점수	장애 진단 가설	서술적 수준
15~29.5	15~26	자폐 아님	증상이 없거나 최소한의 자폐 관련 행동
30~36.5	26.5~29.5	자폐 범주	경도에서 중등도 수준의 자폐 관련 행동
37~60	30~60		중도 수준의 자폐 관련 행동

분할점이 지나치게 정확한 기준으로 적용되어서는 안 되며, 척도의 원점수를 근거로 이루어진 모든 추론은 해당 사례와 관련된 모든 정보를 통해서 조정되어야 한다. 또한 K-CARS 2를 사용한 분류는 어떤 진단에서도 최종 결정으로 고려되어서는 안 되며, 장애 진단이나 집단 분류의 첫 단계로 인식되어야 한다.

T점수는 자폐가 일련의 행동 문제의 연속체로 발생한다는 개념에 따라 연속적인 점수 내에서 비교 가능하다는 장점을 지닌다. 자폐 관련 행동의 수준을 비교 판단하거나 행동 수준에서의 변화를 평가하는 경우 T점수가 유용하게 사용될 수 있다. 〈표 4-13〉은 T 점수 범위와 관련된 해석이다. [그림 4-10]은 인싸이트의 온라인 채점 후 제공되는 결과 보고서 양식이다.

〈표 4-13〉 K-CARS 2-ST 또는 K-CARS 2-HF T점수 범위와 관련된 해석

T점수 범위	설명
>70	자폐로 진단된 사람과 비교할 때 극심한 수준의 자폐 관련 증상
60~70	자폐로 진단된 사람과 비교할 때 매우 높은 수준의 자폐 관련 증상
55~59	자폐로 진단된 사람과 비교할 때 높은 수준의 자폐 관련 증상
45~54	자폐로 진단된 사람과 비교할 때 평균 수준의 자폐 관련 증상
40~44	자폐로 진단된 사람과 비교할 때 낮은 수준의 자폐 관련 증상
25~39	자폐로 진단된 사람과 비교할 때 매우 낮은 수준의 자폐 관련 증상
<25	자폐로 진단된 사람과 비교할 때 최소한에서 전혀 없는 수준의 자폐 관련 증상

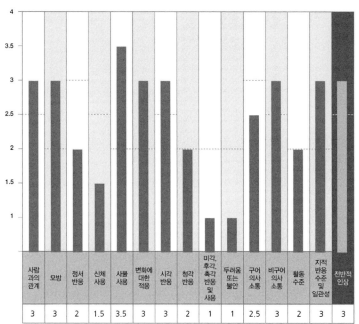

전체 프로파일

사람과의 관계	모방	정서 반응	신체 사용	사물 사용	변화에 대한 적응	시각 반응	청각 반응	미각, 후각, 촉각 반응 및 사용	두려움 또는 불안	구어 의사 소통	비구어 의사 소통	활동 수준	지적 반응 수준 및 일관성	전반적 인상
3	3	2	1.5	3.5	3	3	2	1	1	2.5	3	2	3	3

※그래프의 점선은 중앙값을 의미하며, 이 중앙값은 자폐범주성 장애로 진단받은 사람들의 점수를 크기순으로 나열했을 때 최고점과 최저점의 한 가운데 있는 값을 의미합니다.

원점수(총점)	T점수	백분위	중상의 정도
36.5	54	65	경도에서 중등도 수준의 자폐 관련 행동

수준별 기준 점수

중상의 정도	
	중상이 없거나 최소한의 자폐 관련 행동
	경도에서 중등도 수준의 자폐 관련 행동
	중도 수준의 자폐 관련 행동

※총점이나 각 항목의 점수만으로 임상적인 장애진단을 위한 결정을 내려서는 안 됩니다.
즉, 해당 검사의 결과는 활용 가능한 다른 정보와 함께 종합적인 판단을 위해 사용되어야 합니다.

[그림 4-10] K-CARS 2-ST 결과 보고서

 참고문헌

김동일, 이대식, 신종호(2016). DSM-5에 기반한 학습장애아동의 이해와 교육. 서울: 학지사.

김태련, 박랑규(1996). 아동기 자폐증 평정척도. 서울: 도서출판 특수교육.

박혜원, 조복희(2004). 한국 Balyey 영유아 발달검사(K-BSID-II) 표준화 연구: 지역, 성별 및 모의 교육수준에 따른 K-BSID-II 수행분석. 한국심리학회발달, 17(1), 191-206.

방희정, 남민, 이순행(2019). 한국형 베일리 영유아 발달검사 3판 [실시지침서]. 서울: 인싸이트.

신희선, 한경자, 오진수, 오가실, 하미나(2002). 한국형 Denver II 검사지침서. 서울: 현문사.

유희정, 봉귀영, 이경숙, 정석진, 선우현정, 장정윤, 김정흔, 홍유화(2022). BeDevel 걸음마기 아동 행동 발달 선별 척도 전문가 지침서. 서울: 인싸이트.

이소현, 윤선아, 신민섭(2019). (K-CARS2) 한국판 아동기 자폐 평정 척도 2: 전문가 지침서. 서울: 인싸이트.

American Psychiatric Association. (2013). *Diagnostic and statistical maual of mental disorders* (5th ed.). DC: Author.

American Psychiatric Association (2022). *Diagnostic and Statistical Manual of Mental Disorders(DSM-5-TR)*. American Psychiatric Pub.

Bayley, N. (1969). *Manual for the Bayley scales of infant development*. San Antonio, TX: The Psychological Corporation.

Bayley, N. (1993). *Bayley scales of infant development-Second edition*. San Antonio, TX: The Psychological Corporation.

Bayley, N. (2006). *Bayley Scales of Infant and Toddler Development* (3rd ed.). *Administration Manual*. San Antonio, TX: Pearson.

Creak, M. (1961). Schizophrenia syndrome in childhood: Progress report of a working patty. *Cerebral Palsy Bulletin, 3*, 501-504.

Frankenburg, W. K., & Dodds, J. B. (1967). Denver Development Screening Test. *The Journal of Pediatrics, 71*(2), 181-191.

Frankenburg, W. K., Goldstein, A. D., & Camp, B. W. (1971). (The) revised denver developmental screening test. *The Journal of Pediatrics, 79*(6), 988-995.

Greenspan, S. I. (2004). *Greenspan social-emotional growth chart: A screening questionnaire for infants and young children*. San Antonio, TX: Harcourt Assessment.

Harrison, P. L., & Oakland, T. (2003). *Adaptive behavior assessment system-Second edition*. San Antonio, TX: The Psychological Corporation.

Kanner, L. (1943). Autistic Disturbances of affective contact. *Nervous Child, 2*, 217-250.

Morgan, D. P. (1988). *Teaching behaviorally disordered students*. Ohio: Merrill Pub. Co.

Shaffer, D. R. (1999). *Developmental psychology*. California: Brooks/Cole Pub.

Teal, M. B., & Wiebe, M. J. (1986). A validity analysis of sele cted instruments used to assess autism. *Journal of Autism and Developmental Disorders, 16*(4), 485-494.

아동의 인지기능을 평가하기 위한 대표적인 검사가 지능검사다. 간략하게 지능 이론의 역사와 동향을 살펴보면, 1900년대 초에는 지능을 개인의 지적 능력을 결정하는 하나의 기본 구성개념이 있다는 전제하에서 지능을 정의하였다. 이러한 관점을 반영한 대표적인 학자인 Spearman(1904)은 지능을 일반 요인(g요인)과 특수 요인(s요인)으로 구분하였다. 1950년대 이후에 요인분석이 발달되면서 지능의 독립적인 영역을 측정하게 되었고, Cattell은 Spearman의 이론에 근거해서 일반지능을 유동성 지능(Gf)과 결정성 지능(Gc)으로 구분한 Gf-Gc 이론을 내세웠다(Cattell, 1941). Gf-Gc를 세분화해서 Horn은 기본정신능력(primary mental abilities)을 확장해서 시지각, 단기기억, 장기저장-인출, 처리속도, 청각처리, 수개념, 읽기-쓰기 능력으로 구분하였다(Horn & Noll, 1997). 2000년대 초반 이후로 지능이 위계적 구조를 가지고 있다는 전제하에, 지능은 서로 분명하게 구분되고 구별되는 하위 요인들이 있고, 이를 아우르는 일반 요인으로 구성되어 있다고 보았다. 지능 이론에 대한 최신 연구를 보면, 8~10개 정도의 광범위한 지능 영역이 있다고 하며, 이는 요인분석으로 확인되었다(Caroll, 2012; Horn & Blankson, 2012; Schneider & McGrew, 2012). 특히, 학령기 아동 및 청소년을 대상으로 한 연구에서 경험적으로 4~5개의 구분되는 지능 영역이 있는 것이 강력하게 지지되었다(Benson, Hulac, & Bernstein, 2013; Benson & Taub, 2013; Reynolds, Keith, Flanagan, & Alfonso, 2013; Sanders, McIntosh, Dunham, Rothlisberg, & Finch, 2007; Weiss, Keith, Zhu, & Chen, 2013).

지능검사로 특정 장애를 진단할 수 없지만 감별진단에 도움이 있는 추가 정보를 제공해 줄 수 있어서 임상 현장에서는 지능검사를 중요하게 여긴다. 발달 과정에 있는 아동에게 지능은 현재 기능과 일반적인 인지 능력을 대표해 주는 중요 지표 중 하나이기도 해서 아동심리평가에 있어서 지능검사가 필수적으로 포함된다(Saklofske, Prifitera, Weiss, Rolfhus, & Zhu, 2005; Wechsler, 2003). 특히, 신경발달장애가 있는 아동의 경우, 지능검사 결과가 적절한 치료 목표를 설정하고 효과적인 개입을 계획하는 데 유용한 정보를 제공해 주고, 아동의 적응, 학업성취, 결과(outcomes)를 예측할 수 있다. 임상 및 교육 분야에 있어서 아동의 고유 인지기능을 정확하게 평가하고 이해하는 것이 중요하다(Flanagan & Kaufman, 2009; Weiss, Saklofske, Holdnack, & Prifitera, 2016). 따라서 이 장에서는 임상 현장에서 대표적으로 사용되고 있는 아동용 지능검사 위주로 살펴보고자 한다. 국내에서 주로 사용하고 있는 지능검사를 〈표 5-1〉에 제시하였다. 이 중에서 임상 현장에서 많이 사용하고 있는 웩슬러 지능검사 아동용과 유아용 중심으로 살펴보고자 한다.

〈표 5-1〉 **국내 주요 지능검사**

검사명	대상	목적	한국판 표준화	발행 연도
한국 웩슬러 유아 지능검사 4판 (K-WPPSI-IV)	만 2세 6개월~ 만 7세 7개월	아동이 지닌 인지기능의 전반적인 평가 및 강점과 약점 파악	박혜원, 이경옥, 안동현	2016
한국 웩슬러 아동 지능검사 5판 (K-WISC-V)	만 6세 0개월~ 만 16세 11개월	아동이 지닌 인지기능의 전반적인 평가 및 강점과 약점 파악	곽금주, 장승민	2019
한국 웩슬러 성인 지능검사 4판 (K-WAIS-IV)	만 16세 0개월~ 만 69세 11개월	청소년과 성인의 인지능력을 개인적으로 평가	황순택, 김지혜, 박광배, 최진영, 홍상황	2012
한국 카우프만 지능검사 2 (KABC-II)	만 3세~만 18세	인지적 강점 및 약점의 파악/치료 계획, 배치 계획 설정	문수백	2014
한국판 라이터 비언어성 지능검사 (K-Leiter-R)	만 2세~만 7세	언어적으로 지능검사가 불가능한 아동의 지능, 주의력 및 기억력 평가	신민섭, 조수철	2010
CAS 종합인지기능 진단검사	만 5세~만 12세	영재아동 판별, 성취수준 예측, 학습의 강약점 진단, IQ 측정	문수백, 이영재, 여광응, 조석희	2007

출처: 인싸이트(https://inpsyt.co.kr)

1. 웩슬러 지능검사(Wechsler Intelligence Scales)

웩슬러 지능검사는 David Wechsler가 개발한 것으로 W-B(Wechsler-Bellevue)를 시작으로 성인용(WAIS), 아동용(WISC), 유아용(WPPSI)으로 세분화되어 있고, 실용적이며 임상적으로 유용한 검사로 전 세계적으로 가장 많이 사용되고 있는 검사 중 하나다. Wechsler는 지능을 "목적적으로 행동하고, 합리적으로 생각하며, 자신의 환경을 효과적으로 다룰 수 있는 개인의 능력"(1944)이라고 정의하며, 지능검사를 통해 자신을 둘러싼 세상을 이해하는 능력과 과제에 직면하여 자신의 자원을 활용하는 능력을 평가하는 것으로 보았다. 웩슬러 지능검사에서 가정하는 지능은 개인의 행동을 전체로 특징짓는 전반적(global)인 것과 서로 차별화되는 요인 또는 능력들인 세부적(specific)인 것을 포함하는 것이어서, 광범위한 인지 영역과 협소한 인지 영역을 모두 측정하는 방향으로 지능검사를 제작하였다.

Wechsler는 Binet 검사의 제한점을 보완해 편차 지능지수의 개념을 도입하여 지능검사를 새롭게 개발하였다. 지능지수(IQ)는 특정 지능검사 결과에서 도출된 개인의 지적 능력을 나타내는 지수로 일반적으로 연령을 고려해 표준점수로 산출된다. 서로 다른 지능검사를 통해서 산출한 지능지수는 내용과 해석 방법이 서로 다를 수밖에 없으므로, 지능지수로 수검자의 지능을 언급할 때에는 어떤 지능검사를 사용해서 IQ 정보를 얻었는지를 분명히 알려 주어야 한다.

웩슬러 지능검사는 수검 아동의 다양한 영역의 지적 능력을 평가하기 위해 개별적으로 실시하는 종합적인 지능검사로(곽금주, 장승민, 2019), 신뢰도와 타당도가 잘 갖추어져 있으며, 지적장애 및 학습장애의 진단, 특수교육 프로그램 배치, 신경심리학적 평가, 임상적 개입 등 다양한 목적과 상황에서 여전히 활용되고 있다. 현재 아동용은 WISC-V가 2014년에 개정되었고, 유아용은 WPPSI-IV가 2012년에 개정되었다. 최신판 웩슬러 지능검사는 요인분석을 통해 구성개념을 신뢰롭고 변별력 있게 측정하는 것으로 확인되었다. 두 검사 모두 지능 및 인지 발달, 신경 발달, 인지신경과학, 학습과정에 대한 최근 심리학적 연구를 바탕으로 이론적 근거를 업데이트하고 발달적 적합성을 개선하며 실시의 용의성을 높이고 심리측정적 속성을 개선하기 위해 개정되었다(김도연, 김현미, 박윤아, 옥정, 2021). 국내에서는 2019년에 한국 웩슬러 아동지능검사 5판(K-WISC-V)이 표준화되었고, 2016년에 한국 웩슬러 유아지능검사 4판(K-WPPSI-IV)이 표준화되었다. 원판 및 한국판 WISC와 WPPSI의 개정 시기를 〈표 5-2〉에 제시하였다. 이 장에서는 한국 웩슬러 유아지능검사 4판(K-WPPSI-IV)과 한국 웩슬러 아동지능검사 5판(K-WISC-V)을 함께 살펴보고자 한다.

〈표 5-2〉 WISC 및 WPPSI 변천사

WISC		WPPSI	
원판	한국판	원판	한국판
WB-II(1946) 10~79세			
WISC(1949) 5~15:11세	K-WISC(1974) 5~16:11세	WPPSI(1949) 4~6:6세	
WISC-R(1974) 6~16:11세	KEDI-WISC(1987) 5~15:11세	WPPSI-R(1989) 3~7:3세	K-WPPSI(1996) 3~7:3세
WISC-III(1991) 6~16:11세	K-WISC-III(2001) 6~16:11세	WPPSI-III(2002) 2:6~7:3세	
WISC-IV(2003) 6~16:11세	K-WISC-IV(2011) 6~16:11세	WPPSI-IV(2012) 2:6~7:3세	K-WPPSI-IV(2016) 2:6~7:3세
WISC-V(2014) 6~16:11세	K-WISC-V(2019) 6~16:11세		

2. 한국 웩슬러 아동지능검사 5판(Korean Wechsler Intelligence Scale for Children-Fifth Edition: K-WISC-V)

K-WISC-V를 만 6세 0개월부터 만 16세 11개월의 아동 및 청소년을 대상으로 실시하는 지능검사로 웩슬러 아동지능검사의 가장 최신판이다. K-WISC-V에서는 규준, 소검사, 지표점수, 채점용어 등이 개정되었고, 검사의 실시 및 채점절차가 이전판보다 더 편리하게 수정되었다. 여기서는 K-WISC-V 실시와 채점 지침서(곽금주, 장승민, 2019)를 참고해서 K-WISC-V의 주요 특징을 살펴보고, K-WISC-V의 구성과 내용, 실시 및 채점에 대해 알아볼 것이다. 이후 프로파일 분석 및 해석에 대해 살펴볼 것이다.

K-WISC-IV와 달라진 K-WISC-V의 주요 특징을 살펴보면, K-WISC-IV에서 주요 소검사와 보충 소검사라 명명한 것을 K-WISC-V에서는 기본 소검사와 추가 소검사로 용어가 변경되었다. K-WISC-V는 총 16개의 소검사로 구성되어 있고, 이는 다시 10개의 기본 소검사와 6개의 추가 소검사로 구분된다. 각 소검사에 대한 간략한 설명은 〈표 5-3〉에 제시되어 있다. K-WISC-IV와 동일한 13개 소검사(토막짜기, 공통성, 행렬추리, 숫자, 기호쓰기, 어휘, 동형찾기, 상식, 공통그림찾기, 순차연결, 선택, 이해, 산

수)에 더불어 3개 소검사(무게비교, 퍼즐, 그림기억)가 신규로 개발되어 16개의 소검사로 구성되어 있다. K-WISC-IV의 지각추론 지표(Perceptual Reasoning Index: PRI)가 K-WISC-V에서는 시공간 지표와 유동추론 지표로 세분화되어, K-WISC-IV에서 4개의 지표가 K-WISC-V에서 5개의 기본 지표가 되었다. 또한 아동의 인지적 처리 과정에 대한 추가적인 정보를 제공해 주기 위해 몇 가지 처리점수가 더 추가되었고, 그 내용은 각 소검사에 소개되어 있다. K-WISC-IV의 일반능력 지표(GAI)와 인지효율 지표(CPI)에, 양적추론 지표(QRI), 청각작업기억 지표(AWMI), 비언어 지표(NVI) 등 3개의 새로운 추가 지표가 개발되었다.

1) K-WISC-V의 검사체계

K-WISC-V의 검사체계(test framework)는 [그림 5-1]를 보면 크게 전체(full)척도와

[그림 5-1] K-WISC-V 검사체계

기본 지표(primary index)척도, 추가 지표(ancillary index)척도로 3가지 수준으로 구분된다. 소검사의 다양한 조합을 통해 특정 지표점수와 전체척도 IQ(FSIQ)가 산출된다. K-WISC-V의 각 소검사에 대한 간략한 설명을 〈표 5-3〉에 제시하였다.

〈표 5-3〉 K-WISC-V 소검사 및 설명

범주	소검사	소검사에 대한 설명	해당 지표
기본	토막짜기 BD (Block Design)	제한시간 내에 두 가지 색(흰색과 빨간색)으로 이루어진 토막을 사용하여 제시된 모형이나 그림과 똑같은 모양을 만든다.	전체 IQ, 시공간, 비언어, 일반능력
기본	공통성 SI (Similarities)	공통적인 사물이나 개념을 나타내는 두 개의 단어를 듣고 두 단어가 어떻게 유사한지 말한다.	전체 IQ, 언어이해, 일반능력
기본	행렬추리 MR (Matrix Reasoning)	미완성의 행렬이나 연속의 일부를 보고, 행렬 또는 연속을 완성하는 보기를 찾는다.	전체 IQ, 유동추론, 비언어, 일반능력
기본	숫자 DS (Digit Span)	지시에 따라 연속되는 숫자를 듣고 기억하여 숫자를 바로 따라하고, 거꾸로 따라하고, 순서대로 따라한다.	전체 IQ, 작업기억, 청각작업기억, 인지효율
기본	기호쓰기 CD (Coding)	제한시간 내에 기호표를 사용하여 빈칸 안에 해당하는 간단한 기하학적 모양이나 숫자에 상응하는 기호를 따라 그린다.	전체 IQ, 처리속도, 비언어, 인지효율
기본	어휘 VC (Vocabulary)	그림 문항에서는 소책자에 그려진 사물의 이름을 말한다. 말하기 문항에서 검사자가 읽어 주는 단어의 뜻이나 정의를 말한다.	전체 IQ, 언어이해, 일반능력
기본	무게비교 FW (Figure Weights)	제한시간 내에 양쪽 무게가 달라 균형이 맞지 않는 저울 그림을 보고 균형을 유지할 수 있는 보기를 찾는다.	전체 IQ, 유동추론, 양적추론, 비언어, 일반능력
기본	퍼즐 VP (Visual Puzzles)	제한시간 내에 완성된 퍼즐을 보고 퍼즐을 구성할 수 있는 3개의 조각을 선택한다.	시공간, 비언어
기본	그림기억 PS (Picture Span)	제한시간 내에 1개 이상 그림이 있는 자극 페이지를 본 후, 반응 페이지에 있는 보기에서 해당 그림을 (가능한 순서대로) 찾는다.	작업기억, 비언어, 인지효율
기본	동형찾기 SS (Symbol Search)	제한시간 내에 반응 부분을 훑어보고 표적 모양과 동일한 것을 찾아낸다.	처리속도, 인지효율
추가	상식 IN (Information)	일반적인 지식에 대한 광범위한 주제를 다루는 질문에 대답한다.	

추가	공통그림찾기 PC (Picture Concept)	두 줄 혹은 세 줄로 이루어진 그림들을 보고 각 줄에서 공통된 특성으로 묶을 수 있는 그림들을 하나씩 고른다.	
추가	순차연결 LN (Letter-Number Sequencing)	연속되는 숫자와 글자를 듣고, 숫자는 오름차순으로, 글자는 가나다 순서대로 암기한다.	청각작업기억
추가	선택 CA (Cancellation)	제한시간 내에 무선으로 배열된 그림과 일렬로 배열된 그림을 훑어보고, 표적 그림에 표시한다.	
추가	이해 CO (Comprehension)	일반적인 원칙과 사회적 상황에 대한 이해에 근거한 질문에 대답한다.	
추가	산수 AR (Arithmetic)	제한시간 내에 그림 문항과 말하기 문항으로 구성된 산수 문제를 암산으로 푼다.	양적추론

전체척도 수준(Full Scale Level)은 언어이해, 시공간, 유동추론, 작업기억, 처리속도 등 5개의 영역으로 구성되어 있고, 10개의 기본 소검사 중에서 7개의 기본 소검사가 전체 IQ 소검사들이며 토막짜기, 공통성, 행렬추리, 숫자, 기호쓰기, 어휘 및 무게비교가 포함된다. 전체 지능지수는 전체 IQ 소검사에 해당하는 7개의 기본 소검사로 산출된다. 전체 IQ는 다양한 인지기능 세트에 대한 능력으로, 일반적인 지적 기능의 가장 대표적인 지표로 간주된다. 전체 IQ의 범위는 40~160까지이며, 지표점수의 범위는 45~155까지다.

기본지표척도 수준(Primary Index Scale Level)은 언어이해, 시공간, 유동추론, 작업기억, 처리속도 등 5개의 기본지표척도로 구성된다. 기본지표척도에 해당하는 기본 소검사는 10개이며, 각각의 기본지표척도에는 2개의 기본 소검사들이 포함된다. 기본지표점수는 각 지표에 포함되는 소검사의 조합으로 산출된다. 언어이해에는 공통성과 어휘, 시공간에는 토막짜기와 퍼즐, 유동추론에는 행렬추리와 무게비교, 작업기억에는 숫자와 그림기억, 처리속도에는 기호쓰기와 동형찾기가 해당된다.

추가지표척도 수준(Ancillary Index Scale Level)은 양적추론, 청각작업기억, 비언어, 일반능력, 인지효율 등 5개의 추가지표척도로 구성되며, 추가지표척도는 아동의 인지적 능력과 지능검사 수행에 대한 추가적인 정보를 제공해 준다. 추가지표척도에 해당하는 소검사로는 10개의 기본 소검사와 2개의 추가 소검사(산수와 순차연결)가 있다. 추가지표점수는 기본지표점수와 마찬가지로 각 지표에 포함되는 소검사의 조합으로 산출된다. 양적추론에는 무게비교와 산수, 청각작업기억에는 숫자와 순차연결, 비언어에는 토막짜기, 퍼즐, 행렬추리, 무게비교, 그림기억, 기호쓰기가 포함된다. 일반능력에는 공통성, 어휘, 토막짜기, 행렬추리, 무게비교가, 인지효율에는 숫자, 그림기억, 기호쓰기, 동형찾기가 포함된다.

2) K-WISC-V의 일반적 실시

(1) 소검사 실시 순서
소검사의 순서는 수검 아동의 흥미를 증가시키고 피로를 최소화하고 다양성을 유지할 수 있는 방향으로 결정되었다. 전체 IQ를 산출하는 데 필요한 소검사를 제일 먼저 실시하고, 나머지 기본 소검사를 진행한다. 평가자가 평가 목적과 아동에 관한 정보를 고려해서 추가 소검사의 시행이 필요하다고 판단했을 때, 추가 소검사를 실시하면 된다. K-WISC-V 기록용지 순서대로 소검사를 실시하면 되고, 소검사 실시 순서는 〈표 5-4〉에 제시되어 있다.

〈표 5-4〉 표준 소검사 실시 순서

1. 토막짜기 → 2. 공통성 → 3. 행렬추리 → 4. 숫자 → 5. 기호쓰기 → 6. 어휘 → 7. 무게비교 → 8. 퍼즐 → 9. 그림기억 → 10. 동형찾기 → 11. 상식 → 12. 공통그림찾기 → 13. 순차연결 → 14. 선택 → 15. 이해 → 16. 산수

만약 수검 아동의 신체적 조건이 소검사를 수행하는 것을 방해하는 등 특정 임상적 상황이 있는 경우, 평가자는 전체 IQ 소검사 중 한 개의 소검사만 다른 소검사로 대체할 수 있다. 소검사 대체가 허용되는 소검사 등 소검사 대체와 관련한 자세한 사항은 K-WISC-V 실시와 채점 지침서(곽금주, 장승민, 2019)를 참고하면 된다.

(2) 일반적 지침
K-WISC-V의 검사 실시 시간을 단축하고 수검 아동을 불필요하게 지루해하지 않도록 하기 위해 평가자는 각 소검사마다 시작점, 역순 규칙, 중지 규칙, 중지점, 시간 측정을 숙지할 필요가 있어서 K-WISC-V 실시와 채점 지침서(곽금주, 장승민, 2019)를

3. 행렬추리

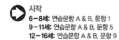 **시작**
6~8세: 연습문항 A & B, 문항 1
9~11세: 연습문항 A & B, 문항 5
12~16세: 연습문항 A & B, 문항 9

 역순
9~16세
처음 제시되는 2문항 중 *어느 1문항이라도* 만점을 받지 못하는 경우, 2문항 연속으로 만점을 받을 때까지 **역으로** 실시한다.

✋ **중지**
3문항 연속
0점을 받는 경우

✏ **채점**
정답 반응은 색깔로 표시되어 있다.
0 또는 1점으로 채점한다.

[그림 5-2] K-WISC-V 기록용지 중 행렬추리의 실시 규칙들

꼼꼼하게 확인해야 한다. 이러한 실시 규칙들은 K-WISC-V의 기록용지에 아이콘으로 표시되어 있다. [그림 5-2]에 기록용지의 행렬추리 부분을 보면, 행렬추리의 시작점을 연령별로 제시하였고, 역순 및 중지 규칙, 채점을 보여 주고 있다.

K-WISC-V에서는 수검 아동이 과제 수행에 필요한 것을 이해하고 최대한 도와주기 위해 검정 문항, 시범 문항, 연습 문항, 가르치는 문항을 제공한다. 검정 문항은 수검 아동이 과제 수행에 필요한 능력을 가지고 있는지 확인하기 위한 것으로, 예를 들어 숫자 소검사의 순서대로 따라하기가 가능한지 알아보기 위해 검정 문항으로 숫자 세기를 포함하고 있다. 시범 문항과 연습 문항을 과제를 설명해 주고 실제 연습해 볼 수 있는 부분이며, 수검 아동이 과제를 분명히 이해할 수 있도록 가르치는 문항을 제공한다.

추가 질문(Q)은 아동의 반응이 불완전하거나 모호하거나 불분명할 때 "무슨 뜻이죠?" 또는 "좀 더 자세히 말해 주세요"라고 하여 추가적인 정보를 얻기 위해 고안된 것이다. 촉구(P)는 소검사 과제를 가르치거나 상기시키기 위해 사용되는 것으로, 예를 들어, 퍼즐 소검사에서 수검 아동이 3개보다 적은 조각을 선택했다면, "퍼즐을 완성하기 위해 조각 3개를 선택해 주세요"라고 알려 주어 3개의 조각을 선택하도록 상기시켜 줄 수 있다. 반복은 문항에 대해 확실히 이해하게 하고 수검 아동의 주의를 그 과제로 다시 돌리기 위해 고안된 것이다. 반복 허용 규칙이 소검사마다 다르므로 평가자는 반복 규칙을 숙지해야 한다.

(3) 결과 산출 및 채점 프로그램 이용

K-WISC-V 기록용지에 아동의 반응을 기록하고 이에 대한 채점을 마친 후에 소검사별 점수를 인싸이트 홈페이지(inpsyt.co.kr)의 온라인 채점 프로그램에 입력하게 되면, 수검 아동에 대한 결과지를 얻을 수 있다. [그림 5-3]에 K-WISC-V 결과지 중 첫 페이지를 제시하였다.

점수 입력 절차는 온라인 채점 프로그램에 제시되어 있는 순서대로 진행을 하면 되며, 소검사별로 점수를 입력하면 된다. 만약 소검사를 대체했을 때에는 대체 검사를 선택하면 되고, 비례배분을 사용하는 경우에는 전체 IQ를 산출에 필요한 7개의 소검사 중에서 6개 소검사 점수를 입력하면 된다. 온라인 채점 프로그램에서 비교 기준을 선택해야 하는데, 누적비율 준거집단은 전체 IQ의 능력 수준에 따른 지표 간 차이를 반영한 능력 수준으로, 비교점수는 아동의 전반적 인지 능력에 대해 더 풍부한 정보를 제공해 주고 추가적 측정 오류를 줄일 수 있는 MSS-P를 권장하는 바이다. 신뢰구간과 임계치 유의수준은 평가 목적과 임상적 맥락에 따라 결정하면 되며, 임상 현장에서는 95% 신뢰구간, 유의수준 .05를 주로 선택한다.

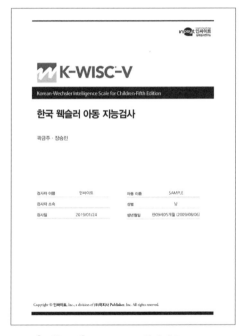

[그림 5-3] K-WISC-V 결과지 Sample

출처: https://ssproxy.ucloudbiz.olleh.com/v1/AUTH_be6ec959-1c37-4a8c-948a-ef2ae7ddfb1a/resultSample/KWISC5_CO_TG.pdf

3) K-WISC-V의 지표 및 소검사

이 절에서는 K-WISC-V의 5개의 기본 지표별로 그에 해당하는 소검사의 내용, 실시 및 채점에 대해 간략하게 제시할 것이다. K-WISC-V 실시와 채점 지침서(곽금주,

장승민, 2019), 아동 평가(Sattler, Dumont, & Coalson, 2016)를 참고해서 소개하겠다.

(1) 언어이해 소검사

언어이해 지표(Verbal Comprehension Index: VCI)는 습득된 단어 지식에 접근하고 적용하는 언어 관련 능력을 측정한다. 이 지표는 언어적 추론체계를 나타내는 것으로 후천적인 교육을 통해 얻은 지식과 이해를 평가하고 새로운 상황에서 언어적 능력을 적용하는 것을 반영한다. 의미 있는 개념을 언어적으로 표현하는 능력, 언어 정보에 대해 생각하는 능력, 단어를 사용하여 자신의 의견이나 생각을 표현하는 능력, 언어적 이해력 등을 측정한다. 언어이해 지표가 높을수록 언어적 추론 시스템이 잘 발달되어 있음을 의미한다. 따라서 우수한 단어 지식 습득력, 효과적인 정보 인출, 언어 문제를 추론하고 해결하는 뛰어난 능력, 결정적 능력(crystallized ability), 지식에 대한 효과적인 의사소통이 잘 갖추어져 있고, 언어적 이해력을 요구하는 과제나 논리를 사용한 문제해결을 필요로 하는 과제 등에서 우수한 성과를 보일 수 있다. 조기교육, 문화적 기회, 풍요로운 초기 환경, 흥미와 독서 패턴, 청각적 예민성 등이 이 지표의 수행과 연관되어 있다.

① 공통성-기본 소검사

공통성은 공통적인 사물이나 개념을 의미하는 단어의 쌍을 듣고, 두 단어가 어떻게 유사한지를 말하는 것이다. 공통성은 추상적 사고과정을 요구하며 제시되는 두 단어 사이의 공통된 특성을 의미 있는 개념으로 통합하는 것으로 언어적 개념 형성 능력을 측정한다.

■ 문항구성: 연습 문항 1개, 검사 문항 23개
■ 실시방법: ○와 ○가 어떤 점에서 서로 비슷한가요? 어떤 점이 똑같은가요?
■ 채점: 0, 1, 2점으로 채점, 최대 점수 46점
　• 2점: 두 사물이나 개념 모두에 적절히 관련되어 있는 주요한 분류
　• 1점: 사소하고 덜 중요한 유사성을 구체적 속성으로 표현한 경우
　　주요하지만 두 단어의 공통점으로 덜 적절한 경우
　• 0점: 두 단어의 속성과 관련이 없는 경우, 너무 일반적인 특성, 차이점을 묘사

한 경우, 명백히 틀린 반응

■ 평가 능력: 결정적 지식, 유동적인 추론 능력, 귀납적 추론, 추상적 사고 능력, 언어 발달, 어휘 지식, 언어적 개념 형성, 언어 이해, 연상적 사고 능력, 본질과 비본질적 세부 사항을 구별하는 능력, 장기기억, 수용 및 표현언어 등

공통성은 제시된 단어의 의미를 모르면 실패할 수 있으며, 이 경우에는 개념화 능력의 결함보다는 어휘 능력의 결함을 반영한 것으로 볼 수 있다. 또한 쉬운 문항은 기억력, 인출 또는 언어 찾기 등과 관련되어 있을 수 있고 자동화된 관습적 언어적 반응으로 정답을 맞힐 수 있다.

아동의 개념화 수준과 사고방식을 이해하는 데에, 수검 아동의 대답이 구체적·기능적·추상적인가를 파악하는 것이 도움이 된다. 예를 들어, 포도와 사과의 공통점을 "둘 다 껍질을 가지고 있어요"라고 보거나 느낄 수 있는 대상의 특징으로 0점에 해당하는 대답을 했다면, 보다 낮은 수준의 구체적 사고를 의미한다. 반면에 "둘 다 먹는 거예요"라고 그 대상의 기능이나 용도에 대한 것으로 1점에 해당하는 대답을 했다면, 일반적으로 기능적 사고방식을 의미한다. 마지막으로, "둘 다 과일이에요"라고 더 보편적인 특성이나 대상의 공통적인 분류나 범주에 근거해서 2점에 해당하는 대답을 했다면, 아동의 상위 차원의 사고인 추상적 사고를 반영한다.

② 어휘-기본 소검사

어휘는 사물의 이름을 말하거나 검사자가 읽어 주는 단어의 정의를 설명하는 소검사로 단어 지식을 측정한다. 어휘는 일반지능 g의 가장 높은 측정치이며, 신경학적 문제나 심리적 문제에도 덜 영향을 받고 시간이 지나도 안정적인 소검사다.

■ 문항구성: 그림 문항 4개와 언어 문항 25개로 총 29개 문항
■ 실시방법
 • 그림 문항: 이것이 무엇일까요?
 • 언어 문항: 이제 단어들을 말해 줄 거예요. 잘 듣고 각 단어들이 무엇을 뜻하는지 말해 보세요.
■ 채점: 0, 1, 2점으로 채점, 최대 점수 54점

- 2점: 단어에 대한 높은 이해도를 보인 반응
- 1점: 일반적으로 올바르지만 내용이 부족한 반응
- 0점: 단어에 대해 분명한 이해 없이 하는 반응 또는 명백히 틀린 반응
  - 평가 능력: 결정적 지식, 단어지식, 언어 발달, 언어기술, 언어이해, 언어표현, 수용언어, 장기기억, 언어적 유창성, 수용언어, 개념화 능력 등

어휘 소검사의 수행에 문화적 기회, 흥미, 학습 정도, 초기 교육의 질, 지적 호기심, 청각적 명료성이 영향을 줄 수 있다. 어휘에 대한 아동의 반응은 언어기술, 배경, 문화적 배경, 사회 발달, 삶 경험, 좌절에 대한 반응, 사고과정에 대한 정보를 제공해 줄 수 있다. 이 소검사는 긴 언어적 표현을 필요로 하여서 경도의 언어장애나 사고과정의 장애를 확인하는 데에도 민감하다.

③ 상식-추가 소검사

상식은 일반적인 지식에 대한 광범위한 주제를 다룬 질문에 답하는 소검사다. 사실적 정보에 대한 장기기억을 측정한다. 이 소검사에서 아동은 신체 부위, 물체의 사용, 역사적 인물 등 다양한 주제, 정보에 대해 알고 있는 것을 대답해야 한다.

- 문항구성: 검사 문항 31개
- 실시방법: 지침서에 있는 지시대로 문항을 정확하게 읽어 준다.
- 채점: 0, 1점으로 채점, 최대 점수 31점
  - 1점: 정답
  - 0점: 오답
- 평가 능력: 사실에 근거한 지식, 장기기억, 결정적 지식, 일반 상식, 언어이해, 사실적 지식의 범위, 수용언어 및 표현언어 등

상식 소검사의 수행에 풍부한 초기 환경, 조기교육의 질, 일반교육의 질, 문화적 기회, 아동의 흥미와 독서 패턴, 지적 호기심, 지식 습득의 욕구 청각적 예민성 등의 요인이 영향을 미칠 수 있다. 예를 들어, 부정확한 응답은 장기기억에서의 정보 인출의 문제, 단어 인출의 문제, 제한된 어휘력과 관련이 있을 수 있다. 상식 소검사의 검사

문항은 평균적으로 학습 기회를 가진 미국 아이들이 가정과 학교에서 전형적인 경험을 통해 얻을 수 있는 지식에 근거하였다. 따라서 조기교육의 질이 풍부한 아동의 경우 상식에서 높은 점수를 받을 수 있다. 아동의 동기, 정서, 성격 유형 또한 상식 소검사의 수행에 기여할 수 있다. 예를 들어, 동기가 낮거나 불안하거나, 일시적으로 부주의하거나, 지루한 경우에, 수검 아동은 쉬운 문항에서 틀리고 어려운 문항에서 맞출 수 있다.

④ 이해-추가 소검사

이해는 일반적 원칙과 사회적 상황에 대한 이해에 근거한 질문에 대답을 하는 소검사로, 수검 아동이 지닌 실용적 추론과 판단을 측정한다. 이해 소검사는 주로 생존 기술, 건강, 대인관계, 사회적 관계 등을 포함한 실용적인 지식과 사회적 관습에 근거해서 검사 문항들을 구성하였다. 이해 소검사의 수행은 아동이 특정한 일들을 행하는 이유를 언어적으로 표현할 수 있어야 한다.

- 문항구성: 검사 문항 19개
- 실시방법: 지침서에 있는 지시대로 문항을 정확하게 읽어 준다.
- 채점: 0, 1, 2점으로 채점, 최대 점수 38점
  - 2점: 일반적 개념을 포함하는 반응 또는 상이한 두 개의 일반적 개념을 포함하는 반응
  - 1점: 일반적 개념을 하나만 포함하거나 명확하지 않은 반응
  - 0점: 일반적 개념을 포함하지 않거나 명백히 틀린 반응
- 평가 능력: 사회적 판단, 상식, 논리적 추론, 사회적 상황에서의 실용적 추론과 판단의 적용, 관습적 행동의 규칙에 대한 지식, 전통적 개념에 대한 지식, 결정적 지식, 언어 발달, 일반 지식, 수용/표현언어, 언어이해 등

이해 소검사는 행동 및 과거의 경험을 평가하고 도덕적이고 윤리적인 판단을 확인하는 것으로 실용적이고 경험적인 지식에 따라 달라지고 사회적 관습과 행동에 대한 지식과 사회적 태도를 반영할 수 있다. 이 소검사의 수행에는 아동의 도덕적 가치, 사회 및 문화적 배경, 문화적 기회, 조기교육의 질과 일반적 교육, 양심이나 도덕의식

발달, 환경에 대한 인식, 청각적 예민성, 성격 유형 등과 관련이 있을 수 있다. 이해 소검사에서 정답을 안다고 수검 아동이 사회적 상황에서 항상 적절하게 행동한다고 볼 수 없다. 즉, 사회적 관습에 대한 지식을 가지고 있다고 이를 수용한다는 것을 의미하는 것이 아니기 때문이다. 또한 이해는 정답을 요구하는 상식 소검사와 달리 구체적인 언어적 답변을 요구하여 개인 특유의 반응이 나올 수 있다.

(2) 시공간 소검사

시공간 지표(Visual Spatial Index: VSI)는 토막짜기, 퍼즐 소검사로 구성되어 있으며, 시공간 유동추론 관련 능력을 측정한다. 이 지표는 시각적으로 사고할 수 있는 능력, 시공간적으로 인식된 자료의 해석 및 조직화 능력, 시간압력하에 조작 능력, 시지각적 문제해결 능력을 요구한다. 이 지표로 시각적 처리 및 공간적 관계 기술, 시지각 추론, 비언어적 추론 능력, 즉각적 문제해결 능력, 주의력 및 집중력 등을 알 수 있다. 시공간 및 유동적 추론 요인은 시각적으로 지각되는 개체를 해석하고 정리하는 능력, 비언어적 귀납적 추론을 수행하는 능력, 개념적 사고를 통해 새로운 문제를 분석하고 해결하는 능력을 의미한다. 시공간 지표는 동기와 끈기, 시행착오 능력, 기민성, 문화적 기회, 시각 퍼즐을 접한 경험, 흥미와 시각적 예민성 등에 영향을 받을 수 있다.

① 토막짜기-기본 소검사

토막짜기는 WISC-IV에 비해 WISC-V에서 많은 변화를 보인 소검사로, 문항이 새롭게 추가되었고 WISC-IV에서 없었던 오류점수와 처리점수가 생겼다. 토막짜기는 제한시간 내에 토막을 사용하여 제시된 모형 혹은 그림과 똑같은 모양을 만드는 소검사다. 제시된 전체 형태를 부분으로 해체하여 분석하고 그 부분을 조합해 제시된 전체 형태를 만드는 과정으로 구성된다.

- ■ 문항구성: 검사 문항 13개
- ■ 실시방법: 토막을 주고 소책자에 있는 모형을 가리키며, 이것처럼 한번 만들어 보세요. 최대한 빨리 만들고, 끝나면 알려 주세요. 시작하세요.
- ■ 오류 종류
  - 회전 오류: 제한시간이 끝났을 때, 모형이 30°이상 회전되어 있을 때

- 틈과 정렬불량 오류: 토막 간의 틈과 정렬불량이 7mm 이상인 경우(토막의 길이/넓이의 약 1/4)
- 공간크기 오류(dimension errors): 문항 1과 13을 제외한 문항에서 토막을 맞추는 도중에 사각형이나 다이아몬드 모형이 최대 크기를 초과할 때. 예를 들어, 2×2 토막 모형에서 한 줄에 3개 토막을 위치하거나 3×3 모형에서 한 줄에 4개의 토막을 배열하면 공간크기 오류로 기록할 수 있다.

  **주의할 점: 토막짜기를 진행하는 동안 발생한 공간크기 오류의 총 개수로 결정되며, 수검 아동이 제한시간 내에 공간크기 오류를 범했다면, 공간크기 오류로 볼 수 있다.

■ 채점: 최대 점수 58점

- 문항 1~3: 0, 1, 2점
- 문항 4~9: 0, 4점
- 문항 10~13: 0, 4~7점*

*시간-보너스 점수가 포함되어서 4~7점을 주게 된다.

■ 처리점수: 4개의 처리점수

- 시간-보너스가 없는 토막짜기 점수(BDn): 시간 보너스가 없는 총점, 최대 점수 46점
- 토막짜기 부분점수(BDp): 토막짜기 부분 점수의 총점, 최대 점수 82점
  토막짜기 부분점수는 올바르게 만든 토막의 총 개수를 의미한다. 문항 10~13은 기록용지에 있는 총 점수를 사용하면 되며, 이것은 올바르게 배열된 토막의 총 개수에 시간-보너스 점수를 적용한 점수다. 예를 들어, 12번 문항에서 9개 토막을 35초에 맞췄다면 9(토막 수) + 2(시간 보너스 점수) = 11점이 된다.
- 토막짜기 공간크기 오류점수(BDde): 공간크기 오류를 범한 모형의 전체 수, 최대 점수 11점
- 토막짜기 회전 오류점수(BDre): 30° 이상 회전 오류를 범한 모형의 전체 수, 최대 점수 13점

■ 평가 능력: 전체 형태를 지각하고 부분으로 분석하는 능력, 공간적 시각화, 비언어적 개념 형성 능력, 비언어적 추론, 시각-운동 협응 능력, 지각적 조직화, 집중력 등 지속적 노력을 기울이는 능력, 시각-운동-공간(visual-motor-spatial) 협응: 조작과 지각적 속도 등

수검 아동이 토막짜기를 하는 동안 제시된 모양을 확인하는 것을 어려워하거나 혼동하는 모습을 보인다면 이유를 살펴보아야 한다. 끈기와 동기, 주의력 및 집중력, 시각적 문제, 성격, 정서적 문제 등이 토막짜기의 수행에 영향을 미칠 수 있기 때문이다. 예를 들어, 토막짜기의 수행이 느린 경우, 신중하거나 완벽주의적 성향과 같은 성격적 측면 또는 우울이나 지루함에서 기인되었을 수 있다. 또한 아동이 배열한 모양과 제시된 그림을 반복적으로 재확인을 하는 경우, 아동의 불안, 강박적 성향, 빈약한 시각적 작업기억 등에 의해 나타난 모습일 수 있다.

② 퍼즐-기본 소검사

퍼즐은 WISC-V에서 새롭게 추가된 기본 소검사로 완성된 퍼즐을 보고 제한시간 내에 퍼즐을 재구성할 수 있는 3개의 조각을 선택하는 것이다. 이 소검사는 완성된 퍼즐을 분해해서 보기에서 3개의 조각을 통해 재구성하는 능력을 필요로 하며, 공간적 시지각 추론 능력을 측정한다.

- 문항구성: 시범 문항 1개, 연습 문항 1개, 검사 문항 29개
- 실시방법: 이 퍼즐을 완성할 수 있는 3개의 조각을 선택할 거예요. 이 3개의 조각은 겹쳐지지 않고 나란히 있어야 해요.
- 채점: 0, 1점으로 채점, 최대 점수 29점
  - 1점: 제한시간 내에 정답 반응
  - 0점: 오답, 모른다고 했을 때, 제한시간 경과된 후에도 반응하지 않을 경우
- 평가 능력: 시공간적 추론, 비언어적 추론, 비언어적 유동추론 능력, 빠른 회전 (speeded rotation), 폐쇄 속도(closure speed), 시각화(visualization), 정신적 변형 (transformation), 분석 및 통합, 공간적 지각처리속도, 공간적 능력, 시지각 변별력, 주의력과 집중력 등

동기, 인내력, 시간제한하에서 작업하는 능력, 시각적 명료성, 과제를 다루는 아동의 태도, 인내심 등이 퍼즐 소검사의 수행에 영향을 미칠 수 있는 요인이다. 예를 들어서 과제에 접근하는 것이 성급하고 충동적인지, 신중한지, 빠르고 부정확한지 등에 따라서 수행 결과가 달라질 수 있다.

(3) 유동추론 소검사

유동추론 지표(Fluid Reasoning Index: FRI)는 행렬추리와 무게비교로 구성되며, 추가 소검사로는 공통그림찾기와 산수가 포함된다. 이 지표는 시각적 사물 간에 있는 개념적 관계를 이해하고 규칙을 찾고 적용하기 위해 추론을 사용하는 능력을 의미한다. 유동추론 지표에서 측정하는 개념적 관계를 이해하고 적용하는 능력에는 연역적 추론과 양적추론, 광범위한 시각지능, 동시적 처리 능력, 추상적 사고력을 필요로 한다. 이 지표는 새롭거나 익숙하지 않은 문제해결 시 논리를 사용하는 유동적 추론 능력, 시지각 추론, 양적추론, 시각적 자료를 빨리 해석하고 조직화하는 능력, 시각적으로 사고하고 조작하는 능력, 비언어적 추론 등을 측정한다. 유동추론 지표는 문화적 기회, 지적 호기심, 동기 및 끈기, 목표지향적 작업 능력, 시행착오적 학습, 시각적 예민성 등과 관련된다.

① 행렬추리-기본 소검사

행렬추리는 미완성인 행렬을 보고 행렬을 완성시키는 적절한 보기를 선택하는 것으로 시간제한이 없는 소검사로 속도 요인의 영향이 없는 시지각적 유추 추론 능력을 측정한다. 행렬추리는 일부분이 누락되어 있는 색깔이 있는 행렬 또는 시각적 패턴을 통해 가장 잘 완성되는 하나의 패턴을 찾는 과제다.

- 문항구성: 연습 문항 2개, 검사 문항 32개
- 실시방법: "여기 있는 것들 중(보기를 가로로 가리키며) 어떤 것이(물음표가 있는 상자를 가리키며) 이쪽으로 가야 할까요?"
- 채점: 0, 1점으로 채점, 최대 점수 32점
  - 1점: 정답 반응
  - 0점: 오답, 모른다고 했을 때, 약 30초가 경과된 후에도 반응하지 않을 경우
- 평가 능력: 유동추론, 시각처리, 귀납적 추론, 시지각적 추론 능력, 시지각적 조직화 능력, 공간 능력, 시각화, 시각적 예민성 등

행렬추리의 수행에 전체-부분 관계성을 살피고 특정 패턴을 완성했던 사전 경험, 불확실한 것을 감내하고 정답을 찾으려는 태도, 시력, 목표를 향해 작업하는 능력, 시

행착오적 학습 능력, 동기, 끈기 등이 영향을 미칠 수 있다. 행렬추리는 언어적 중재, 시각적 및 시공간적 구성 기술, 주의 집중력과 관련이 있다.

② 무게비교-기본 소검사

무게비교는 제한시간 내에 양쪽 무게가 다른 저울 그림을 보고 보기에서 균형을 유지할 수 있는 알맞은 것을 선택하는 소검사다. 수검 아동은 제시된 저울 양쪽 추의 형태, 크기, 색깔 등에 기반해 다른 저울의 양쪽 무게가 같아지도록 수학적 추론을 필요로 하는 과제다.

- 문항구성: 연습 문항 2개, 검사 문항 34개
- 실시방법: 이 중 어떤 것이 이것과 무게가 같을까요?
- 채점: 0, 1점으로 채점, 최대 점수 34점
  - 1점: 정답 반응
  - 0점: 오답, 모른다고 했을 때 제한시간 경과 후에도 반응하지 않았을 때
- 평가 능력: 유동추론 능력, 양적추론, 시각처리 능력, 시지각적 양적추론, 일반적인 순차적 추론 능력, 시각화, 시지각적 분석 추론, 비언어적 추론, 귀납적 및 연역적 논리, 작업기억, 주의력 및 집중력 등

무게비교는 시지각적 양적추론 능력, 저울의 균형을 분석해야 해서 연역적 및 귀납적 논리력이 관여한다. 이 소검사는 비언어적이고 시각적 정보에 대한 수학적 추론 능력, 유추 능력이 관여하는 데 반해, 산수는 언어적 정보에 대한 수학적 추론 능력이 관여한다. 무게비교의 수행에는 목표지향적으로 작업하는 능력, 시각적 명료성, 동기, 인내력, 시간제한하에서 작업하는 능력 등이 영향을 줄 수 있다. 예를 들어, 인내력이 부족하거나 충동적인 아동은 무게비교 수행에서 낮은 점수를 받을 수 있다.

③ 공통그림찾기-추가 소검사

공통그림찾기는 두 줄 혹은 세 줄로 이루어진 그림들을 보고 각 줄에서 공통된 특성으로 묶을 수 있는 그림을 선택하는 소검사다. 이 소검사는 수검 아동이 각 그림에 제시된 사물을 인식하고 규명해야 공유된 특징을 찾을 수 있는 과제다.

- 문항구성: 연습 문항 2개, 검사 문항 27개
- 실시방법: (손가락으로 첫 번째 줄을 따라 지나가며) 여기를 보세요. (손가락으로 두 번째 줄을 따라 지나가며) 여기 밑을 보세요. (손가락으로 첫 번째 줄을 따라 지나가 며) 하나는 여기서 고르고, (손가락으로 두번째 줄을 따라 지나가며) 그 그림과 공통 점이 있는 또 다른 하나는 여기서 고르세요.
- 채점: 0, 1점으로 채점, 최대 점수 27점
  - 1점: 정답 반응을 모두 선택한 경우
  - 0점: 오답, 정답 반응을 모두 선택하지 않았을 때, 모른다고 할 때, 명백히 틀린 반응, 30초가 경과된 후 반응하지 않았을 때
- 평가 능력: 추상적, 범주적 추론 능력, 유동적 추론 능력, 귀납적 추론 능력, 시지 각적 변별 능력, 시지각적 추론 능력, 추상적 사고 능력, 본질적인 것을 비본질적 인 세부 사항과 구별할 수 있는 능력, 비언어적 추론 능력, 결정적 지식, 일반적 상식, 단어지식 등

공통그림찾기에서 공유된 특성은 범주(예: 식물), 외모(예: 동그랗다), 행동(예: 튕기 고 있다), 사용 용도(예: 먹기 위해서) 등과 같은 것이다. 이 소검사에서 수검 아동은 '가 리키기'로 반응을 하여서 정답 반응을 했더라도 수검 아동이 공통된 점을 어떻게 추 론했는지 그 근거를 평가하기 어렵다. 공통그림찾기의 수행에 문화적 기회, 흥미도 와 독서 패턴, 지적 호기심, 초기교육과 일반교육의 질, 시각적 예민성이 영향을 미칠 수 있다.

④ 산수-추가 소검사

산수는 제한시간 내에 그림 문항과 언어 문항으로 구성된 산수문제를 암산하는 소 검사로, 수리적 추론을 측정한다. 이 소검사는 언어적 지시에 의한 수리적 개념과 수 리적 추론이 포함된 문제를 해결하는 것으로, 초반부 문항에는 일반적으로 학교에서 접했던 수학문제와 유사하지만, 후반부 문항에는 수리적 추론 능력을 적용해서 해결 할 수 있다.

- 문항구성: 그림 문항 5개와 검사 문항 29개로 총 34개 문항

- 실시방법: 지침서에 있는 지시대로 문항을 정확하게 읽어 준다.

  "문제를 몇 개 읽어 줄 건데, 문제를 한 번씩만 읽어 줄 거예요. 잘 들어 보세요."

  ** 반복 규칙

  - 문항 1~19: 문항을 다시 읽어 줄 수 없다.

  - 문항 20~34: 한 번만 다시 읽어 줄 수 있다. 아동이 반복을 요청한 경우, 즉시 시간 측정을 멈추고 문항을 읽어 주고, 마지막 단어를 말한 후에 다시 시간 측정을 한다.

- 채점: 0, 1점으로 채점, 최대 점수 34점

  - 1점: 정답

  - 0점: 오답, 제한시간 이후 반응, 모른다고 할 때, 제한시간 경과된 후에도 반응하지 않았을 때

- 평가 능력: 수량적 지식, 정신적 수학 능력, 단기기억, 유동적 추론 능력, 수학에 관한 성취도, 작업기억, 양적추론, 장기기억, 정신 조작, 기초적인 산술 과정의 적용, 정신 각성 및 주의력 등

산수 소검사의 수행에는 산수 개념, 수리적 추론, 언어적 지시를 듣고 이해하고 따르는 능력, 질문의 선택적 부분에 집중하는 능력, 가감승제의 수 연산 능력 등이 필요하다. 기본적인 산술기술을 획득할 수 있는 기회, 조기교육 및 전반적인 교육의 질, 청각적 예민성, 자기점검 능력 등이 산수 소검사의 수행에 기여할 수 있다. 산수에서 높은 점수를 받은 경우, 이는 수학문제 해결을 위한 추론 기술을 적용하는 능력, 사회적 문제해결 상황에서 수학 기술을 사용하는 능력, 학업성취에 대한 관심(특히, 고난이도 문항에서 정답비율이 높으면), 복잡한 사고패턴에 관여하는 능력이 뛰어남을 의미한다.

(4) 작업기억 소검사

작업기억 지표(Working Memory Index: WMI)는 숫자와 그림기억으로 구성되며, 추가 소검사로는 순차연결이 해당된다. 작업기억은 정신적으로 여러 과제를 동시에 수행하면서 인지적 요구를 정확하게 완성하기 위해 필요한 능력으로 인지기능의 주요 부분이다(Cowan & Alloway, 2009). 작업기억은 유동추론과 상관이 높고, 아동의 학

습문제와 주 호소문제와 밀접하다. WISC-IV와 달리 WISC-V의 작업기억 지표에서는 청각적 작업기억에 시각적 작업기억을 포함해서 작업기억을 측정한다. WISC-V와 WPPSI-IV의 작업기억 소검사는 다중요소 모델(multi-component model)과 내재된 처리 모델(embedded-processes model)과 연관되어 있다. 다중요소 모델은 정보를 일시적으로 저장하고 시연하거나 조작하는데 두 가지 영역-특정적 저장체계가 있다고 제안하였다(Baddeley, 2002, 2012). 첫 번째는 언어적 정보를 담당하는 것은 음운 고리(phonological loop)이고, 두 번째는 시각적 공간적 정보를 담당하는 것은 시공간적 저장판(sketchpad)이다. 내재된 처리 모델은 작업기억 정보는 장기기억의 부분 집합(subset)이 활성화될 때 발달하고, 이러한 활성화된 기억은 환경 자극에 의해 활성화될 때 주의 집중이 된다고 하였다(Towse & Cowan, 2005). 이런 작업기억 모델에 근거해서 WISC-V에서는 청각 및 시각 작업기억에 대한 소검사를 구성하였다.

작업기억 지표는 시각 및 청각 정보를 입력, 유지, 조작할 수 있는 능력, 시각 및 청각 자극에 대한 기억폭, 작업기억력, 주의력 및 집중력을 측정한다. 낮은 작업기억 지표점수는 주의산만, 시각적 또는 청각적 자극의 변별문제, 의식에서 정보를 능동적으로 유지하는 것의 어려움, 제한된 저장 용량, 작업기억에서 정보 조작의 어려움을 반영할 수 있다. 작업기억 지표는 자기점검 능력, 청각적 예민성, 청각적 변별력, 시연 전략 사용 능력 등과 관련이 있다.

① 숫자-기본 소검사

WISC-V의 숫자에서는 숫자 순서대로 따라하기가 새롭게 추가되어 3가지 과제로 구성되어 있다. 즉, 일련의 숫자를 듣고 기억하여 ① 바로 따라하고, ② 거꾸로 따라하고, ③ 순서대로 따라하는 과제로 이루어진 소검사다. 숫자는 청각적 정보를 회상하여 특정한 순서대로 정보를 처리해서 청각적 순차 처리 능력과 청각적 단기기억 등을 측정한다.

- ■ 문항구성: 3가지 유형으로 구성되고, 각 문항은 2회의 시행으로 이루어짐
  - 숫자 바로 따라하기: 검사 문항 9개
  - 숫자 거꾸로 따라하기: 연습 문항 1개, 검사 문항 9개
  - 숫자 순서대로 따라하기: 검정 문항, 연습 문항 2개, 검사 문항 9개

■ 실시방법

- 숫자 바로 따라하기: 내가 숫자를 다 말해 주고 나면 똑같은 순서대로 따라 하세요. 내가 말한 그대로 따라 하면 돼요.
- 숫자 거꾸로 따라하기: 이번에는 내가 말한 숫자들을 거꾸로 말해 보세요.
- 숫자 순서대로 따라하기: 이번에는 내가 숫자 말하기를 멈추면, 작은 숫자부터 순서대로 말해 보세요.

■ 채점: 최대 점수 54점

- 시행 점수: 0, 1점으로 채점
  - 1점: 정답 반응
  - 0점: 오답, 모른다고 할 때, 30초 경과 후에도 반응하지 않았을 때
- 문항 점수: 시행 점수의 합

■ 처리 점수: 6개의 처리 점수

- 숫자 바로 따라하기(DSf): 바로 따라하기 환산점수
- 숫자 거꾸로 따라하기(DSb): 거꾸로 따라하기 환산점수
- 숫자 순서대로 따라하기(DSs): 순서대로 따라하기 환산점수
- 가장 긴 숫자 바로 따라하기(LDSf): 바로 따라하기의 마지막 시행에서 1점을 받은 문항의 숫자 개수
- 가장 긴 숫자 거꾸로 따라하기(LDSb): 거꾸로 따라하기의 마지막 시행에서 1점을 받은 문항의 숫자 개수
- 가장 긴 숫자 순서대로 따라하기(LDSs): 순서대로 따라하기의 마지막 시행에서 1점을 받은 문항의 숫자 개수

■ 평가 능력: 단기기억, 작업기억, 기억 폭, 암기 학습, 즉각적인 청각 기억력, 청각적 순차적 처리, 숫자를 다루는 능력(numerical ability), 주의력 등

하위 과제를 보다 자세하게 살펴보면, 바로 따라하기는 즉각적 단기기억, 주의력, 기계적 학습, 청각적 단기 기억력, 청각적 순차적 처리 능력을 평가한다. 지시에 따라 특정 순서로 따라하는 것이 요구되는 거꾸로 따라하기와 순서대로 따라하기는 바로 따라하기에 비해 숫자 순서를 더 길게 보유해야 하고, 계획 능력과 입력된 자극을 지시한 순서대로 조작하는 능력을 필요로 한다. 이 두 과제는 청각 자극으로부터 형성

된 내적 시각적 배열을 주사(scan)하는 능력과 심상을 형성하는 능력과 관련이 있다. 따라서 거꾸로 및 순서대로 따라하기에서 높은 점수를 받은 아동은 인지적 유연성, 시연 전략, 주의 집중력, 복잡한 작업기억 등이 뛰어나다고 볼 수 있다. 숫자 소검사의 수행에 불안과 우울과 같은 정서, 스트레스 내성, 자기점검 능력, 청각적 예민성, 부호화 전략을 사용하는 능력, 암송 전략, 청력 등이 영향을 미칠 수 있다. 예를 들어, 불안 높은 아동은 불안으로 인해 주의력 및 집중력, 자기점검을 하는 데 방해를 받을 수 있어서 정서적으로 안정적인 아동보다 낮은 숫자 점수를 얻을 수 있다.

② 그림기억-기본 소검사

그림기억은 시각적 작업기억을 측정하기 위해 WISC-V에서 추가된 기본 소검사다. 이 소검사는 제한시간 내에 1개 이상의 그림이 있는 자극 페이지를 본 후에, 반응 페이지에 있는 보기에서 자극 페이지에서 본 그림을 순서대로 찾는 것이다.

- 문항구성: 연습 문항 3개, 검사 문항 26개
- 실시방법: 이 그림을 보세요(시간을 3 또는 5초 측정한 후에, 반응 페이지로 넘기고). 방금 보여 준 그림을 순서대로 가리키세요.
- 채점: 0, 1, 2점으로 채점, 최대 점수 49점
  - 2점: 모두 올바른 순서대로 찾은 경우
  - 1점: 모두 찾았지만 순서가 틀린 경우
  - 0점: 올바른 그림을 모두 선택하지 않았을 때, 틀린 그림 선택, 모른다고 했을 때, 30초 경과 후에도 반응하지 않은 경우
- 처리 점수: 2개의 처리 점수
  - 가장 긴 그림기억 자극 최대 점수(LPSs): 만점을 받은 마지막 문항에서 자극 페이지에 제시된 자극 그림의 수
  - 가장 긴 그림기억 반응 최대 점수(LPSr): 만점을 받은 마지막 문항에서 반응 페이지에 제시된 반응 그림의 수
- 평가 능력: 시각적 작업기억, 단기기억, 시각적 처리, 기억 폭, 순차기억, 암기 학습, 시각화, 즉각적 시각기억, 주의력 및 집중력 등

그림기억은 문항 전체에 걸쳐 제시되는 시각적 자극이 동일하여 순행 간섭이 발생하여서 이전에 학습한 정보를 억제하는 것으로 기억을 관리하는 능력이 필요하다. 시각적 기민성, 자기점검 능력, 부호화 전략 사용 능력, 시연 전략 등은 그림기억 소검사의 수행에 기여할 수 있는 요인이다.

③ 순차연결-추가 소검사

순차연결은 연속되는 숫자와 글자를 불러 주고 숫자는 숫자 순서대로 글자는 가나다순으로 말하는 소검사로, 청각 정보를 회상하고 이를 적절한 순서대로 반복해서 말하는 순차처리 과정이 포함된다. 이 소검사는 단기 작업기억과 청각적 순차처리를 측정한다.

- 문항구성: 검정 문항 2개, 시범 문항 2개, 연습 문항 2개, 검사 문항 10개
  ** 각 검사 문항은 3회의 시행으로 이루어짐

- 실시방법: 숫자와 글자를 말해 줄 거예요. 내가 말한 후에, 숫자를 먼저 말하고 그다음, 글자를 말해 보세요.

- 채점: 최대 점수 30점
  - 시행 점수: 0, 1점으로 채점
    - 1점: 정답 반응
    - 0점: 오답, 모른다고 할 때, 30초 경과 후에도 반응하지 않았을 때
  - 문항 점수: 시행 점수의 합

- 처리 점수: 가장 긴 순차연결(LLNs): 1점을 얻은 마지막 시행의 글자와 숫자 개수

- 평가 능력: 작업기억, 기억 폭, 청각적 순차처리 능력, 청각적 단기기억력, 수능력, 기계적 암기력, 기계적 학습, 즉각적 청각기억, 주의력 및 집중력 등

순차연결의 수행에 청각적 예민성, 자기점검 능력, 부호화, 시연 전략, 자기점검 능력, 이완 능력 등이 영향을 미칠 수 있다. 예를 들어, 차분한 아동이 불안한 아동보다 순차연결에서 더 높은 수행을 보일 수 있다. 순차연결에서 아동의 반응을 기록하는 것이 아동이 범한 실패의 이유를 확인하는 데 유용한 정보를 제공해 준다. 예를 들어, '바'를 '파'로, '1'을 '2'로 대답하는 경우, 청각적 자극 변별의 문제를 반영해 줄 수 있

다. 반복해서 마지막 글자나 숫자를 암기하는 것을 어려워하는 경우에는 주의력 및 집중력, 기억력의 부족을 나타낼 수 있다.

(5) 처리속도 소검사

처리속도 지표(Processing Speed Index: PSI)에는 기본 소검사로는 기호쓰기와 동형찾기가 포함되며, 추가 소검사로는 선택이 포함된다. 이 지표는 처리속도 기술, 시지각적 변별, 시각–운동 협응 능력, 소근육 운동, 정신적 조작속도, 시각적으로 인식된 비언어적 정보를 신속하게 처리하는 속도, 정신적 작업속도, 주사 능력, 정신운동 속도, 집중력 등을 평가한다. 처리속도 지표는 운동 활동성의 속도, 동기와 끈기, 시각적 예민성, 시간압력하 작업 능력, 빠른 눈 움직임 등의 요인과 연관되어 있다.

① 기호쓰기-기본 소검사

기호쓰기는 제한시간 120초 동안 기호표를 사용하여 간단한 기하학적 모양이나 숫자와 상응하는 기호를 따라 그리는 소검사다. 기호쓰기는 연령대에 따라 실시하는 유형이 달라 6~7세는 A형을, 8~16세는 B형을 하게 된다. 기호쓰기는 동형찾기에 비해 보다 복잡한 시각–운동 협응 능력을 요구한다. 이 소검사는 정신적 조작과 글자쓰기 속도(graphomotor speed), 새로운 과제를 학습하는 능력 등을 평가한다. WISC-IV와 달리 WISC-V의 기호쓰기에는 회전 오류가 추가되었다.

- 문항구성: 시범 문항, 연습 문항, 검사 문항
  - A형(6~7세): 시범 문항 2개, 연습 문항 3개, 검사 문항 75개
  - B형 (8~16세): 시범 문항 3개, 연습 문항 6개, 검사 문항 117개
- 실시방법
  - A형–이 모양을 보세요. 각 모양에는 각자 고유의 표시가 있어요. ……〈중략〉…… 여기에 동그라미가 있어요. 동그라미 안에 이 표시가 있어요. 그래서 이것을 이렇게 그려요. ……〈중략〉…… 여기서부터 시작해서 순서대로 진행하고, 어떤 것도 건너뛰면 안 돼요. 그만하라고 할 때까지 실수하지 말고 최대한 빨리 하세요.
  - B형–여기를 보세요, 각 칸의 윗부분에는 숫자가 있어요. 그리고 아랫부분에

는 고유의 표시가 있어요. 각 숫자마다 고유의 표시가 있어요. ……〈중략〉……
여기에 숫자 4가 있어요. 숫자 4에는 이런 표시가 있어요. 그러니까 이렇게 그리
면 돼요. ……〈중략〉…… 여기서부터 시작해서 순서대로 진행하고, 어떤 것도
건너뛰면 안 돼요. 그만하라고 할 때까지 실수하지 말고 최대한 빨리 하세요.

- 채점: 최대 점수 A형 75점, B형 117점
  - 1점: 제한시간 내에 끝낸 적합한 기호
  - 0점: 부정확하거나 회전된 기호
- 처리점수: 회전 오류(CDre)-90° 이상 회전된 기호의 개수
- 평가 능력: 처리속도, 과제수행 속도, 시각-운동 협응, 주사 능력, 글자쓰기 속
  도, 단기 시각기억, 시지각적 자극을 연합하는 능력, 연합 학습, 시각적 처리, 운
  동 협응, 시각 운동 민첩성 및 순발력, 시각적 변별 능력, 주의력 및 집중력 등

운동속도, 동기, 인내력, 시각적 명료성(acuity), 시간제한 내에서 작업하는 능력,
연필과 종이로 하는 과제의 경험, 충동성, 완벽주의 등이 기호쓰기의 수행에 기여할
수 있는 요인이다. 예를 들어, 기호쓰기 수행이 느리지만 정확하게 모사하는 아동의
경우 완벽주의적 성향을 반영한 것일 수 있다. 더불어 회전 오류나 모사한 기호의 왜
곡이 관찰되는 경우, 지각의 곤란을 시사할 수 있다. 기호쓰기는 ADHD, 불안장애,
외상성 뇌 손상(traumatic brain injury: TBI) 등과 관련된 주의력 문제를 평가하는 데 도
움이 된다.

② 동형찾기-기본 소검사

동형찾기는 제한시간 120초 내에 반응 부분을 보고 표적 모양의 유무를 찾아 표시
하는 소검사다. 이 소검사는 두 가지 형식으로 구성되어 있다. A형(6~7세)은 표적 모
양이 1개이고 B형(8~16세)은 표적 모양이 2개다. 반응 부분에 5개의 모양과 '아니요'
가 제시되어 있다. 기호쓰기와 동형찾기 모두 수행속도와 정확성을 측정하지만, 동
형찾기는 기호쓰기에 비해 선 긋기만을 필요로 해 단순한 시각-운동 협응 능력이 요
구하고 주로 시각적 변별 능력과 주사 능력을 평가한다. WISC-IV와 달리 WISC-V의
도형찾기에는 세트 및 회전 오류가 추가되었다.

- 문항구성: 시범 문항, 연습 문항, 검사 문항
  - A형(6~7세): 시범 문항 2개, 연습 문항 3개, 검사 문항 40개
  - B형(8~16세): 시범 문항 2개, 연습 문항 3개, 검사 문항 60개
- 실시방법: 이 모양이 여기서 있으면 이렇게 표시해요. 이 모양이 여기에 없으면, 이렇게 '아니요'에 표시해요. 이 모양처럼 보이지만, 다른 방향으로 돌려져 있기 때문에 표시하지 않아요.
- 오류 종류
  - 세트 오류: 채점판에 세트 오류 모양에 해당하는 것은 오류 모양 아래에 'S'라고 표시되어 있다.
  - 회전 오류: 채점판에 회전 오류 모양에 해당하는 것은 오류 모양 아래에 'R'이라고 표시되어 있다.
    ** 세트 오류 모양이나 회전 오류 모양을 표시한 후에 올바른 모양을 표시했더라도 세트 오류 또는 회전 오류로 표시된 것으로 보아야 한다.
- 채점: 최대 점수 A형 43점, B형 60점
  - A형 총점 = 정답 수 – 오답 수 + 시간 보너스 점수*
    *A형의 경우 시간 보너스 점수가 있어서 시간 보너스 점수를 확인해서 총점을 구한다.
  - B형 총점 = 정답 수 – 오답 수
- 처리 점수: 2개의 처리 점수
  - 세트 오류: 세트 오류 모양의 총 개수, 최대 점수(A형 20점, B형 30점)
  - 회전 오류: 회전 오류 모양의 총 개수, 최대 점수(A형 20점, B형 30점)
- 평가 능력: 처리속도, 지각속도, 시지각적 변별, 검사수행 속도, 정신적 처리속도, 시각적 주사, 정신운동 속도, 시각적 단기기억, 미세운동 조절, 주의력과 집중력 등

운동속도, 동기 및 지속성, 시간압력하에서 작업하는 능력, 시각적 예민성, 작업 방식, 성격적 특성 등이 동형찾기 수행에 영향을 미칠 수 있는 요인이다. 예를 들어, 지나치게 느리고 신중하게 반응하는 태도나 표적 기호와 반응 영역의 기호를 계속 확인하는 강박적 태도를 보이는 아동은 동형찾기에서 우수한 점수를 받기 어려울 수 있다. 세트 및 회전 오류를 범하는 아동은 흔지 않지만, 오류 수를 보였다면 충동성, 자

기 점검의 결여, 부정확한 시지각적 능력 등을 고려할 수 있다. 특히, 오류 수가 많을수록 시각적 감각장애의 가능성을 시사할 수 있다.

③ 선택-추가 소검사

선택은 제한시간 45초 내에 무선으로 배열된 그림과 일렬로 배열된 그림을 훑어보고 표적 그림인 동물을 표시하는 소검사다. 이 소검사는 두 가지 형태로 그림의 배열형태에 따라 무선 배열과 일렬 배열로 이루어져 있다. 무선 배열은 그림자극이 무선적으로 배열되어 있고, 일렬 배열은 그림자극이 줄과 열에 맞게 배열되어 있다.

- 문항구성: 시범 문항, 2개의 검사 문항(무선 배열과 일렬 배열)
- 실시방법: '시작하세요'라고 하면, 동물들을 표시하세요. 동물이 아닌 다른 그림은 표시하지 마세요. 그만하라고 할 때까지 실수하지 말고 되도록 빨리 하세요.
- 채점: 최대 점수 128점(무선 배열 64점 + 일렬 배열 64점)
  - 정답 수: 정답 반응 총계
  - 오답 수: 오답 반응 총계
  - 문항 점수 = 정답 수 - 오답 수
  - 총점 = 무선 배열 문항 점수 + 일렬 배열 문항 점수
- 처리 점수: 2개의 처리 점수
  - 무선 배열(CAr): 무선 배열인 문항 1에서의 총점
  - 일렬 배열(CAs): 일렬 배열인 문항 2에서의 총점
- 평가 능력: 처리속도, 지각속도, 검사수행 속도, 시각처리 속도, 정신적 조작속도, 시지각적 재인, 주사 능력, 정신운동 속도, 시각적 단기기억, 시각기억, 지각적 재인 능력, 시각적 예민성, 시지각적 변별, 주의력 및 집중력 등

운동속도, 동기 수준, 인내력, 시간 압박하에서 작업하는 능력 등이 선택 소검사를 수행하는 데 관여한다. 선택 소검사에서 보인 오류에 따라 수검 아동의 주의력 문제, 충동성, 자기점검, 문제해결 전략 등에 대한 정보를 얻을 수 있다. 두 가지 처리점수는 구조화된 상황과 덜 구조화된 상황에서 처리속도에서의 차이에 대한 정보를 제공한다.

(6) 추가 지표

양적추론 지표(Quantitative Reasoning Index: QRI)는 무게비교와 산수 소검사로 구성되어 있다. 이 지표는 양적추론 능력을 측정하며 일반지능과 밀접하게 관련이 있다. 양적추론 지표는 암산을 하고 추상적 관계를 이해하는 능력, 양적 관계, 기본적인 수학 원리에 대해 이해하는 능력, 정신적 수 조작 능력, 수리적 추론 기술, 유동적 추론 능력 등을 반영한다. 이 지표는 문화적 기회, 유아교육 및 정규교육의 질, 시각적 처리 능력, 귀납적 논리, 시각화, 자기점검 능력, 작업기억, 주의력 및 집중력 등의 요인과 연관되어 있다. 또한 양적추론 지표는 아동의 읽기 및 수학 성취도, 표준화된 검사 수행, 앞으로의 학업적 성공을 예측하는 데 유용한 지표다.

청각작업기억 지표(Auditory Working Memory Index: AWMI)는 숫자와 순차연결 소검사로 구성되어 있고 구두로 제시되는 숫자나 글자를 들은 다음, 이를 회상하거나 순서대로 말하는 것이 요구된다. 이 지표는 청각적 작업기억 기술, 언어적으로 제시된 정보를 등록, 유지, 조작하는 능력을 측정한다. 청각작업기억 지표는 단기기억, 기억폭, 기계적 학습, 청각적 순차처리, 수리 능력, 주의력 및 집중력, 청각적 예민성, 자기점검 능력, 부호화 전략을 사용하는 능력, 시연 전략을 사용하는 능력 등이 청각작업기억의 수행에 기여할 수 있다. 낮은 청각작업기억 지표점수는 부진한 작업기억 능력, 청각적 처리의 곤란, 부주의, 주의 산만, 부진한 청각작업기억 저장 및 조작 등 여러 가지 이유로 나타날 수 있다.

비언어 지표(Nonverbal Index: NVI)는 언어적 응답을 요구하지 않는 토막짜기, 퍼즐, 행렬추론, 무게비교, 기호쓰기, 그림기억 등의 6개 소검사로 구성되어 있다. 이 지표는 비언어적 인지 능력, 비언어적 추론 기술을 평가하며, 5개의 기본 인지 영역 중에서 시공간, 유동적 추론, 작업기억, 처리속도 등 4개의 영역에서 산출된다. 비언어 지표는 언어적 이해력이나 표현력에 대한 요구가 적은 지적 능력의 추정치로 사용될 수 있어서, 언어적 표현의 요구를 최소로 하는 특별한 임상적 요구가 필요한 아동 또는 이와 같은 특별한 상황에서 수검 아동의 일반적인 지적 기능을 평가하는 데 유용한 지표다. 이 지표는 시각적 처리, 처리속도, 단기기억, 주사 능력, 주의력 및 집중력, 시각적 예민성, 자기점검 능력, 부호화 전략을 사용하는 능력, 시연 전략을 사용하는 능력, 목표지향적 작업 능력, 시행착오를 사용하는 능력, 시간압력하 작업 능력 등과 연관되어 있다. 또한 표현언어의 문제와 관련된 문제가 있는 언어장애, 언어문제와 관련된 경우(예: 자폐스펙트럼장애, 청각장애나 난청), 외국어를 모국어로 하는 아동 등 언어와 관련된 제한이 있는 아동의 전반적인 인지 능력에 대한 유용한 정보를 제공해 줄 수 있다. 비언어 지표를 전반적 인지 능력의 추정치로 사용하는 경우에 언어이해 지표 또는 어휘습득 지표(WPPSI-IV에 해당)에 대한 정보를 함께 제공해 주는 것이 필요하다. 그러나 언어이해 능력은 지능의 핵심적인 요소이기 때문에, 전체 IQ로 아동의 일반적인 지능을 추정하는 것이 바람직하다는 것을 명심해야 한다.

일반능력 지표(General Ability Index: GAI)는 공통성, 어휘, 토막짜기, 행렬추리, 무게비교 소검사로 구성되어 있고, 이들은 작업기억과 처리 속도의 영향을 덜 받는 소검사들이다. 이 지표는 언어 발달, 결정적 지식, 단어 지식, 유동적 추론 능력, 시각적 처리, 귀납적 논리 사용, 언어적 개념 형성, 비언어적 추론 등을 반영한다. 또한 정규 교육의 질, 문화적 기회, 흥미와 독서 패턴, 목표지향적 작업 능력, 시간압력하 작업 능력, 시각적 예민성, 시행착오적 학습, 동기 및 끈기 등이 일반능력 지표의 수행과 연관되어 있다. 일반능력 지표는 전체 IQ를 대체하지 않으며, 이 지표는 전체 IQ와 5개의 기본 지표를 고려해서 해석해야 한다.

인지효율 지표(Cognitive Proficiency Index: CPI)는 숫자, 그림기억, 기호쓰기, 동형 찾기 소검사로 구성되어 있으며, 이들은 작업기억과 처리속도에 해당하는 소검사로 언어 이해, 시공간 및 유동적 추론 기술에 덜 의존한다. 이 지표는 학습, 문제해결, 고차적 추론을 할 때 인지적 정보를 처리하는 효율성을 측정한다. 인지효율 지표는 정보를 빠르게 처리하고 조작하는 능력, 단기기억, 기억폭, 시각적 처리, 시각적 기억, 주사 능력, 주의력 및 집중력 등을 나타낸다. 또한 청각적 예민성, 시각적 예민성, 자기점검 능력, 부호화 전략 및 시연 전략 사용 능력, 동기 및 끈기, 시간압력하 작업 능력 등과 관련되어 있다. 낮은 인지효율 지표점수는 시각 또는 청각처리 결함, 부주의, 주의산만, 시각운동 곤란, 제한된 작업기억 저장 또는 정신적 조작 능력, 일반적으로 낮은 인지적 능력 등의 이유로 나타날 수 있다. GAI와 CPI를 비교하는 것은 아동의 전체적 능력에서 기본적인 인지처리의 결함의 영향에 대한 추가적인 정보를 얻기 위함이기 때문에 CPI는 GAI와 함께 고려해서 주의 깊게 확인하는 것이 필요하다. 이와 같은 차이 점수는 수검 아동의 능력에서 인지적 처리의 영향력에 대한 추가적인 해석적 정보를 제공해 줄 수 있다. 예를 들어, CPI가 GAI 보다 유의하게 낮을 때, 인지적 처리 효율성을 용이하게 하는 능력에 비해 고차원(higher-order) 인지적 능력이 상대적으로 잘 발달되어 있음을 의미한다. 정신적 통제, 시각적 주사, 처리속도에서의 상대적 약점은 아동이 새로운 내용을 학습하거나 논리적 사고 능력을 적용하는 것이 필요한 더 복잡한 인지적 과정에 관여하는 상황에서 도전과 어려움을 겪을 수 있음을 시사한다.

4) K-WISC-V의 해석

앞서 K-WISC-V를 실시하는 방법, 각 소검사별 내용을 살펴보았다. 다음으로는 K-WISC-V의 결과지를 해석하는 데 필요한 점수들에 대한 이해와 프로파일 분석에 대해 소개하겠다. 이 절에서 설명하는 해석과 관련된 내용은 김도연 등(2021)의 『K-WISC-V의 이해와 실제』를 참고하였으며, 더 자세한 내용은 김도연 등(2021)에서 확인하면 된다.

(1) K-WISC-V의 점수들

K-WISC-V의 검사 기록지에 기록한 수검 아동의 원점수를 인싸이트(inpsyt.co.kr)의 온라인 채점 프로그램에 입력하면 자동으로 K-WISC-V의 결과지를 출력할 수 있다. 결과지에는 지표점수, 소검사 환산점수, 백분위 등이 제시되며, 이러한 점수들은 수검 아동의 연령을 고려해서 원점수를 전환한 점수들이다. 이에 대해 간략하게 소개하겠다.

① 지표점수 및 진단적 분류(수준)

지표점수는 평균이 100이고, 표준편차가 15인 표준점수로, 동일 연령대에서 아동의 상대적인 수행 수준에 대한 정보를 제공해 준다. K-WISC-V의 지표점수는 총 11개로, 전체 IQ를 포함해서 기본지표점수와 추가지표점수가 해당된다. 진단적 분류는 동일 연령대 아동과 비교했을 때 수검 아동의 수행 수준에 대한 기술을 나타낸다. 지표점수에 대한 진단적 분류를 〈표 5-5〉에 제시하였다.

〈표 5-5〉 **지표점수의 진단적 분류**

지표점수	지능의 진단적 분류
130 이상	매우 우수
120~129	우수
110~119	평균 상
90~109	평균
80~89	평균 하
70~79	낮음
69 이하	매우 낮음

② 환산점수

환산점수는 평균이 10이고 표준편차가 3인 표준화된 점수다. 이 점수를 통해 아동의 수행에 대한 상대적인 위치를 알 수 있다. K-WISC-V에는 16개의 소검사(기본 소검사 10개, 추가 소검사 6개)와 7개의 처리점수를 포함해 전체 23개의 환산점수가 있다.

③ 백분위

백분위는 그 점수 미만에 있는 사례의 백분율을 의미한다. 백분위는 동일 연령대에서 얻어진 원점수를 가장 낮은 점수부터 가장 높은 점수까지 순서대로 나열했을 때, 아동의 수행이 어느 위치에 있는지를 말해 주는 순위다. 백분위의 평균과 중앙치는 50이다.

④ 신뢰구간

신뢰구간은 진점수가 어느 범위 안에 위치하는지를 확률적으로 나타내 준다. 지능검사를 통해 산출된 지능지수는 아동의 실제 인지적 능력과 측정의 오류가 함께 포함되어 있기 때문에, 아동의 진점수, 즉 실제 인지적 능력이 위치할 가능성이 있는 점수를 신뢰구간으로 제시한다. 예를 들어, 7세 2개월 25일 여아의 전체 IQ가 97인 경우, 95% 신뢰구간은 91~103으로, 이것은 아동이 K-WISC-V 검사를 100번 실시하면, 95번은 91에서 103 사이의 점수를 받을 수 있다는 것을 나타낸다.

⑤ 추정연령

추정연령은 원점수를 전형적으로 보이는 평균 연령으로, 수검 아동의 인지적 능력을 여러 연령대 아동의 전형적인 능력과 비교 시에 도움이 된다. 그러나 추정연령은 수검 아동의 수행이 어느 정도에 해당되는지에 대한 정보를 제공해 주지 않으며, 동일한 간격을 가지고 있지 않다. 따라서 추정연령을 사용할 때, 이러한 제한점을 고려해서 해석할 것을 권유한다.

⑥ 임계값 및 누적비율

지표 수준 또는 소검사 수준에서 점수들을 비교할 때, 임계값은 두 점수 간 차이가 통계적으로 유의미한 것인지를 결정할 시에 기준이 되는 점수이고, 유의수준에 따라 값이 다르다. 누적비율은 두 점수 간의 차이가 표본에서 보인 빈도로, 두 점수 간 차이가 규준에서 얼마나 드물게 나타나는 것을 말한다. 임계값과 누적비율로 수검 아동이 나타낸 두 점수의 차이가 임상적으로 유의미한가를 판단하게 된다. 다시 말해 두 점수 간의 차이가 통계적으로 유의미하고 표본에서 드물게 나타났다면, 이 차이는 측정된 능력 수준의 차이를 반영한 것으로 간주할 수 있다.

(2) K-WISC-V의 프로파일 분석

프로파일 분석은 K-WISC-V의 여러 점수 패턴을 통해 아동의 인지적 강점과 약점을 파악하는 과정이다. 아동의 주 호소문제와 연관해서 정상적이거나 비정상적인 인지 발달에 대한 이해는 아동의 진단과 치료계획에 대한 중요한 시사점을 알게 해 준다. K-WISC-V에서는 지표점수 간의 관계, 지표점수 내 소검사들 간의 관계, 소검사 환산점수들 간의 관계 등을 확인할 수 있다. 이와 같은 프로파일 분석을 통해 전체 IQ나 지표점수가 제공하지 못하는 정보 이상을 알 수 있어서 아동의 고유한 인지적 특성을 평가할 수 있다. WISC-V의 프로파일 분석은 크게 세 부분, 기본 프로파일 분석과 추가 프로파일 분석, 처리 분석으로 구분하였다. 각 분석 과정의 세부 절차를 간단하게 〈표 5-6〉에 제시하였다.

〈표 5-6〉 K-WISC-V의 프로파일 분석 과정

기본 프로파일 분석	1단계	전체 IQ 및 기본지표점수, 소검사 점수 확인
	2단계	지표 수준에서 강약점 평가
	3단계	지표 수준에서 차이 비교
	4단계	소검사 수준에서 강약점 평가
	5단계	소검사 수준에서 차이 비교
추가 프로파일 분석	1단계	추가 지표점수 확인
	2단계	추가 지표 수준에서 차이 비교
	3단계	추가 지표 내 소검사 수준에서 차이 비교
처리 분석	1단계	처리 점수 확인
	2단계	처리 점수의 차이 비교
	3단계	회전 및 세트 오류
	4단계	검사 태도에 대한 질적 분석
	5단계	반응에 대한 질적 분석

① 기본 프로파일 분석

기본 프로파일 분석은 전체 IQ, 5개의 기본지표점수, 10개의 기본 소검사 환산점수에 대한 분석을 한다.

1단계 전체 IQ 및 5개의 기본지표점수, 소검사 점수를 확인한다. K-WISC-V의 결과지에서 전체 IQ와 지표점수를 확인하고 각각의 진단적 분류, 백분위와 신뢰구간을 살펴본다. 각각의 소검사 환산점수, 백분위, 추정연령 등을 확인한다. 이를 통해 규준집단 내에서 수검 아동의 위치를 알 수 있어서 전반적인 아동의 인지적 능력을 평가할 수 있다. 결과지 예시로 기본 분석 중 소검사 점수 분석(〈표 5-7〉)과 지표점수 분석(〈표 5-8〉)을 제시하였다. 예시 아동을 보면, 전체 IQ는 97로 [평균] 수준으로 전반적인 인지적 능력은 동일 연령대 아동과 유사하게 발휘되고 있다(백분위 42, 95% 신뢰구간 91~103). 공통성 소검사의 환산점수는 9점으로 언어적 개념 형성 능력과 사물의 공통점을 추론하는 능력은 연령대에 알맞게 발달되어 있다. 이와 같이 각 지표점수와 소검사 점수를 검토하도록 한다.

〈표 5-7〉 소검사 점수 분석 예

지표	소검사		원점수	환산점수	백분위	추정연령	측정표준오차 (SEM)
언어이해	공통성	SI	23	9	37	9:2	1.12
	어휘	VC	19	10	50	9:10	0.64
	(상식)	IN	14	11	63	10:2	0.83
	(이해)	CO	17	11	63	10:2	1.19
시공간	토막짜기	BD	34	9	37	8:10	1.28
	퍼즐	VP	19	11	63	10:2	10.6
유동추론	행렬추리	MR	18	9	37	8:6	1.31
	무게비교	FW	22	9	37	9:2	0.70
	(공통그림찾기)	PC	12	9	37	8:10	1.02
	(산수)	AR	21	11	63	10:2	1.14
작업기억	숫자	DS	27	10	50	9:2	0.83
	그림기억	PS	24	8	25	7:10	1.09
	(순차연결)	LN	13	8	25	8:2	1.16
처리속도	기호쓰기	CD	52	11	63	9:10	1.06
	동형찾기	SS	30	11	63	10:2	1.35
	(선택)	CA	66	10	50	9:6	1.44

* FSIQ 점수 산출에 필요한 소검사는 볼드체로 표기되어 있다.
추가 소검사는 괄호로 표기되어 있다.
출처: https://ssproxy.ucloudbiz.olleh.com/v1/AUTH_be6ec959-1c37-4a8c-948a-ef2ae7ddfb1a/resultSample/KWISC5_CO_TG.pdf

〈표 5-8〉 지표점수 분석 예

지표		환산점수 합	지표점수	백분위	신뢰구간 (95%)	진단분류 (수준)	측정표준오차 (SEM)
언어이해	VCI	19	97	43	90~105	평균	3.55
시공간	VSI	20	100	50	91~109	평균	4.61
유동추론	FRI	18	94	35	87~102	평균	4.39
작업기억	WMI	18	94	35	87~103	평균	3.93
처리속도	PSI	22	105	64	96~113	평균	4.89
전체 IQ	FSIQ	67	97	42	91~103	평균	2.77

* 신뢰구간은 추정값의 표준오차(SEE)를 사용하여 산출하였다.
출처: https://ssproxy.ucloudbiz.olleh.com/v1/AUTH_be6ec959-1c37-4a8c-948a-ef2ae7ddfb1a/resultSample/KWISC5_CO_TG.pdf

　　2단계 지표 수준에서 강약점 평가는 전반적인 인지적 능력 수준과 각각의 기본 지표 점수들 간의 차이를 비교하는 것으로 아동의 인지적 강점과 약점을 파악할 수 있다. 지표 수준에서 강·약점은 WISC-IV의 프로파일 분석에서 없었던 것으로 WISC-V에서 추가되었다. 전반적인 인지적 능력 수준을 나타내는 점수로는 지표점수평균(mean primary index score: MIS) 또는 FSIQ가 있다. MIS는 5개의 기본지표점수의 평균을 의미하며, 보통 비교점수는 MIS를 선택한다. 왜냐하면 MIS는 10개의 기본 소검사를 포함하지만 FSIQ는 7개의 기본 소검사를 포함해서, MIS가 FSIQ보다 아동의 인지 기능에 대한 더 많은 정보를 포함하고 있기 때문이다. MIS와 FSIQ 중 하나를 비교점수로 선정하고, 비교점수와 각각의 기본지표점수 간의 차이를 비교한다. 두 점수 간의 차이가 유의미하면 비교한 기본 지표가 인지적 강점 또는 약점으로 결정된다. K-WISC-V에서는 지표 수준 강약점의 비교점수를 자동적으로 MIS로 지정이 되고 미산출된 지표점수가 있을 때에는 FSIQ를 사용하여, 평가자가 따로 선택할 필요는 없다.

　　3단계 지표 수준에서 차이 비교는 5개의 기본지표점수들 간 차이를 비교하는 단계로, 기본지표점수들끼리 비교한 점수에서 유의미한 차이를 보이는가를 살펴본다. 기본지표점수 간의 차이가 통계적으로 유의하게 나타나면, 각각의 기본지표점수가 측정한 아동의 능력들에 차이가 있다는 가설을 생각해 볼 수 있다.

　　4단계 소검사 수준에서 강점 및 약점 평가는 K-WISC-IV에서 제시된 인지적 강점과 약점 결정하기로 소검사 수준에서 아동의 인지적 강점과 약점을 알아볼 수 있다. 각각의 기본 소검사(환산점수와 비교점수)를 비교한다. 비교점수로는 MSS-P(mean scaled score for the primary subtests)와 MSS-F(mean scaled score of the FSIQ subtests)가 있고, MSS-P는 10개 기본 소검사 환산점수 평균이며, MSS-F는 FSIQ를 산출하는 7개 소검사 환산점수 평균이다. 비교점수와 각각의 기본 소검사 환산점수 간의 차이가 유의미하면, 소검사 수준에서의 강점 또는 약점으로 결정된다.

　　5단계 소검사 수준에서 차이 비교는 각 기본지표점수에 해당하는 두 소검사 환산점수 간 비교다. 5개의 기본지표점수는 특정 능력을 측정하는 2개의 기본 소검사를 통해 산출되기 때문에 임상적으로 의미 있는 지표점수에 대한 해석을 하기 위해서 이 두 소검사들 간의 차이를 살펴보는 것이 필요하다. 다시 말해 지표점수를 구성하는 두 소검사 간 편차가 큰 경우, 측정된 능력이 비일관적일 수 있어서 지표점수가 그 능력을 잘 반영했다고 평가하기 어렵다. 따라서 두 소검사 간 차이가 유의하다면, 편차를 고려해서 아동의 인지적 특성을 설명하도록 한다.

② 추가 프로파일 분석

추가 프로파일 분석은 의뢰 사유나 평가 목적에 따라 선택적으로 하면 된다.

1단계 추가지표점수 확인에서 양적추론 지표(QRI), 청각작업기억 지표(AWMI), 비언어 지표(NVI), 일반능력 지표(GAI), 인지효율 지표(CPI)를 살펴보고, 각 추가 지표별로 백분위, 신뢰구간을 확인한다. 추가지표점수 분석의 예를 〈표 5–9〉에 제시하였다. 예시 아동의 양적추론 지표는 100으로 [평균] 수준으로 수리적 추론 기술과 양적 관계를 이해하는 능력은 연령대에 적절하게 발달되어 있다(백분위 50, 95% 신뢰구간 93~107).

〈표 5–9〉 **추가지표점수 분석 예**

추가지표		환산점수 합	지표점수	백분위	신뢰구간 (95%)	진단분류 (수준)	측정표준오차 (SEM)
양적추론	QRI	20	100	50	93~107	평균	4.02
청각작업기억	AWMI	18	95	36	88~102	평균	3.86
비언어	NVI	57	96	41	90~103	평균	3.25
일반능력	GAI	46	95	36	89~101	평균	3.14
인지효율	CPI	40	100	50	93~107	평균	3.68

* 진단분류(수준) 명칭 중 경계선 '수준이 낮음'으로 변경되었다(자세한 내용은 학지사 공지 사항 참고).
출처: https://ssproxy.ucloudbiz.olleh.com/v1/AUTH_be6ec959-1c37-4a8c-948a-ef2ae7ddfb1a/resultSample/
    KWISC5_CO_TG.pdf

2단계 추가 지표 수준에서 차이 비교는 [GAI-FSIQ], [GAI-CPI], [WMI-AWMI]에 대한 비교만 진행된다.

3단계 추가 지표 내 소검사 수준에서 차이 비교는 기본 프로파일 분석의 5단계와 마찬가지로 추가지표점수를 구성하는 두 소검사 간 차이를 비교하는 것이다. 추가지표점수 중에서 2개의 소검사로 구성된 것은 양적추론과 청각작업기억 지표로, 이 두 지표를 구성하는 소검사 간의 차이를 비교한다.

③ 처리 분석

처리 분석은 소검사의 수행에 기여한 인지적 과정을 확인하는 과정이다. K-WISC-V

의 소검사를 수행할 때 다양한 인지적 능력을 사용해야 하기 때문에, 처리점수를 통해 소검사의 수행에 영향을 미친 인지적 능력에 대해 보다 자세하게 확인할 수 있다. 처리 분석을 통해 정반응에 이른 문제해결 전략, 오반응을 보인 이유, 오류의 특성 등을 파악할 수 있다.

1단계 처리점수 확인은 처리점수를 살펴보는 것이다. 먼저 토막짜기, 숫자, 선택 등 3가지 소검사에 대한 것으로, 시간 보너스가 없는 토막짜기(BDn), 토막짜기 부분점수(BDp), 숫자 바로 따라하기(DSf), 숫자 거꾸로 따라하기(DSb), 숫자 순서대로 따라하기(DSs), 선택(무선 배열)(CAr), 선택(일렬 배열)(CAs) 환산점수를 확인한다. 그다음으로 원 처리점수를 살펴보는 것으로, 가장 긴 폭과 배열점수와 오류점수가 해당된다. 가장 긴 폭과 배열점수에는 숫자, 그림기억, 순차연결 소검사에 대한 것으로, 가장 긴 숫자 바로 따라하기(LDSf), 가장 긴 숫자 거꾸로 따라하기(LDSb), 가장 긴 숫자 순서대로 따라하기(LDSs), 가장 긴 그림기억 자극(LPSs), 가장 긴 그림기억 반응(LPSr), 가장 긴 순차연결(LLNs)이 포함된다.

2단계 처리점수의 차이 비교는 소검사의 환산점수와 처리점수 간 비교, 가장 긴 폭과 배열점수 간 비교를 말한다. 소검사 환산점수와 처리점수 간 비교는 토막짜기, 숫자, 순차연결, 선택 소검사와 관련된 점수들 간의 비교다. 가장 긴 폭과 배열점수 간 차이 비교는 [가장 긴 숫자 바로 따라하기(LDSf)−가장 긴 숫자 거꾸로 따라하기(LDSb)], [가장 긴 숫자 바로 따라하기(LDSf)−가장 긴 숫자 순서대로 따라하기(LDSs)], [가장 긴 숫자 거꾸로 따라하기(LDSb)−가장 긴 숫자 순서대로 따라하기(LDSs)]가 있다.

3단계 회전 및 세트 오류는 토막짜기, 기호쓰기, 동형찾기 소검사에서 범한 오류를 분석하는 것이다. 토막짜기 공간크기 오류(BDre), 토막짜기 회전 오류(BDre), 기호쓰기 회전 오류(CDre), 동형찾기 세트 오류(SSse), 동형찾기 회전 오류(SSre)가 해당된다.

4단계 검사 태도에 대한 질적 분석은 수검 아동의 인지적 측면과 동기에 대한 추가적인 정보를 제공해 줄 수 있다. 예를 들어, 검사에 관여하지 않은 수검 아동은 때로는 낮은 점수를 나타낼 수 있는 바, K-WISC-V의 결과가 수검 아동의 인지적 능력을 정확하게 측정했다고 신뢰할 수 없기 때문에 수검 아동의 검사 태도를 주의 깊게 관찰하고 기록하는 것이 중요하다. 또한 방어적 반응, 긍정적 반응, 자기비난의 반응, 비언어적 반응 등을 통해 어떤 과제에서 수검 아동이 태도의 변화를 나타냈는지, 어떤 부분이 문제해결 과정에 영향을 미쳤는지를 파악할 수 있다. 이처럼 검사 태도에 대한 질적 분석은 수검 아동의 인지기능에 대한 가설 수립 시에 유용한 정보를 제공해 줄 수 있다. K-WISC-V 검사 중에 관찰되는 모른다(don't know response: DN), 무반응(no response: NR), 문항 반복(item repetition)과 반복 요구(requested repetition but item was not repeated: RR), 보조발성(subvocalization: SV), 자기-교정(self-corrections: SC) 등을 기록용지에 반드시 기록해야 한다.

5단계 반응에 대한 질적 분석은 수검 아동의 전반적인 반응 패턴이나 특이한 반응을 살피는 과정으로, 소검사 내 수행 양상에 따라 아동의 인지적 능력에 대한 가설을 세우고 정교화시키는 데 유용하다. 특이한 반응은 아동이 정답 반응에 도달한 이유 혹은 틀린 반응을 보인 이유를 이해하는 데 도움이 된다. 또한 문항의 성공과 실패 패턴도 아동에 대한 임상적 정보를 제공해 준다. 예를 들어, 주의력 문제, 충동성, 정신운동지체, 지적 능력이 뛰어나거나 높은 동기 등으로 인해 비일관적인 수행 양상을 보일 수 있다.

3. 한국 웩슬러 유아지능검사 4판(Korean Wechsler Preschool and Primary Scale of Intelligence-Fourth Edition: K-WPPSI-IV)

K-WPPSI-IV는 만 2세 6개월~7세 7개월 유아의 지능에 대한 종합적이고 임상적인 정보를 제공해 주는 지능검사다(박혜원, 이경옥, 안동현, 2016). 이 시기의 유아는 인지적·신경 발달적으로 큰 변화를 이루기 때문에 유아의 발달 수준을 민감하게 고려해서 지능을 측정하는 것이 중요하며, K-WPPSI-IV가 이를 잘 다룬 검사이고 유아에 친숙하게 개발되었다. K-WPPSI-IV는 유아의 인지적 능력이 발달적 변화가 급격하게 이루어져 2:6~3:11세용과 4:0~7:7세용으로 나뉘며, 각각은 서로 다른 소검사로 구성된다. 이 절의 내용은 K-WPPSI-IV 실시지침서(박혜원 외, 2016)와 K-WPPSI-IV 기술지침서(박혜원 외, 2016)를 참조하였으며, 자세한 내용은 참고문헌을 참고하도록 한다.

1) K-WPPSI-IV의 검사체계

K-WPPSI-IV는 총 15개의 소검사로 구성되어 있고, 소검사는 핵심, 보충, 선택 소검사로 구분된다. 핵심 소검사는 지표점수와 규준산출에 포함되는 소검사다. 보충

소검사는 핵심 소검사가 유효하지 않을 때 사용되며, 선택 소검사는 보충 소검사처럼 인지기능에 대한 추가적인 정보를 제공해 주나 지표점수 산출에 이용되지 않는 검사 이다. 각 소검사에 대한 간략한 설명을 〈표 5-10〉에 제시하였다.

〈표 5-10〉 K-WPPSI-IV 소검사 및 설명

소검사	소검사에 대한 설명	연령대	해당 지표
상식 IN (Information)	그림 문항에서는 일반 상식에 관한 질문에 가장 절절한 보기를 선택한다. 언어 문항에서는 일반 상식에 대한 광범위한 주제를 다루는 질문에 대답한다.	2:6~7:7	전체 IQ, 언어이해
토막짜기 BD (Block Design)	제한시간 내에 제시된 모형 또는 토막 그림을 보고, 토막을 사용하여 똑같은 모양을 만든다.	2:6~7:7	전체 IQ, 시공간
그림기억 PM (Picture Memory)	제한시간 동안 1개 이상의 그림이 있는 자극 페이지를 보고 난 후, 반응 페이지에 있는 보기에서 해당 그림을 찾는다.	2:6~7:7	전체 IQ, 작업기억
행렬추리 MR (Matrix Reasoning)	미완성의 행렬을 보고 행렬을 완성하는 적절한 보기를 찾는다.	4:0~7:7	전체 IQ, 유동추론
동형찾기 BS (Bug Search)	제한시간 내에 제시된 벌레 그림과 같은 벌레 그림을 보기 중에 찾아서 표시한다.	4:0~7:7	전체 IQ, 처리속도
공통성 SI (Similarities)	그림 문항에서는 제시된 2개의 사물과 같은 범주의 사물을 보기 중에 선택한다. 언어 문항에서는 공통된 사물이나 개념을 나타내는 2개의 단어를 듣고 공통점을 대답한다.	4:0~7:7	전체 IQ, 언어이해
수용어휘 RV (Receptive Vocabulary)	검사자가 읽어 주는 단어를 가장 잘 표현한 보기를 선택한다.	2:6~7:7	[2:6-3:11] 전체 IQ, 언어이해, 어휘습득, 일반능력 [4:0-7:7] 어휘습득
모양맞추기 OA (Object Assembly)	제한시간 내에 사물의 표상을 만들기 위해 조각을 맞춘다.	2:6~7:7	전체 IQ, 시공간, 비언어, 일반능력
공통그림찾기 PC (Picture Concept)	2줄 혹은 3줄로 이루어진 그림을 보고, 각 줄에서 공통된 특성으로 묶을 수 있는 그림을 하나씩 고른다.	4:0~7:7	유동추론, 비언어, 일반능력
선택하기 CA (Cancellation)	제한시간 내에 비정렬 그림 또는 정렬된 그림을 훑어 보고, 목표그림을 찾아 표시한다.	4:0~7:7	처리속도, 비언아, 인지효율성
위치찾기 ZL (Zoo Location)	일정 시간 동안 울타리 안에 있는 1개 이상의 동물 카드를 본 후, 각 카드를 보았던 위치에 동물 카드를 배치한다.	2:6~7:7	작업기억, 비언어, 인지효율성

어휘 VC (Vocabulary)	그림 문항에서는 검사책자에 그려진 그림의 이름을 말한다. 언어 문항에서는 검사자가 읽어 둔 단어의 정의를 말한다.	4:0~7:7	일반능력
동물짝짓기 AC (Animal Coding)	제한시간 내에 동물과 모양의 대응표를 보고, 동물 그림에 해당하는 모양에 표시한다.	4:0~7:7	비언어, 인지효율성
이해 CD (Comprehension)	그림 문항에서는 일반적인 원칙과 사회적 상황을 가장 잘 나타낸 보기를 찾아 선택한다. 언어 문항에서는 일반적인 원칙과 사회적 상황에 대한 이해에 근거한 질문에 대답한다.	4:0~7:7	일반능력
그림명명 PN (Picture Naming)	그림으로 제시된 사물의 이름을 말한다.	2:6~7:7	[2:6-3:11] 어휘습득, 일반능력 [4:0-7:7] 어휘습득

앞서 언급했듯이 K-WPPSI-IV는 두 연령군으로 구분되어서 연령군에 따라 검사체계를 설명하겠다(〈표 5-11〉).

〈표 5-11〉 K-WPPSI-IV의 지표 및 소검사 구성

2:6~3:11세		4:0~7:7세	
지표	소검사 구성	지표	소검사 구성
언어이해	수용어휘 상식 (그림명명)	언어이해	상식 공통성 (어휘) (이해)
시공간	토막짜기 모양맞추기	시공간	토막짜기 (모양맞추기)
		유동추론	행렬추리 (공통그림찾기)
작업기억	그림기억 (위치찾기)	작업기억	그림기억 (위치찾기)
		처리속도	동형찾기 (선택하기) (동물짝짓기)

[2:6~3:11세용]은 7개의 소검사로 이루어지며, 전체척도, 3개의 기본지표척도(언어이해, 시공간, 작업기억), 3개의 추가지표척도(어휘습득, 비언어, 일반능력)로 구성된다. [2:6-3:11세용] 검사체계와 각 척도에 해당하는 소검사는 [그림 5-4]와 같다.

[2:6~3:11세용]

[그림 5-4] K-WPPSI-IV [2:6~3:11세용] 검사체계

　전체척도에는 5개의 핵심 소검사(수용어휘, 상식, 토막짜기, 모양맞추기, 그림기억)와 2개의 보충 소검사(위치찾기, 그림명명)를 포함한다. 전체 IQ는 5개의 핵심 소검사로 산출된다. 기본지표척도 중 언어이해 지표는 수용어휘와 상식, 시공간 지표는 토막짜기와 모양맞추기, 작업기억 지표는 그림기억과 위치찾기로 이루어져 있다.

　추가지표척도 중 어휘습득 지표에는 수용어휘와 그림명명, 비언어 지표는 토막짜기, 모양맞추기, 그림기억, 위치찾기로 이루어져 있다. 일반능력은 4개의 핵심 소검사(수용어휘, 상식, 토막짜기, 모양맞추기)와 1개의 보충 소검사(그림명명)로 구성되며, 일반능력 지표는 4개의 핵심 소검사로 산출된다.

　대체 소검사의 경우, 소검사 대체는 2개로 이루어진 지표의 경우 대체 가능한 소검사가 없으며, 3개 이상으로 이루어진 지표점수의 경우 대체가 가능하며, 단 1개의 소검사 대체만 허용된다. 따라서 [2:6~3:11세용]의 경우, 대체 가능한 지표점수는 전체 IQ와 일반능력 지표뿐이다. 전체 IQ에서 수용어휘를 그림명명으로, 그림기억은 위치찾기로 대체할 수 있다. 그러나 상식은 그림명명으로 대체할 수 없다. 단 1개의 소검사 대체만 허용되기 때문에, 수용어휘를 그림명명으로 대체했다면, 그림기억을 위치찾기로 대체할 수 없다. 일반능력 지표에서도 수용어휘를 그림명명으로 대체할 수 있고, 그 외 핵심 소검사는 대체할 보충소검사가 없다.

[4:0~7:7세용]은 15개의 소검사로 이루어지며, 전체척도, 5개의 기본지표척도(언어이해, 시공간, 유동추론, 작업기억, 처리속도), 4개의 추가지표척도(어휘습득, 비언어, 일반능력, 인지효율성)로 구성된다. 검사체계와 각 척도에 해당하는 소검사는 [그림 5-5]와 같다.

[4:0~7:7세용]

전체척도

언어이해(VC)	시공간(VS)	유동추론(FR)	작업기억(WM)	처리속도(PS)
상식	토막짜기	행렬추리	그림기억	동형찾기
공통성	(모양맞추기)	(공통그림찾기)	(위치찾기)	(선택하기)
(어휘)				(동물짝찾기)
(이해)				

기본지표척도

언어이해(VC)	시공간(VS)	유동추론(FR)	작업기억(WM)	처리속도(PS)
상식	토막짜기	행렬추리	그림기억	동형찾기
공통성	모양맞추기	공통그림찾기	위치찾기	선택하기

추가지표척도

어휘습득(VA)	비언어(NV)	일반능력(GA)	인지효율성(CP)
수용어휘	토막짜기	상식	그림기억
그림명명	(모양맞추기)	공통성	위치찾기
	행렬추리	(어휘)	동형찾기
	공통그림찾기	(이해)	선택하기
	그림기억	토막짜기	(동물짝짓기)
	(위치찾기)	(모양맞추기)	
	동형찾기	행렬추리	
	(선택하기)	(공통그림찾기)	
	(동물짝짓기)		

[그림 5-5] K-WPPSI-IV [4:0~7:7세용] **검사체계**

전체척도에는 6개의 핵심 소검사(상식, 공통성, 토막짜기, 행렬추리, 그림기억, 동형찾기)와 7개의 보충 소검사(어휘, 이해, 모양맞추기, 공통그림찾기, 위치찾기, 선택하기, 동물짝짓기)를 포함한다. 전체 IQ는 6개의 핵심 소검사로 산출된다. 기본지표척도 중 언어이해 지표는 상식과 공통성, 시공간 지표는 토막짜기와 모양맞추기, 유동추론 지표는 행렬추리와 공통그림찾기, 작업기억 지표는 그림기억과 위치찾기, 처리속도는 동형찾기와 선택하기로 이루어져 있다.

추가지표척도 중 어휘습득 지표에는 수용어휘과 그림명명으로 구성된다. 비언어 지표는 5개의 핵심 소검사(토막짜기, 행렬추리, 공통그림찾기, 그림기억, 동형찾기)와 4개의 보충 소검사(모양맞추기, 위치찾기, 선택하기, 동물짝짓기)로 구성된다. 일반능력 지표에는 4개의 핵심 소검사(상식, 공통성, 토막짜기, 행렬추리)와 4개 보충 소검사(어휘, 이해, 모양맞추기, 공통그림찾기)가 포함된다. 인지효율성 지표에는 4개의 핵심 소검사(그림기억, 위치찾기, 동형찾기, 선택하기)와 1개의 보충 소검사(동물짝짓기)로 이루어져 있다.

핵심 소검사 중 하나가 생략되거나 검사가 타당하지 않을 때 핵심 소검사를 보충 소검사로 대체할 수 있다. [4:0~7:7세용]의 경우, 전체 IQ, 추가 지표 중에서 어휘습득 지표를 제외한 비언어, 일반능력, 인지효율성 지표가 가능하다. 기본 지표는 보충 소검사가 포함되지 않아 대체할 수 없다. [4:0~7:7세용]의 소검사 대체는 K-WPPSI-IV 실시지침서(박혜원 외, 2016)를 참고하도록 한다.

2) K-WPPSI-IV의 일반적 실시

소검사의 실시 순서는 유아의 흥미를 높이고 다양성을 유지하며 피로를 최소화하도록 고안되었다. 전체 IQ의 산출에 필요한 핵심 소검사를 제일 먼저 실시하고, 기본 지표점수 산출에 필요한 나머지 핵심 소검사를 실시하고 난 후에, 보충 소검사와 선택 소검사를 실시한다. K-WPPSI-IV 기록용지에 제시되어 있는 소검사 순서대로 실시하면 된다. 소검사 실시 순서는 〈표 5-12〉에 제시되어 있다.

〈표 5-12〉 K-WPPSI-IV 연령군별 소검사 실시 순서

2:6~3:11세용	1. 수용어휘 → 2. 토막짜기 → 3. 그림기억 → 4. 상식 → 5. 모양맞추기 → 6. 위치찾기 → 7. 그림명명
4:0~7:7세용	1. 토막짜기 → 2. 상식 → 3. 행렬추리 → 4. 동형찾기 → 5. 그림기억 → 6. 공통성 → 7. 공통그림찾기 → 8. 선택하기 → 9. 위치찾기 → 10. 모양맞추기 → 11. 어휘 → 12. 동물짝짓기 → 13. 이해 → 14. 수용어휘 → 15. 그림명명

3) K-WPPSI-IV의 지표 및 소검사

이 절에서는 K-WPPSI-IV의 해당하는 소검사의 내용, 실시 및 채점에 대해 연령별로 간략하게 소개할 것이다. K-WPPSI-IV 소검사와 K-WISC-V가 겹치는 소검사의 경우, K-WISC-V의 소검사 설명을 참고하면 된다.

(1) 언어이해 소검사

① 상식-2:6~7:7

상식은 그림 문항과 언어 문항으로 구성되어 있다. 그림 문항은 일반 상식에 관한 질문에 적절한 것을 고르도록 되어 있으며, 언어 문항은 일반 상식에 관한 광범위한 주제를 다루는 질문에 답하도록 되어 있다. 일반적인 사실에 기초한 지식을 획득, 기억, 생각해 내는 능력을 측정한다. 사실에 근거한 지식, 장기기억, 결정적 지능, 일반 상식, 언어이해, 사실적 지식의 범위, 수용언어 및 표현언어, 주변 환경이나 학교로부터 배운 지식의 기억과 인출 능력 등을 평가한다.

- 문항구성: 검사 문항 29개
- 실시방법: 지침서에 있는 지시대로 문항을 정확하게 읽어 준다.
- 채점: 0, 1점으로 채점, 최대 점수 29점
  - 1점: 정답
  - 0점: 오답

② 공통성-4:0~7:7

공통성도 그림 문항과 언어 문항으로 이루어져 있다. 그림 문항은 보기에서 2개의 사물과 같은 범주에 해당하는 사물을 고르며, 언어 문항은 2개의 단어를 듣고 공통점에 대해 대답한다. 공통성은 언어개념 형성과 추상적 사고, 결정적 지능, 청각 이해, 기억, 연합 사고, 범주화, 비본질적 특성과 본질적 특성을 구분하는 능력, 언어 표현 등을 측정한다.

■ 문항구성: 연습 문항 1개, 검사 문항 23개

■ 실시방법

• 그림 문항: ○과 ○는 둘 다 □이에요. 이 중 어떤 것이 □일까요?

• 언어 문항: ○와 ○는 둘 다 무엇인가요?

■ 채점: 0, 1, 2점으로 채점, 최대 점수 40점

• 2점: 두 단어와 관련된 분류

• 1점: 사소하거나 관련성이 낮은 유사성을 포함하는 공통된 특성, 두 단어와 관련성이 낮은 분류

• 0점: 두 단어와 관련이 없는 경우, 너무 일반적인 특성, 차이점을 나타내는 특성, 명백한 오답

③ 어휘-4:0~7:7

어휘 소검사에서 그림 문항의 경우 검사책자에 제시된 사물의 이름을 말하고, 언어 문항에서는 단어의 뜻이나 정의를 대답한다. 어휘는 단어 지식과 언어 개념 형성, 결정적 지능, 지식, 학습 능력, 장기기억, 어휘 발달 수준, 언어 표현 등을 측정한다.

■ 문항구성: 그림 문항 3개와 언어 문항 20개로 총 23개 문항

■ 실시방법

• 그림 문항: (그림을 가리키며) 이것이 무엇인가요?

• 언어 문항: (각 문항을 지시대로 정확하게 읽어 준다) ○○은 무엇인가요?

■ 채점: 0, 1, 2점으로 채점, 최대 점수 43점

• 2점: 단어에 대해 잘 이해하고 있음을 보여 주는 반응

• 1점: 일반적으로 반응이 올바르지만 내용이 부족한 경우

• 0점: 단어에 대한 명확한 이해를 보여 주지 않거나 명백하게 올바르지 않은 경우

④ 이해-4:0~7:7

이해 소검사의 그림 문항은 일반적 원칙이나 사회적 상황을 가장 잘 나타낸 보기를 고르며 언어 문항에서는 질문에 답한다. 이 소검사는 언어적 사고와 개념화, 언어 이해력 및 표현력, 과거 경험을 평가하고 적용하는 능력, 실제적인 지식이나 판단을 표

현하는 능력을 측정한다. 사회적 판단, 전형적인 행동 기준에 대한 지식, 결정적 지능, 장기기억, 상식 등을 평가한다.

- 문항구성: 그림 문항 4개와 언어 문항 18개로 총 22개 문항
- 실시방법
  - 그림 문항: 이 중에서 ○○을 가리켜 보세요.
  - 언어 문항: 각 문항을 지시대로 정확하게 읽어 준다.
- 채점: 0, 1, 2점으로 채점, 최대 점수 40점
  각 문항의 예시 반응은 낮은 수준에서 높은 수준까지의 반응의 예를 보여 주며, 예시 반응을 참고해서 0, 1, 2점으로 채점

⑤ 수용어휘-2:6~7:7

수용어휘는 검사자가 읽어 주는 단어를 가장 잘 표현하는 보기를 고르는 소검사다. 이 소검사는 수용언어 능력과 어휘 발달, 어휘 지식, 상식, 장기기억, 의미 있는 자극 지각 등을 측정한다. 시각적 지각과 청각적 이해 능력이 수용어휘의 수행에 필요한 능력이다.

- 문항구성: 검사 문항 31개
- 실시방법: 지침서에 제시된 각 문항을 지시대로 정확하게 읽어 준다.
- 채점: 0, 1점으로 채점, 최대 점수 31점
  - 1점: 정답
  - 0점: 오답, 무반응, 모른다고 할 때

⑥ 그림명명-2:6-7:7

그림명명은 그림으로 제시된 사물의 이름을 말하는 소검사다. 이 소검사는 의미론(단어지식) 발달과 관련된 표현 언어 능력을 측정하며, 상식, 지식, 장기기억, 의미 있는 자극 지각 등을 평가한다.

- 문항구성: 검사 문항 24개

- 실시방법: 검사책자를 펼치고 제시된 그림을 가리키며, '이것이 무엇인가요?'라고 질문한다.
- 채점: 0, 1점으로 채점, 최대 점수 24점
  - 1점: 정답
  - 0점: 부적절한 지엽적인 반응, 일반화된 반응, 기능 위주의 설명, 손짓 등

(2) 시공간 소검사

① 토막짜기-2:6~7:7

K-WPPISI-IV의 토막짜기는 크게 두 유형으로 구성되어 있다. A형은 빨간색이나 하얀색, 한 가지 색으로 된 토막을 이용하고 문항 1~8까지 해당된다. B형은 빨간-하얀색, 두 가지 색으로 된 토막을 이용하고 연습 문항 2개와 문항 9~17까지 해당된다. 이 소검사는 추상적인 시각 자극을 분석하고 종합하는 능력을 측정한다. 또한 비언어적 개념 형성과 사고, 동시 처리, 학습, 시각 자극의 형태와 배경 분리 능력, 광의의 시각지능, 시지각, 조직, 시각-운동 협응 능력을 평가한다.

- 문항구성: 연습 문항 2개, 검사 문항 17개
- 실시방법
  - 문항 1~8과 연습 문항 SA와 SB: 검사자가 기록지에 제시된 그림처럼 토막 모형을 구성하여 제시하고, 아동이 수행하는 동안 모형은 그대로 제시된다.
  - 문항 9~10: 검사자가 검사책자에 그려진 그림처럼 토막 모형을 구성하여 제시한 후에 이를 해체한다. 아동은 검사책자의 그림을 보고 토막 도형을 구성한다.
  - 문항 11~17: 아동이 검사책자에 제시된 그림처럼 토막 모형을 구성한다.
- 채점: 최대 점수 34점
  - 문항 1~4, 9 : 0, 1, 2점
  - 문항 5~8, 10~17 : 0, 2점

** 30° 이상 회전 오류 시, 0점 채점
** 토막 간 간격 및 정렬불량이 6mm를 넘는 경우에 0점 채점. 6mm 이하(토막의 길이/넓이의 약 1/4) 이면 점수를 받을 수 있다.

② **모양맞추기-2:6~7:7**

모양맞추기는 제한시간 동안 사물의 표상을 만들기 위해 조각을 맞추는 소검사다. 이 소검사는 시각-지각 조직, 부분-전체 관계의 통합과 종합, 비언어적 사고, 시행착오적 학습을 측정한다. 또한 시각-운동 협응, 인지적 유연성, 공간 능력, 지속성 등도 평가한다.

- 문항구성: 검사 문항 13개
- 실시방법: 조각을 아동에게 준 후, 이 조각으로 ○○을/를 만들어 보세요. 가능한 빨리 하고, 다 했으면 다 했다고 말해 주세요. 이제, 시작하세요.
- 채점: 최대 점수 38점
  - 문항 1~11: 문항별로 제한시간 내 바르게 연결된 수
    - 1점: 제한시간 내에 바르게 연결된 것에 대해 각 1점씩
    - 0점: 제한시간 내에 바르게 연결되지 않은 것에 대해 0점
  - 문항 12~13: 문항별로 제한시간 내 바르게 연결된 수*0.5로 채점하고, 소수점 이하 점수는 반올림
    - 0.5점: 제한시간 내에 바르게 연결된 것에 대해 각 0.5점씩
    - 0점: 제한시간 내에 바르게 연결되지 않은 것에 대해 0점

  ** 유아는 소근육 발달이 인지 능력 발달에 미치지 못할 수 있어서 인접 조각 간의 간격 및 정렬 불량이 6mm 이하면 감점하지 않고, 6mm 초과일 때 연결되지 않은 것으로 간주한다.

(3) 유동추론 소검사

① **행렬추리-4:0~7:7**

행렬추리는 미완성인 행렬을 보고 행렬을 완성시키는 적절한 보기를 선택하는 소검사다. 유동성 지능, 광의의 시각 지능, 분류 및 공간 능력, 부분-전체 관계 이해, 동시처리, 지각적 조직 등을 측정한다.

- 문항구성: 연습 문항 3개, 검사 문항 26개
- 실시방법: (보기를 가리키며) 이 중에서 어떤 것이 (물음표 칸을 가리키며) 여기로

가야 할까요?"

- ■ 채점: 0, 1점으로 채점, 최대 점수 26점
  - • 1점: 정답 반응
  - • 0점: 오답, 모른다고 했을 때, 약 30초가 경과된 후에도 반응하지 않을 경우

② 공통그림찾기-4:0~7:7

공통그림찾기는 두 줄 혹은 세 줄로 제시된 그림들을 보고 각 줄에서 공통된 특성을 지닌 그림을 각각 고르는 소검사다. 이 소검사는 유동성 및 귀납적 사고, 시지각 재인 및 처리, 개념적 사고, 결정적 지능을 측정한다.

- ■ 문항구성: 연습 문항 2문항, 검사 문항 27개
- ■ 실시방법: 서로 비슷한 것을 (첫째 줄을 가리키며) 여기에서 하나, 또 (둘째 줄을 가리키며) 여기에서 하나는 골라보세요.
- ■ 채점: 0, 1점으로 채점, 최대 점수 27점
  - • 1점: 모든 줄에서 정답 반응을 선택한 경우
  - • 0점: 오답, 모른다고 할 때, 무반응

(4) 작업기억 소검사

① 그림기억- 2:6~7:7

그림기억은 의미 있는 자극을 사용한 소검사로, 일정 시간 동안 1개 이상의 그림이 제시된 자극 페이지를 본 후, 반응 페이지에서 자극 페이지의 그림을 찾는다. 이 소검사는 시각 작업기억, 시각적 기억, 기억 폭, 시각적 즉시기억, 반응 억제 등을 측정한다.

- ■ 문항구성: 연습 문항 2개, 검사 문항 35개
- ■ 실시방법: 이 그림을 잘 보세요. (시간을 3 또는 5초 측정한 후에, 반응 페이지로 넘기고) 앞에서 본 그림이 어디에 있나요?
- ■ 채점: 0, 1점으로 채점, 최대 점수 35점
  - • 1점: 정답

• 0점: 올바른 그림은 모두 선택하지 않았을 때, 오답, 모른다고 했을 때, 무반응

② 위치찾기-2:6~7:7

위치찾기는 일정 시간 동안 울타리 안에 있는 1개 이상의 동물카드를 보고 난 후, 각 카드를 보았던 위치에 동물카드를 배치하는 소검사다. 그림기억과 유사하게 의미 있는 자극과 맥락을 사용하였다. 위치찾기는 시공간 작업기억, 시각적 기억, 기억 폭, 시각적 즉시기억, 반응 억제 등을 측정한다.

- 문항구성: 연습 문항 1개, 검사 문항 20개
- 실시방법: 정답표에 따라 카드*를 제시한 후에, 동물들이 여기에 살아요. 동물들이 어디에 사는지 기억하세요(시간을 3 또는 5초 측정한 후에, 카드를 집어 아동에게 주고) 동물들이 사는 곳에 동물들을 놓아 보세요.

  * 각 동물 카드 뒤에는 ① 숫자와 알파벳, ② 네모 안 숫자가 제시되어 있다. ①에서 숫자는 문항의 번호를 나타내고 알파벳은 제시 순서를 의미한다. ②에서 숫자는 울타리 판에서의 위치다.

- 채점: 0, 1점으로 채점, 최대 점수 20점
  • 1점: 정답 반응
  • 0점: 오답, 무반응, 모른다고 할 때

(5) 처리속도 소검사

① 동형찾기-4:0~7:7

동형찾기는 제한시간 동안에 제시된 벌레 그림과 동일한 벌레 그림을 보기에서 찾아 표시하는 소검사다. 이 소검사는 지각속도, 단기 시각기억, 인지유연성, 시각변별력, 집중력, 시각-운동 협응 등을 측정한다.

- 문항구성: 시범 문항, 연습 문항, 검사 문항
- 실시방법: 먼저 도장 찍기 연습을 하고, 시범 문항을 하고 연습 문항과 검사 문항을 실시한다.
  • 시범 문항: (목표 그림을 가리키며)이 그림을 보세요. 그 그림을 (보기 그림들을

쪽 가리키며) 여기에서 찾아 (해당하는 벌레 그림에 표시하며) 이렇게 도장을 찍어요.

- 연습 문항: 이제, 여기에 해 보세요. 이것을 먼저 하고, 그러고 나서 이렇게 하고 순서대로 나머지도 해 보세요.
- 검사 문항: '시작하세요'라고 말하면, 여기 있는 것도 같은 방법으로 해 보세요. 여기부터 시작해서, 순서대로하고 하나도 빠뜨리지 말고 해 보세요. 그만하라고 할 때까지 틀리지 말고 가능한 빨리 해 보세요. 준비됐나요?

■ 채점: 최대 점수 66점
  - 정답 수: 정답 반응 총계
  - 오답 수: 오답 반응 총계
  - 총점 = 정답 수 − 오답 수

② 선택하기-4:0~7:7

선택하기는 제한시간 동안 정렬 또는 비정렬된 그림을 훑어보고 목표 그림을 찾아 표시하는 소검사다. 이 소검사는 지각속도, 과제수행 속도, 시각처리 속도, 주사 능력, 시지각 재인 및 변별력, 주의력 및 집중력, 시각회상 등을 측정한다. 또한 자극 선택, 반응 억제, 동작 보속(motor perseveration)을 평가한다.

■ 문항구성: 시범 문항, 연습 문항, 2개의 검사 문항(비정렬과 정렬)
■ 실시방법: '시작하세요'라고 하면, 사람들이 입거나 신거나 쓰는 것에 모두 도장을 찍도록 하세요. 다른 것에는 도장을 찍으면 안 돼요. 그만하라고 할 때까지 틀리지 말고 가능한 빨리 해 보세요.
■ 채점: 최대 점수 96점(비정렬 48점 + 정렬 48점)
  - 정답 수: 정답 반응 총계
  - 오답 수: 오답 반응 총계
  - 문항 점수 = 정답 수 − 오답 수
  - 총점 = 비정렬 점수 + 정렬 점수
■ 처리 점수: 2개의 처리 점수
  - 비정렬(CAR): 비정렬인 문항 1에서의 총점

• 정렬(CAS): 정렬인 문항 2에서의 총점

③ 동물짝짓기-4:0~7:7

동물짝짓기는 제한시간 내에 동물과 모양의 대응표를 보고 동물 그림에 해당하는 모양에 표시하는 소검사다. 이 소검사는 연상속도 과제로 지각속도, 단기기억, 학습, 시각적 주사 능력, 주의, 동기, 인지적 유연성 등을 측정한다.

■ 문항구성: 시범 문항, 연습 문항, 검사 문항
■ 실시방법
• 시범 문항-여기를 잘 보세요. 각 동물이 가장 좋아하는 모양이 있어요. 고양이는 별을 좋아하고, 거북이는 동그라미를 좋아하고, 물고기는 네모를 좋아해요. (첫 번째 시범 문항에 있는 물고기를 가리키며) 여기에 물고기가 있어요. 물고기는 네모를 좋아하기 때문에 네모에 도장을 찍어요.
• 연습 문항: 이제, 여기에 찍어 보세요. 각 동물이 가장 좋아하는 모양에 도장을 찍어 보세요. ……〈중략〉…… 각 동물이 가장 좋아하는 모양이 무엇인지 알려면, (대응표를 가리키며) 여기를 보세요.
• 검사 문항: '시작하세요'라고 말하면, 여기 있는 것도 같은 방법으로 해 보세요. 여기서부터 시작해서, 순서대로 하고 하나도 빠뜨리지 말고 해 보세요. 그만하라고 할 때까지 틀리지 않게 가능한 빨리 해 보세요.
■ 채점: 최대 점수 72점
• 정답 수: 정답 반응 총계
• 오답 수: 오답 반응 총계
• 문항점수 = 정답 수 − 오답 수

4) K-WPPSI-IV의 결과 산출 및 해석

K-WPPSI-IV의 검사 결과는 K-WISC-V와 동일하게 인싸이트 홈페이지(inpsyt.co.kr)의 온라인 채점 프로그램을 이용하면 된다. K-WPPSI-IV의 프로파일 분석 및 해석은 K-WISC-V의 프로파일 분석 및 해석을 참조한다. 여기서는 K-WISC-V에 제

공되지 않은 어휘습득 지표에 대해 소개하겠다. 어휘습득 지표(VAI)는 수용어휘와 표현어휘 능력에 근거한 어휘 습득에 대한 측정치로, 언어지체가 의심되는 아동의 언어적 능력을 평가하는 데 도움이 된다. 어휘습득 지표에 포함되는 수용어휘와 그림명명 소검사는 단어 의미나 형태학적 지식보다 어휘 능력에 확인한다. 수용어휘는 언어 반응이 필요하지 않고 그림명명은 제한된 언어 반응을 필요로 하여서 언어 표현과 개념적 이해가 요구되는 어휘나 이해 소검사보다는 단순한 언어 능력을 측정한다. 어휘습득 지표 점수가 낮다면 언어병리학적(speech language pathology) 평가를 의뢰하는 것이 적절할 수 있다.

American Journal of Psychology, 15, 201-293.

Towse, J. N., & Cowan, N. (2005). Working memory and its relevance for cognitive development. In W. Schneider, R. Schumann-Hengsteler & B. Sodian (Eds.), *Young Children's Cognitive Development: Interrelationships among Executive Functioning, Working Memory, Verbal Ability, and Theory of Mind* (pp. 9-37). Mahwah, NJ: Lawrence Erlbaum Associates.

Wechsler, D. (1944). *The measurement of adult intelligence* (3rd ed.). Baltimore, MD: Williams & Wilkins.

Wechsler, D. (1949). *Wechsler intelligence scale for children.* New York, NY: The Psychological Corporation.

Wechsler, D. (1989). *Wechsler preschool and primary scale of intelligence* (revised). San Antonio, TX: The Psychological Corporation.

Wechsler, D. (1991). *Wechsler intelligence scale for children* (3rd ed.). San Antonio, TX: The Psychological Corporation.

Wechsler, D. (2002). *Wechsler preschool and primary scale of intelligence* (3rd ed.). San Antonio, TX: Pearson.

Wechsler, D. (2003). *Wechsler intelligence scale for children* (4th ed.). San Antonio, TX: Pearson.

Wechsler, D. (2012). *Wechsler preschool and primary scale of intelligence* (4th ed.). San Antonio, TX: Pearson.

Wechsler, D. (2014). *Wechsler intelligence scale for children* (5th ed.). San Antonio, TX: Pearson.

Weiss, L. G., Keith, T. Z., Zhu, J., & Chen, H. (2013). WISC-IV and clinical validation of the four- and five-factor interpretative approaches. *Journal of Psychoeducational Assessment, 31*(2), 114-131.

Weiss, L. G., Saklofske, D. H., Holdnack, J. A., & Prifitera, A. (2015). *WISC-V assessment and interpretation: Scientist-practitioner perspectives.* Waltham, MA: Academic Press.

Weiss, L. G., Saklofske, D. H., Holdnack, J. A., & Prifitera, A. (2016). *WISC-V assessment and interpretation: Scientist-practitioner perspectives.* Elsevier Academic Press.

인싸이트 https://inpsyt.co.kr/

제6장

성격평가

　성격 연구자들은 성격을 정의할 때, 독특성, 일관성, 행동 양식을 모두 고려하는 것이 바람직하다고 제안한다. 즉, 성격이란 "한 개인이 환경과 상호작용하면서 나타나는, 독특하고 일관성이 있으며 안정적인 사고, 감정 및 행동 방식"으로 정의할 수 있다. 이러한 성격을 측정하기 위한 성격검사는 검사 자극의 유형과 채점의 표준화 여부에 따라 크게 투사검사와 질문지형 검사로 구분된다. 투사검사는 로르샤흐 검사와 같이 모호한 자극들에 대한 수검자의 독특한 반응을 분석하여 무의식적 동기나 갈등과 같은 성격의 내면에 있는 특성을 파악하고자 한다. 투사검사는 검사 자극이 모호하기 때문에 수검자의 의도적인 반응 왜곡을 줄일 수 있고, 심층적이고 무의식적 측면에 접근하여 성격의 전체 특성을 파악할 수 있다는 장점이 있다. 하지만 검사의 시행 절차, 채점과 해석에 객관성이 부족하고 매우 복잡하여 평가자의 전문적 지식과 경험이 중요하고 타당도가 충분히 확보되어 있지 않다. 반면, MMPI-A와 같은 질문지형 검사는 검사 문항이 제시하는 상황이나 문제에 대한 수검자의 주관적인 경험, 현상과 판단을 응답지에 기입하는 방식이다. 검사 과제가 구조화되어 있고 투사검사와 달리 검사의 시행 절차와 채점이 용이하고 해석이 객관적이다. 검사의 목적에 따라 평가 내용이 결정되어 있고 일정한 형식에 맞게 반응하도록 구성되어 있어, 수검자의 독특한 측면보다는 각 개인의 공통 특성을 상대적으로 비교하는 데 유용할 수 있다. 하지만 이러한 유형의 검사는 자기보고식으로 실시되는 바, 검사 자료의 정확한 해석을 위해서는 수검자가 자신의 내적 상태와 경험을 정확히 지각하고 평가하고 보고하는 능력이 필요하다. 또한 수검자가 사회적 바람직성 등으로 인해 자신의 상태를 은폐하거나 과장을 한다면 이 검사 결과를 통하여 수검자를 이해하기가 매우 어려울 수 있다.

　이 장에서는 아동과 청소년의 성격 특성을 파악하기 위해 MMPI-A와 같은 객관적이고 표준화된 질문지형 성격검사를 소개하고자 한다.

1. 미네소타 다면적 인성검사 청소년용(MMPI-A)

1) 개관

미네소타 다면적 인성검사(Minnesota Multiphasic Personality Inventory: MMPI; Hathaway & MaKinley, 1943)는 환자의 정신병리를 평가하고 선별하기 위하여 개발된 566문항의 다차원적이고 객관적인 자기보고식 성격검사다. 이 검사는 임상 현장뿐 아니라 교정시설, 학교, 군대, 인사 선발 등 다양한 장면으로 빠르게 확장되어 사용되었다. 하지만 임상 척도 문항의 이질성, 규준집단의 대표성, 문항의 내용 및 표현의 부적절성 등의 문제가 제기되면서 이를 보완하기 위해 미네소타 다면적 인성검사-2(Minnesota Multiphasic Personality Inventory-2: MMPI-2; Butcher, Dahlstrom, Graham, Tellegen, & Kaemmer, 1989)가 재표준화되었다. 기존의 타당도 척도와 임상 척도의 틀을 유지하면서 반응의 일관성을 측정하는 무선반응 비일관성(VRIN), 고정반응 비일관성(TRIN) 등의 타당도 척도들과 재구성 임상 척도(RC 척도), 내용 척도와 보충 척도 등 다양한 유용한 척도를 개발하였다.

MMPI가 개발된 이후 임상 현장에서 청소년들에게도 사용하였다. 하지만 MMPI의 문항이 성인을 기준으로 구성되었으며, 성인의 규준을 청소년에게 그대로 적용하는 것이 적절하지 않을뿐더러 청소년이 사용하기에는 문항 수가 너무 많다는 비판이 있었다. 이러한 비판에 힘입어 14~18세의 청소년을 대상으로 표준화한 478문항의 MMPI-A(Minnesota Multiphasic Personality Inventory-Adolescents; Butcher, Williams, Graham, Tellegen, Ben-Porath, Archer, & Kaemmer, 1992)가 출판되었고, 국내에서는 12~18세의 청소년을 대상으로 표준화하였다(김중술, 한경희, 임지영, 민병배, 문경주, 2005). MMPI-A는 MMPI-2와 연속성을 유지하되, 청소년에게 부적합한 문항을 삭제하였고 학교생활과 같은 청소년에게 중요한 영역의 내용을 추가하였으며, 모든 문항을 청소년에 맞게 표현하였다.

2) 실시 및 채점

MMPI-A는 실시와 채점이 용이하다. 하지만 수검자가 MMPI-A 실시에 흥미를 가지고 진지하게 수행하도록 해야 하는데, 이를 위해서는 검사자와 청소년 수검자와의 적절한 라포 형성이 중요하다. 일상적인 대화로 검사를 시작하고 검사의 목적과 검사 결과의 사용에 대해 정확하고 솔직하게 설명해야 한다. 또한 수검자에게 검사 결과에 대해 피드백을 받을 것임을 알려 주고 실제로 피드백을 주어야 한다. 검사자와 수검자의 협력적 관계 형성은 무선 반응을 줄일 수 있고 좀 더 솔직한 반응을 이끌 수 있다. 또한 적절한 결과 해석을 위해서는 심리측정 이론, 발달심리, 성격 이론, 정신병리, 심리진단에 대한 높은 수준의 지식이 필요할 뿐 아니라 검사 사용과 해석에 있어 윤리적 원칙을 준수해야 한다.

검사 환경은 책상과 편안한 의자가 있고 조명이 적절하고 소음이나 기타 집중을 방해하는 요소가 없어야 한다. 검사 장면이 적절하게 감독되어야 하고, 절대로 MMPI-A를 집에 가서 하도록 하면 안 된다. 또한 표준적인 실시 절차 외에 대안적인 절차는 허용하지 말아야 하고, 여러 번에 걸쳐 나누어 수행하지 않도록 하고 가급적 단일 회기 안에 검사가 완료되어야 한다.

MMPI-A의 문항은 초등학교 6학년 수준의 독해력을 고려하여 구성되어 있다. 하지만 수검자의 독해 능력을 검토해야 하고, 특히 읽기장애와 같은 학습장애, 시력문제, 수용성 언어장애, 약물이나 알코올 문제 등으로 인해 문항을 적절히 읽고 응답하는 데 어려움이 없는지 확인해야 한다. 또한 무응답은 채점에서 제외가 되고 누락 문항이 많으면 프로파일의 정확성이 떨어져 검사 결과 해석을 할 수 없게 된다. 따라서 검사 시작 전에 가급적 모든 문항에 응답하도록 지시하고, 반응하지 않은 문항들에 대해서 다시 생각해 볼 것을 권하고 가능한 한 자신과 유사한 쪽으로 응답하는 것을 조심스럽게 요청하는 것이 누락 문항을 줄이는 데 도움이 될 수 있다. 검사 소요시간은 컴퓨터로 실시하느냐 지필식으로 실시하느냐에 따라 차이가 있으며, 대체로 35~70분 정도 소요된다.

MMPI-A는 개인과 집단 모두에게 실시할 수 있다. 한국판 MMPI-A는 이를 출판한 마음사랑(https:/www.maumsarang.co.kr)에서 제공하는 전산화된 실시 및 채점 프로그램인 Mscore를 사용한다. 채점이 완료되면 타당도 척도와 임상 척도를 비롯한 모

든 척도와 지표에 대한 표준점수인 T점수의 프로파일을 얻을 수 있다. T점수의 평균
은 50이고, 표준편차는 10이다. 일반적으로 T점수가 높을수록 각 척도에 대한 해석
이나 기술, 상관 결과가 수검자에게 해당될 가능성이 높다. 일반적으로 각 척도에서
65T 이상을 유의한 상승으로 간주한다.

3) 해석

(1) 타당도 척도

MMPI-A의 해석은 검사 결과가 신뢰롭고 해석 가능한지를 판단하는 것에서 시작
한다. 수검자의 응답지를 채점해도 되는지와 수검자가 문항에 대해 얼마나 일관성
있고 정확하게 반응했는지 평가하는 과정이 필수적이다. MMPI-A에서 제공되는 여
러 타당도 척도를 통해 결과의 해석 가능성을 살펴볼 수 있다. 타당하지 않은 반응을
탐지하기 위해서 무응답, VRIN, TRIN 척도를, 비전형적 반응을 탐지하기 위해서 F1,
F2, F 척도를, 마지막으로 방어성을 탐지하기 위해서 L, K 척도를 활용한다.

① 무응답 척도(Cannot Say, ?)

무응답 척도는 척도라기보다 수검자가 '그렇다/아니다'에 모두 반응했거나 응답하
지 않은 문항의 수의 개수다. 무응답 문항이 30개 이상이면 검사 결과가 타당하지 않
아 검사 결과 해석이 어려울 수 있다. 이는 독해력 부족, 방어적 태도, 부주의, 심각한
정신병리, 반항적 태도 등에 기인할 수 있다.

② 무선반응 비일관성 척도(Variable Response Inconsistency, VRIN)

VRIN 척도는 유사하거나 상반되는 내용의 문항 쌍으로 구성되어 있으며, 각 쌍의
두 문항에 대한 응답이 일치하지 않을 경우 점수가 상승된다. 점수가 높을 경우 수검
자가 문항에 무선적으로 반응했다고 볼 수 있고, 이에 검사 결과가 타당하지 않게 되
어 프로파일 해석이 불가능할 수 있다. 이는 독해력 부족, 부주의, 정신병적 혼란, 의
도적인 무선 반응, 응답지에 오기 등에 기인할 수 있다.

③ 고정반응 비일관성 척도(True Response Inconsistency, TRIN)

TRIN 척도는 상반되는 내용의 문항 쌍으로 구성되어 있으며, 문항의 내용과 상관 없이 특정 방향으로 반응하는 경향성을 탐색하려는 목적으로 개발되었다. 따라서 상반되는 내용의 문항 쌍에서 모두 '그렇다' 또는 '아니다'로 응답할 경우 비일관적으로 반응한 것으로 채점된다. 점수가 높을수록 묵종적이거나 거부적으로 반응했다고 볼 수 있고, 이에 검사 결과가 타당하지 않아 프로파일 해석이 불가능할 수 있다. 이러한 상승의 원인은 VRIN과 유사하다.

④ 비전형 척도(Infrequency, F)

F 척도는 청소년 규준 집단에서 20% 미만의 수검자만 반응할 정도로 비전형적인 내용의 문항으로 구성되어 있다. F 척도는 비전형 1 척도(Infrequency 1, F1)와 비전형 2 척도(Infrequency 2, F2)로 나뉜다. F1은 F 척도의 문항 중 전반부에 포함되는 문항이고, F2는 F 척도 문항 중 후반부에 포함되는 문항이다. 수검자가 심각한 적응문제를 겪고 있는 경우, 이러한 문제의 심각성을 과장하려는 경우 점수가 상승한다. 점수가 높을수록 증상을 과장되게 보고하는 경향성이 높고, 이에 프로파일이 타당하지 않아 프로토콜 해석이 불가능할 수 있다. 이러한 상승은 무선 반응이나 고정 반응, 심각한 정신병리, 과대보고 등에 기인할 수 있다. 또한 F1과 F2의 차이가 20T 이상일 경우, 검사 전반부와 후반부의 태도에 차이가 있다고 볼 수 있다.

⑤ 부인 척도(Lie, L)

L 척도는 대부분의 사람들이 인정하기 쉬운 사소한 단점이나 결점에 대해 묻는 문항으로 구성되어 있다. 점수가 높을수록 바람직하게 보이고 싶어 하고 인간으로서의 사소한 약점을 부인하려는 의도적이고 세련되지 못한 시도를 시사하는 등 자신이 지닌 심리적 문제를 과소보고할 수 있겠고, 다른 한편으로는 수검자가 지나치게 도덕성을 강조할 경우 상승할 수 있다. 이러한 상승은 과소보고, 도덕성에 대한 지나친 강조, 일부 문항에 '아니다'라고 반응하는 경향성 등에 기인할 수 있다.

⑥ 방어성 척도(Defensiveness, K)

K 척도는 정신병리에 대한 좀 더 교묘하고 세련된 방어적 태도를 탐지하기 위한 문

항으로 구성되어 있다. 점수가 높을수록 정신병리나 심리적 문제를 미묘하게 부인하고 자신을 좋은 모습으로 드러내려는 경향을 시사한다. 이러한 상승은 과소보고, 일부 문항에 '아니다'라고 반응하는 경향성 등에 기인할 수 있다. K 척도가 상승하고 임상 척도나 내용 척도가 정상 범위일 경우 수검자 자신의 정신병리를 진솔하게 드러내지 않는 방향으로 반응했을 가능성이 있으므로 심각한 심리적 문제를 전적으로 배제하기 어렵다.

(2) 임상 척도

MMPI-A의 각 임상 척도의 특성과 Harris-Lingoes(1955, 1968)가 분류한 2번(D), 3번(Hy), 4번(Pd), 6번(Pa), 8번(Sc), 9번(Ma) 척도의 소척도와 Ben-Porath 등(1989)이 제안한 0번(Si)의 소척도의 특성은 다음과 같다.

① 척도 1(건강염려증, Hypochondriasis, Hs)

척도 1은 건강에 대한 과도한 걱정을 드러내는 문항들로 구성되어 있다. 척도의 상승은 건강, 신체 기능 및 질병과 관련된 지나친 집착을 의미하며, 신체적 기능에 대해 과장되게 호소하고 기질적인 원인이 없거나 미미함에도 불구하고 구체적인 증상부터 모호하거나 일반적인 증상까지 다양한 신체적 증상을 보고한다. 또한 완벽주의, 죄책감, 의존성, 불안 등 내재화 문제, 의존적이고 매달리는 대인관계 형성, 학업성취 등의 학교문제 등의 가능성이 있다.

② 척도 2(우울증, Depression, D)

척도 2는 우울 증상을 측정하기 위해 개발되었는데, 사회적 철수, 무망감, 낙담, 지나친 민감성, 정신운동성 지체, 다양한 신체적 문제, 삶에 대한 전반적인 불만족감 등과 관련된 문항들로 구성되어 있다. 또한 죄책감과 수치심이 내재되어 있고 자기비판적이고 자기성찰적인 경우 점수가 상승하는 경향성이 있다. 특히, 이 척도가 상승한 여자 청소년은 사회적 철수, 심한 사회적 고립, 섭식문제, 낮은 자존감, 빈번한 신체적 호소가 두드러질 가능성이 있다. 하지만 치료적 동기가 높고 자신의 감정과 태도를 좀 더 개방적으로 논의한다는 긍정적인 면이 보고되기도 하였다(Archer, Gordon, & Kirchner, 1987).

임상 소척도는 5개로 나뉜다. 주관적 우울감(Subjective Depression, D1)의 상승은 우울, 죄책감, 불행감, 무감동, 무기력, 주의 집중의 어려움, 자신감 부족, 사회적 상황에 대한 불편감을 시사한다. 정신운동 지체(Psychomotor Retardation, D2)의 상승은 에너지 고갈, 사회적 철수 및 회피, 공격적이거나 적대적인 감정이나 충동 부인을 의미한다. 신체적 기능장애(Physical Malfunctioning, D3)가 상승할 경우 신체기능이나 건강에 대해 몰두하고 변비, 피로나 허약감 등 다양한 신체적 증상을 호소하는 특징이 있다. 둔감성(Mental Dullness, D4)의 상승은 에너지 부족, 긴장, 주의 집중이나 기억문제, 판단력 저하, 무감동, 자신감 부족, 삶에 대한 무가치를 반영한다. 깊은 근심(Brooding, D5)의 상승은 반추, 깊은 근심, 비판에 대해 지나친 민감성, 사고 과정에 대한 통제력 상실을 의미한다.

③ 척도 3(히스테리, Hysteria, Hy)

척도 3은 기질적 원인이 뚜렷하지 않음에도 불구하고 나타나는 스트레스에 대한 감각 및 운동장애를 탐지하기 위한 문항으로 구성되어 있다. 이 척도는 기질적 근거가 없는 신체 및 감각장애와 사회적 수용이나 승인에 대한 욕구 및 일상생활에서의 문제 부인이 반영된다. 점수가 높은 경우 신체적 몰두 및 염려, 사회적 참여 및 성취 지향, 신체 증상으로 나타나는 스트레스에 대한 과잉 반응 양상, 자기중심적이고 미성숙한 행동, 관심, 애정 및 사회적 승인에 대한 강한 욕구를 시사한다. 여자 청소년에게서 척도 3의 상승이 더 흔한데, 다양한 신체적 호소와 염려를 드러낸다.

임상 소척도는 5개로 나뉜다. 사회적 불안의 부인(Denial of Social Anxiety, Hy1)의 상승은 사회적 외향성, 타인과의 상호작용을 편안하게 여기며, 사회적 관습이나 기준에 쉬이 영향을 받지 않음을 반영한다. 애정 욕구(Need for Affection, Hy2)의 상승은 높은 애정 및 관심에 대한 욕구, 타인에 대한 적대감이나 부정적 감정 부인, 대인관계에서 신뢰와 낙관주의를 시사한다. 권태-무기력(Lassitude-Malaise, Hy3)의 상승은 허약감과 피로감, 주의 집중 및 수면문제, 슬픔과 낙담, 신체적 불편감을 의미한다. 신체 증상 호소(Somatic Complaints, Hy4)의 상승은 다양한 신체적 증상 호소, 타인에 대한 적대감 표현 부인을 특징으로 한다. 공격성의 억제(Inhibition of Aggression, Hy5)의 상승은 공격적이고 적대적인 충동을 부인하고 스스로 사회적으로 민감하다고 여기는 경향성과 관련된다.

④ 척도 4(반사회성, Psychopathic Deviate, Pd)

척도 4는 거짓말, 성적 문란, 절도, 알코올 남용, 무단결석 등의 행동패턴을 보이는 사람들의 반응에 근거하여 개발되어, 가족 갈등, 권위적 대상과의 문제, 사회적 고립, 비행, 삶에 대한 불만족과 관련된 문항으로 구성되어 있다. 청소년 집단에서 척도 4의 상승은 흔하며, 대개 일반적인 상승은 부모로부터 자율성 및 독립을 획득하고 자아정체감을 형성하려는 청소년기의 발달적 특징을 반영한다. 하지만 척도가 극단적으로 높게 상승할 경우, 사기, 절도, 거짓말, 분노 폭발 및 공격성, 학업 실패, 징계 등 학교에서의 적응 및 품행문제와 관련되며, 점수가 높을수록 비행이 심각하고 품행장애로 진단될 가능성이 높아진다. 척도 4가 상승하는 청소년들은 적대적이고 반항적이며 알코올이나 약물을 남용하는 경향이 있으며 치료적 동기가 낮고, 특히 남자 청소년이 행동화, 가출 빈도, 신체적 학대가 더 많다.

임상 소척도는 5개로 나뉜다. 가정불화(Familial Discord, Pd1)가 상승할 경우 가족들이 비판적이고 통제적이며, 가족들의 보살핌, 이해 및 애정이 부족하다고 여긴다. 권위 불화(Authority Problems, Pd2)의 상승은 부모와 사회적 규범이나 기대에 대한 반항과 적대감, 학교의 규칙이나 법에 대한 순응성 부족, 권위적 대상에 대한 분개를 반영한다. 사회적 침착성(Social Imperturbability, Pd3)의 상승은 사회적 상황에서 편안함 및 자신감, 명확한 견해 및 관점, 독선적이고 과시적인 경향과 관련된다. 사회적 소외(Social Alienation, Pd4)가 높으면 외롭고 소외감과 고립감을 느끼며, 타인이 자신을 이해해 주지 못하고 자신이 부당한 대우를 받는다고 여기고, 문제나 갈등의 원인을 외부로 귀인하면서 비난한다. 내적 소외(Self-Alienation, Pd5)의 상승은 불편감 및 불행감, 일상생활에서 즐거움이나 만족감 부족, 과거 행동에 대한 죄책감 및 회한을 반영한다.

⑤ 척도 5(남성성-여성성, Masculinity-Femininity, Mf)

이 척도는 본래 동성애 남성을 변별하기 위해 개발되었으나, 이에 대한 상당한 논란이 있어 왔으며, 남성적 흥미와 여성적 흥미의 관점에서 해석하는 것이 적절하다. 이 척도가 상승하는 남자 청소년은 여성적인 흥미 및 관심이 있음을 반영하고, 여자 청소년은 남성적인 흥미 및 관심이 있음을 반영한다. 이 척도가 상승하는 남자 청소년은 전형적으로 여성적으로 여겨지는 것에 대한 관심과 흥미가 많고 심미적인 관심이 많고 지능과 학업성취도가 높으며, 대인관계에서 수동적이고 복종적이며 학교에서 더 잘 적응하고 품행문제를 보일 가능성이 낮다. 낮은 점수의 남자 청소년은 남성성과 관련된 고정관념에 부합하고 품행문제를 보일 가능성이 높다. 이 척도에서 높은 점수의 여자 청소년은 전형적으로 남성적으로 여겨지는 것에 대한 관심과 흥미가 많고 자기주장적이고 경쟁적이며 활동적인 운동이나 취미를 선호하고 공격적이며 품행문제를 보일 가능성이 높다. 낮은 점수의 여자 청소년은 여성성과 관련된 고정관념에 부합하고 대인관계에서 수동적이고 복종적이며 학업성취도가 높고 행동문제는 적다.

⑥ 척도 6(편집증, Paranoia, Pa)

이 척도는 편집증적 증상을 측정하기 위해 개발되었고, 피해의식, 의심, 관계 사고(idea of reference)와 같은 정신증적 증상과 더불어 도덕적인 자기 정당화, 완고함, 타인에 대한 불평, 민감성, 냉소와 같은 문항들로 구성되어 있다. 이 척도가 지나치게 높은 경우(70T 이상) 관계 사고나 관계 망상을 보이고 타인이 자신에게 부당한 대우를 한다고 여기고 외부 세계를 위협적으로 바라보면서 외부에 대한 적대감과 분노가 많으며 문제의 원인을 타인으로 귀인한다. 중등도(60~69T)로 상승한 경우 타인을 신뢰하지 못하고 의심하며 대인관계에서 지나치게 예민하며 논쟁적인 경향이 있다. 대개 청소년이 성인보다 점수가 높으며, 특히 피해의식(Pa1) 소척도와 관련된 문항에서 두드러진다. 이 척도가 상승한 남녀 청소년 모두 학교문제가 많았는데, 남자 청소년들은 공격적이고 논쟁적이며 또래들이 자신을 좋아하지 않는다고 여기고 학교를 중퇴하는 경우가 많았고, 여자 청소년들은 지능은 좋으나 학교 적응상의 문제가 더 많았다.

임상 소척도는 3개로 나뉜다. 피해의식(Persecutory Ideas, Pa1)은 외부 세계를 위협적이거나 적대적으로 바라보고 타인이 자신을 오해하거나 부당한 대우를 한다고 여기고 문제의 원인을 외부로 투사하고 관계 사고나 관계 망상의 가능성을 시사한다. 예민성(Poignancy, Pa2)이 높을 경우 자신을 다른 사람들보다 예민하고 신경질적이라고 여기고 외롭고 다른 사람들과 거리감을 느끼며 자신의 기분을 좋게 하기 위해 자극적이거나 위험한 활동을 할 수 있다. 순진성(Naivete, Pa3)은 높은 도덕적 기준, 지나치게 낙관적 태도, 냉소적이고 적대적 감정 부인을 반영한다.

⑦ **척도 7(강박증, Psychasthenia, Pt)**

이 척도는 강박적인 걱정, 불안과 긴장, 불행감, 자기 의심, 주의 집중의 어려움, 신체적 호소 등과 관련된 문항들로 구성되어 있다. 높은 점수일 경우 사소한 일에도 지나치게 신경을 쓰고, 미래에 대해 비관적인 태도를 지니고, 정서적 문제를 처리하는 데 지나치게 관념적인 방식에 의존하며, 불안, 우울 및 정서적 고통감을 느낀다. 청소년들의 경우 우유부단하고 완벽주의적이고 자기비판적이며 자신감이 부족하며 반추적이고 안절부절못하는 경향성이 있으며, 남자 청소년은 성적 학대의 과거력과 관련될 수 있고 여자 청소년은 우울하고 부모와의 갈등을 보고할 수 있다.

⑧ **척도 8(조현병, Schizophrenia, Sc)**

이 척도는 조현병 환자 선별을 위해 개발된 것으로, 특이한 지각 경험, 기태적 사고 과정, 피해망상, 환각 등의 정신증적 증상들과 더불어 기분과 행동장애, 사회적 고립 및 철수, 주의 집중 및 충동 통제상의 문제를 포함하고 있다. 이 척도에서의 상승은 사고가 혼란스럽고 사회적으로 소외되고 수용감을 느끼지 못하며 열등감과 무능감을 느끼며 철수되고 은둔적인 행동을 반영한다. 청소년의 경우 학교 적응 문제 및 중퇴, 낮은 지능과 학업성취도, 부모와 갈등이 더 많고, 임상집단에서는 타인을 신뢰하지 못하고 위축되고 대인관계에서 고립되고 스트레스에 취약하고 현실검증력 손상과 조현병과 관련될 수 있다. 임상집단의 남자 청소년은 신체적 호소가 많고 자존감이 낮고 죄책감을 쉽게 느끼고 문제를 내재화하며 수줍어하며 고립된 채로 지낼 수 있다. 여자 청소년은 부모와 갈등이 증가하고 성적 학대의 가능성을 고려해야 하고, 임상 장면에서는 공격적인 언행, 행동화 및 폭발적 감정 표출이 나타날 수 있다.

임상 소척도는 6개로 나뉜다. 사회적 소외(Social Alienation, Sc1)는 자신이 오해받고 사랑받지 못하며 부당하고 비난이나 처벌은 받는다는 느낌, 외로움과 공허함과 다른 한편으로 사회적 상황 회피를 반영한다. 정서적 소외(Emotional Alienation, Sc2)는 우울, 무감동, 비관주의, 자기비판, 자살 사고의 가능성과 관련된다. 자아통합 결여-인지적(Lack of Ego Mastery-Cognitive, Sc3)의 상승은 이상한 사고 과정, 비현실감, 통제력 상실에 대한 두려움, 주의 집중과 기억의 어려움을 시사한다. 자아통합 결여-동기적(Lack of Ego Mastery-Conative, Sc4)은 우울감, 심리적 소진감, 무기력, 압도되는 느낌, 스트레스 상황에서 공상과 백일몽과 관련된다. 자아통합 결여-억제부전(Lack

of Ego Mastery-Defective Inhibition, Sc5)은 감정과 충동 통제의 어려움, 성마름, 안절
부절못함, 과잉행동, 해리적 경험이나 증상을 의미한다. 기태적 감각 경험(Bizarre
Sensory Experiences, Sc6)의 상승은 특이한 신체적 감각, 환각, 특이한 사고 내용이나
관계 사고를 반영한다.

⑨ 척도 9(경조증, Hypomania, Ma)

이 척도는 과대성, 고양된 기분, 사고의 비약, 성마름, 인지 및 행동적 과잉 활동 등
조증 증상과 더불어, 도덕적 가치 및 태도, 가족관계, 신체적 문제들과 관련된 문항들
로 구성되어 있다. 점수가 높을 경우 에너지 수준이 높고 말이 많고 생각보다 행동을
선호하고 다양한 영역에 관심이 많고 동시에 여러 일을 추구한다. 일반적으로 청소
년들이 성인에 비해 점수가 높고, 이 척도가 열정 및 에너지를 반영하는데 이는 청소
년기의 발달적 특징과 관련되기 때문으로 여겨진다. 9번 척도가 상승한 청소년들은
반사회적 행동이나 비이성적인 조증 행동을 할 수 있고 안절부절못하고 비판에 둔감
하고 치료적 동기가 낮고 자신의 행동에 대한 반성적 사고가 부족하고 학교에서 문제
행동과 부모의 갈등과 관련될 수 있다. 임상 장면의 청소년들은 공격적이고 적대적
이고 논쟁적이며 기분이 빠르게 변화하고 외재화 및 비행문제가 보고될 수 있다.

임상 소척도는 4개의 임상 소척도로 나뉜다. 비도덕성(Amorality, Ma1)이 상승할 경
우 반사회적이거나 비사회적인 신념, 태도 및 행동과 관련되고 사람들을 이기적이고
기회주의적이라고 생각하기 때문에 자신의 이기적이고 기회주의적인 행동을 정당화
하고 공감 능력이 부족할 수 있다. 심신운동 항진(Psychomotor Acceleration, Ma2)이 높
을 경우 과잉행동이 나타나고 사고 과정, 말 및 행동이 항진되어 있고 흥분되고 긴장
되고 들떠 있으며 긴장 해소 및 지루함을 달래고자 위험이나 자극을 추구할 수 있다.
냉정함(Imperturbability, Ma3)은 사회적 불안을 부인하고 타인의 의견과 태도에 무관
심과 관련된다. 자아팽창(Ego Inflation, Ma4)이 높을 경우 거만하고 자신의 능력과 가
치에 대해 과대하게 평가하고 타인의 기내나 강요에 분개하고 대인관계에서 지배적
인 태도를 보일 수 있다.

⑩ 척도 0(내향성, Social Introversion, Si)

이 척도는 내향성–외향성 차원을 측정하고, 대인관계 및 사회적 관계에서의 위축

과 자기비하와 신경증적 부적응에 대한 문항들로 구성되어 있다. 척도의 상승은 사회적 내향성, 사회적 상황에서의 불편감, 불안전감을 반영한다. 척도 0이 높은 청소년의 경우 내향적이고 소심하고 수줍어하고 자신감이 부족하고 감정을 억제하고 또래관계 형성에 어려움을 느낀다. 남자 청소년은 사회적 철수가 현저하고 자존감이 낮으며, 여자 청소년은 우울과 사회적 철수, 섭식문제, 자살 사고와 자살행동, 공포와 관련된다. 이 척도점수가 낮은 청소년은 외향적이고 사교적이며 타인과 어울리기 좋아하고 자신감 있다.

임상 소척도는 3개로 나뉜다. 수줍음/자의식(Shyness/Self-Consciousness, Si1)이 높을 경우 낯선 상황에서의 불편감과 사회적 상황에서 수줍고 쉽게 당황하고 서투르며 불편해한다. 사회적 회피(Social Avoidance, Si2)는 타인과의 연락과 집단활동이나 사회적 상황에 대한 회피를 특징으로 한다. 내적/외적 소외(Alienation-Self and Others, Si3)의 상승은 자신감 부족과 낮은 자존감, 자기비판, 자신의 판단에 대한 불신, 우유부단, 과민성, 두려움과 타인에 대한 의심과 관련된다.

(3) 코드 유형

상승한 개별 척도보다 동반 상승한 임상 척도에 근거한 코드 유형에 기반한 해석이 수검자에 대한 유용하고 중요한 정보를 제공할 수 있다. 일반적으로 코드 유형 해석 방식은 65T 이상 상승해 있고, 점수 차이가 10T 내에 있는 가장 높은 두 임상 척도를 찾고 높은 척도에 초점을 두어 해석하는 것이다. 청소년을 대상으로 한 코드 유형과 관련된 연구가 충분하지 않기 때문에, MMPI-A의 코드 유형 해석은 신중하고 조심스러워야 한다. MMPI-A의 주요 코드 유형에 대한 특징은 Archer와 Krishnamurthy(2002)가 제시하고 있다.

① 1-3/3-1

1-3/3-1 코드 유형은 신체 질환이나 좋지 않은 건강 상태를 반영한다. 흔히 어지러움, 두통, 흉통, 복통, 오심, 섭식 문제, 시야 흐림, 불면 등의 신체적 증상을 보고하고, 심리적 스트레스가 있을 경우 신체적 증상이 두드러지는 것이 전형적이다. 부인, 신체화, 외재화 등의 방어기제와 관련된다. 이 유형의 청소년은 학업성취도가 저조할까 봐 두려워하고, 학교와 관련된 문제나 걱정이 많다. 또한 주의(attention)에 대한

욕구가 높고 자신의 심리적 문제에 대한 특징에 대한 통찰이 부족하고 신체적 문제를 설명할 수 있는 심리적 요인에 저항적이다. 한편, 등교를 꺼리는 청소년이 신체적 증상을 호소한 결과로 결석이 허용되는 상황과 같이 이 코드 유형이 상승하는 청소년의 이차적 이득에 대해 염두에 두어야 한다.

② 2-3/3-2

2-3/3-2 코드 유형일 경우 정서를 지나치게 통제하고, 수동적이고, 의존적이며, 억제되어 있고, 자신을 불신하고, 자신감이 없는 특징이 있다. 신체화가 전형적인 방어기제이며, 이에 피로, 현기증 등 신체적 증상 호소가 빈번하다. 이 유형의 청소년은 성취 목표를 높게 설정하는 경향이 있는데, 이 목표는 종종 현실적이지 않아 우울감과 열등감을 겪을 수 있다. 또한 또래관계가 빈약하고 사회적으로 고립되어 있으며 다른 사람들에게 외톨이로 인식된다.

③ 2-4/4-2

2-4/4-2 코드 유형은 충동 조절 문제와 사회적으로 부적절한 행동을 시사하고, 우울감, 분노, 반항, 권위 갈등의 문제가 흔하다. 또한 법적 문제, 물질 남용이나 알코올 문제의 위험이 높다. 주요 방어기제는 행동화, 외재화, 전치이다. 이 유형의 청소년은 무단결석, 가출 등의 품행문제를 보이고 가정 내에서 갈등이 많고 적대적이라고 느끼며 부모가 애정과 일관성이 없다고 느낀다.

④ 3-4/4-3

3-4/4-3 코드 유형은 두통, 피로, 식욕 상실, 허약 등의 건강 염려적인 호소와 신체적 증상 호소와 더불어, 충동 조절 문제가 특징적이다. 이 유형의 청소년은 절도, 가출, 무단결석 등의 반사회적 행동과 약물 사용의 과거력이 있고, 학교에서 종종 폭발적인 기질이 있고 약자를 괴롭힌다고 평가를 받는다. 수면문제, 자살 사고, 자살 제스처, 자살 시도의 문제로 치료적 개입을 받는 경우가 흔하고, 치료자는 흔히 그들이 우울감과 충동 조절 문제가 있다고 보고한다.

⑤ 4-6/6-4

4-6/6-4 코드 유형은 거부주의, 불복종, 반항을 특징으로 하고, 타인의 동기를 의심하고 그들의 주의와 공감을 과도하게 요구하는 것과 관련된다. 이 유형의 청소년은 공격적이고, 적대적이고, 도발적이고, 싸우기 좋아하고, 기만하는 경향이 있다. 주요 방어기제는 투사와 외재화다. 이 유형은 강렬하고 만성적으로 투쟁적인 부모-자녀 간 갈등과 성적 행동화 등 행동화와 관련이 있다.

⑥ 4-8/8-4

4-8/8-4 코드 유형은 미숙하고, 특이하고, 기이해 보이며, 대인관계에서의 갈등이나 충동 조절 문제가 있는 사회적 적응상의 어려움을 특징으로 한다. 청소년에게 드문 유형으로, 흔히 가정 내에서 갈등이 많고 학업성취도가 저조하고 치료에 회피적이며, 8-4 유형이 4-8 유형보다 심리적 기능이 퇴행되어 보인다.

⑦ 4-9/9-4

4-9/9-4 코드 유형은 반항, 도발적 행동, 충동성, 불복종, 참을성 부족, 쾌락 추구, 가만히 있지 못함 등과 관련된다. 사회적 외향성과 집단화하는 특성이 절도, 거짓말, 반사회적 행동을 포함하는 조작적이고 도발적인 행동과 결합하는 양상이 있다. 주요 방어기제는 행동화이다. 이 코드 유형은 정신건강의학과에 입원한 청소년, 특히 남자 청소년에게 가장 흔하며, 이 유형의 상당수가 보호감호 시설이나 소년원에 송치되어 있다. 치료자는 이들이 외향적이고 이기적이고 자기애적 요구가 많으며 권위적 대상에 분개하는 것으로 평가한다. 또한 약물 남용, 무단결석, 가출 등의 문제행동의 과거력이 있으며, 비행으로 인한 부모와의 갈등도 많다.

⑧ 6-8/8-6

6-8/8-6 코드 유형은 편집증적 증상, 망상, 환각, 빈약한 현실검증력, 적대감 표출, 예측할 수 없고 부적절한 행동, 사회적 고립이나 철수 등의 특징이 있다. 또한 기괴한 행동을 보이고, 현실과 공상을 구분하지 못하고, 공격성 통제에 어려움이 있으며, 대개 자신의 심리적 문제에 대한 통찰이 거의 없거나 전혀 없다. 이 유형의 청소년은 괴롭힘이나 놀림의 대상이 되는 경우가 흔하며 또래에게 환영받지 못한다.

⑨ 7-8/8-7

7-8/8-7 코드 유형은 불안, 우울, 내향성, 사회적 고립, 부적절감이나 불안전감 등의 특징이 있으며, 부적절한 방어와 스트레스에 대한 낮은 내성과 관련된다. 또한 적절한 감정 표현의 어려움이 상당하고 대인관계가 억제적이고 갈등적일 수 있다. 이 유형의 청소년은 상당수 학업 실패를 경험하고 사고나 행동의 패턴이 상당히 일탈되어 있으며, 환청이나 환시를 경험할 가능성이 있다.

(4) 내용 척도

내용 척도는 문항 내용을 토대로 구성되었고, 내용 소척도 역시 개발되었다. 하지만 명백 문항으로 구성되어 증상을 과소보고하거나 과대보고할 가능성이 있으므로, 내용 척도의 결과를 해석하기 전에 프로토콜의 타당도를 먼저 검토하는 것이 바람직하다.

① 불안(Adolescent-Anxiety, A-anx)

이 척도가 상승할 경우 삶은 긴장의 연속이고 끔찍하고 두려운 일이 일어날 것 같고 자신의 마음을 통제하지 못할까 봐 걱정하고, 자신의 어려움은 극복하기 어렵다고 여기고, 자신의 심리적 문제를 인식하고 있다. 이 척도가 상승한 여자 청소년은 참을성이 부족하고, 피로, 강박 사고, 소심함과 불안을 보고하고, 남자 청소년은 슬픔, 우울, 주의 집중 문제와 더불어 자살 사고의 가능성이 있다.

② 강박성(Adolescent-Obsessiveness, A-obs)

이 척도가 상승할 경우 아주 사소한 일에 대한 걱정 등 걱정이 과도하고 이러한 걱정으로 인해 잠을 자지 못하기도 하며, 중요하지 않은 것을 반복적으로 세고 결정 내리기 힘들어하고 불쾌한 단어를 반추하고 자신의 언행에 대해 후회하는 경우가 많다. 남자 청소년은 의존적이고 불안하며 부적응적이고, 여자 청소년은 자살 사고나 자살 시도와 관련될 수 있다.

③ 우울(Adolescent-Depression, A-dep)

이 척도가 상승할 경우 자주 울고 쉽게 피로감을 느끼며 자신이 불행하다고 느긴다. 스스로를 무가치하고 비난받아 마땅하다고 여기는 등 자기비하적 사고가 많고 주변에 무관심하고 일을 결정할 수도 시작하기도 어렵다고 느낀다. 또한 무망감을 느끼며 살 만한 가치가 없다고 느끼고 자살 사고의 가능성이 있으며 다른 사람들과 함께 있는 상황에서도 외로움을 느낀다. 남자 청소년은 잦은 자살 시도와 관련되고, 여자 청소년은 자살 사고와 관련된다. 이 척도는 우울한 기분과 관련된 기분 부전(Dysphoria, A-dep1), 부정적 자기개념과 관련된 자기비하(Self-Depreciation, A-dep2), 동기 부족과 주변에 대한 무관심과 관련된 동기 결여(Lack of Drive, A-dep3)와 자살 시도나 자살 사고와 관련된 자살 사고(Suicidal Ideation, A-dep4)의 소척도로 구성되어 있다.

④ 건강염려(Adolescent-Health Concerns, A-hea)

이 척도가 상승할 경우 심혈관계 증상, 신경학적 문제, 감각문제, 피부문제, 통증, 위장문제, 호흡문제 등 다양하고 폭넓은 신체 증상을 호소하고 자신은 건강하지 못하다고 느끼고 건강에 대한 걱정이 많다. 이 내용척도가 상승하는 청소년들은 학업성취도가 저조했고 학교와 관련된 여러 문제가 있는 것으로 나타났다. 남자 청소년은 불안하고, 걱정이 많고, 두려워하고, 쉽게 죄책감을 느끼고, 완벽주의적이고, 여자 청소년은 체중 증가와 관련된 문제가 있고, 친구가 거의 없으며, 피로를 자주 느낀다고 보고한다. 이 척도는 다양한 소화기 증상과 관련된 소화기 증상(Gastrointestinal Complaints, A-hea1), 신경학적 기능에 대한 불편감과 관련된 신경학적 증상(Neurological Symptoms, A-hea2)과 건강 상태가 나쁘다는 믿음과 건강에 대한 염려와 관련된 일반적인 건강염려(General Health Concerns, A-hea3)의 소척도로 구성되어 있다.

⑤ 소외(Adolescent-Alienation, A-aln)

이 척도가 상승할 경우 다른 사람들에게 상당한 정서적 거리감을 느끼고, 어느 누구도 자신을 이해하지 못할 것이라고 생각하고, 사회적 관계에 비관적으로 느껴 다른 사람들이 자신을 좋아하지 않을 것이고 다른 사람들이 자신을 이용하고 자신을 방해할 것이라고 믿는다. 자기 개방을 어려워하고 혼자 있는 것이 낫다고 생각할 수 있다. 남자 청소년은 사회성 기술이 결여되어 있고 자존감이 낮고, 여자 청소년은 사회적으로 철수되어 있고 과도하게 민감하며 소규모의 또래집단을 형성하는 경우가 많다. 이 척도는 다른 사람들에게 이해받지 못한다는 지각과 관련된 이해받지 못함(Misunderstood, A-aln1), 사회적 상황에서의 불편감과 관련된 사회적 소외(Social Isolation, A-aln2)와 다른 사람들이 자신에게 지지적이지 않다고 느끼는 것과 관련된 대인관계 회의(Interpersonal Skepticism, A-aln3)의 소척도로 구성되어 있다.

⑥ 기태적 정신상태(Adolescent-Bizarre Mentation, A-biz)

이 척도는 환청, 환시 등의 이상한 경험과 사고와 관련된다. 점수가 높을 경우 자신의 정신이 뭔가 잘못되었다고 느끼고, 자신을 다른 사람들이 이상하게 본다고 여기고, 누군가 음모를 꾸민다고 여기는 등 편집성 사고와 누군가 자신을 조종하려 한다는 믿음이 보고되기도 한다. 정상 집단에서 이 척도는 일반적인 부적응과 관련되고 이 척도가 상승한 청소년은 저조한 학업성취도와 여러 학교문제를 보일 수 있다. 임상집단에서 이 척도의 상승은 기태적 감각 경험이나 정신병적 증상 및 행동을 시사할 수 있다. 남자 청소년은 싸움, 법적 문제와 환각과 관련 있고, 여자 청소년은 환각, 빈약한 정서 통제와 현실검증력이 관련 있다. 이 척도는 명백한 정신증적 증상과 관련된 정신증적 증상(Psychotic Symptomatology, A-biz1)과 편집증적 사고와 관련된 편집증적 사고(Paranoid Ideation, A-biz2)의 소척도로 구성되어 있다.

⑦ 분노(Adolescent-Anger, A-ang)

이 척도는 분노 조절 문제와 관련되어, 점수가 높을 경우 욕설을 퍼붓거나 물건을 부수거나 싸우고 싶어 하며, 공격적이고, 성급하며, 분노 발작으로 인해 곤경에 처하기도 한다. 불평이 많고 성마르고 참을성이 부족하고, 화를 잘 내고 원하는 것을 얻고자 성질을 부리기도 한다. 남자 청소년은 약물 남용 문제, 과잉행동, 폭행의 과거력의 가능성이 높고, 여자 청소년은 분노, 폭행, 좋지 못한 부모-자녀 관계, 무단결석, 법적 문제의 과거력의 가능성이 있다. 이 척도는 상당히 폭력적이고 폭발적인 경향성과 관련된 폭발적 행동(Explosive Behavior, A-ang1)과 분노와 성마름과 관련된 성마름(Irritability, A-ang2)의 소척도로 구성되어 있다.

⑧ 냉소적 태도(Adolescent-Cynicism, A-cyn)

이 척도가 상승한 경우 냉소적이고 염세적이며 의심이 많고 다른 사람들이 모두 작위적이고 이기적이라고 믿어 다른 사람들을 믿지 못한다. 다른 사람들이 자신을 질투하거나 오해한다고 여기고, 타인의 동기를 경계하고 대인관계에서 비우호적인 태도를 취한다. 여자 청소년의 경우 원만하지 않은 부모-자녀 관계나 성적 학대 경험과 관련된다. 이 척도는 다른 사람들이 자신의 이익에만 관심이 있다는 믿음과 관련된 염세적 신념(Misanthropic Beliefs, A-cyn1)과 다른 사람들이 자신에게 해를 끼칠 수 있다고 의심하는 것과 관련된 대인 의심(Interpersonal Suspiciousness, A-cyn2)의 소척도로 구성되어 있다.

⑨ 품행문제(Adolescent-Conduct Problems, A-con)

이 척도는 반사회적 행동, 충동성, 무모한 행동 등 다양한 문제행동을 탐지하기 위해 개발되었다. 이 척도가 상승한 경우 기물 파손, 절도, 반항적 행동, 욕설, 거짓말 등의 다양한 행동문제가 보고되고, 법적 문제나 정학의 과거력이 있을 수 있다. 문제행동에 대해 죄책감이 없고 또래집단에 이에 동참하길 권유하고 재미로 다른 사람들이 자신을 두려워하게 만들고, 다른 사람들을 이용하는 사람들에 대해 비난하지 않는다. 남자 청소년은 무단결석, 절도, 알코올이나 약물 남용, 폭행, 법적 문제의 과거력이 있을 수 있고, 여자 청소년은 무단결석, 비순응적인 태도, 반항, 가출 등의 문제행동과 더불어 도발적이고, 예측이 어렵고 쉽게 기분에 휩쓸리며 충동적일 수 있다. 이 척도는 절도 등의 반사회적 문제나 알코올 남용 문제와 관련된 표출 행동(Acting-Out Behaviors, A-con1), 반사회적 태도와 믿음과 관련된 반사회적 태도(Antisocial Attitudes, A-con2)와 문제행동에 영향을 미치는 또래집단과 관련된 또래집단의 부정적 영향(Negative Peer Group Influences, A-con3)의 소척도로 구성되어 있다.

⑩ 낮은 자존감(Adolescent-Low Self-esteem, A-lse)

이 척도가 상승할 경우 자신감이 부족하고 자존감이 낮으며 쓸모없다고 여기고 부적절감으로 느끼며 유능감이 낮다. 다른 사람들과 의견이 다를 경우 자신의 의견을 쉽게 포기하고 문제가 생기면 타인에게 맡기려고 하며 다른 사람들이 자신에 대해 칭찬을 하면 불편해하며, 학업성취도도 저조할 수 있다. 남자 청소년은 사회성 기술이 부족하고 자기 비난적이고, 수동적이며, 자살 사고의 가능성이 있고, 여자 청소년은 피로나 권태, 우울, 사회적 고립, 낮은 자존감과 관련된다. 이 척도는 자신을 낮게 평가하고 다른 사람들이 자신을 호의적으로 인식하지 않을 것이라는 믿음과 관련된 자기 회의(Self-Doubt, A-lse1)와 타인의 의견에 쉬이 순응하고 자신의 의견을 쉽게 포기하는 것과 관련된 순종성(Interpersonal Submissiveness, A-lse2)의 소척도로 구성된다.

⑪ 낮은 포부(Adolescent-Low Aspirations, A-las)

이 척도가 상승할 경우 공부나 독서에 흥미가 미흡하고, 일이 잘못되거나 과제가 어려우면 쉽게 포기하고, 어려움에 직면하면 다른 사람들이 대신 해결해 주길 바라고, 다른 사람들이 자신의 성공을 방해한다고 여기고, 진지하고 심각한 내용의 강의를 싫어한다. 학업성취도와 학교 활동 참여도가 낮다. 남자 청소년은 가출, 무단결석, 법적 문제가 많고, 여자 청소년은 반항적인 태도를 보이고, 문제가 생기면 좌절하고 분노하며, 성적 도발을 보인다. 이 척도는 학업성취와 관련된 행동이나 태도 부족과 관련된 낮은 성취성(Low Achievement Orientation, A-las1)과 자신의 삶에 대한 수동성과 무관심과 관련된 주도성 결여(Lack of Initiative, A-las2)의 소척도로 구성된다.

⑫ 사회적 불편감(Adolescent-Social Discomfort, A-sod)

이 척도가 상승할 경우 수줍음이 많고 사회적 상황에서 불편해하고 대인관계와 사회적 행사를 적극적으로 회피하며 친구를 사귀는 데 어려움이 있고 낯선 사람과 만나는 것을 꺼리며 사회적으로 위축되고 고립되어 있다. 남자 청소년은 불안, 자살 사고 가능성, 저조한 학교생활 참여와 관련이 있고, 여자 청소년은 섭식문제, 우울, 무감동, 사회적 철수, 피로, 또래와의 경쟁 회피, 수줍음과 관련 있다. 이 척도는 다른 사람들과 함께 있는 것을 꺼리는 내향성(Introversion, A-sod1)과 사회적 상황에서 수줍음과 불편감과 관련된 수줍음(Shyness, A-sod2)의 소척도로 구성된다.

⑬ 가정문제(Adolescent-Family Problems, A-fam)

이 척도가 상승할 경우 불화, 구타, 제한된 의사소통, 흠집 잡기, 사랑과 이해 결여, 부당한 처우 등 부모를 비롯한 가족 구성원들 간의 많은 문제를 보고하고, 문제가 있을 때 가족을 의지할 수 있다고 믿지 않고 집을 벗어나길 갈망한다. 부모가 자신의 친구들을 싫어하고, 이유 없이 벌주고 어린아이처럼 대한다고 여긴다. 남자 청소년은 의존적이고, 분개하며, 자신의 미래에 대해 불안해하며, 가출이나 신체적 학대 가능성과 관련이 있고, 여자 청소년은 성적으로 도발적이고, 화가 나 있으며, 가출이나 성적 학대 가능성과 관련이 있다. 이 척도는 가족 갈등과 관련된 가정 불화(Familial Discord, A-fam1)와 가족 구성원에게 느끼는 소외감과 관련된 가족 내 소외(Familial Alienation, A-fam2)의 소척도로 구성되어 있다.

⑭ 학교문제(Adolescent-School Problems, A-Sch)

이 척도는 일반적인 부적응의 좋은 지표로, 점수가 높을 경우 학교에서 친구들과 어울리는 것 외에는 학교 활동을 싫어하고 참여하지 않고 학교생활을 시간 낭비라고 생각하고 학업성취도가 낮고 정학이나 무단결석의 과거력과 관련된다. 남자 청소년은 법적 문제, 가출, 싸움, 약물 남용의 과거력이 있을 수 있고, 여자 청소년은 저조한 학업성취도, 반항, 무단결석과 관련이 있다. 이 척도는 학교에서의 표출 행동과 관련된 학교 품행 문제(School Conduct Problems, A-sch1)와 학교와 관련된 일에 쉽게 분개하고 학교의 가치를 두지 않는 것과 관련된 부정적 태도(Negative Attitudes, A-sch2)의 소척도로 구성되어 있다.

⑮ 부정적 치료 지표(Adolescent-Negative Treatment Indicators, A-trt)

이 척도가 상승할 경우 의사를 비롯한 정신건강 전문가에 대한 태도가 부정적이고 변화를 이끌 수 있는 자신의 능력에 대해 무관심하고 낙담한다. 다른 사람들은 자신을 이해할 수 없고 자신의 문제에 관심을 보이지 않을 것이라고 여기고 다른 사람들과 문제를 논의하는 것을 꺼리며 미래를 계획할 수 없다고 여기고 문제를 책임지고 싶어 하지 않는다. 남자 청소년은 원만하지 않은 형제관계와 또래에 대해 신체적으로 위협하는 경향과 관련 있고, 여자 청소년은 빈약한 신체적 협응과 관련이 있다. 이 척도는 무관심과 동기 결여와 관련된 낮은 동기(Low Motivation, A-trt1)와 치료자를 비롯한 타인에게 자신에 대해 솔직하게 표현하는 것을 꺼리는 것과 관련된 낮은 자기개방(Inability to Disclose, A-trt2)의 소척도로 구성되어 있다.

(5) 보충 척도

보충 척도는 임상 척도 이해를 위해 부가적으로 사용된다.

① 불안(Anxiety, A)

이 척도가 상승할 경우 부적응, 불안, 두려움, 불편감, 정서적 혼란, 심리적 고통감을 느끼며, 자기비판적이고, 죄책감을 쉽게 느끼는 것과 관련이 있다. 또한 결단력이 부족하고 사회적 상황에서 쉽게 동요되는 경향이 있다.

② 억압(Repression, R)

이 척도가 상승할 경우 순종적이고 보수적이며 불쾌한 상황을 회피하고 지나치게 조심스러운 특징과 관련된다. 또한 지나치게 통제되고 억제되어 있으며 비관적인 경향이 있다.

③ MacAndrew의 알코올 중독(MacAndrew Alcoholism Scale-Revised, MAC-R)

이 척도가 상승할 경우 물질 남용의 가능성과 더불어, 과시적이고, 위험을 감수하거나 자극 추구적이며 충동적인 행동과 관련된다. 반면, 이 척도가 낮을 경우 내향적이고 자신감이 부족하며 수줍음이 많은 경향이 있다.

④ 알코올/약물문제 인정(Alcohol/Drug Problem Acknowledgment, ACK)

이 척도가 상승할 경우 알코올이나 약물 사용 문제를 인정하는 것을 의미한다. 또한 충동성과 판단력 부족과 관련이 있다.

⑤ 알코올/약물문제 가능성(Alcohol/Drug Problem Proneness, PRO)

이 척도가 상승할 경우 알코올이나 약물문제를 보일 가능성이 높다. 또한 품행문제가 있는 또래집단과 어울리고 가정과 학교에서 문제행동과 관련이 있다.

⑥ 미성숙(Immaturity, IMM)

이 척도가 상승할 경우 충동적이고 참을성이 없고 쉽게 좌절하며, 자기 인식의 능력이 부족하고 자기중심적이고, 삶을 지나치게 단순하게 인식하는 경향이 있다. 또한 학업문제가 있고, 대인관계에서 착취적이고 요구가 많으며, 반항적이고, 약자를 괴롭힌다. 남자 청소년은 싸움이 잦고, 여자 청소년은 부모-자녀 관계가 원만하지 않고, 무단결석이 더 많은 경향이 있다.

(6) 성격병리 5요인(PSY-5)

성격병리 5요인 척도는 정상과 임상적 문제 모두 관련되는 성격 특성을 파악하기 위해 개발되었다. 성격병리 5요인 척도는 다음과 같다.

① 공격성(Aggressiveness, AGGR)

이 척도는 공격적인 주장적 행동을 평가하는데, 도구적인 공격성, 권력 욕구와 타인에 대한 지배 욕구, 과격 행동 및 표출 행동을 반영한다. 높은 점수는 폭행, 공격, 품행문제와 관련이 있다.

② 정신증(Psychoticism, PSYC)

이 척도는 현실 감각의 결여, 기이한 감각 및 지각 경험, 다른 사람들과는 다른 이상한 믿음이나 태도 등을 평가한다. 높은 점수는 정신증적 행동, 망상이나 왜곡된 사고 과정 등과 관련이 있다.

③ 통제 결여(Disconstraint, DISC)

이 척도는 감각 추구, 충동성, 규칙이나 규율에 반항적인 태도, 윤리적 제약에 무관심, 범죄 행동 가능성을 평가한다. 높은 점수는 성 행동, 약물 사용, 품행문제와 더불어 무책임하고 충동적인 행동과 관련이 있다.

④ 부정적 정서성/신경증(Negative Emotionality/Neuroticism, NEGE)

이 척도는 걱정, 초조, 불안, 짜증과 분노, 두려움과 죄책감 등 부정적 정서 경험을 평가한다. 높은 점수는 걱정, 불안, 죄책감과 같은 부정적 정서 경험, 사회적 위축, 내재화 문제와 관련이 있다.

⑤ **내향성/낮은 긍정적 정서성(Introversion/Low Positive Emotionality, INTR)**

이 척도는 사회적 이탈과 긍정적 정서 경험의 부족을 평가한다. 높은 점수는 수줍음, 사회적 상황 회피, 극히 제한된 또래 친구, 우울감, 에너지 부족과 관련이 있다.

(7) 해석 방법

MMPI-A를 해석할 때, 매뉴얼의 각 척도의 해석 내용이 단순하게 수검자에게 모두 적용된다고 여기는 것은 바람직하지 않다. 수검자에 대한 풍부한 가설을 주는 도구로 사용하는 것이 바람직하고, 면담이나 다른 검사 결과를 통해 수집한 정보들과 통합하여 가설을 추론함으로써 수검자의 특징과 문제를 더 정확하게 이해할 수 있다. 해석은 다음의 단계로 이루어진다.

① 검사 태도

타당도 척도를 검토하기 전에 검사 수행에 소요되는 시간과 검사 수행 시의 행동이나 태도를 고려한다. MMPI-A 수행 시, 1시간 30분 이상 걸린다면, 수검자는 우울증으로 인하여 정신 운동이 지체되어 있거나, 매우 강박적이어서 우유부단하거나, 검사에 대한 동기가 부족하거나, 뇌 기능 손상이 있거나 정신증적 증상으로 인해 혼란되어 있을 수 있다. 지나치게 빠르게 완수했다면 충동적이거나 무성의하게 검사를 수행했을 수 있다. 또한 검사를 수행하면서, 검사에 대한 질문을 지나치게 많이 하거나, 휴식 시간을 자주 갖는다거나, 여러 번 응답을 수정한다거나, 주변 자극에 주의가 분산되는 것과 같은 행동을 보일 수 있다. 이렇게 다양한 태도와 행동은 해석을 위한 자료로 활용할 수 있다.

다음으로 타당도 척도를 통해 검사 결과의 타당성을 고려한다. 30개 이상의 무응답(?)은 무효 프로파일로 간주한다. VRIN≥75T, TRIN≥75T, L≥65T, K≥65T, F1≥90T, F2≥90T 역시 무효 프로파일의 기준이 된다. 또한 F1과 F2의 차이가 20T 이상일 경우 검사 태도가 달라졌음을 반영한다.

② 개별 척도 해석

임상적으로 유의한 상승은 65T 이상이고, 척도점수가 높을수록 그 척도가 반영하는 문제들이 더 심각하다고 해석할 수 있다. 또한 상승된 임상 척도에서 특히 상승한 소척도가 무엇인지 살펴봄으로써 수검자의 주요 문제를 보다 세밀하게 파악할 수 있다.

③ 2코드 유형 해석

개별 임상 척도의 상승은 수검자에 대한 중요한 추론을 가능하게 하나, 동반 상승한 척도들의 조합에 근거한 해석이 더 가치가 있다. 가장 보편적인 코드 유형 해석 방식은 가장 높게 동반 상승한 2개의 임상 척도를 찾아 해석을 시도하는 2코드 해석이다. 청소년에게 적용할 수 있는 2코드 유형은 앞서 제시하였다.

④ 낮은 임상 척도 검토

MMPI-A는 진단을 위해 개발된 검사이므로 정신병리와 관련된 점수의 상승을 토대로 해석하는 것이 일반적이다. MMPI-A의 낮은 점수에 대한 연구가 부족하나, 때로는 낮은 점수의 임상 척도가 수검자의 주요 특징을 잘 설명해 주기도 하므로 낮은 점수도 반드시 검토해야 한다. 보통 낮은 점수는 35T~40T를 기준으로 한다.

⑤ 내용 척도, 보충 척도, 성격병리 5요인 척도, 결정적 문항 해석

MMPI-A 해석 시 임상 척도에 대한 해석이 우선적이고 가장 중요하나, 내용 척도, 보충 척도, 성격병리 5요인 척도 등을 부수적으로 검토하여 활용하면 수검자의 문제와 특징을 명료화하는 데 유용할 수 있다. 또한 결정적 문항의 구체적 내용을 살펴보는 것을 통해 수검자의 갈등 주제나 특정 증상을 파악할 수 있다.

품행문제가 있는 청소년들은 임상 척도 4, 6, 9와 보충 척도 MAC-R, ACK, PRO, IMM, 내용 척도 A-cyn, A-sch, A-con, A-trt, A-sod, A-ang가 상승하는 경향이 있고, 특히 4나 4-9 코드 유형, ACK, PRO의 상승은 물질 남용과 관련된다. 섭식장애는 2-3/3-2 코드 유형, 임상 척도 1, 7, 0, 내용 척도 A-sod와 관련이 있고, 특히 폭식증은 신경성 식욕 부진보다 임상 척도 4, 6, 9가 상승하는 경향이 있다. 성적 학대는 전형적으로 불안과 우울의 특징을 나타내고 임상 척도 4, 8이 상승하는 경향이 있고, 내용 척도 A-dep, A-ang, A-lse, A-sch, A-fam는 학대 과거력과 관련이 있다. 또한 가족관계 문제는 임상 척도 Pd와 내용 척도 A-fam과 관련이 있고, 학교문제가 있는 경우 내용 척도 A-sch, A-las, A-lse, A-aln이 상승하는 경향이 있다. 사고장애는 임상 척도, 6, 8, 임상 소척도 Sc6과 6-8/8-6 코드 유형이 관련되고, 건강문제는 임상 척도 1, 3과 내용 척도 A-hea, A-anx, A-dep와 관련이 있다.

2. 미네소타 다면적 인성검사 청소년용 재구성판(MMPI-A-RF)

MMPI-2의 문항들을 활용하여 가장 핵심적이고 효과적인 평가 도구 개발을 목적으로 MMPI-2-RF가 개발되었다. MMPI-A-RF는 이러한 MMPI-2-RF에의 구조를 따르고 MMPI-A의 478문항 중 241문항을 추출하여 구성되었다. MMPI-A-RF의 실시와 채점과 관련된 내용은 MMPI-A를 참고하길 바란다. 먼저 타당도 척도를 살펴보고 이후 각 척도의 해석에 대한 내용을 제시하였다.

1) 해석

(1) 타당도

MMPI-A-RF의 타당도 척도는 일부 새로 추가된 척도와 명칭이 부여된 척도가 있으나, 대체로 타당도 척도명과 내용은 앞서 제시한 MMPI-A와 유사하므로, 좀 더 상세한 내용은 MMPI-A의 타당도 척도 부분을 살펴보길 바란다.

내용 무관 응답

① 무응답(Cannot Say, CNS)

CNS 점수는 문항에 응답하지 않은 경우뿐 아니라 '그렇다'와 '아니다' 모두에 응답한 경우 모두 포함되고, 10개 이상일 경우 결과가 타당하지 않을 수 있다.

② 무선반응 비일관성(Variable Response Inconsistency, VRIN-r)

VRIN-r은 서로 내용이 유사한 문항 쌍에 대해 비일관적으로 응답한 반응에 기초하여 산출된다.

③ 고정반응 비일관성(True Response Inconsistency, TRIN-r)

TRIN-r은 내용이 상반된 문항 쌍에 대해 비일관적으로 응답한 반응에 기초하여 산출된다.

④ 반응 비일관성(Combined Response Inconsistency, CRIN)

CRIN는 전반적인 반응 비일관성을 측정하기 위해 개발되었고, VRIN-r과 TRIN-r에서 비일관적으로 반응한 문항 쌍의 개수에 기초하여 산출된다. VRIN-r과 TRIN-r이 상승하지 않고 CRIN만 상승하더라도 결과가 타당하지 않을 수 있음을 고려해야 한다.

과대보고

① 비전형 반응(Infrequent Response, F-r)

F-r은 정신병리의 과장된 보고를 파악하기 위해 개발되었다.

과소보고

① 흔치 않은 도덕적 반응(Uncommon Virtues, L-r)

L-r의 상승은 대부분의 청소년이 보고하는 사소한 결점이나 잘못에 대한 부인을 반영하고 점수가 높을수록 과소보고의 가능성이 높아진다.

② 적응 타당도(Adjustment Validity, K-r)

K-r의 상승은 수검자가 적절히 적응하고 독립적이라고 보고했음을 의미하고, 점수가 높을수록 방어적인 태도가 두드러지고 이는 과소보고의 가능성을 시사한다.

(2) 상위 차원 척도(Higher-Order Scales, H-O)

상위 차원 척도는 임상적으로 중요한 정서, 사고, 행동 측면에서의 개인차를 반영하는 정서적/내재화 문제, 사고문제, 행동적/외현화 문제로 구성된다.

① 정서적/내재화 문제(Emotional/Internalizing Dysfunction, EID)

EID 척도는 정서적 고통과 역기능에 대한 포괄적인 지표로, 의기소침, 낮은 긍정적 정서, 의욕 저하, 불안, 우울 등 부정적 정서 경험과 관련이 있다.

② 사고문제(Thought Dysfunction, THD)

THD 척도는 편집증적 사고, 망상, 환청 및 환시 등 사고 관련 문제에 대한 포괄적인 지표로, 편집증적 망상 등 사고상의 문제와 관련된 증상들과 심리적 어려움과 관련이 있다.

③ 행동적/외현화 문제(Behavioral/Externalizing Dysfunction, BXD)

BXD 척도는 행동의 표출 경향성에 대한 포괄적인 지표로, 위험하고 자극적인 상황 추구, 알코올 및 약물 남용, 충동 조절력 부족, 정학, 가출, 품행장애 관련 행동 등 통제되지 않은 행동과 관련된 증상들과 심리적 어려움과 관련이 있다.

(3) 재구성 임상 척도(Restructured Clinical Sales, RC)

MMPI-2와 MMPI-2-RF의 RC 척도는 임상적으로 의미 있는 정보 활용을 용이하게 하고 이질적인 문항의 문제점을 개선하기 위해 개발되었고, 이는 MMPI-A-RF의 RC 척도 역시 동일하다.

① 의기소침(Demoralization, RCd)

RCd 척도는 불행감, 의욕 저하 등의 심리적 불편감을 반영한다. 점수의 상승은 무력감 및 무망감, 불행감, 자살 사고, 슬픔, 우울, 불안, 주의 집중의 어려움, 삶이 긴장의 연속이라고 느낌, 에너지 수준 저하, 피로, 자기효능감 저하, 낮은 자존감, 무능감과 관련이 있다.

② 신체 증상 호소(Somatic Complaints, RC1)

RC1 척도는 두통, 소화기 증상, 신경학적 증상 등 전반적인 신체 증상 호소를 반영한다. 경미한 상승은 실제 건강상의 문제가 있을 수 있음을 고려할 필요가 있다. 점수의 상승은 주의 집중의 어려움과 더불어 수검자가 호소하는 신체적 증상이 심리적 요인에 기인할 가능성을 증가시킨다.

③ 낮은 긍정 정서(Low Positive Emotions, RC2)

RC2 척도는 긍정적 정서 경험의 부족을 반영한다. 점수의 상승은 무쾌감증, 무망감 및 불운, 무능감, 낮은 자존감, 우울하고 슬픈 기분, 자기비하, 자기 처벌, 사회적 고립 및 철수, 내향적, 에너지 수준 저하, 피로와 관련이 있다.

④ 냉소적 태도(Cynicism, RC3)

RC3 척도는 인간의 본성과 대인관계에 대한 냉소적이고 부정적인 태도를 반영한다. 점수가 상승할 경우 타인이 자신의 이익만을 목적으로 행동한다고 생각하고 타인의 행동 및 의도를 신뢰하지 못하고 규칙을 위반하며 타인에 대해 냉소적인 태도를 지닐 수 있다.

⑤ 반사회적 행동(Antisocial Behavior, RC4)

RC4 척도는 품행문제나 반사회적 행동을 반영한다. 점수의 상승은 규칙 위반, 사회적으로 바람직하지 않은 또래집단과 어울림, 알코올 및 약물 남용 가능성, 품행장애 관련 행동, 적대적 행동과 법적 문제, 가출, 정학의 과거력과 관련이 있다.

⑥ 피해의식(Ideas of Persecution, RC6)

RC6 척도는 타인으로부터의 부당한 대우 등 피해의식을 반영한다. 점수의 상승은 자신이 피해를 당하고 있다는 믿음, 환청, 환시 등의 정신증적 증상, 공격적 및 적대적 행동, 싸움, 무단결석, 정학의 과거력이 관련이 있다.

⑦ 역기능적 부정 정서(Dysfunctional Negative Emotions, RC7)

RC7 척도는 불안, 짜증, 초조, 걱정 등 다양한 부정적 정서 경험을 반영한다. 점수의 상승은 불안, 악몽, 주의 집중의 어려움, 다양한 특정 공포, 불안정감, 자살 사고, 낮은 자존감과 관련이 있다.

⑧ 기태적 경험(Aberrant Experiences, RC8)

RC8 척도는 타인이 자신의 마음을 조종한다는 망상, 환청 및 환시 등의 특이한 사고 및 지각 경험을 반영한다. 점수의 상승은 환시 및 환청, 망상적 사고, 백일몽, 지남력 상실, 현실검증력 손상과 관련이 있다.

⑨ 경조증적 상태(Hypomanic Activation, RC9)

RC9 척도는 흥분이나 자극에 대한 강한 욕구, 높은 정신운동 에너지 수준 등 경조
증 상태와 관련된 행동 및 태도를 반영한다. 점수의 상승은 다양한 흥미, 위험을 감수
하고 스릴을 추구하는 행동, 공격적 행동, 품행문제의 과거력과 관련이 있다.

(4) 특정 문제 척도(Specific Problems Scales, SP)

SP 척도는 RC 척도와 관련된 중요한 특성을 비롯하여 임상적으로 중요한 심리적
기능을 측정하기 위해 개발되었으나, RC 척도점수와 무관하게 해석할 수 있다. 이 척
도는 〈표 6-1〉에 제시하였듯이 신체/인지 증상 척도, 내재화 척도, 외현화 척도와 대
인관계 척도로 구성되어 있다.

〈표 6-1〉 **특정 문제 척도의 내용**

특정 문제 척도		내용
신체/ 인지 증상 척도	신체적 불편감(MLS)	신체적 무력감, 피로감, 낮은 에너지 수준 등 신체적으로 건강하지 못하다는 전반적인 느낌을 평가한다.
	소화기 증상 호소(GIC)	복부 통증, 구토, 메스꺼움 등 소화기 증상과 관련된다.
	두통 호소(HPC)	두부 통증과 두통과 관련된다.
	신경학적 증상 호소(NUC)	무감각, 운동 통제 능력 상실, 쇠약감 등 신경학적 증상과 관련된다.
	인지적 증상 호소(COG)	주의 집중 곤란, 인지적 혼란, 기억력 문제 등 인지적 증상과 관련된다.
내재화 척도	무력감/무망감(HLP)	비관적 사고, 무력감, 만연된 무망감과 관련된다.
	자기 회의(SFD)	낮은 자존감, 쓸모없는 느낌, 자신감의 결여, 자기 회의, 자기 폄하와 관련된다.
	효능감 결여(NFC)	문제 상황에 효율적으로 대처할 수 없다고 여기고 이를 회피하려는 경향성과 우유부단함과 관련된다.
	강박 사고/행동(OCS)	사소한 것의 개수 세기, 반복하여 불쾌한 단어나 사고를 생각하기 등 다양한 강박 사고 및 행동과 관련된다.
	스트레스/걱정(STW)	스트레스 상황에서의 불면, 걱정에서 벗어나지 못함, 지나치게 심각하고 민감하게 받아들이는 것과 관련된다.
	불안(AXY)	악몽, 두려움, 불안을 반영한다.
	분노 경향성(ANP)	짜증, 참을성 부족, 쉽게 분노를 느끼고 표현하는 것을 반영한다.
	행동 제약 공포(BRF)	일상 활동을 현저하게 막는 다양한 공포를 평가한다.
	특정 공포(SPF)	높은 장소, 질병. 피, 뱀에 대한 공포를 평가한다.

외현화 척도	학교에 대한 부정적 태도 척도(NSA)	학교를 시간 낭비라고 여기고 등교를 비롯한 학교 활동 참여를 꺼리는 것을 반영한다.
	반사회적 태도(ASA)	규칙이나 규율을 위반하거나 악용하고 이에 대해 거짓말하는 등의 반사회적 태도와 신념을 반영한다,
	품행문제(CNP)	가출, 정학 등 가정과 학교에서의 품행문제의 과거력을 평가한다.
	약물 남용(SUB)	알코올 및 약물 사용 문제를 시인하는 것과 관련된다.
	또래의 부정적 영향(NPI)	사회적으로 바람직하지 않은 행동을 지지하고 부추기는 또래집단과의 관련된 문제들을 평가한다.
	공격 성향(AGG)	공격성에 대한 태도 및 공격적 행동을 반영한다.
대인 관계 척도	가족문제(FML)	가족 구성원 간의 잦은 갈등과 그들에게 이해 및 지지 결여 등의 가족 내 부정적 경험을 평가한다.
	대인관계 수동성(IPP)	의견을 주장하지 못하거나 꺼리고 타인에 의해 쉽게 좌지우지되는 등의 문항으로 구성되어 있다.
	사회적 회피(SAV)	사교 모임을 즐기지 않고 사회적 상황을 회피하고 철수하는 것과 관련된다.
	수줍음(SHY)	사회적 상황에서 쉽게 당황하고 부끄러워하고 타인과 함께 있을 때 불편감을 느끼는 것과 관련된다.
	관계 단절(DSF)	타인과 어울리는 것을 싫어하고 혼자 하는 활동을 선호하는 것을 평가한다.

(5) 성격병리 5요인 척도(Personality Psychopathology Five Scales, PSY-5)

MMPI-A-RF의 PSY-5 척도는 MMPI-2의 PSY-5 척도를 청소년용으로 개정한 것으로, 공격성(AGGR-r), 정신증(PSYC-r), 통제 결여(DISC-r), 부정적 정서성/신경증(NEGE-r), 내향성/낮은 긍정적 정서성(INTR-r)으로 분류된다.

〈표 6-2〉 성격병리 5요인 척도의 내용

성격병리 5요인 척도	내용
공격성(AGGR-r)	자신의 목표를 달성하기 위해 대인관계에서 협박, 신체적 공격, 협박 등을 사용하는 것과 관련된다.
정신증(PSYC-r)	환각, 망상, 사고장애를 평가한다.
통제 결여(DISC-r)	행동 및 충동 통제의 어려움, 위험 추구 행동, 책임감 결여 등의 통제되지 않는 행동문제와 관련된다.
부정적 정서성/신경증(NEGE-r)	공포, 당황, 초조, 걱정, 불안 등 부정적 경험을 평가한다.
내향성/낮은 긍정적 정서성 (INTR-r)	긍정적 정서 경험과 결여, 사회적 고립 및 제한된 흥미와 관련된다.

3. 한국 아동 인성 평정 척도(KPRC)

1) 개관

한국 아동 인성 평정 척도(The Korean Personality Rating Scale for Children: KPRC)
는 임상 현장에서 아동의 정신과적 문제 선별 및 진단과 학교에서 심리적 도움이 필
요한 아동의 조기 발견을 목적으로 개발한 한국 아동 인성 검사(Korean Personality
Inventory for Children: KPI-C)의 임상적 타당도와 유용성을 향상시키기 위해 일부 수
정하여 개발하였다(김지혜, 조선미, 홍창희, 황순택, 2009). KPI-C와 마찬가지로 KPRC
도 아동의 적응상의 문제를 파악하고 객관적 정보를 제공하여 정신과적 문제 선별 및
진단에 유용할 뿐 아니라 치료적 개입 후 그 경과를 평가할 수 있게 해 준다. 또한 검
사 실시와 채점이 쉽고, 표준화된 점수가 제공되어 전문가가 아닐지라도 임상적 문제
여부를 쉽게 변별할 수 있다. KPRC는 3~17세의 유아, 아동과 청소년을 대상으로 실
시하는 양육자 보고형 평정 도구로, 각 문항에 대해 0~3점으로 평정하도록 구성되어
있다.

2) 실시 및 채점

검사자는 임상 장면에서는 임상심리 전문가와 임상심리 전문가 과정 수련생이 적
합하며, 상담이나 학교 장면에서는 아동과 청소년의 발달 및 정신병리, 성격심리, 심
리측정에 대한 충분한 기본 지식이 갖추어져야 한다. 또한 KPRC는 어머니와 같이 아
동과 매우 친숙한 양육자가 평정하고 이 응답자는 최소 6개월 동안 아동과 긴밀한 관
계를 유지하고 있어야 한다. 응답자는 초등학교 6학년 수준의 읽기 능력을 갖추어야
한다. 타인이 양육자에게 검사 문항을 읽어 주거나 양육자의 반응을 응답지에 표시
해 줄 경우, 도움을 주는 사람이 양육자의 응답에 영향을 주지 않아야 한다.

3) 해석

(1) 타당도 척도

① 무응답 문항 수

무응답 문항의 수와 전체 프로파일과의 관계에 대한 경험적 연구는 아직 없으나, 무응답 수가 많아질수록 특정 척도의 점수와 전체 프로파일 형태에도 영향을 미치게 되므로 검사자는 사전에 검사를 실시하는 이유에 대해 충분히 설명하여 무응답 문항이 없도록 해야 한다. 답지를 회수할 때 검사자는 누락 문항이 있는지 살펴보고 무응답 문항에 반응하도록 권해야 한다.

② 검사-재검사 척도(Test-Retest, T-R)

이 척도는 각 문항에 일관성 있게 응답했는지를 파악하기 위해 유사한 내용의 문항들이 포함되어 있다. 따라서 이 척도가 70T 이상 상승할 경우 응답자가 부주의하거나 일관성 없이 응답했거나 독해력이 부족했을 가능성이 있겠고, 임상 척도가 동반 상승할 가능성이 있어 프로파일을 전적으로 해석하는 것은 주의해야 한다.

③ L 척도(Lie, L)

이 척도는 흔히 아동이 보일 수 있는 문제행동을 부인하고 아동을 매우 바람직하게 보이려는 방어적인 태도를 측정하는 문항들로 구성되어 있다. 따라서 이 척도가 70T 이상 상승할 경우 응답자가 아동의 문제를 부인하거나 최소화하려는 태도를 반영한다.

④ F 척도(Infrequency, F)

이 척도는 아동의 적응문제를 의도적으로 과장하거나 실제로 있지 않은 증상을 호소하는 것과 관련된다. 따라서 이 척도가 70T 이상 상승할 경우 응답자가 의도적으로 아동의 증상을 과장할 가능성이 있겠고, 그렇지 않다면 아동에게 심각한 정신병리가 있을 가능성을 시사할 수 있다.

개별적인 타당도 척도의 해석과 더불어 타당도 척도들의 프로파일 형태를 살펴보아야 한다. L 척도만 상승했을 경우 규준집단이나 집단 선별검사가 아닌 임상집단에서 이러한 프로파일이 나오면 문제를 부인하려는 태도와 관련된다. F 척도만 상승했을 경우 문제의 과장이나 부적응과 관련된다. T-R 척도가 상승하고 F 척도가 상승하지 않은 경우 응답자의 독해력 부족에 기인할 수 있고, T-R 척도와 F 척도가 모두 상승한 경우 무선 응답의 가능성과 응답자의 독해력 부족을 고려해야 한다.

⑤ 자아탄력성 척도(Ego-Resilience, ERS)

이 척도는 자신감, 정서적 안정감, 집중력, 또래관계에서 효능감, 대인관계 형성 능력 등 다양한 심리적 문제에 대한 아동들의 대처 능력이나 적응 잠재력을 평가하기 위해 구성되어 있다. 이 척도가 30T 이하일 경우 적응적인 융통성이 부족해 환경 변화에 유연하게 적응하지 못하고 일상생활에서 상황적 요구에 맞는 행동을 하는 데 미흡할 수 있으며, 스트레스 상황에서 쉽게 좌절하고 위축되거나 회피할 수 있다.

(2) 임상 척도

① 언어 발달 척도(Verbal Development, VDL)

이 척도는 언어 발달이 연령에 맞게 이루어지고 있는지를 측정하나, 언어 발달, 전반적인 지적 수준, 학업성취도 등 언어 발달뿐 아니라 광범위한 영역의 발달 수준에 대한 정보 역시 제공한다. 70T 이상 상승할 경우 언어 발달이 또래에 비해 지연되었거나 지적 능력의 제한이나 신경학적 손상을 시사한다.

② 운동 발달 척도(Physical Development, PDL)

이 척도는 정신운동 기능이나 동작성 능력에서 발달 지연이나 기능 손상을 측정한다. 이를 위해 전반적인 지적 능력에 대한 평가, 전반적인 운동 능력, 정신 운동 협응 능력, 위생관리, 일상적인 위험에서의 대처 능력 등을 평가하는 문항들로 구성되어 있다. 70T 이상 상승할 경우 운동 능력이나 신체 발달이 또래에 비해 지연됨을 시사한다. PDL과 VDL은 높은 상관을 보이는 바, 이 척도가 상승할 경우 언어 발달 지연의 가능성도 고려해야 할 것이다.

③ 불안 척도(Anxiety, ANX)

이 척도는 자연현상이나 동물에 대한 공포, 대인불안, 초조, 당황, 걱정, 우유부단,

자율신경계 각성 등 두려움, 공포나 불안 혹은 관련된 증상을 측정한다. 70T 이상 상승할 경우 자연현상, 동물, 대인관계에 대한 지나친 두려움을 시사하며, 수면장해, 등교 거부, 타인에 대한 두려움 및 회피, 개인적 실수를 지나치게 회피하려는 경향을 보일 수 있다.

④ 우울 척도(Depression, DEP)

이 척도는 우울한 기분, 자신감의 결여, 활동성 저하, 가정불화, 흥미 감소, 사회적 철수 등 우울을 측정한다. 60~70T로 경미하게 상승할 경우 쉽게 짜증을 내고 사소한 일에 좌절하고 자존감이 낮으며 걱정이 많고 자기비판적이고 쉽게 상처를 받으며 무망감을 느낄 수 있다. 70T 이상으로 상승할 경우 우울감이 두드러져 보이고 기분이 저조하며 때로는 반항적인 모습이나 감정의 기복을 보일 수 있고 웃는 일이 별로 없으며 지나치게 걱정이 많을 수 있다.

⑤ 신체화 척도(Somatic Concern, SOM)

이 척도는 건강과 신체적 감각 관련 문항들로 구성되어 있는데, 건강과 관련된 호소를 통한 주의나 관심을 얻으려는 시도를 측정한다. 60~70T로 경미하게 상승할 경우 아동은 쉽게 피곤해하고 두통을 호소할 수 있다. 70T 이상 상승할 경우 주로 요통, 호흡 곤란, 위의 통증을 호소하고, 뚜렷한 의학적 이상 소견이 없음에도 신체적 증상을 호소하며 치료를 통해 증상이 호전되기 어렵다. 또한 스트레스에 직면했을 때 신체 증상이 나타나는 것처럼 보이고 과다수면이나 지속적인 무기력을 보인다.

⑥ 비행 척도(Delinquency, DLQ)

이 척도는 반항 및 순응성 부족, 공격성 및 적대감, 거짓말, 도벽 등 비행이나 품행 문제를 측정한다. 60~70T로 경미하게 상승할 경우 순응성이 부족하고 불평불만이 많으며 유사한 문제행동을 하는 아동들과 자주 어울리고 또래에게 화를 내는 경우가 많고 문제 상황에서 다른 사람을 탓하는 경우가 빈번하다. 70T 이상 상승할 경우 어린 연령에서부터 순응성이 부족하고 무책임하고 충동적인 행동을 보인다. 분노 조절이 어려워 사소한 일에서 짜증을 내고 좌절에 대한 인내력이 부족하며 타인과 자주 다투고 공격적인 행동을 보인다. 등교를 꺼리고 학업 성적이 저조하다. 사회적 기술 부족과 또래관계에서 부적절한 분노 표출로 인한 문제가 흔하다.

⑦ 과잉행동 척도(Hyperactivity, HPR)

이 척도는 주의산만, 과잉행동, 충동성과 더불어 이에 수반되는 학습문제나 대인관계 문제, 우울 등을 측정한다. 70T 이상 상승할 경우 충동적이고 행동량이 많으며 쉽게 주의가 산만해진다. 시비를 잘 걸고 다툼이 잦고 감정을 통제하지 못한 채 표출하며 판단력이 미숙하고 외현화된 행동문제나 통제력 저하와 관련된 문제를 많이 보인다. 교사나 부모의 지시에 순응성이 부족하고 훈계나 지도를 해도 행동 수정이 잘되지 않는다.

⑧ 가족관계 척도(Family Dysfunction, FAM)

이 척도는 부모-자녀 관계, 가정불화나 가정 내 긴장, 부부관계 문제, 자녀에 대한 무관심 등 가정 내 갈등, 부모가 자녀를 대하는 태도와 부모의 부적응 여부를 측정한다. 70T 이상 상승할 경우 부모의 이혼, 별거, 갈등이 있는 경우가 흔하고 가정 내 공유 시간이 적고 공동 관심사나 활동이 별로 없으며 양육에 대한 부모의 태도가 일치하지 않는 경우가 많다. 아동의 심리적 및 신체적 학대와 부모의 알코올 문제나 정신건강 문제의 가능성도 탐색해야 한다.

⑨ 사회관계 척도(Social Dysfunction, SOC)

이 척도는 또래관계에서의 소외, 리더십과 자신감 결여, 대인관계에서 불안이나 수줍음, 제한된 인내력과 포용력 등 사회적 관계에서의 어려움을 측정한다. 70T 이상 상승할 경우 또래관계 형성이 어렵고 친구가 있을지라도 소수인 경우가 많으며, 대인관계에서 철수되어 있고 밖에 나가지 않으려 하고 수줍음이 많다. 새로운 사람들을 만나는 것뿐 아니라 가족 아닌 다른 사람들과 이야기하는 것을 어려워한다.

⑩ 정신증 척도(Psychoticism, PSY)

이 척도는 발달상의 일탈이나 망상, 환각, 비현실감, 상동증적인 행동 등 정신병에서 주로 나타나는 증상을 측정한다. 정신병으로 진단된 경우 이 척도의 상승이 일반적이나, 이 척도가 상승했다고 모두 정신병적 증상이 있다고 생각할 수 없다. 대인관계 형성이나 의사소통에 어려움이 있는 자폐스펙트럼장애가 있는 아동들 역시 이 척도의 상승이 흔하고, 정서적 불안정과 사회성 기술 부족, 사회적 고립이나 철수가 있는 아동 역시 이 척도가 상승할 수 있다. 70T 이상 상승할 경우 정서적으로 불안정하고 의존적이며 전반적인 적응상의 어려움 뿐 아니라 인지 능력이나 학업성취도가 저조할 수 있다. 일부의 아동은 의사소통이나 정서소통 문제, 혼란된 모습과 현실에 대한 무관심이 관찰될 수 있다.

4. 기질 및 성격검사(TCI)

1) 개관

기질 및 성격검사(Temperament and Character Inventory: TCI)는 Cloninger의 심리생물학적 인성 모델(Cloninger, Svrakic, & Przybeck, 1993)을 기초로 하여, 4개의 기질 척도와 3개의 성격 척도로 개발되었다. 한국판 TCI는 오현숙과 민병배(JTCI, 2004), 민병배, 오현숙, 이주영(TCI, 2007)이 표준화하였다.

Cloninger의 심리생물학적 인성 모델은 인성(personality)을 기질(temperament)과 성격(character)으로 구분하였으며, 이 두 하위 구조는 진화적으로 발달 시기가 서로 달라 관여하는 두뇌 체계가 다르고 학습 및 기억체계 또한 다르다. TCI는 이렇듯 질적으로 서로 다른 과정인 기질과 성격을 구분하여 측정하여 인성의 본질과 발달 과정을 제대로 이해할 수 있게 해 준다(Cloninger, 2008).

기질은 자극에 대한 자동적인 정서 반응으로, 유전적이며 일생 동안 비교적 안정적이며 인성 발달에 기본 틀의 역할을 한다. 또한 성격보다 더 먼저 진화하였고 정서적 과정에 의해 처리되고 주로 변연계가 관장하며 절차적 학습 및 기억체계로 처리된다. 성격은 개인이 추구하는 목표와 가치, 개인이 자신을 어떤 사람으로 이해하고 동일시하는가를 포함하는 자기개념(self-concept)에서의 개인차와 관련된다. 기질보다 나중에 진화하였고 개념적이고 이성적인 과정으로 처리하고 전전두엽이 관장하며 의미 학습 및 기억체계로 처리된다. 성격은 자동적인 정서 반응을 하는 기질의 표현을 조절할 수 있다. TCI 개발 시기에는 성격은 기질보다 덜 유전적이고 학습과 환경의 영향으로 발달하는 것으로 여겼으나, 최근 연구에서는 성격의 유전율은 기질의 유전율과 유사한 중간 정도로 높은 수준이었고 환경의 영향은 적은 것으로 나타났다 (Cloninger et al., 1994; Cloninger et al., 2019).

〈표 6-3〉과 같이 한국판 TCI는 유아, 아동, 청소년과 성인 모두에게 실시할 수 있는 검사군(TCI family)으로, 연령대에 따라 4개의 버전이 있으며 모든 버전은 동일한 개념과 명칭을 지닌 하위 척도로 이루어져 있다. 유아용과 아동용은 주 양육자가 자녀의 기질 및 성격을 평정하고 청소년용과 성인용은 자기보고식으로 평정한다.

〈표 6-3〉 **한국판 TCI 검사군의 구성**

한국판 검사명	독일판 검사명	실시 대상	문항 수	실시방식
기질 및 성격 검사-유아용	JTCI 3-6	미취학 유아동	86	양육자 보고식
기질 및 성격 검사-아동용	JTCI 7-11	초등학생	86	양육자 보고식
기질 및 성격 검사-청소년용	JTCI 12-18	중학생, 고등학생	82	자기보고식
기질 및 성격 검사-성인용	TCI-RS	대학생, 성인	140	자기보고식

출처: 민병배 외(2007). 기질 및 성격검사 매뉴얼(TCI-Family Manual). 서울: (주) 마음사랑.

TCI의 기질 척도는 자극추구(NS), 위험회피(HA), 사회적 민감성(RD), 인내력(PS)의 4개의 척도로 구성되었으며, 성격 척도는 자율성(SD), 연대감(CO), 자기초월(ST)의 3개의 척도로 구성되어 있다. 〈표 6-4〉에 각 척도 및 하위 척도의 구성을 제시하였다. TCI는 모든 연령대에 동일한 개념의 척도 및 하위 척도로 평가할 수 있도록 구성되어 있다. 성인용의 하위 척도들이 다른 연령대의 하위 척도들을 모두 포함하므로 성인용 검사를 중심으로 기술하겠으며, 성인용 자기초월 하위 척도가 아동용과 유아용과 다르게 구성되어 있으므로 이는 〈표 6-4〉를 참고하길 바란다.

(1) 자극추구(Novelty Seeking, NS)

자극추구 척도는 새로운 자극이나 보상 단서에 접했을 때 행동이 활성화되거나 단조로움이나 처벌 단서를 적극적으로 회피하려는 기질적 성향에서의 개인차를 측정한다.

점수가 높을 경우 충동적이고 쉽게 흥분하고 성미가 급하며 호기심이 많고 구조화된 단조로운 것을 지루해하고 견디기 어려워한다. 감정 변화가 많고 감정뿐 아니라

〈표 6-4〉 TCI의 척도 및 하위 척도

구분	척도 (TCI 검사군)	성인용 TCI-RS 하위 척도	문항수	청소년용 JTCI 12-18 하위 척도	문항수	아동용 JTCI 7-11 하위 척도	문항수	유아용 JTCI 3-6 하위 척도	문항수
기질 척도	자극추구 (NS)	NS1: 탐색적 흥분/관습적 안정성	5	NS1: 탐색적 흥분/관습적 안정성	3	NS1: 탐색적 흥분/관습적 안정성	3	NS1: 탐색적 흥분/관습적 안정성	4
		NS2: 충동성/심사숙고	5	NS2: 충동성/심사숙고	4	NS2: 충동성/심사숙고	3	NS2: 충동성/심사숙고	3
		NS3: 무절제/절제	5	NS3: 무절제/절제	3	NS3: 무절제/절제	3	NS3: 무절제/절제	3
		NS4: 자유분방/질서정연	5	NS4: 자유분방/질서정연	4	NS4: 자유분방/질서정연	5	NS4: 자유분방/질서정연	5
	위험회피 (HA)	HA1: 예기불안/낙천성	6	HA1: 예기불안/낙천성	3	HA1: 예기불안/낙천성	3	HA1: 예기불안/낙천성	3
		HA2: 불확실성에 대한 두려움	5	HA2: 불확실성에 대한 두려움	3	HA2: 불확실성에 대한 두려움	5	HA2: 불확실성에 대한 두려움	5
		HA3: 낯선 사람에 대한 수줍음	5	HA3: 낯선 사람에 대한 수줍음	5	HA3: 낯선 사람에 대한 수줍음	5	HA3: 낯선 사람에 대한 수줍음	5
		HA4: 쉽게 지침/활력 넘침	5	HA4: 쉽게 지침/활력 넘침	2	HA4: 쉽게 지침/활력 넘침	3	HA4: 쉽게 지침/활력 넘침	3
	사회적 민감성 (RD)	RD1: 정서적 감수성	5	RD1: 정서적 감수성	2	RD1: 정서적 감수성	3	RD1: 정서적 감수성	4
		RD2: 정서적 개방성	5	RD2: 친밀감/거리두기	5	RD2: 정서적 개방성	3	RD2: 친밀감/거리두기	4
		RD3: 친밀감/거리두기	5	RD3: 의존/독립	2	RD3: 친밀감/거리두기	3	RD3: 의존/독립	4
		RD4: 의존/독립	5			RD4: 의존/독립	3		
	인내력 (PS)	PS1: 근면	5		8		8	PS1: 근기	7
		PS2: 근기	5					PS2: 완벽주의 및 성취에 대한 야망	5
		PS3: 성취에 대한 야망	5						
		PS4: 완벽주의	5						
성격 척도	자율성 (SD)	SD1: 책임감/책임전가	5	SD1: 책임감/책임전가	3	SD1: 책임감/책임전가	3	SD1: 목적의식	7
		SD2: 목적의식	5	SD2: 목적의식	3	SD2: 목적의식	3	D2: 자기수용/자기불만	4
		SD3: 유능감/무능감	3	SD3: 유능감/무능감	4	SD3: 유능감/무능감	4		
		SD4: 자기수용/자기불만	2	D4: 자기수용/자기불만	4	SD4: 자기수용/자기불만	3		
		SD5: 자기일치	5						
	연대감 (CO)	CO1: 타인수용	5	CO1: 타인수용	3	CO1: 타인수용	3	CO1: 타인수용	4
		CO1: 공감/둔감	4	CO1: 공감/둔감	2	CO1: 공감/둔감	2	CO1: 공감/둔감	6
		CO2: 이타성/이기심	4	CO2: 이타성/이기심	3	CO2: 이타성/이기심	3		
		CO3: 관대함/복수심	4	CO3: 관대함/복수심	3	CO3: 관대함/복수심	3		
		CO4: 공평/편과	5	CO4: 공평/편과	3	CO4: 공평/편과	3		
	자기초월 (ST)	ST1: 창조적 자기망각/자기의식	6	ST1: 창조적 자기망각/자기의식	2	ST1: 환상	5	ST1: 환상	7
		ST2: 우주만물과의 일체감	5	ST2: 우주만물과의 일체감	4	ST2: 영성	4	ST2: 영성	3
		ST3: 영성 수용/합리적 유물론	6	ST3: 영성 수용/합리적 유물론	4				
			140		82		86		86

출처: 민병배 외(2021). TCI 기질 및 성격검사 통합 매뉴얼 개정판. 서울: (주)마음사랑.

돈이나 에너지를 절제하지 못하며 규칙에 메이는 것을 좋아하지 않는다. 장점은 새롭고 익숙하지 않은 것일지라도 열정적으로 탐색하여 타인이 예측하지 못한 숨어 있는 보상을 잘 발견한다. 단점은 욕구 충족이 좌절될 경우 쉽게 화를 내거나 의욕을 상실하고, 이에 대인관계가 불안정하고 일을 할 때 지속적인 노력이 부족할 수 있다. 점수가 낮을 경우 성미가 느리고 호기심이 부족하며 단조로움을 잘 견딘다. 검소하고 절제되어 있으며 새로운 것을 꺼리고 오히려 익숙한 것을 더 편하게 느낀다. 심사숙고하고 명확한 규칙을 선호하고 체계적이다. 장점은 분석적이고 대인관계에서 신뢰로운 면이고, 단점은 호기심이 적어 열정이 부족하고 무관심할 수 있다.

이 척도는 탐색적 흥분/관습적 안정성(Exploratory excitability vs Stoic rigidity), 충동성/심사숙고(Impulsiveness vs Reflection), 무절제/절제(Exravagance vs Reserve), 자유분방/질서정연(Disorderliness vs Regimentation)의 하위 척도로 구성된다.

(2) 위험회피(Harm Avoidance, HA)

위험회피 척도는 위험이나 처벌이 예상될 경우 이를 회피하기 위해 행동을 억제하거나 중단하고 위축되는 기질적 성향에서의 개인차를 측정한다.

점수가 높을 경우 겁이 많고 조심성이 많으며 쉬이 긴장한다. 걱정이 많고 비관적이며 불확실한 상황에 대해 두려워한다. 사회적 상황에서 쉽게 위축되고 비판과 처벌에 대해 민감하다. 에너지 수준이 낮고 쉽게 지치고 피곤해한다. 장점은 미리 걱정하고 세심한 대비를 하기 때문에 예상한 위험이 현실화될 때 사전 계획과 준비가 유용하다. 단점은 위험이 비현실적일 때에도 불필요하게 걱정하고 근심한다는 것이다. 점수가 낮을 경우 걱정이 없고 과감하며 위험한 상황에서도 침착하고 낙관적인 편이다. 에너지 수준도 높고, 사회적 상황에서 사교적이고 자신감 있고 타인에게 활발한 인상을 준다. 장점은 위험하고 불확실한 상황에 직면했을 때 자신감 있고 낙관적이어서 큰 고통 없이 정력적으로 노력을 한다는 것이다. 단점으로는 무모하게 낙관적이어서 위험에 둔감하다는 것이다.

위험회피 척도는 예기불안/낙천성(Anticipatory worry & Pessimism vs Uninhibited optimism), 불확실성에 대한 두려움(Fear of uncertainty), 낯선 사람에 대한 수줍음(Shyness with stranger), 쉽게 지침/활기 넘침(Fatigability vs Vigor)의 하위 척도로 구성된다.

(3) 사회적 민감성(Reward Dependence, RD)

사회적 민감성 척도는 사회적 애착을 형성하기 위해 사회적 보상 신호에 민감하게 반응하는 유전적 경향성, 즉 사회적 보상 신호와 타인의 감정에 대한 민감성에 대한 개인차를 측정한다.

점수가 높을 경우 감수성이 풍부하고 애정과 이해심이 많으며 따뜻하다. 타인에게 의존적이고 사교적이고 사회적 교류에 개방적이다. 자신의 감정을 잘 표현하고 타인의 정서적 호소와 고통에 마음이 깊이 움직인다. 장점은 따뜻한 사회적 관계를 잘 형성하고 타인의 감정을 잘 이해한다는 것이다. 단점은 자신의 의견과 감정이 타인에 의해 쉬이 영향을 받아서 객관성을 잃기 쉽다. 점수가 낮을 경우 실용적이고 실리적이며 강인하다. 타인의 감정에 둔감하고 타인에게 냉정하다는 인상을 주기 쉽다. 혼자 있는 것을 선호하고 타인과 거리를 두는 것을 편하게 여기며 타인에게 자신의 감정을 잘 드러내지 않는다. 비판이나 사회적 압력에 둔감하여 타인의 영향을 덜 받는다. 장점은 타인의 감정적 호소에 무관하게 현실적이고 객관적인 견해를 유지할 수 있다. 단점으로는 사회적으로 둔감하여 타인의 감정과 의견을 적절히 이해하지 못하고 자기중심적인 입장을 취할 수 있고 사회적으로 거리를 두고 지내는 성향으로 인해 자신에게 이익이 되는 사회적 교류를 맺는 데 어려움이 있다.

사회적 민감성 척도는 정서적 감수성(Sentimentality), 정서적 개방성(Openness to warm communication), 친밀감/거리두기(Attachment vs Detachment), 의존/독립(Dependence vs Independence)의 하위 척도로 구성된다.

(4) 인내력(Persistence, PS)

인내력 척도는 한번 보상된 행동을 일정 시간 동안 꾸준히 지속하려는 유전적 경향성에서의 개인차를 측정한다.

점수가 높을 경우 성실하고 끈기가 있고 좌절과 피로에도 꾸준히 노력한다. 할 일이나 의무가 있으면 빠르게 시작한다. 쉽게 포기하거나 단념하지 않으며 보상이 예상될 때 더욱 노력을 하고 좌절이나 비판을 받을 때 오히려 더 열심히 일하는 면이 있다. 성공을 위해서라면 큰 희생도 감수할 의지가 있는 성취지향적이고 문제해결에 필요 이상으로 자신을 몰아붙이는 완벽주의 성향도 있다. 융통성이 부족하고 과거에 성공한 적이 있는 방법을 고집한다. 따라서 인내력이 높을 경우 보상을 항상 받는 것은 아니지만 보상 확률이 일정할 때는 적응적일 수 있으나, 보상을 우연히 받거나 빠르게 변하는 상황에서는 부적응적일 수 있다. 점수가 낮을 경우 보상이 안정적으로 기대되는 상황에서도 게으르고 노력을 많이 하지 않으며 일관성과 끈기가 부족하다. 꼭 해야만 하는 일만을 하고 어렵지 않은 일도 시작이 느리다. 쉽게 포기하고 현재 성취한 것에 만족하며 더 큰 성취나 개선을 위해 더 노력하지는 않는다. 항상 타협할 준비가 되어 있기 때문에 인내력이 낮을 경우 보상이 빠르게 변하는 상황에서 적응적일 수 있으나, 보상이 자주 있지 않지만 결국 장시간 후에는 보상을 주는 상황에서 부적응적일 수 있다.

인내력 척도는 근면(Eagerness of effort), 끈기(Work hardened), 성취에 대한 야망(Ambition), 완벽주의(Perfectionism)의 하위 척도로 구성된다.

(5) 자율성(Self-Directedness, SD)

각 성격 척도는 개인이 추구하는 목표와 가치인 자기개념에서의 개인차를 측정한다. 먼저 자율성 척도는 자신을 자율적인 개인으로 이해하고 동일시하는 정도를 측정한다.

점수가 높을 경우 자율성에 높은 가치를 부여하기 때문에 자신이 선택한 목표와 가치를 달성하기 위해 행동을 상황에 맞게 통제하고 조절하고 적응시키고자 한다. 따라서 성숙하고 책임감 있으며 신뢰로운 사람으로 평가된다. 목표지향적이고 건설적이며 효율적이고 자존감이 높고 자신을 믿는다. 하지만 이들은 권위적 대상과의 관계에서 자신의 목표나 가치에 맞지 않는 지시를 받을 경우 순응하기보다 도전하기 때문에 다루기 힘든 사람으로 비춰질 수 있다. 점수가 낮을 경우 미성숙하고 책임감이 부족하고 비효율적이며 신뢰롭지 않은 사람으로 평가된다. 남을 원망하고 책임을 전가하거나 비난하며 상처받기 쉽다. 내적으로 조직화된 원칙이 부족하여 의미 있는 목표를 설정하고 추구하기가 어렵다. 자신의 개인적 목표나 가치보다는 외부 환경의 자극과 압력에 따라 행동하는 경향이 있다.

자율성 척도는 책임감/책임전가(Responsibility vs Blaming), 목적의식(Purposefulness vs Lack of goal direction), 유능감/무능감(Resourcefulness vs Inertia), 자기수용/자기불만(Self-acceptance vs Self-striving), 자기 일치(Self-congruence or Congruent second nature)의 하위 척도로 구성된다.

(6) 연대감(Cooperativeness, CO)

연대감 척도는 타인에 대한 수용 능력 및 타인과 동일시하는 능력에서의 개인차를 측정한다.

점수가 높을 경우 공감을 잘하고 동정심이 많으며 관대하고 지지적이다. 공정하고 도덕적 원칙이 명확하고 가능하면 타인에게 협력하고자 한다. 자신의 욕구나 선호뿐 아니라 타인의 욕구나 선호 역시 이해하고 존중한다. 점수가 낮을 경우 타인에게 관대하지 않고 복수심이 많으며 비협조적이고 기회주의적이다. 자신의 이익을 우선시하며 타인의 권리나 감정에 대한 배려가 부족한 편이다. 독자적인 행동을 선호하는 사람들이 연대감이 낮은데, 이는 또래나 동료들과 대인관계를 형성하는 데 방해가 된다.

연대감 척도는 타인수용(Social acceptance vs Social intolerance), 공감/둔감(Empathy vs Social disinterest), 이타성/이기심(Helpfulness vs Unhelpfulness), 관대함/복수심(Compassion vs Revengefulness), 공평/편파(Pure hearted principles vs Self-serving advantage)의 하위 척도로 구성된다.

(7) 자기초월(Self-Transcendence, ST)

자기초월 척도는 우주만물과 자연을 수용하고 동일시하며 일체감을 느끼는 능력에서의 개인차를 측정한다.

점수가 높을 경우 창조적이고 충만하고 영적이며 사심과 꾸밈이 없다. 모호함과 불확실성을 잘 견디기 때문에, 결과를 알지 못해도 통제하려고 하는 불안 없이 대체로 자신이 하는 활동을 즐길 수 있다. 영성이 삶의 진정한 목적을 이해할 수 있게 해 준다고 여기고 실패를 기꺼이 수용하고 성공뿐 아니라 실패도 감사할 줄 안다. 자신과 자연 및 우주와 연결되어 있다는 강한 유대감을 느끼고 더 나은 세상을 위해 노력하는 이상주의적 면모가 있다. 서양 문화권에서는 이러한 특성이 부와 힘을 획득하는 데 장애가 되는 순진한 마술적 사고와 주관적 이상주의라고 비판을 하기도 하지만, 인간이 피할 수 없는 죽음이나 고통에 맞부딪쳤을 때 장점이 된다. 점수가 낮을 경우 자의식과 자긍심이 높고 상상력이 부족하며 관습적이다. 유물론적이고 소유욕이 많으며 마음이 충만하다는 느낌이 부족하다. 모호함이나 불확실성을 잘 견디지 못하고 이를 통제하려고 한다. 인류와 세계에 연결감을 느끼지 않고 개인주의적인데, 서양 문화권에서는 합리적이고 과학적 객관성을 추구하며 물질적 성공을 이룬 사람으로 평가한다.

자기초월 척도는 창조적 자기망각/자의식(Creative self-forgetfulness vs Self-consciousness), 우주만물과의 일체감(Transpersonal identification), 영성 수용/합리적 유물론(Spiritual acceptance vs Rational materialism)의 하위 척도로 구성된다. 유아와 아동은 청소년과 성인과 같이 발달적으로 분화되지 않았기 때문에, 유아와 성인의 발달적 특성을 고려하여 하위 척도를 재구성하였다. 따라서 유아용과 아동용의 하위 척도에는 환상(Fantasy)과 영성(Spirituality)이 있다.

2) 실시 및 채점

검사자는 검사 실시 전에 수검자에게 검사의 목적, 결과의 용도, 비밀 보장에 대해 충분히 설명해야 한다. 타당한 검사 결과를 얻기 위해서 수검자는 조용하고 방해받지 않는 장소에서 검사를 수행해야 하고 가능한 모든 문항에 응답해야 한다. 양육자가 보고하는 유아용과 아동용 검사는 유아나 아동을 가장 잘 알고 있고 가장 많은 시간을 보내는 주 양육자가 검사를 수행해야 하고 평정을 하는 주 양육자에게 객관적으로 유아나 아동에 대해 평가하도록 설명해야 한다. TCI는 지필 검사와 온라인 검사 모두 실시가 가능하다. 지필 검사의 경우 성인용은 20~25분 정도 소요되고, 유아용, 아동용과 청소년용은 10~15분 정도 소요된다. 온라인 검사는 성인용은 10~15분 정도 소요되고, 유아용, 아동용과 청소년용은 5~10분 정도 소요된다.

한국판 TCI는 이를 출판한 마음사랑(https://www.maumsarang.co.kr)에서 제공하는 전산화된 실시 및 채점 프로그램인 Mscore를 사용하여 채점한다. 지필 검사의 경우 검사자가 수검자의 답안 내용을 Mscore에 직접 입력한 후 결과를 확인하고, 온라인 검사는 수검자가 응답 완료를 하면 Mscore에서 바로 결과를 확인할 수 있다. 검사 결과지에는 각 기질 및 성격 척도의 원점수, 표준점수(T점수, 백분위 점수)와 하위 척도의 원점수, 규준집단의 평균 및 표준편차가 제시된다.

3) 해석

(1) 해석 단계

TCI를 해석할 때는 먼저 각 기질 및 성격 척도 점수 자체로 해석적 가치가 있으므로 7개의 각 척도를 개별적으로 해석한다. 그다음으로 각 기질 차원의 프로파일을 형태 분석하여 기질 유형을 분류하고 해석한다. 특히, 자극추구, 위험회피, 사회적 민감성 차원의 상호작용으로 기질 유형을 분류하고 해석하면 한 개인의 기질 유형을 잘 이해할 수 있다. 인내력 차원은 이성적 뇌와 정서적 뇌를 연결하는 역할을 하며, 다른 기질 차원들의 감정이 표현되는 방식을 조절하고 성격 차원의 발달에 영향을 미친다. 기질 유형의 해석 후, 성격 척도와 기질 유형의 연계하여 해석한다. 이때, 자율성과 연대감 척도에 기초하여 개인의 성격의 성숙도 혹은 적응 정도를 파악한다. 또한 이러한 성격의 발달 정도가 기질 유형에 미치는 조절적 영향을 이해한다. 마지막으로, 자율성, 연대감, 자기초월 차원의 상호작용으로 성격 유형을 분류하고 해석한다. 기질 유형과 성격 유형 분류를 위해 3분 분할점을 사용하였고, 이에 해당하는 T점수와 백분위 점수는 〈표 6-5〉에 제시하였다.

〈표 6-5〉 TCI 유형 분류 절단점

구분		T점수 범위	백분위 점수 범위
H	높음(High)	$55 \leq T$	$70 \leq P$
M	중간(Medium)	$46 < T < 55$	$30 < P < 70$
L	낮음(Low)	$T \leq 45$	$P \leq 30$

출처: 민병배 외(2007). TCI 기질 및 성격검사 매뉴얼(TCI-Family Manual). 서울: (주) 마음사랑.

(2) 기질 유형 해석

자극추구, 위험회피, 사회적 민감성의 상호작용은 두 차원 혹은 세 차원의 조합으로 이루어지며 이를 통해 개별 기질 차원 이상의 각 기질 유형의 정서적 및 행동적 패턴을 좀 더 상세하게 살펴볼 수 있다. 두 차원의 상호작용의 행동적 특징을 〈표 6-6〉, 세 차원의 상호작용에 의한 기질 유형과 특징을 〈표 6-7〉에 제시하였다.

〈표 6–6〉 **자극추구(NS), 위험회피(HA), 사회적 민감성(RD)의 이차원 상호작용**

자극추구와 위험회피

불확실하거나 새로운 상황에 직면했을 때, 자극추구는 잠재적 보상에 대한 반응으로 적극적인 접근 행동을 유발하는 반면, 위험회피는 잠재적인 처벌에 대한 반응으로 억제적이고 회피적인 행동을 유발한다.

		NS	
		H	L
HA	H	기분이 저조한(hypothymic) 신경증적인(neurotic) 쉽게 고통을 느끼는(easily distressed) 갈등이 많은(conflicted) 쉽게 동요되는(wavering) 우유부단한(indecisive)	평온함을 추구하는(serenity seeking) 수동적인(passive) 자기주장을 잘 안 하는(unassertive) 비활동적인(inactive) 조용한(quiet) 내향적인(introverted)
	L	위험을 추구하는(danger seeking) 공격적인(aggressive) 경쟁적인(competitive) 지나치게 활동적인(overactive) 충동적인(impulsive) 말이 많은(talkative) 외향적인(extraverted)	유쾌한(hyperthymic) 명랑한(cheerful) 쉽게 동요되지 않는(unwavering) 자랑스럽게 뽐내는(boastful) 자신감 넘치는(overconfident) 안정적인(stable)

자극추구와 사회적 민감성

자극추구는 잠재적으로 보상이 되는 새로운 관계를 시작하는 행동을 유발하고, 사회적 민감성은 기존에 보상이 되었던 친숙한 관계를 유지하는 행동을 유발한다.

		RD	
		H	L
NS	H	관심을 끌기 원하는(attention seeking) 자기 탐닉적인(self-indulgent) 정열적인(passionate) 자기도취적인(narcissistic) 상상력이 풍부한(imaginative)	자유주의적인(libertarian) 기회주의적인(opportunistic) 매혹적인(charming) 독립적인(independent) 비관습적인(unconventional)
	L	전통적인(traditional) 신뢰할 만한(dependable) 양심적인(scrupulous) 꾸밈없고 진술한(unaffected/candid) 온화하게 직선적인(warmly direct)	사생활을 추구하는(privacy seeking) 자기를 드러내지 않는(self-effacing) 열정이 없는(dispassionate) 겸손한(modest) 상상력이 충분하지 않은(unimaginative)

위험회피와 사회적 민감성

대인관계에서 보상이 제공되지 않는 좌절스러운 경험이나 상황에서, 위험회피는 행동의 소거 반응을 유발하고, 사회적 민감성은 지속적인 보상 추구 행동을 유발한다.

		RD	
		H	L
HA	H	의존적인(dependent) 회피적인(avoidant) 복종적인(submissive) 간접적으로 조종하는(indirectly manipulative)	냉담한(aloof) 거리를 두는(distant) 우회적인(devious) 영향력이 적은(ineffectual) 고립된/냉소적인(alienated/cynical)
	L	친화적인(friendly) 사교적인(sociable) 영웅적인(herotic) 설득적인(persuasive) 잘 속는(gullible)	반항적인(oppositional/defint) 직접적으로 직면하는(directly confronting) 거리를 둔 무관심(detached indifference) 냉정하고 쉽게 동요되지 않는 (imperturbable)

* H는 높음, L은 낮음.
출처: 민병배 외(2021). TCI 기질 및 성격검사 통합 매뉴얼 개정판. 서울: (주) 마음사랑.

〈표 6–7〉 **자극추구(NS), 위험회피(HA) 및 사회적 민감성(RD)의 삼차원 상호작용**

NS	HA	RD	기질유형	특징
H	H	L	폭발적인(explosive)	불안과 분노를 쉽게 경험하고 분노와 좌절을 억압하였다고 폭발할 수 있으며 사회적 단서 해석에 둔감
L	L	H	신뢰로운(reliable)	질서를 존중하고 침착하고 안정적이고 친화적이며 믿을 만한 사람으로 여김
H	L	L	모험적인(adventurous)	충동적이고 위험을 감수하고 정서적으로 차가우며 타인의 평가에 신경 쓰지 않음
L	H	H	조심스러운(cautious)	위험을 회피하고 거부와 수치에 예민하여 스스로 고립시키며 이로 인한 외로움과 두려움을 겪기 쉬움
H	L	H	열정적인(passionate)	관심과 주목을 받는 것을 선호하고 사교적이며 외향적
L	H	L	조직적인(methodical)	질서정연한 것을 좋아하고 세부 사항에 관심을 기울이며 내향적이고 대인관계에 냉담
H	H	H	예민한(sensitive)	각 욕구들 간의 충돌로 자기중심적이고 수동공격적
L	L	L	독립적인(independent)	각 욕구가 모두 적어 쉽게 동기화되지 않음

* H는 높음, L은 낮음.
출처: 민병배 외(2021). TCI 기질 및 성격검사 통합 매뉴얼 개정판. 서울: (주) 마음사랑.

한편, 인내력은 다른 기질들의 감정이 표현되는 방식을 조절하고 성격 발달에 관여한다. 이러한 인내력은 위험회피와 자율성 각각과 상호작용(〈표 6-8〉)하여 회복탄력성과 정서 경험에 영향을 미친다. 위험회피와 인내력이 낮고 자율성이 높을 경우 부정적 정서 경험이 낮고, 위험회피가 낮고 인내력과 자율성이 높으면 회복탄력성이 높고 긍정적 정서를 경험할 수 있다.

〈표 6-8〉 **위험회피(HA) 자율성(SD)과 인내력(PS)의 상호작용**

위험회피와 인내력		HA	
		H	L
PS	H	반복하여 집착하는(perseverative) 경직된(inflexible) 완벽주의적인(perfectionistic) 불안한(anxious) (높은 긍정정서/높은 부정정서)	정력적인(energetic) 확고부동한(steadfast) 행복한(happy) (높은 긍정정서/낮은 부정정서)
	L	쉽게 피로해지는(fatigable) 의욕을 잃은(discouraged) 우울한(depressed) (낮은 긍정정서/높은 부정정서)	느긋하고 편안한(easy-going) 유연한(flexible) 차분한(calm) (낮은 긍정정서/낮은 부정정서)

자율성과 인내력		SD	
		H	L
PS	H	역동적인(dynamic) 근면한(industrious) 자립적인(self-reliant) (높은 긍정 정서)	야심적인(ambitious) 자립적이지 않은(not self-reliant) 지시를 원하는(needs direction) (높은 긍정정서/높은 부정정서)
	L	선의를 지닌(well-intentioned) 쉽게 의욕을 잃는(easily discouraged) 제약에 얽매이지 않는(free-wheeling) (낮은 긍정정서/낮은 부정 정서)	성취가 낮은(underachieve) 무기력한(helpless) 열정이 없는(half-hearted) (낮은 긍정정서)

* H는 높음, L은 낮음.
출처: 민병배 외(2021). TCI 기질 및 성격검사 통합 매뉴얼 개정판. 서울: (주) 마음사랑.

(3) 성격 유형 해석

기질과 마찬가지로 성격 차원 역시 둘 혹은 세 차원의 상호작용을 통해 개별 성격 차원 이상의 정서 및 행동 특성을 살펴볼 수 있다. 성격의 두 차원의 상호작용의 행동

적 특징을 〈표 6-9〉, 세 차원의 상호작용에 의한 성격 유형과 특징을 〈표 6-10〉에
제시하였다.

〈표 6-9〉 **자율성(SD), 연대감(CO), 자기초월(ST)의 이차원 상호작용**

자율성과 연대감			
		SD	
		H	L
CO	H	성숙한(mature) 효율적이고 유능한(effective) 충실하게 본분을 지키는(dutiful) 밝고 유쾌한(pleasant)	복종적인(submissive) 관대한(lenient) 수치스러워하는(shameful) 남에게 의존적인(clinging) 자기패배적인(self-defeating)
	L	약자를 괴롭히는(bullying) 경멸하는(scornful) 남을 마구 부리는(hard-driving) 경쟁적인(competitive) 지배하려는(domineering)	미성숙한(immature) 느리고 부진한(sluggish) 의욕 없는(avolitional) 뒤로 물러서 있는(withdrawal) 유대관계가 어려운(poor rapport)
연대감과 자기초월			
		CO	
		H	L
ST	H	사려 깊고 친절한(thoughtful) 덕망 있고 선한(virtuous) 애정 어린(loving) 융통성 있는(flexible)	타인을 의심하는(suspicious) 질투하는(jealous) 통찰력이 날카롭고 영민한(shrewd) 특이하고 별난(eccentric)
	L	타인을 신뢰하는(trusting) 정중하고 예의바른(respectful) 솔직하고 직선적인(forthright) 전통적인(traditional) 보수적인(conservative)	이기적인(selfish) 남을 생각하지 않는(thoughtless) 무정한(callous) 양보하지 않는(unyielding)
자율성과 자기초월			
		SD	
		H	L
ST	H	창작력이 풍부한(inventive) 독창적인(original) 뛰어난/비범한(exceptional/outstanding) 앞서서 대처하는(proactive) 기쁨에 넘치는(joyful) 심리적인/예술적인(aesthetic/artistic)	비논리적인/논리가 약한(illogical/loose) 조직화가 안 된(disorganized) 믿을 만하지 않은(unreliable) 수동적인(passive)

	논리적인(logical)	모방하는(imitative)
L	잘 조직화된(well-organized)	본떠 따라 하는(copying)
	믿을 만한(reliable)	평범한/일상적인(ordinary/common)
	자기를 잘 통제하는(self-controlled)	반응적인(reactive)
		세련되지 않은/거친(unrefined/coarse)

* H는 높음, L은 낮음.
출처: 민병배 외(2021). TCI 기질 및 성격검사 통합 매뉴얼 개정판. 서울: (주) 마음사랑.

〈표 6-10〉 **자율성(SD), 연대감(CO), 자기초월(ST)의 삼차원 상호작용**

SD	CO	ST	성격유형	특징
L	L	L	풀이 죽은(downcast)	자신에 대한 수치심, 타인에 대한 분노 등 부정적인 감정에 압도되기 쉽고 기분이 가라앉음
H	H	H	창조적인(creative)	성숙하고 행복감 등의 긍정적 감정을 자주 느낌
H	H	L	조직화된(organized)	합리적이고 일을 효율적으로 추진하면서도 타인과 원만하게 협력하며 타인에게 신뢰를 줌
L	L	H	비조직화된(disorganized)	마술적 사고 타인에 대한 의심과 피해의식을 경험
L	H	H	기분이 변하는(moody)	사려 깊고 공감적이나, 수동적이고 복종적이며 거절에 예민하며 정서적으로 불안정
H	L	L	독재적인(autocratic)	목표지향적이고 자기 통제력이 높으나, 타인에 대한 배려가 부족하고 통제적이며 분노와 적대감을 잘 느끼고 감정의 폭이 제한적
H	L	H	광신적인(fanatical)	자기주도적이고 자기 확신이 강하나, 타인에 대한 의심이 많음
L	H	L	의존적인(dependent)	온화하고 타인을 신뢰하나, 의존적이고 수동적이고 쉽게 상처를 받음

* H는 높음, L은 낮음.
출처: 민병배 외(2021). TCI 기질 및 성격검사 통합 매뉴얼 개정판. 서울: (주) 마음사랑.

(4) 기질과 성격 유형의 특성

앞서 언급했듯이 기질과 성격의 프로파일을 해석할 때 개별 기질과 성격 척도 점수를 해석하고 각 척도의 점수를 고려하여 기질/성격 척도 간의 상호작용을 해석한 후 통합해야 한다. 자극추구, 위험회피, 사회적 민감성의 3가지 기질 차원의 프로파일 형태 분석을 통해 기질 유형을 27개로 분류하고, 자율성, 연대감, 자기초월의 3가지 성격 차원의 프로파일 형태 분석을 통해 성격 유형을 27개로 분류한다. 기질 유형과 성격 유형의 분류를 위한 분할점은 〈표 6-5〉에 제시하였듯이 백분위 점수 30 이하를 '낮은(L)' 수준, 백분위 점수 70 이상을 '높은(H)' 수준, 백분위 점수 30과 70 사이를 '중간(M)' 수준으로 하였다. 상세한 내용은 『TCI 기질 및 성격검사 통합 매뉴얼 개정판』 (2021)을 참고하는데, 각 기질/성격 유형에 대한 해석은 편의를 위한 것이므로 해석 내용을 유연하게 적용해야 하며, 제시된 기질이나 성격 유형의 명칭은 각 유형의 특징을 대표하는 것일 뿐 고유한 것은 아니다.

5. 6요인 기질검사(STS)

1) 개관

앞서 TCI에서 설명했듯이 기질은 생물학적이고 유전적이며 시간이나 상황에 걸쳐 비교적 안정적인 개인의 특성이나 환경과의 상호작용으로 표현의 범위는 다를 수 있다. 예를 들어, 영아나 유아는 타고난 행동 경향성이 두드러지나, 성인은 타고난 행동 경향성을 인식하나 환경에 따라 행동은 다를 수 있다. 6요인 기질검사(Six-factor Temperament Scale: STS)는 TCI와 마찬가지로 개인의 타고난 기질을 측정하기 위해 개발되었으며(최은실, 윤진영, 최해훈, 김수아, 2022), 활동성(ACtivity level, AC), 조심성(CAutiousness, CA), 긍정정서(Positive Emotionality, PE), 부정정서(Negative Emotionality, NE), 사회적 민감성(Social SEnsitivity, SE), 의도적 조절(Effortful Control, EC)의 6요인으로 구성되어 있다. STS는 개별 아동의 기질 특성을 파악하고 아동의 강점은 강화하고 약점을 보완할 수 있는 정보를 제공해 주고 성인의 경우 성격의 기초가 되는 기질을 이해하고 자기 이해를 증진시키는 데 유용할 수 있다. 상담 기관에서는 기질 탐색을 통해 내담자의 핵심 어려움을 예측하고 설명하는 데 중요한 자료로 활용할 수 있으며 기업에서는 각 개인의 원만한 직장생활과 관련된 강점을 파악하고 강화하며 약점을 보완하는 데 도움이 될 수 있다. 또한 STS를 통해 개인의 기질과 사회 및 정서 발달, 양육자 등 대인관계, 환경 적응 및 부적응과 관련된 다양한 연구를 할 수 있다.

〈표 6-11〉에 STS의 각 구성 요인의 개념과 요인별 수준에 따른 영아와 아동의 행동 특성을 제시하였다. 성인용에 대한 내용은 STS 매뉴얼을 참고하길 바란다.

〈표 6-11〉 6요인 기질검사의 구성

구성 요인	개념	행동 특성	
활동성 (AC)	전체적인 에너지의 방출로, 자극이나 환경의 탐색, 움직임 및 활동의 빈도, 활력과 에너지 수준의 정도. 긍정적·부정적 및 중립적 행동 모두 해당되고, 성인은 소근육 신체적 활동과 더불어 정신적 활동이 포함된다.	높음	활동량이 많은, 열정적인, 대근육 신체 활동을 선호하는, 에너지가 넘치는
		낮음	활동량이 적은, 안정한, 소근육 신체 활동을 선호하는, 차분한
조심성 (CA)	낯설거나 새롭거나 예상하지 못한 자극에 대한 반응으로 회피하고 억제하며 위축되는 경향으로, 수줍음으로 나타나고 낯선 상황에 대한 자동적인 고통 반응을 보일 수 있다.	높음	조심성이 많은, 수줍어하는, 안전을 중시하는, 실수가 적은, 소극적인, 경계심이 많은
		낮음	새로움에 대한 관심이 많은, 호기심이 풍부한, 대담한, 주도적인, 모험심이 강한
긍정정서 (PE)	다양한 자극 및 경험에 대한 긍정적 정서 반응의 빈도와 강도로, 만족감, 기쁨, 즐거움, 편안함 등의 긍정적 정서를 경험하고 표현하는 정도로 미소, 웃음, 신체적 움직임으로 나타날 수 있다.	높음	낙관적인, 유쾌한, 행복한, 긍정적인, 만족스러운
		낮음	긍정 정서 표현이 적은, 못마땅한, 시큰둥한, 예정 표현이 적은, 쉽게 만족하지 않는
부정정서 (NE)	다양한 자극 및 경험에 대한 부정적 정서 반응으로 걱정, 두려움, 슬픔, 분노, 좌절 등의 부정적 정서를 경험하고 표현하는 정도, 생애 초기에는 과민함으로 나타나고 이후에는 기질적 까다로움, 우울, 공격성, 사회적 공포 등과 관련될 수 있다.	높음	예민한, 민감한, 감정에 충실한, 기분 회복에 기간이 걸리는
		낮음	안정된, 침착한, 이완된, 참을성이 있는
사회적 민감성 (SE)	타인의 감정이나 정서에 대한 관심과 인식의 정도 및 이에 민감하게 반응하는 경향으로, 공감 능의 발달에 기초가 될 수 있다.	높음	타인의 감정에 민감한, 주변의 분위기에 영향을 받는, 함께하는 놀이를 선호하는, 공감적인, 사교적인
		낮음	개인적인, 타인의 영향을 덜 받는, 독립적인, 외로움을 덜 타는
의도적 조절 (EC)	외부에서 지속적으로 강화를 주지 않아도 현재 하고 있는 자신의 행동과 주의를 일정 시간 동안 꾸준히 지속하는 경향. 방해나 좌절이 있어도 집중을 유지하고 쉽게 주의가 분산되거나 포기하지 않고 목표를 향해 꾸준히 노력하는 성향이 있다.	높음	인내심이 강한, 꾸준히 노력하는, 끈기 있는, 주의 집중력이 높은, 성실한
		낮음	관심사가 다양한, 욕심이 없는, 현재에 만족하는, 자신의 욕구에 충실한

출처: 최은선 외(2022). STS 6요인 기질검사. 서울: 학지사.

2) 실시 및 채점

STS는 영아용(12~35개월), 유아용(36~72개월), 성인용(만 18세 이상)으로 구분된다. 영아용과 유아용은 부모, 양육자, 혹은 아동을 잘 알고 있는 사람의 보고로 측정한다. 응답자는 각 문항을 읽고 그 내용이 평상시 아동의 행동과 얼마나 유사한지를 5점 리커트 척도(1: 전혀 그렇지 않다~5: 거의 항상 그렇다)상에서 선택한다. 성인용은 자기보고로 측정되며, 각 문항을 읽고 그 내용이 자신의 모습과 얼마나 유사한지를 5점 리커트 척도(1: 전혀 그렇지 않다~5: 거의 항상 그렇다)상에서 선택한다. 검사 문항은 영아용은 42문항, 유아용과 성인용은 43문항으로 구성되어 있고, 검사를 수행하는 데 대략 10분 정도 소요된다.

검사 채점은 검사 실시 후 인싸이트 홈페이지(http:/www.inpsyt.co.kr)에서 온라인 코드로 한다. 온라인 검사 역시 상기 홈페이지에서 검사 실시 및 채점이 가능하다.

3) 해석

STS 결과의 〈표 6-12〉와 같이 T 점수와 백분위 점수를 토대로 높음, 중간, 낮음의 3수준으로 구분하여 해석한다. STS 결과는 [그림 6-1]에 제시하였고, 각 기질 요인의 수준에 따른 해석의 세부 사항은 〈표 6-13〉에 제시하였다.

〈표 6-12〉 STS의 수준 구분

수준	T점수 범위	백분위(P) 점수 범위
높음	$55 < T$	$69 < P$
중간	$45 \leq T \leq 55$	$31 \leq P \leq 69$
낮음	$T < 45$	$P \leq 30$

출처: 최은실 외(2022). STS 6요인 기질검사. 서울: 학지사.

[그림 6-1] STS 결과표

〈표 6-13〉 기질 요인별 해석

기질 요인	수준	해석
활동성	높음	전반적으로 활동량이 많고 행동 강도가 높으며 속도가 빠른 편. 활동이 넘치는 편. 행동이 급하고 빠른 편으로 관심이나 흥미가 있는 사람이나 사물에 즉각적으로 다가가거나 경험해 보고자 함. 주변 환경을 적극적으로 탐색하는 편임. 실외 활동을 선호하고, 뛰기, 수영 등 대근육 신체 활동을 좋아함. 다소 고된 일과 후에 잠시 낮잠을 자거나 휴식을 취하면 에너지를 쉬이 회복함. 늦은 저녁까지도 지치지 않고 놀려고 하고 에너지가 넘치는 것처럼 보일 때가 많으며 학습을 할 때 다소 산만해 보일 수 있음.
	중간	활동량, 움직임, 속도 등이 대체로 적절한 수준. 활발하고 적극적으로 행동할 때도 있지만, 상황이나 주변의 요구에 맞게 차분한 모습을 보이기도 함. 실외 활동이나 움직임이 많은 신체 활동도 좋아하지만, 책 읽기, 그림 그리기 등 실내에서 하는 다소 정적인 소근육 활동도 좋아함. 적절한 호기심을 가지고 주변 환경을 탐색하고 성급하지 않고 상황이나 요구에 맞게 행동을 조절할 수 있음.
	낮음	전반적으로 활동량이 적고 움직임이 느린 편. 주변 환경을 적극적으로 탐색하기보다 익숙하고 안전한 것을 선호하는 편임. 평소 움직임이나 말이 많지 않고 조용한 편임. 책 읽기, 그림 그리기 등 다소 정적인 소근육 신체 활동 선호. 차분하고 얌전해 보이나, 때로는 활력이나 에너지가 부족해 보일 수 있음. 장시간 외부 활동이나 놀이를 하면, 회복하기 위해 다소 긴 휴식 시간이 필요함.
조심성 (행동 억제)	높음	낯설거나 새로운 자극이나 예상치 못한 상황을 접하면 긴장하거나 위축되며 이를 회피하려고 함. 수줍음이 많고 소극적인 편으로, 처음 만나는 사람에게 선뜻 다가가지 못하고 또래들의 놀이에도 쉽게 끼어들지 못해 지켜보고 있을 때가 많음. 조심성이 많아서 잘 다치지 않지만 새로운 것에 도전하지 않으려고 하고 한번 경험하게 하는 것도 힘 들 수 있음. 새로운 것을 경험시키기 위해서는 양육자나 친숙한 사람의 동반해야 하는 경우가 많으며, 지나치게 양육자에 집착하는 경우도 있음.
	중간	낯설거나 새로운 자극이나 예상치 못한 상황을 접하면 긴장하거나 겁을 내기도 하지만, 전반적인 활동에 지장을 주지 않고 조금 지나면 경과하거나 양육자가 곁에서 도와주면 비교적 빨리 적응하고 상황을 수용할 수 있음. 새로운 장소에 가거나 낯선 사람을 만날 때에도 처음에는 다소 낯설어할 수 있지만, 주변에서 조금만 격려해 주면 금방 익숙해지고 익숙해지면 적극적인 행동하기도 함.
	낮음	낯설거나 새로운 자극이나 예상치 못한 상황을 접해도 대체로 호기심을 가지고 적극적으로 다가가고 직접 경험해 보려고 함. 어렵거나 위험해 보이는 놀이나 활동에 도전을 즐겨하며 활발하고 자신감 있어 보임. 낯선 어른에게도 인사를 빨리도 따라나서기도 하며 전하지지 않음. 또래에게도 관심 표현을 하고 먼저 인사를 하는 등 사회성이 좋다는 평가를 들음.
긍정정서	높음	일상생활에서 기쁨, 편안함 등 긍정적 정서를 자주 강하게 경험하거나 표현. 대부분 하루를 기분 좋고 편안하게 보내며 작은 일에도 만족스러워 하고 즐거워하고 아프거나 스트레스를 받아도 좋은 것을 회복함. 친구 등 타인과 함께 있을 때 미소를 짓거나 웃을 때가 많음. 긍정적인 정서를 자주 표현하기 때문에 좋은 인상을 받기가 쉽고 친구들에게 인기가 많은 편이며 주변 성인들로부터 유쾌하고 행복한 아이라는 인상을 받을 수 있음.
	중간	대체로 긍정적인 기분을 유지하고 있을 때가 많으며 기본 변화가 크지 않음. 즐거운 일이 있을 경우 신나거나 흥분하기도 하지만 대체로 소란스럽게 표현하지 않으며 편안하고 안정적임.
	낮음	일상생활에서 긍정적 정서를 적게 경험하거나 표현. 또래들과 놀이에 흥미를 보이거나 기본 좋을 만한 상황에서도 크게 소리를 내어 웃는 등 긍정적 정서를 표현하는 일이 적음. 가족이나 친구 등 가까운 사람들에게도 애정이나 감사함 등을 잘 드러내지 않음. 전반적인 감정의 변화가 크지 않고 단조로운 경우 무표정하고 무료해 보인다는 평가를 받을 수 있음.

요인	수준	설명
부정정서	높음	일상생활에서 짜증, 슬픔, 두려움, 걱정 등 부정적 정서를 자주 강하게 경험하고 표현함. 때로는 짜증을 내거나 화가 난 이유를 알 수 없기도 하고 한번 기분이 상하면 좋은 기분으로 회복하는 데 시간이 많이 필요함. 자기가 상하면 부정적 정서를 표현하고 쉽게 진정되지 않음. 아동이 부정적 정서가 자주 표현되다 보니 화를 내게 되거나 반대로 아동의 요구를 즉각적으로 수용해 주기도 함.
	중간	감정의 변화가 크지 않고 심하게 떼를 쓰거나 짜증을 내는 경우가 많지 않음. 부정적 정서를 표현하기도 하나 강도가 강하거나 오래 지속되지 않고 오래 지속되지 않음. 힘들거나 불편한 상황도 견디내고 기분이 상했더라도 달래주면 비교적 쉽게 가라앉는 편임.
	낮음	일상생활에서 부정적 정서를 경험하거나 표현하는 경우가 적고 타인들이 기분이 안 좋을 수 있다고 생각하는 상황에서도 두드러진 스트레스 표현이 없고 너무 무덤덤해 보일 수 있음. 아프거나 친구나 부신을 빼앗을 때도 쉽게 빠져짐. 아동이 너무 무덤덤해서 아동이 힘들거나 불편한지 파악하기 어려울 수 있음.
사회적 민감성	높음	타인의 감정이나 정서에 관심이 많고 잘 파악하고 민감하게 반응. 타인의 얼굴 표정을 자주 살피고 주변의 평가나 분위기에 영향을 많이 받음. 눈치가 빠른 편으로, 부모, 교사, 친구 등 주변의 중요한 사람들이 좋아하는 것을 잘 파악하고 반응함. 때로는 자신보다 주변 사람의 욕구를 기분을 더 우선시하는 것 같아 보임. 혼자 놀기보다 주변의 어른이나 또래와 상호작용하며 놀이하는 것을 선호. 이는 사회성 발달의 강점이 되나, 타인의 관심과 평가에 민감한지라 여가 때로는 인정과 칭찬을 받기 위해 너무 많은 에너지를 사용함.
	중간	타인에 대한 관심이 적절하고 주변 상황이나 분위기를 잘 파악하기를 잘 파악하고 주변의 놀이뿐 아니라 혼자만의 놀이도 즐김. 혼자서이도 즐기며 행동할 수 있음. 관심이나 칭찬을 받으면 좋아하지만, 타인의 기대에 맞추기 위해 무리하지 않음. 주변의 어른이나 또래와 상호작용하며 놀이하는 것도 즐거워함.
	낮음	타인의 감정이나 정서 상태에 관심이 적고 둔감한 편. 주변의 평가나 분위기에 별로 신경 쓰지 않고 눈치가 없어 보일 경우가 많음. 놀이를 할 때 타인과의 상호작용 놀이보다는 혼자 하는 놀이를 즐기며 주변의 관심이나 칭찬을 받으려고 애쓰지 않고 이를 받으지라도 크게 즐거워하는 반응을 보이지 않음.
의도적 조절	높음	주변에서 도와주지 않아도 현재 해야 하는 놀이나 활동에 주의를 지속할 수 있음. 주변에 방해 요소가 있더라도 주의를 지속하고 목표를 향해 꾸준히 노력하려 함. 놀이나 활동을 하다가 실패하더라도 인내심 있게 주의를 지속하고 이에 집중했을 때 외부 자극에 의해 주의가 쉽게 분산되지 않음. 지금 당장 하고 싶은 일이 있더라도 다른 것을 먼저 하라고 지시하거나 설득을 하면 이를 보류할 수 있음. 이러한 성향은 양육자나 교사 등 성인의 지시나 감독이 없는 상황에서도 유지되는 편임.
	중간	관심이나 흥미가 있는 놀이나 활동을 비교적 오랫동안 주의를 지속할 수 있지만, 어렵다고 느껴지거나 흥미가 떨어지면 주의가 분산되기도 함. 주의가 산만해지더라도 할 때 주변 사람들이 지켜봐 주거나 격려해 주면 조금 더 주의를 기울일 수 있고 하던 놀이나 활동을 끝까지 마칠 수 있음.
	낮음	또래에 비해 집중력이 부족하여 한 가지 놀이나 활동을 지속하지 못하고 자주 바뀌는 편이며 외부 자극에 의해 주의가 쉽게 분산되어 산만해질 때가 많음. 실패가 예상되면 쉽게 포기하고 주의 전환의 효율성이 부족하고 무언가 참고 기다리는 것이 어려우며 주변에서 지시나 설득을 해도 주의를 지속하거나 자신이 하고 싶은 것을 미루거나 포기하기를 어려워함.

출처: 최은실 외(2022). STS 6요인 기질검사. 서울: 학지사.

STS 검사 중 영아용과 유아용에서는 까다로운 기질이자 아동의 정서 및 행동 특성과 부모의 양육 스트레스와 관련이 있는 부정정서, 조심성, 의도적 조절의 3요인을 통합하여 수준별 해석이 가능하다. 즉, 까다로운 기질이란 부정적인 정서를 많이 느끼고 의도적 조절이 원활하지 않으며 조심성이 높아 새로운 상황에서 위축되는 경향을 의미한다. 이러한 아동은 순한 기질의 아동에 비해 환경 자극을 사용하여 발달을 증진할 수 있는 능력이 빈약하고 변화나 어려움에 대한 적절한 대처가 어려울 수 있어 양육에 이러한 기질적 특성을 고려해야 한다. 각 요인의 높고 낮음의 분류는 백분위 점수를 기준으로 하였고, 높음은 50%ile 이상, 낮음은 49%ile 이하다. 3요인의 수준별 결합 해석은 양육자나 교사가 아동의 기질적 특성을 쉽게 이해할 수 있도록 동물에 비유하였고 이는 〈표 6-14〉에 제시하였다.

〈표 6-14〉 **3요인의 수준별 결합**

유형	부정정서	조심성	의도적 조절
고슴도치	높음	높음	높음
사자	높음	낮음	높음
고양이	높음	높음	낮음
원숭이	높음	낮음	낮음
거북이	낮음	높음	높음
코알라	낮음	높음	낮음
리트리버강아지	낮음	낮음	높음
얼룩말	낮음	낮음	낮음

출처: 최은실 외(2022). STS 6요인 기질검사. 서울: 학지사.

(1) 고슴도치 유형

이 유형의 아동은 섬세하고 예민한 편으로 관찰력이 좋아 사소한 자극이나 변화도 민감하게 지각하고 파악할 수 있다. 또한 조심성과 참을성이 많아 위험하거나 무모한 행동을 하는 경우도 많지 않고 힘들거나 스트레스를 받는 상황에서도 견디려고 노력할 수 있다. 다른 아이들에 비해 긴장감, 불안감 등의 정서를 쉽게 경험할 수 있고 낯설고 새롭거나 도전적인 상황에 직면하면 스트레스를 많이 받으면서 두려움, 화, 짜증 등의 정서를 많이 느낄 수 있다. 하지만 아동은 자신의 정서를 다른 사람들이 알아차릴 수 있도록 표현하는 것을 어려워하고 상황에 적극적으로 대처하기보다 감정을 억누르고 위축되며 회피할 수 있다. 어른 뒤에 숨어 버리거나 타인이 눈치 채지 못할 정도로 조용히 울거나 혼자서 씩씩거리는 방식으로 표현할 수 있다. 따라서 양육자는 아동이 까다롭고 예민하며 다소 소극적이고 소심하다고 생각할 수 있다. 이러한 유형의 아동에게는 양육자의 민감함, 섬세함과 기다림이 요구된다.

(2) 사자 유형

이 유형의 아동은 호기심이 많고 대담한 편으로, 낯선 사람에게 쉽게 다가가고 새로운 놀이나 활동도 쉽게 시도하고 도전하는 편일 수 있다. 관심 있는 대상에 높은 집중력을 발휘하고 인내심이 많아 다소 어려워 보이는 과제나 활동도 끝까지 해내는 경우가 많다. 또한 상황에 따라 자신의 감정이나 행동을 적절히 조절할 수 있고 자신감 있고 적극적으로 보인다. 평소 자신의 가분이나 불편함을 강하게 드러내지는 않으며 대체로 상황에 순응하는 편일 수 있다. 하지만 무언가 자기 마음대로 되지 않거나 실패나 좌절을 경험하면 다른 또래에 비해 화나 짜증 등의 부정적 정서를 강하고 느끼고 표현할 수 있으나, 대부분 양육자가 아이를 달래주거나 진정시키면 이러한 기분도 쉽게 전환될 수 있다. 따라서 양육자는 아동을 적극적이고 활달하며 융통성이 있는 편이지만, 때로는 자신의 기분을 강하게 표현한다고 생각할 수 있다. 이러한 유형의 아동에게 양육자는 활달함, 적극성, 집중력, 인내심 등의 강점이 잘 발휘될 수 있도록 감정 조절을 도와주어야 한다.

(3) 고양이 유형

이 유형의 아동은 자신의 욕구와 감정에 솔직하고 좋고 싫음의 호불호가 확실한 편이고 일상생활의 사소한 자극이나 변화도 쉽게 알아차릴 수 있어 눈치가 빠르고 섬세하다는 인상을 줄 수 있다. 정해진 규칙이나 규율에 지나치게 엄격하게 지키려는 편은 아니나, 조심성이 많아 위험에 노출되는 경우는 많지 않다. 예민하고 민감한 편이어서 사소한 일에 쉽게 기분이 상하고 불편감을 경험하며 스트레스를 받을 수 있고, 특히 낯선 사람이나 장소를 접하거나 처음 해 보는 놀이나 활동을 시도해야 하는 상황을 힘들어할 수 있다. 아동은 불편한 상황을 회피하려고 하고 양육자의 설득에도 쉽게 타협이 되지 않을 수 있다. 평소 소소하게 투덜거리거나 불평할 때가 많고 드물지만 예상치 못한 상황에서 부정적 정서를 폭발하듯 표현할 수 있다. 한번 기분이 상하면 진정되기 쉽지 않고 좋은 기분을 회복하기까지 오랜 시간이 걸릴 수도 있다. 따라서 양육자는 아동이 조심성이 많고 예민하며 불평이나 불만이 많다고 느낄 수 있다. 이러한 유형의 아동은 양육자의 민감성, 배려와 도움이 중요하고 양육자가 아동의 기분이나 충동 조절의 대리자로서의 역할을 해 주는 것이 필요하다.

(4) 원숭이 유형

이 유형의 아동은 호기심이 많고 활달한 편이며 모험을 좋아하고 새롭거나 낯선 상황을 거리낌 없이 도전하기 때문에 용감하고 적극적으로 보이고 처음 본 사람과도 잘 어울려 사교적인 인상을 줄 수 있다. 때때로 충동적인 행동이나 무모한 도전을 하여 위험한 상황에 처할 수 있고 자기 생각대로 되지 않거나 실패나 좌절을 겪으면 다른 아동들에 비해 쉽게 화나 짜증을 낼 수 있다. 힘들거나 불편한 것을 견디지 못해 참거나 기다리는 것을 어려워할 수 있다. 따라서 양육자는 아동을 적극적이고 용감하지만, 인내심이 부족하고 감정 기복이 있다고 생각할 수 있다. 이러한 성향의 아동의 양육자는 양육자 자신의 인내심과 감정 조절과 함께 아동에 대한 제한 설정이 중요하다.

(5) 거북이 유형

이 유형의 아동은 또래에 비해 조심성이 많고 신중한 편이며 전반적으로 조용하고 평온한 상태를 유지한다. 또한 무모하거나 충동적인 행동을 할 때가 많지 않아 위험에 노출되는 경우가 거의 없으며 친구들이나 교사는 순한 아동이라는 인상을 받는다. 하지만 익숙하지 않은 상황이나 낯선 사람을 만날 경우 스트레스를 받으며 위축될 수 있고 실수나 실패를 걱정하여 환경을 적극적으로 탐색하거나 모험이나 도전을 하지 않으며 조용히 있는 때가 많다. 일상생활에서 사소한 자극이나 변화에도 쉽게 긴장하고 불안해질 수 있지만, 자신의 기분이나 불편함을 강하게 표현하지 않는 편이다. 따라서 주변 사람들이 아동의 감정을 인식하는 것이 어려울 수 있다. 참고 기다리는 것을 잘하며 인내심도 많아 순응적인 아동으로 보일 수 있다. 따라서 양육자는 아동을 다소 소심하고 소극적이며 무던하고 순응적이라고 여길 수 있다. 이러한 성향의 아동은 부정적인 감정을 잘 드러내지 않기 때문에 양육자가 아동의 마음을 잘 이해하여 기다려 주고 작은 것부터 도전하고 시도해 볼 수 있도록 격려해 주는 것이 필요하다.

(6) 코알라 유형

이 유형의 아동은 평소 조용하고 순응적인 모습을 보일 때가 많고 익숙한 장소나 친숙한 사람들과는 잘 지내는 편이며 조심성이 많아 위험한 행동을 하지 않는 편이다. 예민하고 섬세하나, 두드러지게 감정을 표현하지 않아 무던한 인상을 준다. 또한 다소 겁이 많은 편으로 새롭거나 변화된 환경에 적응하는 것을 어려워할 수 있고 익숙하고 편안한 것을 선호하며 새로운 자극이나 환경을 접하게 되면 위축되고 회피하려 할 수 있다. 인내심이나 참을성이 많지 않아 힘들고 어려운 것을 견디지 못하고 쉽게 포기할 수 있다. 따라서 양육자는 아동을 조용하고 순응적으로 보이지만 이면에는 겁이 많고 까다롭다고 여길 수 있다. 주변의 사소한 변화에도 쉽게 예민하고 불편해할 수 있지만, 이를 잘 드러내지 않는다. 새로운 것에 도전하기보다 익숙하고 편안한 것에 안주하려는 성향을 보일 수 있다. 이러한 성향의 아동의 양육자는 아동의 상태를 민감하게 인식하여 안정감을 느낄 수 있게 도와주면서 동시에 적절한 자극을 제공해 주어야 한다.

(7) 리트리버 강아지 유형

이 유형의 아동은 호기심이 많고 적극적인 편으로 새롭거나 낯선 것을 겁내지 않고 도전하는 것을 좋아한다. 집중력도 좋고 성실하여 과제나 활동이 다소 어렵거나 힘들어도 쉽게 좌절하거나 포기하지 않고 끝까지 해내는 경우가 많다. 밝고 명랑한 편으로 마음이 상하거나 불편한 상황에서도 기분 나쁜 내색을 잘하지 않고 친구들과 잘 어울리고 어른들의 지시나 요구도 잘 따른다. 편안한 성향으로 어디에서든지 적응을 잘하는 편이다. 따라서 양육자는 아동이 밝고 적극적이면서도 성실하고 친화력이 좋다고 여길 수 있다. 또한 무엇이든 적극적으로 성실히 하고 웬만한 어려움이나 실패는 잘 이겨내는 편이고 주변 사람이나 상황에 맞춰 자신을 적절히 조절할 수 있다. 하지만 아동은 성실함과 친화력을 발휘하는 과정에서 자신의 주관적인 느낌, 욕구나 감정을 소홀히 할 수 있다. 이러한 성향의 아동의 양육자는 아동의 표현되지 않는 마음을 잘 살필 수 있는 민감함이 필요하고 호기심과 적응력을 잘 발달시킬 수 있도록 적절한 자극과 환경을 제공해 주어야 한다.

(8) 얼룩말 유형

이러한 유형의 아동은 관심사가 다양하고 호기심도 많으며 적극적인 편이다. 새롭고 낯선 것을 겁내지 않고 도전하고 처음 만나는 사람들과도 친화력을 발휘하여 잘 어울린다. 힘든 내색을 잘하지 않으며 활력이 넘치고 모험심이 강한 인상을 준다. 하지만 산만하고 충동적인 면이 있어 때로는 위험하거나 무모한 행동을 할 수 있고 집중력이 부족하여 한 가지 놀이나 활동을 지속하기 어려우며 인내심이 낮아 어렵거나 힘든 일에 직면하면 쉽게 포기하거나 중단할 수 있다. 따라서 양육자는 이러한 유형의 아동을 활발하고 적극적이지만 다소 산만하고 참을성이 부족하다고 생각할 수 있다. 이러한 유형의 아동의 양육자는 안전한 환경을 만들어 주고 공감과 적절한 한계 설정해 주고 자신의 감정이나 행동을 조절할 수 있도록 도와주어야 한다.

 **참고문헌**

김재환, 오상우, 홍창희, 김지혜, 황순택, 문혜신, 정승아, 이장한, 정은경(2014). 임상심리검사의 이해(2판). 서울: 학지사.

김중술, 한경희, 임지영, 이정흠, 민병배, 문경주(2005). 다면적 인성검사 Ⅱ 매뉴얼. 서울: 마음사랑.

김지혜, 조선미, 홍창희, 황순택(2009). 한국 아동 인성 평정 척도. 서울: 한국가이던스.

민병배, 오현숙, 이주영(2007). TCI 기질 및 성격검사 매뉴얼(TCI-Family Manunal). 서울: (주) 마음사랑.

민병배, 오현숙, 이주영(2021). TCI 기질 및 성격검사 통합 매뉴얼 개정판. 서울: (주) 마음사랑.

박영숙, 박기환, 오현숙, 하은혜, 최윤경, 이순묵, 김은주(2019). 현대 심리평가의 이해와 활용. 서울: 학지사.

오현숙, 민병배(2004). TCI 기질 및 성격 검사 매뉴얼: 청소년용. 서울: 마음사랑.

최은실, 윤진영, 최해훈, 김수아(2022). STS 6요인 기질검사. 서울: 학지사.

하은혜(2021). 아동 · 청소년 심리평가. 서울: 학지사.

한경희, 임지영, 김중술, 민병배, 이정흠, 문경주(2017). 다면적 인성검사 청소년용 매뉴얼 개정판. 서울: 마음사랑.

한경희, 임지영, 문경주, 육근영, 김지혜(2018). 다면적 인성검사 청소년용 재구성판 매뉴얼. 서울: 마음사랑.

Archer, R. P., & Krishnamurthy, R. (2002). *Essentials of MMPI-A assessment.* New York: Wiley.

Archer, R. P., Gordon, R. A., Kirchner, H. A. (1987) MMPI Response-Set Characteristics Among Adolescents, *Journal of Personality Assessment, 51, 4.*

Butcher, J. N., Dahlstrom, W. G., Graham, J. R., Tellegen, A. M., & Kaemmer, B. (1989). *Minnesota Multiphasic Personality Inventory-2(MMPI-2): Manual for administration and scoring.* Minneapolis: University of Minnesota Press.

Butcher, J. N., Williams, C. L., Graham, J. R., Tellegen, A., Ben-Porath, Y. S., Archer, R. P., & Kaemmer, B. (1992). *Manual for administration, scoring, and interpretation of the Minnesota Multiphasic Personality Inventory for Adolescents: MMPI-A.* Minneapolis: University of Minnesota Press.

Cloninger, C. R., Cloninger, K. M., Zwir, I., & Keltikangas-Järvinen, L. (2019). The complex genetics and biology of human temperament: a review of traditional

투사검사는 투사기법을 사용한 검사들을 아우르며 다양한 검사들이 존재한다. 투사검사의 가장 두드러진 특징은 여타의 심리검사들에 비하여 검사 자극은 대부분 모호하고 애매하며 검사 지시는 단순하며 수검자가 자유롭게 반응할 수 있다는 점이다. 투사검사는 이처럼 모호한 자극과 검사 상황에서 수검자가 반응을 도출하는 과정에 수검사의 사고방식, 정서, 심리적 갈등, 문제해결 방식, 정신병리 등이 드러나게 된다고 가정한다.

투사검사에는 여러 가지 종류가 있다. 로르샤흐 검사처럼 많은 학자들이 연구를 지속해 온 검사도 있는 반면 임상에서는 많이 사용되고 있지만 최근에는 비교적 연구가 제한적인 검사들도 존재한다. 투사검사 I에서는 임상 장면에서 아동평가 시 빈번히 사용되고 있는 투사검사인 집-나무-사람 검사(HTP), 동작성 가족화 검사(KFD), 문장완성검사(SCT) 등을 소개하고, 제8장 투사검사 II에서는 로르샤흐 검사와 아동용 주제통각검사(K-CAT)를 소개하고 각각의 실시 및 해석 방법에 대해 살펴보고자 한다.

1. 집-나무-사람 검사(HTP)

1) 개관

투사적 검사 가운데 아동심리평가에서 가장 빈번히 이용되는 검사는 그림화 검사라고 할 수 있다. 그림은 아동이 세상을 어떻게 보고, 느끼고, 생각하는지를 나타내 주는 세계 공통적인 언어라 할 수 있다. 특히, 논리적인 사고력과 언어적 유창성이 발달하기 이전인 11세 이하의 아동들에게 그림은 자신의 내면을 나타내 주는 가장 자연스러운 표현 수단이다(신민섭, 2017). 그림 검사의 이론적 가정은 사람들은 자신에게 형성되어 있는 심상으로 세계를 보는 경향이 있으며 이는 투사를 통해 나타나게 된다는 것이다(최정윤, 2016). 즉, 자아 심상이 투사적 검사를 통해 드러난다는 것이다.

우리 주위의 여러 가지 대상들 중에서도 '집', '나무', '사람'은 누구에게나 친숙하면서 한편으로는 상징성이 강한 대상이다. 이런 대상들에는 그 대상을 인지하여 개념화하는 사람의 성격 발달과 연합되어 있는 독특한 정서적·표상적 경험이 쉽게 스며

들면서 하나의 상징체를 형성하게 된다. 우리는 이러한 상들을 그려 보게 함으로써, 수검자의 경험을 '투사'라는 형태로 만날 수 있는 하나의 방법을 얻을 수 있는 것이다(최정윤, 2016).

성격검사 도구로서의 인물화 검사는 지능검사의 부산물로 탄생되었다. Goodenough(1926)는 아동용 지능검사 도구로서 인물화 검사를 고안하였는데, 검사를 사용해 나가는 과정에서 인물화가 지능만이 아니라 성격적 요인에 대해서도 풍부히 드러내고 있음을 발견하였고, 이후 인물화 검사는 중요한 투사적 검사로 활용되고 있다. Buck(1948, 1966)은 집과 나무 그림을 포함한 HTP(house, tree, person) 검사를 개발하였고 현재 그림화 검사 가운데 가장 많이 활용되고 있다. 특히, 일부 수검자들이 인물화 검사의 '사람을 그려 보라'라는 검사 지시에 불안을 느끼기도 하는데, 집과 나무 그림은 보다 중립적인 자극이면서도 투사를 유발하는 것으로 밝혀지면서 검사에 포함되었다.

그림화 검사의 타당도와 신뢰도에 대해 일부 논쟁이 있어 왔으나, 다음과 같은 장점으로 인해 임상적 활용도가 높다. ① 짧은 시간에 간단히 실시할 수 있다. ② 복잡한 채점절차를 거치지 않고 그림을 직접 해석할 수 있다, ③ 연령이나 지능에 제한받지 않는다. ④ 외국인과 문맹자에게 적용할 수 있으며 언어 표현이 어려운 수줍거나 억압된 사람들에게도 적용할 수 있다.

'집' 그림은 전반적으로 가정생활과 가족 간의 관계에 관한 인상에 대한 정보를 제공해 주며 보다 의식적인 측면을 반영하는 것으로 나타났다. '나무'나 '사람' 그림은 주로 성격의 핵심적인 갈등 및 방어에 대한 정보를 제공해 주는데, '나무' 그림은 더 깊고 무의식적인 감정을 반영한다. '나무' 그림은 자기 노출을 하는 데 대한 불편감이 덜하여 방어의 필요성을 약화시키기 때문에, 보다 심층적인 감정들을 투사하기 쉽게 된다. 한편, '사람' 그림은 기본적으로 수검자의 자기개념이나 신체상을 나타낸다고 볼 수 있으나, 때로는 상황적인 정서 상태나 태도가 나타나기도 한다.

그림 검사 해석 시 반드시 유념해야 할 점이 있다. 그림 검사 해석 시 한 개의 그림 내용만으로 해석해서는 안 된다. 그림 검사를 해석할 때는 그림 검사의 구조적 그리고 내용적 요소를 모두 고려해야 하며, 이와 더불어 여타의 심리검사 자료들과 수검사의 면담 내용 그리고 과거력 등을 함께 고려해서 해석하도록 한다. 국내에서 아동과 청소년의 그림 검사는 신민섭 등(2002)이 임상 사례와 해석 방법을 자세히 제시하고 있으며 본문의 내용을 이를 참조하여 기술되었다.

2) 실시

(1) 그림 단계

그림화 검사를 실시하기 위해서는 A4 백지 4장, HB 연필, 지우개, 초시계를 준비하도록 한다. 수검자가 그림을 그리기 시작해서 완성할 때까지의 시간을 측정해서 기록하며 인물화의 경우에는 주인공 성별(수검자에게 질문)과 순서를 함께 기입하도록 한다.

그림화 검사에 대한 일반적인 지시는 다음과 같이 한다.

> "지금부터 몇 가지 그림을 그려 봅시다. 잘 그리고 못 그리는 것과는 상관없으니 자유롭게 그려 보세요."

이후, 집, 나무, 인물에 대한 순서로 그림화 검사를 실시하며 각각 시간을 측정한다. 각각의 검사에 대한 지시는 다음과 같다.

집(A4 용지 가로로 제시)
"여기에 집을 그려 보세요."

나무 (A4 용지 세로로 제시)
"이번에는 나무를 그려 보세요."

사람 (A4 용지 세로로 제시)
"여기에 사람을 그려 보세요."

첫 번째 사람 그림이 완성된 후 "이 사람의 성별은 무엇입니까?"라고 질문하고 기록한 후 다시 종이를 세로로 제시하면서 방금 그린 그림의 반대 성을 그리도록 지시하고 시간을 측정한다(예: "이번에는 '여자'를 한번 그려 보세요."). 얼굴만 그리는 수검자에게는 '전신 그림을 그리도록' 지시한다. 그려진 그림이 만화적이거나 막대형의 그림(stick figure)이라면 '온전한 사람'을 다시 한번 그리도록 한다.

그림 그리기를 힘들어하는 수검자에게는 '그림솜씨'를 측정하는 검사가 아님을 설명하고 편안하게 임할 수 있도록 도와주며 검사 수행 시 수검자의 말과 행동을 모두 관찰하고 기록해 둔다. 이는 모호한 상황에서 수검자가 어떻게 대처하는지에 대한 단서를 제공한다.

(2) 질문 단계

집, 나무, 인물 그림이 모두 완성된 후 각각의 그림에 대해 여러 가지 질문을 하는 단계다. 정해져 있는 일정한 형식은 없고 각각의 수검자에게 맞는 질문을 하는 것이 좋다. "이 그림에 대한 당신의 느낌을 자유롭게 말씀해 보세요."라거나 "이 그림에 대한 이야기를 한번 만들어 보세요." 정도의 질문도 좋다. 이것은 그림에서 수검자가 나타내고 있는 개인적인 의미, 즉 현상적 욕구나 압박의 투사 등을 보기 위함이다(최정윤, 2016). 일반적으로 하는 질문들의 예는 다음과 같다.

① 집
- 누구의 집인가?
- 누가 살고 있는가?
- 이 집안의 분위기는 어떠한가?
- 무엇으로 만들어졌는가?
- 나중에 집이 어떻게 될 것 같은가?

② 나무
- 이 나무는 어떤 종류의 나무인가?
- 나무의 나이는 몇 살인가?
- 나무가 죽었는가 살았는가?
- 나무의 건강은 어떠한가?
- 나무 주변에는 어떤 것들이 있는가?
- 나무의 소원은 무엇인가?

• 나중에 이 나무는 어떻게 될 것인가?

• 나무를 그리면서 생각나는 사람이 누구인가?

③ **사람(각각의 그림에 대하여)**

• 이 사람은 누구인가?

• 이 사람은 몇 살인가?

• 이 사람은 무엇을 하고 있는가?

• 이 사람은 어떤 생각을 하고 있는가?

• 이 사람의 기분은 어떠한가?

• 이 사람의 소원이 있다면 무엇일까?

• 나중에 이 사람은 어떻게 될 것인가?

3) 해석

그림 검사 해석 시 고려해야 할 점은 그림의 구조 및 표현 방식과 더불어 그림의 내용들이다. 우선 구조 및 표현적 요소를 살펴보겠다.

(1) 구조적/표현적 요소

① 수검 태도와 수검 시간

검사 시에 나타난 수검자의 태도에 따라 검사 해석이 달라질 수 있다. 예를 들어, 그림을 그리는 데 소요되는 시간이 지나치게 짧거나 지나치게 길 때, 지시를 하고 나서 한참 동안 그리지 않는 경우는 그 그림을 그리는 것에 대한 갈등이 내재되어 있음을 시사한다. 또는 그림 속의 특정 부분을 반복해서 지우거나 덧그리는 경우도 그 부분을 상징하는 것에 대한 갈등을 나타내는 것이라고 할 수 있다.

② 그림을 그린 순서

그림을 그리는 순서나 양상을 통해 수검자의 내적 갈등과 그러한 갈등이 주는 심리적 위협을 어떻게 방어하는가에 대한 양상을 알아볼 수 있다. 다음의 경우를 주의해서 살펴본다.

그림을 다시 그린 경우 그 이전을 비교해서 살펴보아야 한다. 예를 들어, 좁은 어깨를 가진 인물화에서 넓은 어깨로 고쳐 그렸다면 이 수검자는 새로운 상황에서 쉽게 열등감을 느끼지만 다음 순간 강한 모습으로 자신을 포장할 것이라고 가정해 볼 수 있다.

그림의 순서를 비교한다. 인물화에서는 대개 자기 성과 동성을 먼저 그리는 것이 일반적인데, 다른 성을 먼저 그렸다면 수검자가 본인의 성역할에 갈등이 내재되어 있거나 또는 이성에 대한 비중이(긍정적이든, 부정적이든) 큰 상태임을 시사한다.

그림선의 질 변화를 비교해서 살펴보아야 한다. 처음에는 스케치하듯 그리다가 여러 번 덧칠한다면 자신감이 없고 불안 수준이 높은 수검자가 이를 보상하기 위해 많은 노력을 기울이는 사람이라는 가설을 세울 수 있다.

그림을 그리는 순서를 살펴보아야 한다. 사람을 그리는 경우 일반적으로 머리부터 그리는 데 발을 먼저 그리고 머리, 다리, 팔 등의 순서로 그린다면 사고장애나 전반적 발달장애의 가능성을 고려해 볼 수 있다.

그림을 그리는 수행 수준의 변화를 살펴보아야 한다. 예를 들어서, 집이나 나무를 그릴 때는 적절히 수행했으나 인물화에서 주저하고 그림을 완성하지 못한다면 본인의 자아상이나 대인지각에 갈등과 어려움이 내재되어 있을 가능성이 있다.

③ 그림의 크기

용지의 2/3 정도를 활용하여 그리는 것이 일반적이며 그림의 크기를 통하여 수검자의 자아존중감, 자기에 대한 과대평가 여부, 공격성, 충동적이니 성향, 행동화 가능성에 대한 단서를 찾아볼 수 있다.

- 지나치게 크게 그린 경우: 한정된 공간 안에서 자기표현을 조절하지 못했다는 점에서, 공격성이나 충동 조절의 문제, 이와 관련된 행동화(acting out)의 가능성을 시사할 수 있다. 또는 자아팽창, 과대망상과 자신에 대한 과대평가(grandiosity) 등을 동반하는 조증 상태에 있음을 시사한다. 일부는 내면의 열등감과 무가치감을 보상하려는 시도를 반영할 수 있다. 나이가 어린 아동이 그림을 크게 그릴 경우 이는 주로 과활동성, 공격성, 인지적 미성숙과 관련되며, 청소년의 경우에는

내면의 열등감과 부적절감에 대한 과잉보상 욕구, 행동화 경향성, 충동성을 시사하는 경우가 더 많다. 성인은 조증 상태와 관련되는 경우가 많다.

• 작게 그린 경우: 수검자 내면에 열등감, 부적절감, 자신감 및 자기효능감의 저하를 반영하다. 수줍어하거나 사회적 상황에서 불안감을 느끼고, 지나치게 억제되어 있을 수 있으며 위축감 및 이와 관련된 우울감을 시사한다.

④ 그림을 그린 위치

종이의 어느 위치에 그림을 그렸는가를 통해서 수검자에 대한 여러 가지 단서를 찾아볼 수 있다.

• 종이 가운데 그렸을 경우: 일반적으로 그림을 그릴 때 종이의 중앙 부분에 그리는 것이 가장 흔하며 적절한 안정감을 느끼고 있음을 반영한다. 다만, 과도하게 중앙에 그리려고 한다면 수검자가 불안정감을 느끼며 인지적·정서적으로 경직되어 있고 대인관계에서도 융통성이 없는 유형일 수 있다.

• 우측에 치우쳐 그렸을 경우: 그림을 종이 우측에 그리는 사람은 좀 더 안정되어 있고 행동 통제를 잘하며, 욕구 만족 지연 능력이 갖추어져 있고, 지적인 만족감을 선호하는 경향이 있을 수 있으며 인지적으로 감정을 통제하려는 경향이나 억제적 경향을 반영할 수 있다.

• 좌측에 치우쳐 그렸을 경우: 경험적 연구에 따르면 충동적으로 행동하려는 경향성, 욕구와 충동의 즉각적인 만족을 추구하려는 경향성 등을 반영할 수 있다고 한다.

• 상단에 치우쳐 그렸을 경우: 그림을 종이 상단에 그릴 경우 욕구나 포부 수준이 높고, 현실 세계보다는 공상 속에서 만족감을 얻으려는 경향성이 있거나 달성하기 어려운 목표에 대한 갈등과 스트레스를 경험할 수 있다.

• 하단에 치우쳐 그렸을 경우: 그림을 종이 하단에 치우쳐 그릴 경우 불안정감과 부적절감이 내면화되어 있거나 우울증의 가능성, 또는 이상 보다 실제적인 것을 추구하는 경향성을 나타낼 수도 있다.

⑤ 지우기(erasure)

그림을 그리다가 자주 지우거나, 특히 그림의 어떤 부분을 지웠을 경우는 그 수검자에게 그 부분이나 그 부분이 상징하는 내용과 관련하여 내적 갈등이 있음을 추론해 볼 수 있다. 지나치게 여러번 지운다면 내면의 불확실감, 내적 갈등으로 인한 우유부단함, 내면의 불안감과 초조함, 자기 불만족 등과 관련될 수 있으며 지운 다음에 다시 그렸는데도 그림의 질이 향상되지 못했다면 이는 내적인 불안감을 강하게 시사한다.

⑥ 필압

필압은 수검자의 에너지 수준에 대한 지표로, 긴장 정도, 공격성 및 충동성에 대한 정보를 제공하며 강한 필압은 자신감이 있거나 주장적, 독단적, 공격성, 분노 감정이 내재되어 있는 경우를 반영한다. 약한 필압은 수검자가 에너지 수준이 낮고, 자신이 없고, 우유부단하고, 소심하며, 현재 상황에서 적응을 잘하지 못하고 있을 가능성을 시사한다. 아동의 경우 강한 억압이나 박탈 또는 거부 경험과 관련될 수 있다.

⑦ 선의 길이

선의 길이는 행동 통제 경향과 관련될 수 있는데, 긴 선의 길이는 행동을 적절히 통제함을, 지나치게 긴 선은 과도하게 억제하는 경향을 반영한다. 짧게 그려진 선은 충동성과 흥분하기 쉬운 경향성과 관련된다.

⑧ 세부 묘사

그림화에서 특정 그림을 지나치게 자세히 그리거나, 그림의 어떤 부분을 과도하게 자세하게 표현하는 경우 그 부분 또는 그 부분이 상징하는 심리적 측면과 관련하여 내적인 갈등이 있음을 시사한다. 일반적으로 '집' 그림에서는 최소한 문 하나, 창문 하나, 벽 하나, 지붕 하나가 포함된다. '나무' 그림에는 줄기와 가지가 포함되어야 하고, '사람' 그림에서는 머리, 몸, 두 다리, 두 팔, 두 눈, 코, 입, (두 귀) 등이 포함되어야 한다(Buck, 1948). 적절한 수준의 세부 묘사가 생략되어 있다면, 에너지 수준의 저하, 사회적 위축 등의 우울증적 특성을 시사하며 심하면 정신증적인 상태를 반영할 수 있다. 과도한 세부 묘사는 강박증, 불안, 과민, 행동화에 대한 두려움 등을 시사한다.

⑨ 왜곡

왜곡은 대상을 일반적인 형태가 아닌 왜곡된 형태로 그리는 것을 의미한다. 특정 부분을 생략하거나 왜곡하는 것은 수검자의 내적 갈등 및 불안과 관련될 수 있으며 이해할 수 없을 정도로 극단적인 왜곡이 나타날 경우 현실검증력의 장애를 시사한다.

⑩ 대칭

대칭성의 과도한 결여(한쪽 다리는 가늘고, 다른 쪽 다리는 과도하게 굵다면) 이는 정신병적 상태나 뇌기능장애를 시사할 가능성이 있으며 지적장애 아동들에게서도 흔히 나타난다. 반면, 엄격한 양측 대칭은 성격적으로 융통성 부족, 과도한 억압과 주지화 경향성, 강박적인 정서 통제, 불안정감을 반영한다.

⑪ 투명성

사람을 그리고 내장이나 뼈가 보이는 것처럼 그리는 경우를 말하며 판단력 결함, 현실검증력의 문제, 정신증적 상태를 시사할 수 있다. 다만 6세 미만의 어린 아동들이나 지적장애아들에게 흔하게 나타날 수 있어 투명성은 인지 능력의 미성숙함과 관련될 수 있다.

⑫ 움직임 묘사

사람이 걷거나 동물이 뛰어가는 모습을 그리는 등 그림에 움직임이 표현되는 경우 대개 내적 유능성을 반영하지만, 우울 상태의 경우에는 움직임이 별로 나타나지 않는다.

⑬ 기타 여러 가지의 투사적 요소
- 구름: 불안
- 그림자: 불안/갈등
- 과도하게 크게 그려진 태양: 부적절감(특히, 권위자와의 관계에서)

⑭ 종이를 돌리는 경우

종이를 이리저리 돌려가며 그림을 완성하는 경우 반항성 혹은 부정적 경향성을 시사하거나 시각–운동 협응력의 어려움과 관련될 수 있다. 계속해서 같은 방향으로만 종이를 돌린다면 이는 보속성을 나타내기도 한다.

4) 집

여기서는 '집', '나무', '사람' 각각에 대해서 Machover(1951), Levy(1959)가 제시한 해석적 가설들을 중심으로 소개하기로 하겠다.

집 그림은 수검자의 자기지각, 가정생활의 질 혹은 가족 내에서의 자신에 대한 지각을 반영한다. 집 그림은 수검자의 현실의 집, 과거의 집, 원하는 집 혹은 이것들의 혼합일 수 있다. 또는 수검자의 어머니를 상징적으로 표현한 것일 수도 있고, 어머니에 대한 느낌을 드러내는 것일 수도 있다.

집 그림에서는 그림의 전체적인 모습을 평가함과 더불어 필수 요소인 지붕, 벽, 문, 창 등을 어떻게 그렸는가에 유의해서 해석해야 한다.

(1) 지붕

지붕은 정신생활, 특히 내적인 공상 활동을 상징한다.

• 과도하게 큰 지붕은 내적 공상 속에서 즐거움과 욕구 충족을 추구하며 외부 대인 접촉으로부터 철수되어 있음을 나타낼 수 있다. 소망 충족적 공상을 보이는

우울한 아동들의 특징일 수 있다.

• 지붕을 작게 그린 경우는 내적인 인지 과정이 빈약하거나 회피하거나 억제하는 경향성을 반영할 수 있다.

• 지붕을 그리지 않는 경우는 내적인 공상 또는 인지 과정을 표현하지 못하고 있음을 의미하며 사고장애, 현실검증력의 장애를 시사할 가능성이 높다.

• 지붕을 기와나 벽돌 등을 정교하게 표현한 경우는 강박적인 성향을 나타내며, 내적 인지 과정이나 공상을 강박적인 방식으로 통제하고자 할 수 있다.

(2) 벽

벽은 수검자의 자아 강도와 자아 통제력에 대한 정보를 준다.

• 벽의 지면선이 강조된 경우는 불안, 잘 통제되지 않는 부정적 태도를 나타낸다.

• 벽을 그리지 않거나 적절히 연결되지 않은 경우는 매우 드문데, 자아 통제력의 와해 및 현실검증력의 손상을 의미하며 조현병 환자에게서 나타난다.

• 하나의 벽면만 그려진 2차원적으로 표현된 집 그림은 자신에 대한 제한되고 피상적인 부분만 드러내고자 하는 욕구를 반영한다.

• 허물어지려는 벽은 자아강도가 약화되어 있고 자아 통제력이 취약해져 있음을 시사한다.

• 벽의 경계선이 과도하게 강조되어 있는 경우 자아강도가 강함을 의미할 수도 있지만 정신증 초기 상태에서 자아의 경계를 유지하기 위한 의식적인 노력을 반영할 수 있다.

• 내부가 보이는 투명한 벽은 현실검증력과 자아 통제력의 장애를 시사하지만, 5세 이하 아동의 경우에는 정상적인 수준으로 받아들여지고 있다.

• 벽돌이나 결무늬 등이 그려진 벽은 사소한 것에 대한 과도한 집착이나 강박적·완벽주의적 성격 경향을 시사한다. 자폐스펙트럼장애가 있는 아동의 그림에서도 이러한 양상이 나타난다면 상동증적 보속성 또는 기계적인 자극처리 경향을 반영한다.

(3) 문

문은 외부 세계와 연결되는 통로로써 수검자의 대인관계에 대한 태도를 보여 준다.

• 문이 없다면 외부와의 상호작용에서의 심리적 철수 경향이나 고립감, 가족 내 거리감 등을 시사한다.

• 작은 문은 다른 사람들과 관계를 맺고 싶은 욕구와 더불어 이에 대한 거부감, 두 려움, 불편감 등의 양가감정을 느끼고 있을 가능성이 있다. 사회적인 관계가 빈 약하고 위축되어 있거나, 사회적 기술이 부족할 수 있다.

• 과도하게 큰 문은 사람들과의 관계 형성이나 인정, 수용을 중요하게 여기고 있 거나 타인에게 매우 의존적일 수 있다.

• 열린 문은 외부의 정서적 수용과 따뜻함을 갈구하고 있을 수 있다.

• 문 앞에 화분 등을 놓아서 문이 가려진 경우는 외부 세계와의 상호작용에 부정 적이거나 양가적 감정을 경험하고 있을 가능성이 있다.

(4) 창문

창문은 환경과 간접적인 접촉 및 상호작용을 하는 매개체로, 인간의 '눈'과 같은 역 할을 한다. 큰 창문을 하나, 작은 창문은 두세 개 그리며 화분이나 커튼으로 창문을 많이 가리지 않게 그리는 것이 일반적이다.

• 창문이 생략된 경우 대인관계에서 불편감을 느끼고 위축, 철수되어 있음을 반 영한다.

• 창문 수가 많다면 과도하게 자신을 개방하고 다른 사람들과 관계를 맺고자 하고 있음을 반영한다. 4개 이상의 창문은 관계 형성에 대한 불안감을 보상하려고 시 도하고 있을 수 있다.

• 커튼과 차양이 없는 경우는 자신의 감정을 숨길 필요가 없음을 반영한다.

• 커튼이나 화분 등이 함께 그려진 창문은 정상적일 수 있지만 창문이 가려질 정 도라면 대인관계에서 상처받지 않기 위해 방어적일 수 있다.

• 창문에 두 개 이상의 격자가 그려진 경우 가정이 안정적이기를 바라고 있거나 가정을 감옥처럼 답답하게 느끼고 있음을 반영하는 것일 수 있다.

• 창문의 위치는 일반적으로 문 높이보다 아래쪽에 그리지만, 지붕에 창문이 그려

진 경우라면 자신을 표현하는 것을 감추고 싶어 하거나 내적인 고립감과 위축감을 시사할 수 있다.

(5) 굴뚝

굴뚝과 굴뚝의 연기 등은 가족 간의 애정과 교류에 관한 정보와 애정 욕구와 관련된 좌절감이나 상실감, 우울감 등을 반영할 수 있다. 굴뚝과 벽난로가 일반적인 외국과 달리 우리나라는 그렇지 않으므로 동화책에서 보았던 굴뚝을 그리는 경우도 많아서 해석 시 주의가 필요하다.

- 덧칠이 되어 있거나 큰 크기로 강조된 굴뚝은 강박적인 성향을 반영할 수 있으며 가족 간의 애정과 상호작용에 대해 과도하게 염려하고 집착하고 있을 가능성이 있다.
- 굴뚝이 생략된 경우는 가정에서 따뜻함을 느끼지 못할 가능성이 있으나, 우리나라 아동들은 그리지 않는 경우가 많으므로 임상적 의미가 없을 수 있다.
- 굴뚝에서 나오는 짙고 많은 연기가 나오는 경우에는 애정이나 따뜻함에 대한 욕구와 관심이 높으나 좌절과 결핍감을 경험하고 있음을 반영할 수 있다.

(6) 진입로와 계단

진입로와 계단은 다른 사람들과 접촉하고 관계를 맺고 있다는 심리적 근접성과 관련되어 있다. 계단이나 출입로를 안 그린 경우에 외국 아동은 사회적 관계에서 수동적이거나 회피적인 태도를 가지고 있음을 반영할 수 있지만 우리나라는 그리지 않는 경우가 흔하므로 임상적 의미를 부여하지 않아도 된다.

- 매우 긴 진입로는 대인관계에서 심리적 접근에 어려움을 가지고 있는 경우다.
- 집의 입구로 가면서 좁아지는 진입로는 대인관계에서 개방적이지만 다른 사람과 가까워지는 것을 주저하고 있음을 반영한다.
- 넓은 진입로는 사회관계에 대해 심리적 접근성을 가지고 있는 경우를 시사한다.

(7) 그 밖의 특징들

- 집을 의인화(로봇화)하거나 그린 경우 아동들에게는 정상적일 수 있으며 아동이 아니라면 지적장애, 기질적 문제를 나타내는 경우라고 할 수 있다.
- 집의 청사진을 그린 경우라면 가정 내에 심각한 갈등이 내재되어 있을 가능성이 있다.

(8) 기타의 부속물

집 이외에 울타리, 산, 나무 등을 더 그린 경우라면 수검자가 강조하거나 다른 부분과 조화를 이루지 못하는 부속물에 대해 질문 단계를 통해 수검자가 그 부속물에 대해 가지고 있는 의미를 탐색하도록 한다.

- 집 주위에 수풀과 나무 등을 덧그렸다면 주의를 끌려는 욕구나 의존 욕구 등을 반영한다.
- 태양을 그리는 경우는 성인에게는 매우 드문 일이지만 아동들은 빈번히 그리기도 하며, 이 경우 강조된 태양은 강한 애정 욕구 및 좌절감 등을 시사할 수 있다.
- 울타리는 방어적인 태도, 구름이나 그림자는 일반화된 불안 등을 반영할 수 있다.

⑨ 집과 지면이 맞닿은 선

집과 지면이 맞닿은 선은 현실과의 접촉 및 그 접촉의 안정성을 나타내는 것으로 가정해 볼 수 있으며, 공상에 몰입해 있는 조현병 환자는 공중에 떠 있는 듯한 집 그림을 그리기도 한다. 지면성을 그리지 않았으나 집의 밑부분을 안정되게 그린다면 별 다른 임상적인 의미를 갖지 않는다.

5) 나무

나무를 그릴 때 수검자는 수많은 기억으로부터 자신이 가장 감정이입적으로 동일시했던 나무를 선택한다(Hammer, 1958). 수검자는 자신의 내적인 감정이 가는 방향으로 나무를 수정하고 재창조하면서 그림을 그려 나가게 된다. 그러므로 나무 그림은 자기 자신에 대한 무의식적이고 원시적인 자아개념의 투사와 관련이 있다. 이를 통해 수검자의 성격 구조의 위계적 갈등과 방어, 정신적 성숙도 및 환경에의 적응 정도를 엿볼 수 있다. 예를 들면, 어떤 수검자는 타인과 상호작용하며 즐거움을 나누는 경험이 적어서 '가지'를 빼고 그리기도 한다. 때로, 가지가 부러진 나무를 그림으로써 수검자가 겪은 환경적 압력으로 인한 상처를 반영하기도 한다. 이런 식으로 나무를 그리는 과정에 수검자 자신의 내적 상을 투사하게 되는 것이다.

Buck(1948)의 주장에 따르면, 나무 그림의 둥치는 기본적 힘과 내적인 자아강도에 대한 수검자의 느낌을 제시하며, 가지는 환경으로부터 만족을 얻을 수 있는 능력에 대한 수검자의 느낌을 묘사하고, 그려진 나무 전체의 구조는 수검자의 대인관계 균형감을 반영한다고 한다.

나무 그림을 해석할 때는 전체적 · 직관적으로 파악하는 과정이 필요하다. 우선적으로 전체적인 모습을 파악함으로써 조화, 불안, 공허, 단조로움 혹은 적의, 경계 등의 인상을 받을 수 있다. 이것이 해석의 첫 단계이고, 이후 체계적인 분석을 하는 것이 필요하다.

(1) 나무 기둥

나무의 기둥은 나무를 지탱해 주는 기본적인 부분으로 수검자의 자아강도나 심리적 발달에 대한 지표를 제공해 준다.

• 나무 기둥을 그리지 않은 경우는 극히 드문데 정신증적 상태에 있음을 나타낼 수도 있으며 때로는 자기 부적절감이 높고, 억제 및 회피 경향성 등을 의미할 수

있다.

- 나무 기둥만 그린 경우는 우울감과 심리적 위축 등을 반영한다.
- 기둥을 너무 크거나 높이 그린 경우라면 약한 자아 강도 및 성격 구조에서 기인된 불안감을 과잉보상하고자 시도하고 있음을 의미한다.
- 나무 기둥이 매우 흐리게 그려진 경우라면, 정체성 상실, 자아의 붕괴에 대한 긴박감, 강한 불안감을 나타낼 수 있다.
- 나무 기둥이 좁고 흐리게 그려진 경우라면 심리적 위축 또는 무력감 등을 시사한다.
- 기둥에 옹이 구멍을 그려 넣은 경우라면 성장 과정에서 경험한 외상적 사건, 자아의 상처를 의미한다고 할 수 있다.

(2) 가지(branch)

가지는 성격 조직과 함께, 환경으로부터 만족을 구하고 타인과 접촉하며 성취를 향해 뻗어 나가는 피검사자의 자원을 나타낸다. 가지는 사람 그림에서의 팔과 무의식적인 유사성을 가진다. 가지가 윗쪽(환상 영역)으로 그리고 양 옆쪽(현재 환경)으로 뻗어 나가는 나무화는 만족 추구가 균형 잡힌 사람에게서 나타난다.

- 가치를 지나치게 크게 그렸을 경우는 성취동기나 포부 수준이 매우 높거나 자신감의 저하나 불안감을 과잉보상하려고 하고 있음을 반영한다.
- 가지를 지나치게 작게 그린 경우는 사회적 상황에 대처하는 데 수동적·억제적 태도 등을 반영한다.
- 가지를 그리지 않은 경우는 사회적으로 위축되어 있고 우울과 억제감을 경험하고 있는 것으로 반영된다.
- 부러지거나 잘린 가지는 옹이와 유사하게 외상적 경험을 반영한다.

(3) 수관

나무의 수관은 집 그림의 지붕이나 사람 그림의 머리와 유사하게 내적인 공상이나 사고 활동을 주로 상징한다.

- 수관이 크고 구름같은 모양일 때는 적극적 공상활동을 나타내지만 때로는 현실을 부정과 불만족하여 공상에 몰두할 가능성을 시사한다.
- 아무렇게나 그린 선으로 이루어진 수관은 정서적 불안정과 흥분, 충동성, 혼란스러움 등을 나타낸다.
- 수관에 덧칠해서 음영이 나타난 수관은 불안정, 우울, 과민함 등의 수검자의 부적응적인 상태를 반영한다.

(4) 잎

잎은 수검자의 성격과 정서에 대한 정보를 제공한다. 잎을 자세히 반복적으로 그린 경우는 유능감과 효과적으로 보이고 싶은 욕구가 높거나 강박적 보상행동을 통해 대인관계에서 경험하는 부적절감과 불안감을 보상하고자 시도하고 있음을 반영한다.

- 잎을 그리지 않았다면(겨울나무가 아닌 경우) 심리적으로 내적 황폐와 자아통합 어려움 등을 반영한다.
- 떨어지는(떨어진) 잎을 그렸다면 사회적 상황에서 좌절감을 경험했거나 유연하게 적응할 능력에 대한 상실감을 경험하고 있는 가능성이 있다.

(5) 뿌리

뿌리는 나무가 서 있도록 해 주는 역할을 한다는 점에서 수검자의 성격적 안정성 및 현실과의 접촉 정도를 반영한다.

- 뿌리와 지면을 모두 그리지 않은 경우에는 불안정감과 부적절감을 반영한다.
- 뿌리는 그리지 않더라도 나무가 그려진 지면 위에 있다면 어느 정도 안정감을 느끼고 있음을 반영한다.
- 지면을 그리지 않고 종이 밑면에 닿게 그린 경우에는 부적절감으로 인해 불안정한 상태이며 우울감을 나타내기도 한다.
- 뿌리를 지나치게 강조된 그림은 자신에 대한 불안정감을 느끼며 현실 접촉에 대해 염려하고 있음을 반영한다.
- 땅을 움켜쥔 듯한 발톱 모양의 뿌리 그림은 현실 접촉이 상실될지도 모른다는

위기의식을 반영하기도 한다.

- 지면 아래로 뿌리를 보이도록 완성된 그림은 현실검증력 손상을 나타낼 수 있지
  만 나이 어린 아동이나 지적 능력이 제한적인 경우라면 정상적인 현상으로 해석
  하지 않는다.

(6) 부수적인 내용들이 포함된 경우

나무 그림에서 열매, 꽃, 새, 둥지, 동물, 그네 등 부수적인 내용을 더 그려 넣은 경
우라면 상황적 구조의 한계(종이) 속에서 부수적인 것들을 주변에 두어 세상과의 상
호작용에 대한 불안을 보상하려는 욕구를 반영하는 것일 수 있다.

(7) 주제

나무화의 주제는 개인의 심리적 상태를 반영한다.

- 사과나무는 성인의 경우 미성숙과 퇴행을 반영하지만, 아동의 경우 의존 및 애
  정 욕구를 시사한다.
- 가지가 늘어진 버드나무는 우울을 반영한다.
- 죽은 나무는 사회적으로 위축되어 있거나 우울과 죄책감 또는 깊은 부적절감 및
  열등감 등을 반영하며 예후가 부정적이다.
- 거대한 나무는 공격적 경향과 지배 욕구를 반영하며 과잉보상적 행동과 행동화
  의 경향성을 시사하며 작은 나무는 낮은 에너지 수준, 열등감 및 부적절감, 철수
  경향 등을 반영한다.
- 열쇠 구멍 모양의 나무는 반항적 · 적대적 충동 성향과 검사에 대한 비협조적인
  태도 등을 반영한다.
- 나무의 나이는 그 수검자의 심리적 · 정서적 · 성격적 성숙 정도의 좋은 지표가
  될 수 있으며 아동의 연령보다 높은 경우는 내적인 미성숙함을 부인하거나 과시
  적인 태도를 통해 보상하고자 할 가능성을 시사한다.

6) 사람

사람 그림은 자화상이 될 수 있으며 이상적인 자아, 중요한 타인, 다른 사람들을 어떻게 지각하고 있는지 나타낸다. '집'이나 '나무'보다 직접적으로 자기상을 나타내지만, 방어를 유발해서 의식적 · 무의식적으로 왜곡된 자아상을 보여 주기도 한다. 특히, 아동들은 '중요한 타인'을 더 많이 드러내는데, 특히 부모의 모습이 잘 표현된다. 사람 그림에서는 그림의 크기, 전반적인 인상과 각 신체 부위, 의복과 같은 구성 요소, 남성과 여성을 그리는 순서, 그림에 대한 설명 등을 살펴보아야 한다.

(1) 머리

상징적으로 아동의 지적 능력 및 공상 활동에 대한 정보 및 충동과 정서의 통제 등에 관한 정보를 제공한다(집 그림의 지붕, 나무 그림의 수관과 유사하게 해석).

- 다른 부위에 비해 너무 크게 그린 머리는 자신의 지적 능력에 대해 불안감을 느껴 과도하게 보상하고자 하는 욕구로 인해 과시적으로 표출하거나 내적인 소망 충족적 공상에만 과도하게 몰두할 가능성이 있다. 단 6세 이하 아동의 경우 몸에 비해 머리를 크게 그리는 것이 정상적이다. 머리의 크기는 인지적 · 정서적 성숙 수준을 반영한다.
- 머리를 너무 작게 그린 경우라면 수검자가 자신의 지적 · 사회적 능력에 부적절감, 열등감 및 억제적이고 위축된 태도를 보일 수 있다.

- 물건이나 모자 등으로 머리가 가려지게 그리는 경우에는 수검자가 자신의 지적 능력에 대해 자신이 없고 불안감을 느끼거나, 공상 세계에만 몰입하고 있음을 반영할 수 있다.

(2) 머리카락

육체적 욕구와 관계가 있으며, 간접적으로는 성적인 에너지를 나타내는 것으로 생각된다.

- 머리카락이 많고 진하게 그린 경우는 성격적으로 주장적 · 적극적 때로는 공격적인 태도를 보일 수 있다. 때로는 외모나 성적 매력에 대해 자신감이 낮지만 이를 과잉보상하려는 경우가 많으며, 자기애적 성격이나 히스테리성 성격 특성을 고려해 볼 수 있다.
- 머리카락을 그리지 않은 경우는 외모에 대해 자신이 없고 위축감을 느끼고 있음을 의미할 수 있다. 그러나 아동 수검자라면 종종 있으므로 해석하지 않는다.

(3) 얼굴

얼굴은 개인적 만족이나 불만족 또는 감정을 전하고, 의사 전달을 할 수 있는 주요 수단으로 대인관계에 대한 태도 등을 살펴볼 수 있다. 얼굴에서 이목구비가 생략된 경우라면 대인관계가 갈등적이며 회피적 · 피상적일 수 있다. 또한 과도하게 소심하고 경계할 수 있으며 아동의 경우 적응에 어려움이 있을 수 있다.

① 얼굴의 방향

얼굴의 방향을 정면을 향하는 것이 일반적이다.

- 옆얼굴을 그린 경우 자신감이 부족하고 외모에 대한 자신감이 낮아서 사회적 접촉을 회피하고 있을 가능성을 의심할 수 있다.
- 뒤통수를 그린 경우는 수검자가 세상과 직면하기를 원치 않는 것으로 해석될 수 있다. 외모에 대한 극도의 불안감, 자신이 없는 것과 관련되어 매우 예민하고 세상에 대해 억제적 · 회피적 태도를 가졌음을 시사할 수 있다. 억압된 분노감이나

거부적 태도를 반영하기도 한다.
- 신체는 정면을 향하지만 얼굴은 측면을 그린 경우라며 드문 경우로, 대부분 지적장애, 사고장애나 신경학적 장애를 시사한다.

② 눈

눈은 외부 세계와의 접촉을 위한 가장 기본적인 기관으로 외부로부터 정보를 수용할 뿐 아니라 수검자의 태도나 기분을 드러내주며 다른 사람들과 어떻게 관계 맺는지에 대한 정보를 제공해 줄 수 있다.

- 크게 그린 눈은 다른 사람들과 상호작용 시 지나치게 예민함을 나타낸다.
- 눈동자가 진하게 강조되어 있다면 대인관계에서 불안감과 긴장감을 느끼며 다른 사람에 대해 의심하고 경계적이며 편집증적 경향성이 있을 수 있다.
- 작거나 감은 눈은 사회적 상호작용에서 걱정이 많고 위축되고 회피하고자 함을 나타낼 수 있다.
- 눈동자를 그리지 않은 원모양의 눈은 자기중심성과 미성숙으로 다른 사람의 감정에 대해 인식하지 못하고 있거나 내적 공허감을 반영할 수 있다.
- 머리카락이나 모자로 눈을 가린 경우는 사회적 불안으로 인해 감정을 표현하고 타인의 감정을 수용하는 데 매우 위축되어 있음을 반영할 수 있다.

③ 코

코 역시 외부 세계의 정보를 받아들이며, 반응하는 방식을 반영하며, 외모에 대한 관심 여부나 정도를 알 수 있게 해 준다.

- 코를 너무 크게 그린 경우라면 대인관계의 정서적 자극에 대한 예민함과 외모에 지나친 관심을 가지고 있음을 의미할 수 있다.
- 코를 너무 작게 그린 경우라면 외모에 대해 자신이 없고 위축되어 있으며, 대인관계에서 감정 교류에 대해 수동적이고 회피적인 태도를 반영할 수 있다.
- 코를 그리지 않는 경우라면 자신이 다른 사람들에게 어떻게 보일지에 대해 예민하게 신경 쓰고 걱정이 많을 수 있으며 사회적 상황에서 위축되고 회피적일 수

있다. 아동들의 경우 수줍음이 많고 대인관계에서 철수되어 있을 수 있다.

④ 입

입은 세상과 의사소통하고, 음식으로 살아갈 수 있게 해 주는 기관이며, 관능적 만족의 원천으로, 아동의 그림에서는 머리와 입이 가장 어려서부터 나타난다.

- 입이 과도한 크게 그린 경우에는 타인과의 정서적 교류, 애정의 교류에 있어 불안감을 느끼지만 과도하게 적극적·주장적이고 심지어 공격적인 태도를 취함으로써 역공포적으로 불안감을 보상하고자 할 수 있다.
- 입을 너무 작게 그린 경우에는 내적 상처를 받지 않으려 정서적 상호작용을 회피하거나 타인의 애정 어린 태도를 거절하고자 하며, 과거 이와 관련된 절망감이나 우울감을 느꼈던 적이 있음을 시사할 수 있다.
- 입을 그리지 않은 경우에는 음식은 상징적으로 타인의 애정을 의미할 수 있으므로, 입을 그리지 않았다는 것은 애정의 교류에 있어서 좌절감이나 무능력감, 위축감, 양가감정을 느끼고 있음을 의미할 수 있다. 특히, 애정을 주는 주요 인물(예: 부모)과의 관계에 상당한 갈등이나 결핍이 있음을 시사할 수 있다.
- 치아를 그리는 경우는 흔하지 않다. 어린 아동들은 행복이나 기쁨을 나타내기 위해서 웃는 모습 속에 이를 그리는 경우가 있는데 이는 해석하지 않는다. 그 외의 경우라면 정서적·애정적 욕구 충족의 좌절, 유아적 구강 공격성이 내재되어 있는 경우가 있다.
- 입에 다른 물건(담배 등)을 물고 있는 모습은 구강애적 경향성을 생각해 볼 수 있다.

⑤ 귀

귀는 다른 사람들로부터 정보를 받아들이는 통로로, 정서 자극을 수용하고 반응하는 방식에 대해 알 수 있다.

- 귀를 너무 크게 그린 경우라며 외부 정보를 지나치게 받아들이려 하여, 대인관계 상황에서 예민함을 의미할 수 있다. 때로는 편집증적인 경향성이나 환청 가

능성을 시사한다.

- 귀를 너무 작게 그린 경우라면 정서적 자극을 피하고 싶고 위축되어 있음을 의미할 수 있다.
- 귀를 그리지 않은 경우는 흔하며 해석하지 않지만 때로는 사회적 관계에서의 위축, 회피적 태도 등을 반영하며 머리카락이나 모자로 귀를 가린 경우에도 이러한 가능성을 시사한다.
- 귀걸이를 그린 경우라면 외모에 대한 높은 관심을 반영하며 타인에게 과시적인 자기애적 욕구를 시사할 수 있다.

⑥ 목

목은 머리와 몸을 연결해 주는 신체 기관으로 머리의 인지적 활동(사고, 공상, 감정)과 몸의 신체 반응과의 관계를 나타낸다.

- 가늘고 긴 목은 자신의 행동 조절이나 충동 통제에 대한 욕구와 경직되고 완고한 성격적 특징 등을 반영하는데 그 이면에서 행동 조절이나 충동 통제 실패에 대한 두려움과 자신감 부족 등으로 인해 통제된 생활을 강조하거나 억제된 욕구를 해소하기 위해 내적 공상에 몰두할 가능성이 있다.
- 짧고 굵은 목은 통제력 부족을 반영하며 때로는 충동적인 감정 표출이나 행동할 가능성을 시사한다.
- 목이 생략된 경우는 10대 후반의 성인이라면 인지적 활동이나 신체적 반응에 대한 통제력 모두가 약화되어 신체적 행동의 통합이나 조절이 부족한 상태, 즉 뇌기능 장애, 해리장애, 혹은 사고장애일 가능성을 강하게 시사한다. 어린 아동들은 목을 그리지 않는 경우가 흔하다.

⑦ 팔

팔은 외부 환경과 직접적인 접촉을 하는 신체 부위로, 환경과의 상호작용 및 현실 대처와 욕구를 충족하는 방법에 대한 중요한 지표로 나무 그림의 가지와 비슷한 상징적 의미를 가지고 있다.

- 짧은 팔은 대처 능력이나 상호작용 능력에 대한 부적절감과 수동의존성 등을 의미하며, 너무 길게 그려진 팔은 상호작용 능력에 대한 부적절감을 과잉 보상하려함을 반영한다.
- 길고 굵은 팔은 환경을 통제하려는 시도와 자율성에 대한 욕구 등을 반영한다. 그 기저에는 세상과 교류하는 것에 대해 무능력감을 경험하며 이를 과잉보상하려 함을 의미할 수 있다.
- 길고 약한 팔은 높은 의존 욕구와 무력감을 반영하는데, 단일선으로 팔을 표현한 경우라면 부적절감과 수동성이 매우 높을 수 있다.
- 팔을 등 뒤로 돌리거나 옆모습을 그려서 한쪽 팔이 안 보이는 경우라면, 환경 또는 다른 사람과 관계를 형성하려는 욕구는 있으나 양가감정과 부적절감을 느끼며 위축되고 회피적으로 행동할 수 있다.
- 양팔을 모두 그리지 않은 경우는 드문 경우로, 정신증적 상태에서 보이는 지각적 왜곡을 시사하거나, 심한 우울로 인한 무력감, 위축, 철수적 태도 등을 반영한다.
- 팔짱을 끼고 있는 모습은 다른 사람에 대해 의심 많고 적대적이고 공격적이나 방어적인 태도로 이를 통제하려는 욕구를 반영한다.
- 팔을 등 뒤로 돌리거나 가려지게 그린 경우는 대인관계에서 관계 형성의 욕구는 있으나 부적절감과 무력감을 느끼고 있음을 의미한다.

⑧ 손

손은 세상과의 교류, 자신의 욕구 충족을 위한 행동, 현실에서의 대처 행동을 보다 정교하게 할 수 있는 부분으로, 통제 능력 및 방식을 구체적으로 반영한다.

- 극단적으로 큰 손이나 덧칠되어 강조된 손은 공격적 충동이나 환경에 대처 능력에 대한 부적절감을 과잉 보상하고자 함을 의미할 수 있다.
- 작은 손이나 흐릿하고 명확하지 않게 그려진 손은 사회적 상호작용이나 생산활동에서 자신감 부족과 내적 부적절감을 의미할 수 있다.
- 손을 주머니에 넣은 그림은 회피 경향성 및 심한 양가감정을 느끼고 있음을, 주먹 쥔 손은 억압된 공격성을 의미할 수 있다.
- 장갑 낀 손은 사회적 상호작용이나 환경에 대처하지 못하고 간접적인 방식으로

상호작용하고 싶어 함을 의미할 수 있다.

- 팔을 그렸지만 손은 그리지 않은 경우, 사회적 상호작용에 대한 소망은 있으나 이러한 교류를 제대로 해낼 수 없을 것 같은 불안감 간의 심한 내적 갈등이 있음을 시사할 수 있다.
- 손가락, 손톱, 손마디까지 세밀히 묘사한 경우, 공격성이나 불안을 강박적으로 통제하려는 시도와 주지화 등을 나타낸다. 또는 정신증 초기에 강박적으로 신체상에 집착하는 경우도 있다.

⑨ 다리와 발

다리와 발은 목표 지점을 향해 자신의 위치를 옮기고, 충족감을 줄 수 있는 원천에 다가갈 수 있게 하며, 환경의 위험으로부터 도피할 수 있게 해 주고, 현실 상황에서 지탱해 설 수 있게 해 주는 역할을 하므로, 이와 관련된 심리적 상태와 특성을 알 수 있다. 어깨, 팔과 함께 접촉을 위한 부위다. 신체를 유지하고 균형을 취하는 기능을 하며, 안정감이나 불안정감, 신체적·심리적 이동성과 관련이 있다.

- 다리가 강조된 경우(너무 굵게 그리거나 근육질) 내적 부적절감을 과잉보상하고자 자기주장적이고 공격적인 행동을 나타낼 가능성이 있다.
- 다리를 그리지 않은 경우 대처 능력에 대한 자신감 부족, 부적절감을 의미하며 두 다리를 그리지 않은 경우라면 무력감과 부적절감이 심하여 우울한 상태로 위축되어 있음을 시사한다.
- 길게 그린 다리는 자율성, 독립성에 대한 욕구가 강한데, 현실 대처 능력과 관련된 부적절감, 무력감을 과잉보상하려는 욕구를 시사할 수 있다.
- 큰 발은 과도하게 안정감을 추구하고 있으며, 매우 작은 발은 자율성에 대한 부적절감과 두려움, 위축을 느끼고 있음을 의미할 수 있다.
- 발이 생략된 경우 독립적이 되는 것에 대한 심한 부적절감을 느끼고 있으며 현실지각의 왜곡이 있을 가능성도 의심해 보아야 한다.
- 발가락은 옷을 입은 인물화에서는 잘 드러나지 않지만, 옷을 입었지만 발가락을 그렸다면 공격적 성향을 나타낸다.

⑩ 몸통

몸통은 기본 추동(basic drive)과 내적인 힘을 보유하고 있는 부분으로, 기능하는 '내적인 힘'에 대한 지각과 적절감 등을 반영한다. 매우 어린 아동들의 경우 몸통이 생략된 것이 정상적이지만 학령기 아동이 몸통을 그리지 않았다면 학업 부진, 적응장애 등을 반영한다. 또한 학령기 이후 몸통이 생략된 그림은 지적장애, 뇌 손상, 치매나 정신증적 상태의 심리적 퇴행을 고려해 볼 수 있다.

- 매우 큰 몸통은 욕구와 추동이 불만족한 상태로 주변 사람들에게 요구적이며, 권위주의적인 태도를 나타냄으로써 내적 결핍감을 과잉보상하려 함을 의미할 수 있다.
- 매우 작거나 가는 몸통은 자신의 힘이나 신체와 관련하여 부적절감을 느끼며, 수동적으로 억제된 행동을 시사한다.

⑪ 가슴 및 유방

남자 그림에서의 가슴은 자신의 능력이나 힘에 대한 주관적인 지각을 반영하며, 수검자의 성별과 그림의 대상이 자기인지 혹은 자기 대상인지에 따라 해석이 달라진다.

여자 그림에서의 유방은 성적 욕구나 성적 매력의 과시를 나타낸다. 또한 유방은 모유를 공급하는 부분이라는 면에서 의존 욕구 및 애정 욕구를 반영하기도 한다. 유방은 드러나지 않는 경우가 대부분으로 유방이 드러난 경우 주로 해석을 한다.

⑫ 어깨

어깨는 짐을 지거나 무게를 지탱하는 능력을 나타내어, 상징적으로 책임을 지는 능력 또는 신체적 힘에 대한 욕구와 관련된다.

- 딱 벌어진 어깨를 그린 경우 책임감이 강하고, 때로는 상황을 지배하거나 권위를 내세우고자 하는 태도가 있음을 나타낼 수 있다.
- 좁은 어깨는 책임을 완수하는 능력에 대한 자신감이 없고, 부적절감과 열등감을 느끼고 있음을 반영한다.

⑬ 허리선

허리선은 몸통의 상부와 하부를 구분하여 준다. 몸통의 상부는 남성에게는 신체적인 힘을, 여성에게는 양육과 성을 의미하며, 몸통의 하부는 남성에게는 성적 기능을 여성에게는 성적·생산적 기능을 상징한다.

- 허리선이 강조(벨트 등으로)된 경우는 자기 과시적인 형태로, 신체와 관련된 충동을 비교적 잘 통제하고 있음을 반영한다.
- 지나치게 꽉 조인 허리선은 성적 충동에 대한 통제에 어려움이 있으며, 갈등과 불안감을 경험하고 있음을 시사한다.

⑭ 의상

옷은 자기방어 또는 자기 과시를 나타낸다.

- 옷을 너무 많이 입힌 화려한 그림은, 피상적이고 외향적 성격이나 주목받고 싶은 욕구와 사회적 지지에 대한 높은 욕구 등을 반영한다.
- 옷을 입지 않았다면, 어린 아동의 경우 정상적일 수 있지만, 관음증 같은 성적 부적응을 나타낼 수 있다.
- 단추를 강조해서 그린 경우라면, 수검자가 내적 힘의 부족감을 느끼며 안정감을 얻기 위해 타인에게 의존하고 있음을 나타낼 수 있다.
- 넥타이가 강조(특히, 중년기 이후의 남성의 경우)되어 있는 경우라면, 자신의 힘이나 능력과 관련하여 자신이 없고 부적절감을 느껴 과잉보상하려고 하고 있음을 나타낼 수 있다.

⑮ 그 외의 특징

- 수검자들은 대개 동성의 인물화를 완성하는데, 이성을 먼저 그렸다면 자기개념이 빈약하고, 자신의 성 정체성에 대한 갈등 또는 동성애 경향 등을 반영할 수 있다.
- 옷을 그리지 않은 채 성기가 드러나 있거나, 옷을 입은 모습인데도 성기를 보이게 그리는 경우는 매우 드문데, 이는 정신증적 상태에 있음을 의미하는 경우가 대부분이며, 그렇지 않다면 성적 능력에 대한 극심한 불안감 또는 성 정체성의

불안정성을 시사할 수 있다.

⑯ 정상적이고 건강한 '사람' 그림(Urban, 1963)

- 머리, 몸, 두 다리, 두 팔, 두 눈, 코, 입, (두 귀) 등의 필수적인 세부를 포함
- A4 용지에 대략 15~20cm의 크기로, 10~12분 정도에 걸쳐 완성
- 중앙이나 약간 아래에 위치
- 머리와 얼굴부터 그림
- 비율이 적당하고 적절한 자발성이나 움직임을 보임
- 비교적 균형이 잡혀 있고, 보기에 이상하지 않음
- 지우개를 거의 사용하지 않거나, 사용할 때는 그림의 질이 향상됨
- 필압과 획의 강도가 일정
- 수검자와 동일한 성에 대해서 먼저 그리며, 시간을 더 들이고 숙고하여 세부적인 부분까지 그림
- 눈에는 눈동자를 그리나, 코에는 콧구멍을 그리지 않음
- 옷이 입혀진 상태이며 '남성' 그림일 경우 벨트를 그림
- 발이나 귀가 강조되지 않음
- 생략된 부분이 최소한임

2. 동작성 가족화 검사(KFD)

Burns와 Kaufman(1970)은 아동에게 그의 가족들이 무언가를 하고 있는 장면을 그리도록 간단히 요구하는 동작성 가족화 검사를 개발하였다. 동작성 가족화 검사는 가족 구성원들의 움직임을 첨가하여 그리도록 함으로써 아동의 자아 개념과 가족에 대한 역동, 상호작용에 대한 정보를 제공하고 가족에 대한 아동의 감정을 표출할 수 있다고 가정한다.

1) 실시

수검자 앞에 놓인 탁자 위에 A4용지 1장(가로 방향)과 2호 굵기의 연필, 지우개를 놓아 주고, "너를 포함해서 가족들이 무언가를 하고 있는 그림을 그려 주겠니?"라고 지시한다. 아동이 만화 그림이나 가만히 있는 그림을 그리면 "만화나 움직이지 않고 서 있는 사람을 그리는 것이 아니라 무엇인가 하고 있는 장면을 생각해서 그려 보세요."라고 검사 지시를 내린다. 아동이 가족화 실시를 어려워한다면 "그림 그리는 실력을 보는 것이 아니니 그릴 수 있는 데까지 그리면 됩니다." 등으로 편안하게 임할 수 있도록 도와준다. 때로 "각자 따로따로 하는 그림을 그려도 되나요?"라고 질문하면 "하고 싶은 대로 그리면 됩니다."라고 대답해 준다.

아동이 가족화를 완성하는 동안 아동의 말이나 행동 등을 그리고 나면 소요 시간과 가족 그림 순서도 함께 기록한다. 아동이 그림을 그리고 나면 그려진 가족은 누구이고 아동과 어떤 관계이며, 무엇을 하고 있는지, 가족 중에 누락된 사람이 있는지 등을 질문하며 아동의 설명을 듣고 기록한다. 그려진 각 인물에 대해 다음과 같이 질문한다.

- 이 사람은 지금 무엇을 하고 있는가?
- 이 사람의 좋은 점은 무엇인가?
- 이 사람의 나쁜 점은 무엇인가?
- 이 그림을 보면 바로 무슨 생각이 드는가?
- 여기 가족화에 그린 상황 바로 전에 어떤 일이 있었을 것 같은가?
- 앞으로 이 가족은 어떻게 될 것 같은가?
- 만일 이 그림에서 무언가를 바꿀 수 있다면 무엇으로 바꾸고 싶은가?

2) 해석

Burns와 Kaufman(1970)은 '활동(action)', '양식(style)', '상징(symbol)'의 세 영역에 바탕을 둔 KFD 해석체계를 발전시켰다. Burns와 Kaufman(1970)은 우선 KFD 해석 체계를 적용하기 전에 가족 구성원이 어떻게 그려졌느냐 하는 것이 중요하다고 강조하였다. 즉, 실제 가족 중 빠진 사람이 있는지, 가족이 아닌데 그려진 사람이 있는지, 신체 부위가 생략되었는지 등을 우선 고려해야 한다고 보았다. 생략된 가족원은 그에 대한 아동의 태도가 부정적임을 시사하며, 그리기 힘들어하는 사람과는 갈등적 관계일 수 있다. 또한 본인을 그리지 않았다면 아동 자신의 자기 가치감과 자아존중감이 낮을 수 있다.

(1) 인물들의 활동 내용

아동이 전체 가족 구성원과 자신의 상호관계를 움직임이나 에너지의 흐름으로 다양하게 반영시켜 놓은 것을 활동 내용이라고 한다. 각 인물의 활동 내용은 다양한 임상적 의미를 제공해 준다.

우선, 그려진 가족 모두가 상호작용하고 있는지, 일부만이 상호작용하고 있는지, 아니면 상호작용 행동이 전혀 나타나지 않았는지에 따라 아동이 지각하는 가족의 역동성을 엿볼 수 있다. 예를 들어, 형과 권투를 하는 그림이나 아버지와 야구를 하는 그림과 같이 경쟁을 시사하는 그림에는 상호작용이 드러나 있지만, 서로 앉아서 다른 방향을 보고 있는 그림에는 낮은 수준의 상호작용을 고려해 볼 수 있다.

또한 인물의 행동은 아동이 지각하는 가족 내의 가족 구성원들의 역할을 나타내 주기도 한다. 가족 내의 아동의 역할은 발달 과정 중에 부모상 또는 남성성, 여성성에 영향을 미칠 수 있기 때문에, 이에 대해 살펴보는 것도 중요하다. 대체로 아버지상은 TV나 신문을 보는 모습, 일하는 모습으로 많이 그려지고, 어머니상은 부엌일이나 청소 등과 같은 집안일을 하는 모습을 많이 그린다. 자기상은 TV를 보거나 컴퓨터를 하는 모습, 공부하는 모습 등으로 흔히 표현된다.

(2) 그림의 양식

그림의 '양식'은 가족 성원 및 사물의 위치를 용지 안에서 어떻게 구성하는가를 의미한다(신민섭 외, 2013). KFD에서 아동은 다른 가족은 다 가까이 그리면서 한 특정인만 멀리 떨어뜨려 그리거나, 어떤 가족 구성원은 그리지 않거나, 또는 자신과 가까이에 특정인을 그리기도 한다. 이와 같은 그림의 양식은 아동이 가족 내에서 느끼는 친밀감, 신뢰감과 주관적인 느낌 및 태도와도 관련이 있다. 따라서 그림의 양식은 일반적으로 가족 구성원과의 상호작용 측면에서 해석되며, 특히 중요한 가족 성원과 상호작용하지 못하고 있는 그림은 아동에게 의미 있는 단서가 될 수 있다. 아동들이 그리는 그림의 양식은 다양하지만, 그 특징에 따라 일반적인 양식, 구획화, 포위, 가장자리, 인물하선, 상부의 선, 하부의 선 등 일곱 가지로 분류된다.

- **일반적 양식**: 가족 구성원들이 긍정적이고 애정적인 상호작용을 하는 그림을 그린다. 가족 간에 친밀감이 있으며, 온정적인 상호작용을 경험하는 아동에게서 보인다.
- **구획 나누기**: 가족화에서 가족 구성원들을 각각 구획화하여 분리해 그리는 경우다. 용지를 접거나 용지에 선을 그려서 구획 나누기를 시도하는데 가정 간의 애정과 긍정적인 상호작용이 부족한 아동에 의해 자주 그려진다. 가족 간의 접촉이 빈약하고 불편감을 느껴 분리시키려는 욕구를 반영하기도 한다.
- **포위**: 가족 구성원 가운데 일부를 선으로 둘러싸이게 그리거나, 또는 그네, 줄넘기, 가구 등과 같은 사물로 둘러싸이게 그리는 경우다. 아동에게 위협적이거나 힘들게 하는 대상을 분리하거나 제외시키고 싶은 욕구가 표현된 것일 수 있다.
- **가장자리**: 가족들을 A4용지의 가장자리 부분에 나열해서 그리는 경우다. 아동이 매우 방어적이며 가족 내에서 느끼는 어려움을 회피하려는 경향이 강함을 반영한다. 또한 다른 가족원과 친밀한 관계를 맺는 것에 대해서 저항적일 수 있다.
- **인물하선**: 특정 가족원 하단에 선을 긋는 경우로 대개 선이 그어진 대상에 대한 불안감을 반영한다.
- **상부의 선**: 용지 상단에 한 개 이상의 선을 그리는 경우다. 아동이 가정에서 안정감이 지각하지 못하거나 불안과 걱정, 위기감을 느끼고 있음을 반영한다.
- **기저선**: 기저선과 같은 한 개 이상의 선이 종이의 하단을 따라서 그려진 경우다. 가정이 아동에게 안정감과 정서적 지지를 제공하지 못하는 경우, 기저선은 안정감에 대한 욕구를 반영한다.

(3) 상징

KFD에서 그려진 그림의 상징들을 관찰하고 해석하는 것은 해석자의 능력과 주관 그리고 문화적 왜곡이 개입될 수 있으므로 어려운 일이다. 또한 상징을 해석할 때 일대일 식으로 해석하기보다는 다른 정보들도 함께 고려하여 세심하게 해석하여야 한다. 〈표 7-1〉에서는 KFD에 일반적으로 임상적인 의미가 있다고 인정되는 몇 가지 상징들의 예를 영역화하여 제시하였다.

〈표 7-1〉 **상징 해석**

상징 해석	표현된 내용
공격심, 경쟁심	공, 축구공, 그 외 던질 수 있는 물체, 빗자루, 먼지털이 등
애정, 온화, 희망	태양, 전등, 난로 등 열과 빛(빛이나 열이 강력하고 파괴적일 때는 애정이나 양육의 욕구, 증오심을 나타내기도 함)
분노, 거부, 적개심	칼, 총, 방망이, 날카로운 물체, 폭발물 등
힘의 과시	자전거, 오토바이, 차, 기차, 비행기 등
우울감	비, 바다, 호수, 강 등 물과 관계되는 모든 것

출처: 신민섭 외(2002). 그림을 통한 아동의 진단과 이해: HTP와 KFD를 중심으로. 서울: 학지사. 재인용.

(4) 역동성

인물 묘사의 순서, 인물상의 위치, 크기, 인물상 간의 거리, 얼굴의 방향, 특정 인물의 생략, 가족 성원이 아닌 사람의 묘사 등을 통해 그림 전체의 맥락에서 가족 간의 역동성을 파악할 수 있다.

① 인물 묘사의 순서

가족들을 그린 순서는 아동이 지각하는 가족 내 힘의 서열을 반영하거나, 아동에게 정서적·심리적으로 중요한 대상의 순서를 반영하기로 한다. 가족 외의 인물을 가장 먼저 그린 경우에는 아동은 가족에 대한 소속감이나 유대감이 형성되어 있지 않고, 그 인물은 가족은 아니지만 아동의 애착 대상일 수도 있다.

② 인물상의 위치

용지에 배치된 인물상의 위치에 따라 임상적인 의미가 있다. 예컨대, 용지의 상단에 그려진 인물은 가족을 이끌어 가는 주도적인 인물일 가능성이 높으며, 용지 하단에 그려진 인물은 우울하거나 활력이 부족할 수 있다. 중앙에 그려진 인물은 가족의 중심 인물일 수 있고, 우측에 그려진 인물상은 외향성 및 활동성을, 좌측에 그려진 인물은 내향성 및 침체성을 지닌 것으로 주로 해석될 수 있다.

③ 인물상의 크기

인물상의 크기는 가족들의 실제 키를 반영하거나, 아동이 각 가족 구성원에 대해 지니고 있는 감정과 태도를 나타낼 수도 있다. 키가 크게 그려진 인물은 가족 내에서 존경받는 대상이거나 권위적인 대상으로 가정에서 중심적 위치에 있을 가능성이 있고, 키가 작게 그려진 인물은 가족들에게 무시당하는 위치에 있을 가능성이 있다.

④ 인물상 간의 거리

인물상 간의 거리는 아동이 지각하고 있는 구성원 간 친밀성의 정도나 심리적 거리를 나타낼 수 있다. 가까이 그려져 있는 인물상의 구성원들은 서로 친밀함을 의미하는 것일 수도 있고, 반대로 구성원 간에 정서적인 거리감이 존재하여 이를 보상하고자 하는 표현을 반영할 수 있다. 거리가 멀리 떨어져 있는 두 인물 간에는 실제 상호작용이 별로 없어 친밀감이 부족하고 심리적인 거리감을 느끼고 있을 가능성이 있다.

⑤ 인물상의 방향

정면을 향하고 있는 인물은 아동이 긍정적으로 지각하고 있는 대상이며, 뒷모습이 그려진 인물은 부정적 태도와 억압된 분노감을 시사하며, 측면이 그려진 인물에 대해서는 양가적인 태도를 취하고 있을 가능성이 있다.

⑥ 인물상의 생략

가족 구성원 중, 특정 인물을 제외하고 그렸거나, 그렸다 지운 흔적이 있는 경우는 아동이 그 대상에게 양가감정을 느끼거나, 갈등적인 관계에 있음을 시사한다.

⑦ 타인의 묘사

같이 살고 있는 가족이 아닌 타인을 그리는 경우, 아동이 가족들과 정서적 교류나 친밀감을 느낄 수 없는 상태에 있음을 추측해 볼 수 있다. 주로 아동의 친구, 친척이 그려지는 경우가 많은데 이들은 아동이 정서적으로 가장 친밀하게 느끼거나 초기 발달 과정에서 애착과 기본적인 신뢰감을 형성했을 가능성이 높다.

(5) 인물상의 특징

KFD에서 흔히 나타나는 인물상의 특징을 살펴보면 다음과 같다.

① 음영

어떤 인물의 신체 한 부분에 음영이 그려진 경우, 그 신체 부분에 몰두하고 있거나 불안감을 느끼고 있음을 시사하며, 음영이 표시된 인물에 대한 분노감이나 적개심 등의 표현일 수 있다.

② 얼굴 표정

얼굴 표정은 직접적인 정서적 반응을 나타내는데, 가족화 인물의 표정은 실제 가족 활동 안에서 아동이 지각하는 정서 반응이거나, 아동이 가족 구성원에게 느끼는 정서 감정일 수 있다. 얼굴 표정을 생략한 경우라면 가족 내 갈등이나 정서적 어려움을 회피하거나 거리감을 두려는 시도로 해석할 수도 있다.

③ 회전된 인물상

다른 가족들과 다른 방향으로 그려진 가족 구성원은 아동이 그에 대해 느끼는 거리감, 거부감 또는 갈등적인 감정을 나타낸다.

④ 막대기 모양의 인물상

지적장애나 다른 뇌 손상이 없는 아동이 가족화를 막대기 모양으로 그린 것은 가족 간에 정서적 유대감과 애정적 교류의 부족 또는 갈등 관계를 반영하거나 갈등 관계에 있는 대상에 대한 저항을 나타내는 것일 수 있다.

3. 문장완성검사(SCT)

1) 개관

문장완성검사(Sentence Completion Test; 이하 SCT)는 투사검사로 완성되지 않은 문장을 제시하고 수검자가 문장을 완성하게 하는 검사다. Payne(1928)가 문장완성검사를 성격검사로 처음 사용했으며, Tendler(1930)와 Rohde(1946) 등은 문장완성검사가 내담자의 욕구, 내적 갈등, 환상, 감정, 태도, 야망, 적응상의 어려움 등에 대해 파악하고자 할 때 유용하다고 주장하였다. 이후 많은 학자들의 연구를 통해 문장완성검사의 임상적 활용의 가능성이 밝혀졌고, 문장완성검사는 심리검사 배터리에 포함되었으며 연구자마다 목적에 맞는 다양한 문장완성검사를 제작하였다. 현재 임상 현장에서는 Sacks의 문장완성검사(SSCT)가 가장 널리 사용되고 있으며, 한국에서는 이우경(2018)이 아동, 청소년, 성인용 세 가지 버전의 문장완성검사를 개발하여 활용되고 있다.

문장완성검사는 여타의 투사검사들에 비해 검사 목적이 분명하게 드러나기 때문에 방어적이거나 심리적으로 정교한 수검자는 자신이 드러내고 싶지 않은 것을 숨길 수 있고, 읽기와 쓰기 능력이 요구되어 어린 아동에게 실시하는 데 제한점이 따를 수 있다. 그러나 이러한 단점에도 불구하고 다음과 같은 다양한 장점들로 인해 임상적 활용도가 매우 높다.

첫째, 문장완성검사는 수검자가 주어진 문항을 완성하는 과정에서 드러내는 생각, 신념, 태도, 공상, 정서적 갈등 등을 탐색할 수 있다.

둘째, 실시와 해석이 비교적 간단하고 아동부터 성인까지 실시할 수 있으며 임상적 적용 가능성이 많아서 다양한 맥락에서 자주 사용되고 있다. 특히, 문장완성검사는 의식적인 수준에서 수검자가 인식하고 자각하고 있는 심리적 특성과 상태가 드러나는 경우가 많아 투사검사로서의 가치가 높다.

셋째, 문장완성검사는 흔히 수검자가 읽어 보고 스스로 작성하지만 읽기와 쓰기가 어려운 아동들이나 충동성, 주의산만 등으로 실시를 지속하기 어려운 아동들의 경우 평가자와 함께 실시하는 경우도 많이 있다. 이때 평가자는 문장완성검사를 아동과의 면담에 활용할 수 있으며, 반응 내용을 고려해서 아동 심리치료뿐만 아니라 부모면담 또는 부모상담 과정에 임할 수 있다.

넷째, 면담을 길게 하기 어려운 경우 문장완성검사를 실시하여 시간도 절약하고 초기 면접에서 간과하고 넘어갈 수 있는 핵심적인 주제를 파악할 수 있다.

2) 실시

문장완성검사는 개인과 집단 모두에게 실시될 수 있으며, 검사 소요시간은 약 20분에서 40분 이내다. 표준 지시문은 다음과 같다.

> "다음에 기술된 문항들은 뒷부분이 빠져 있습니다. 각 문장을 읽으면서 맨 먼저 떠오르는 생각을 뒷부분에 기록하여 문장이 되도록 완성하십시오. 솔직한 자신의 마음을 나타내야 하며 빠뜨리지 말고 모두 완성해 주십시오."

수검자들에게 정답, 오답이 없으므로 생각나는 대로 자유롭게 적도록 지시를 부가하기도 하며 자신이 '글을 잘 못 쓴다'고 이야기하는 수검자에게는 글씨나 문장의 좋고 나쁨을 걱정하지 말라고 이야기해 준다. 실제 읽기와 쓰기가 어려운 아동들에게는 평가자가 질문을 읽어 주고 아동이 대답하는 내용을 평가자가 기록하는 방식으로 적용하기도 한다. 이 경우 평가자의 견해가 반영되지 않도록 주의한다.

검사가 완성되면 평가자는 질문 단계를 실시하여 답변이 누락된 문항이나 중요하거나 숨겨진 의도가 있다고 여겨지는 문항들에 대해서 "이것에 대해 좀 더 이야기해 주세요."라고 부연 설명을 요청하기도 한다. 또한 반응을 하지 않은 문장에 대해 그 문장을 완성하도록 요청하는 것이 중요한데 이때 반응을 하지 않은 문장이 어떤 종류의 문장인지를 살펴보는 것도 필요하다. 또한 '친구들은: 나만 빼 놓고 논다', '우리 아빠는: 무섭다' 등과 같이 수검자에게 의미 있는 내용이라고 판단되면 좀 더 자세히 질문하도록 한다.

3) 해석

문장완성검사는 객관적 수치를 제공하는 양적 평가 및 해석 방식보다는 임상가의 경험과 지식에 의거하여 문항 응답을 질적으로 분석하고 해석한다. 즉, 검사 결과의 해석 시 문항 요인에 따라 분석하여 개인의 성격이나 적응 상태 등을 이해하게 된다.

(1) 형식적 분석

형식적 분석은 문장 구조나 구문, 문법, 언어 유창성, 철자, 마침표, 생략, 지우기, 상동증(stereotypy)적 표현 등을 살펴보는 것이다. 글씨체나 가독성도 여기에 포함된다. 문장이 매우 단편적이고 단문으로 되어 있는 경우 검사 동기 부족과 낮은 지능, 언어 표현력의 부족 등을 추론해 볼 수 있다. 사용된 어휘나 철자, 맞춤법 수준을 통해 아동·청소년이라면 인지 발달과 지적 능력을 가늠해 볼 수 있다. 생략된 문장이 많다면 부주의하거나 방어적인 태도를 예상해 볼 수 있다. 형식적 분석은 문장완성검사 프로토콜을 처음 훑어보면서 눈에 띄는 부분을 포착할 수 있으며 여기서 받은 인상을 나머지 분석 과정에서 검증을 해 나갈 수 있다.

프로토콜을 읽다 보면 눈에 띄는 문항과 내용들이 드러나기 마련이다. 간혹 청소년이나 성인 가운데 아동기 경험이나 과거 기억을 현재 시제로 쓰는 사람들이 있는데, 이것은 의존적이고 정서적으로 미성숙한 것을 드러낸다. 지적장애가 있는 사람들도 과거 이야기를 현재 시제로 쓰기도 한다. 가끔씩 권위상에 대한 불편감이나 도전 의식으로 인해 성인이지만 청소년 같은 태도를 드러내기도 한다.

보속증(perseveration)은 정신장애나 언어적 무능함, 혹은 집착의 지표가 되기 때문에 형식적 측면에 해당되지는 않는다. 언어적 개념이 부족해서 같은 단어를 기계적으로 반복하는 것은 보속증과는 다르다. 반면 보속증적 반응은 정서장애나 기질적 뇌 손상의 증거가 될 수 있다.

(2) 내용 및 주제 분석

문장완성검사에 기술된 문장 내용 및 주제를 바탕으로 수검자의 사례를 분석하는 것은 가장 많이 사용되고 있는 접근법이다. 이 방법은 문장완성검사에 표현된 수검자의 열망, 흥미, 태도, 기분, 가치 혹은 다른 분명한 성격 특성이 의식적으로 표현된 것을 탐색하는 것이다. 예를 들면, 간단하면서도 눈에 띄는 반응을 전체 프로토콜에서 발췌하여 살펴보면 현재 가정생활, 야망, 좌절, 사회적, 종교적 특징 등 수검자의 중요한 특성이 압축, 요약될 수 있다. 성인 문장완성검사와 아동·청소년 문장완성검사를 나누어 보다 구체적으로 살펴보면 다음과 같다.

① 성인용 문장완성검사

현재 임상에서 많이 사용되고 있는 SSCT(Sacks, 1950)는 가족, 성, 대인관계, 자기개념 4개 영역을 세분화하여 총 15개의 영역으로 분류하고, 각 영역에 대해서 수검자가 보이는 손상의 정도에 따라 3점 척도로 평가하도록 하였다. 2점은 심한 손상으로 정서적 갈등을 다루기 위해서 치료적 도움이 필요하다고 평가되며, 1점은 경미한 손상으로 정서적 갈등이 내재되어 있으나 치료적 도움이 필요 없는 경우이며, 0점은 유의한 손상이 발견되지 않는 경우, ×는 확인이 불가능, 불충분한 경우다. 그 수치를 통해 수검자를 최종평가하는데 실제 임상 현장에서는 양적 평가보다는 질적 반응 분석이 더 일반적이다. 각 영역의 문항들의 예와 고려해야 할 해석적 정보들을 살펴보면 다음과 같다.

■ 가족 영역

가족 영역은 어머니, 아버지 및 가족에 대한 태도를 측정한다. 어머니와 아버지 그리고 가족 전체에 대한 태도를 나타내도록 하는 문장으로 구성되어 있다. 피검자가 경계적이고 회피적인 경향이 있다 하더라도 네 개의 문항들 중 최소 한 개에서라도 유의미한 정보가 드러나게 된다.

어머니와 나는 _____

내가 바라기에 아버지는 _____

우리 가족이 나에 대해서 _____

■ 성적 영역

성적 영역은 이성 관계에 대한 태도를 포함하고 있다. 이 영역의 문항들은 사회적인 개인으로서의 여성과 남성, 결혼, 성적 관계에 대하여 자신을 나타내도록 한다.

내 생각에 여자들은 _____

내가 성교를 했다면 _____

■ 대인관계 영역

대인관계 영역은 친구와 지인, 권위자에 대한 태도를 포함한다. 이 영역의 문항들은 가족 외의 사람들에 대한 감정이나 자신에 대해 타인이 어떻게 느끼는지에 관한 피검자의 생각들을 표현하게 한다.

내가 없을 때 친구들은 _____

윗사람이 오는 것을 보면 나는 _____

■ 자기개념 영역

자기개념 영역은 자신의 능력, 과거, 미래, 두려움, 죄책감, 목표 등에 대한 태도를 포함한다. 이 영역에서 표현되는 태도들은 현재, 과거, 미래의 자기 개념과 그가 바라는 미래의 자기 상과 실제로 자기가 될 것 같다고 생각하는 모습에 대한 정보를 제공해 준다.

무슨 일을 해서라도 잊고 싶은 것은 _____

내가 저지른 가장 큰 잘못은 _____

내가 믿고 있는 내 능력은 _____

내가 어렸을 때는 _____

언젠가 나는 _____

나의 평생 가장 하고 싶은 일은 _____

② 아동용 문장완성검사

이우경(2018)이 개발한 아동 문장완성검사(SCT-C)는 주로 초등학교 학생들의 심리적 특성을 평가하기 위해 개발되었다. 문항들은 아동기의 발달적 특징을 고려하여 구성되었으며 기존의 검사들보다 간략한 30문항으로 구성되어 있다. SCT-C는 크게 자기, 가족, 타인 및 세상, 행복/꿈/욕구, 학업, 부정적 감정과 스트레스 반응으로 영역을 나누어 분석할 수 있다.

각 영역과 주제별로 해당되는 일부 문항을 〈표 7-2〉에 제시하였다. 자기 영역에

〈표 7-2〉 SCT-C 아동 문장완성검사

영역	주제	제시된 문장
자기	강점	내가 제일 잘하는 것은 -
	약점	내가 제일 못하는 것은 -
	자기개념	나는 -
가족	엄마	우리 엄마는 -
	아빠	우리 아빠는 -
	형제, 자매	우리 언니/오빠/누나/형/동생은 -
	가족 분위기	우리 가족은 -
타인 및 세상	친구	내가 가장 좋아하는 친구는 -
	타인	내가 가장 좋아하는 선생님은 -
행복/꿈/욕구	행복	내가 가장 행복할 때는 -
	꿈	내가 이루고 싶은 소원은 -
	욕구	내가 가장 좋아하는 놀이는 -
학업	공부	공부하는 것은 -
	학교생활	학교생활은 -
부정적 감정과 스트레스 반응	두려움	내가 가장 무서워하는 것은 -
	걱정	가장 걱정되는 것은 -

서는 자신의 강점과 약점, 자기개념을 요약할 수 있다. 가족 영역에서는 엄마, 아빠, 형제, 자매에 대해 아동이 지각하고 있는 것을 측정할 수 있게끔 되어 있다. 세상 영역에서는 아동에게 중요한 또래관계, 친구, 선생님 등에 대한 지각을 측정할 수 있다. 행복/꿈/욕구 영역에서는 아동이 갖고 있는 행복, 꿈, 욕구에 대한 주제를 요약할 수 있다. 학업 영역에서는 공부와 학교생활에 대한 주제가 들어가며, 부정적 감정과 스트레스 반응 영역에서는 두려움, 걱정, 슬픔, 스트레스 반응과 같은 주제가 들어가 있다.

각 영역에 해당되는 주제별로 내용을 분석한 다음의 주제에 맞게 수검자의 지각과 태도를 해석할 수 있다. 인지 영역에서는 자기지각, 타인지각, 미래 지각을, 정서 부분에서는 핵심 정서와 갈등, 정서 갈등을 요약 설명할 수 있다. 또한 행동 면에서는 문제가 되는 행동, 부정적 감정과 스트레스 반응 양식을, 가족 및 대인관계 영역에서는 가족과 또래관계, 선생님과의 관계 등 주변 인물에 대한 태도를 설명할 수 있다.

③ 청소년 문장완성검사(SCT-A)

이우경(2018)이 개발한 SCT-A 청소년 문장완성검사는 아동용과 마찬가지로 자기 개념, 가족에 대한 지각, 친구 등 대인지각과 학업 부분을 강조하였다. 특히, 청소년기의 주요한 발달 과제인 정체성과 관련하여 정체성 형성에 중요한 요소들인 자기개념, 또래관계와 가족 관계 속에서 지각되는 자아 이미지, 신체상, 청소년이 느끼는 바람직한 역할 모델과 동일시를 통해 자신의 정체성을 형성해나가는 특성들을 반영하는 문항들이 다수 포함되어 있다.

SCT-A의 내용 분석틀은 SCT-C와 마찬가지로 크게 자기, 가족, 타인 및 세상, 행복/꿈/욕구, 학업, 부정적 감정과 스트레스 반응으로 구성되어 있다. 각 영역과 주제별로 해당되는 일부 문장을 〈표 7-3〉에 제시하였다. 자기 영역에서는 자신의 강점과 약점, 자기개념을 요약할 수 있다. 청소년 시기는 가족에 대한 분위기나 태도가 어

〈표 7-3〉 SCT-A 청소년 문장완성검사

영역	주제	번호	제시된 문장
자기	강점	12	내가 가장 잘하는 것은 -
	약점	10	친구들이 잘 모르는 -
	자기개념	3	나는 -
가족	엄마	5	우리 엄마는 -
	아빠	14	우리 아빠는 -
	형제, 자매	24	우리 언니/오빠/누나/형/동생은 -
	가족 분위기	1	어렸을 때 우리집은 -
타인 및 세상	친구	2	친구들은 -
	타인	22	내가 가장 싫어하는 사람은 -
	세상	38	세상은 -
	권위상	7	선생님은 -
행복/꿈/욕구	행복	9	나를 가장 즐겁게 하는 것은 -
	꿈	31	이다음에 크면 -
	욕구	6	내가 가장 갖고 싶은 것은 -
학업	공부	20	공부하는 것은 -
부정적 감정과 스트레스	두려움	16	내가 가장 두려워하는 것은 -
	걱정	21	요즘 제일 걱정이 되는 것은 -

느 정도 형성되는 시기이기 때문에 가족 영역에서는 SCT-C의 엄마, 아빠, 형제, 자매외에 가족 분위기 주제가 포함되었다. 타인 및 세상 영역에서는 SCT-C보다는 범위를 넓혀 친구, 선생님 외에 세상과 타인, 권위상이 추가되었다. 청소년 시기는 부모와 탈동일시하는 시기로 모델링하고 싶은 인물에 대한 관심이 생기는 시기다. 또한 선생님과 어른들과 같은 권위상에 대한 불만이 표출되는 시기이므로 세상과 타인, 권위상과 관련된 반응 내용을 통해 청소년 수검자의 세상과 타인에 대한 태도, 권위상과의 갈등을 파악해 볼 수 있다. 행복/꿈/욕구 영역에서는 청소년들이 가지고 있는 행복, 꿈, 욕구에 대한 주제를 파악하고 요약할 수 있다. 학업 영역에서는 아동과 마찬가지로 공부와 학교생활에 대한 주제가 들어가 있다. 마지막으로, 부정적 감정과 스트레스 반응 영역에서는 아동과 마찬가지로 두려움, 걱정, 슬픔, 스트레스 반응과 같은 주제가 들어가 있다. 각 영역에 해당되는 주제별로 내용을 분석한 다음 큰 영역에 맞게 수검자의 지각과 태도를 해석할 수 있다.

 **참고문헌**

신민섭 외(2002). 그림을 통한 아동의 진단과 이해: HTP와 KFD를 중심으로. 서울: 학지사.

신민섭(2017). 심리평가 핸드북. 사회평론 아카데미.

이우경(2018). SCT 문장완성검사의 이해와 활용. 서울: 학지사.

최정윤(2016). 심리검사의 이해. 서울: 시그마프레스.

Buck, J. N. (1948). The HTP technique: A qualitative and quantitative scoring manual. *Journal of Clinical Psychology, 4*, 317-396.

Buck, J. N. (1966). *The house-tree-person technique: Revised manual.* Western Psychological Services.

Burns, R., & Kaufman, S. (1970). *Kinetic Family Drawings(K-F-D): An introduction to understanding children through kinetic drawings.* New York: Brunner/Mazel.

Goodenough, F. L. (1926). *Measurement of intelligence by drawing.* New York: World Book.

Hammer, E. F. (1958). *The clinical application of projective drawings.* Springfield, Illinois: Thomas.

Levy, S. (1959). Figure drawing as a projective test. In L. E. Abt & L. Bellak (Eds.), *Projective psychology.* New York, Grove Press, Inc.

Machover, K. (1951). Drawing of the human figure. In H. H. Anderson & G. L. Anderson (Eds.), *An introduction to projective techniques.* Englewood Cliff, NJ: Prentice-Hall, Inc.

Payne, A. F. (1928). *Sentence Completion.* New York: New York Guidance Clinic.

Rohde, A. (1946). Explorations in Personality by the Sentence Completion Method. *Journal of Applied Psychology, 30*, 169-181.

Sacks, J. M., & Levy, S. (1950). The sentence completion test. In L. E. Abt & L. Bellak (Eds.), *Projective Psychology* (pp. 357-402). New York: Knopf.

Tendler, A. D. (1930). A Preliminary Report on a Test for Emotional Insight. *Journal of Applied Psychology, 14*, 123-136.

Urban, W. H. (1963). *The draw-a-person catalogue for interpretative analysis.* Los Angeles: Western Psychological Services.

제8장

투사검사 II

1. 로르샤흐 검사

Rorschach(이하 '로르샤흐'로 칭함) 검사는 임상평가 장면에서 가장 널리 사용되는 투사적 검사다. 로르샤흐 검사는 1921년 헤르만 로르샤흐(Hermann Rorschach)가 「심리진단(Psychodiagonistik)」이라는 논문에서 최초로 소개하였다. Rorschach는 이 논문에서 잉크반점 검사법이 진단의 도구로서뿐 아니라 성격 분석의 유용성이 있다는 연구 결과를 제시하였다. 그 후 많은 임상가들은 로르샤흐 검사에 대한 다양한 접근법을 발전시켰는데, 대표적인 학자들은 살펴보면 다음과 같다. Beck(1944)은 로르샤흐 검사 채점과 해석의 표준화, 규준 설정, 양적 분석의 중요성을 강조하였으며, Hertz(1936)는 주로 질적 측면을 중요시하였으며 질적 분석을 위한 반응 빈도표를 저서로 출간하기도 하였다. Klopfer와 Kelley(1942)는 현상주의적 배경과 정신분석적 입장에 기초한 양적 채점 및 질적 채점 방식을 제안하고 채점체계를 확장시키고자 노력하였다. Piotrowski(1957)는 로르샤흐 검사와 같은 모호한 자극에 대해 신경학적 장애가 어떤 반응으로 나타나는지 관심을 가졌고 로르샤흐 반응의 지각적인 해석을 저서로 발표하였다. Rapaport는 로르샤흐 검사가 사고장애를 평가할 수 있는 유용한 도구임을 밝혀냈고, 한 개인을 통합적으로 이해하기 위해서는 여러 검사들을 함께 사용하는 것이 유용하다고 보고하였으며, Schafer는 로르샤흐 검사의 내용 분석을 통해 성격의 역동적인 측면을 이해할 수 있다고 소개하였다.

그러나 자료를 통합하고 해석하는 과정에서 임상가의 경험이나 이론적 성향이 영향을 미치고 동일한 검사 자료라 할지라도 해석자에 따라 다른 결론에 도달할 수 있는 비판이 있어 왔으며 신뢰도와 타당도에 관하여 많은 이견과 논의가 있어 왔다. 이러한 문제점을 해결하기 위하여 J. Exner는 각 연구자들의 체계를 분석하고 경험적으로 검증된 부분들을 종합하여 타당성 있고 신뢰로운 통합체계를 발전시키고자 하였으며 『로르샤흐 종합체계(The Rorschach: A Comprehensive System)』를 내놓게 되었다(1974). Exner 종합체계는 지속적인 연구를 통해 개정판을 내고 있으며(1991, 1993, 2001, 2002) 채점 방식의 개준을 제시하고 풍부한 해석의 틀을 제시하고 있다. 특히, 초심자들은 Exner 종합체계에 따라서 로르샤흐 검사의 실시와 채점, 해석에 대한 이해를 높이는 것이 중요하다. 이에, 이 책에서는 Exner 종합체계에 바탕을 두고 로르샤흐에 대한 채점 및 해석체계를 소개하려 한다.

1) 아동 로르샤흐 검사

성인 대상 로르샤흐 검사와 달리 아동과 청소년을 대상으로 하는 로르샤흐 검사를 실시하고 해석할 때 고려해야 할 점은 다음과 같다(신민섭, 김지영, 김은정, 2009).

첫째, 아동과 성인 간에 로르샤흐 검사의 채점 및 해석 방법에서 근본적인 차이는 없다는 것이다. 따라서 동일한 채점기준과 해석 방법을 적용하여 실시할 수 있다.

둘째, 아동과 성인 간에 로르샤흐 검사를 실시하고 해석할 때는 상당한 차별적인 지식과 임상 실습이 필요하다. 아동과 청소년의 연령에 따른 발달적 규준과 아동 · 청소년기의 심리장애에 대한 전문적 지식이 필요하다. 로르샤흐 검사 실시 시 아동의 특성에 따라 표준화된 실시 방법을 융통적으로 변화시켜 적용할 필요가 있으며, 해석 시 아동과 청소년의 발달적 특성을 고려하는 것이 중요하다. 예를 들어, CF의

〈표 8-1〉 아동 · 청소년의 조정된 자기중심성 지표와 WSum6, Afr

Egocentricity Index의 연령교정		WSum6 연령교정
연령	3r+(2)/R가 아래보다 작을 경우 유의미	3r+(2)/R가 아래보다 클 경우 유의미	R이 17 이상인 경우

연령	3r+(2)/R가 아래보다 작을 경우 유의미	3r+(2)/R가 아래보다 클 경우 유의미	WSum6 연령교정 / Affective Ratio의 연령교정
5	.55	.83	5~7세 WSum6 > 20
6	.52	.82	8~10세 WSum6 > 19
7	.52	.77	11~13세 WSum6 > 18
8	.48	.74	R이 17보다 작은 경우
9	.45	.69	5~7세 WSum6 > 16
10	.45	.63	8~10세 WSum6 > 15
11	.45	.58	11~13세 WSum6 > 14
12	.38	.58	Affective Ratio의 연령교정
13	.38	.56	5와 6세 Afr < .57
14	.37	.54	7부터 9세 Afr < .55
15	.33	.50	10부터 13세 Afr < .53
16	.33	.48	

출처: 김영환, 김지혜, 홍상황 공역(2008). 로르샤하 종합체계 워크북(5판). 서울: 학지사. 재인용.

우세를 보이는 프로토콜은 억제되지 않고 강렬한 정서를 나타내는 것으로, 7세 아동들에게는 흔히 기대되는 것이지만 성인의 경우에는 정서적 미성숙성을 나타낸다.

　셋째, 아동과 청소년을 대상으로 하는 경우 구조 요약점수와 지표를 해석하는 기준이 달라지는 것일 뿐 채점 방법과 해석 과정은 성인의 경우와 동일하다. 다만 일부 변인의 절단점이 연령에 따라 교정되어 있다. 연령별 절단점은 〈표 8-1〉을 참고하도록 한다.

2) 실시

　로르샤흐 카드 세트, 충분한 양의 반응 기록지와 반응 영역 기록지, 필기도구를 준비한다. 로르샤흐 카드들은 수검자에게 정확한 순서로 제시할 수 있도록 사전에 정리를 해 두어야 하며, 수검자의 반응에 영향을 줄 수 있는 얼룩이나 흠집, 연필 자국 등이 없는 깨끗한 것이어야 한다. 검사자와 수검자가 얼굴을 마주 보는 위치는 피하는 것이 좋으며, 다른 심리검사들과 마찬가지로 옆으로 나란히 앉거나 90도 방향으로 앉는 것이 좋다. 다른 검사 도구를 늘어놓거나 하여 수검자 주변을 산만하게 하지 않으며 로르샤흐 카드도 수검자가 미리 들춰 보지 않도록 수검자의 손이 닿지 않으면서 검사자는 편안하게 집을 수 있는 곳에 두도록 한다.

　검사 실시는 반응 단계, 질문 단계, 그리고 한계음미 단계로 구성된다.

(1) 반응 단계

　일반적으로 다음과 같이 검사에 대해 간단히 소개하고 실시 방법을 설명해 준다. 이때 중요한 점은 상상하거나 연상되는 내용을 답하는 것이 아니라 '본 것'에 대해서 대답하도록 하는 것이다. 돌려봐도 되느냐고 묻는다면 "편한 대로 하세요", 다른 사람들은 몇 개나 반응을 하느냐고 묻는다면 "대부분 한 개 이상의 대답을 합니다", 다른 사람들은 이것을 무엇으로 보느냐고 묻는다면 "사람에 따라서 다릅니다"라는 식으로 응답하면 된다.

　원칙적으로 수검자가 말하거나 표현한 것은 모두 그대로 기록한다. 반응 단계에서 모든 반응을 받아 적고, 질문 단계에서의 수검자 내용 역시 모두 받아 적을 수 있도록 한다.

"이제부터 우리가 하게 될 검사는 로르샤흐라는 검사입니다. 이것은 잉크반점으로 만든 검사입니다. 이제부터 여러 장의 카드들을 보여드릴 텐데, 이것이 무엇처럼 보이는지를 저에게 말씀해 주시면 됩니다."

(2) 질문 단계

질문 단계의 목적은 수검자의 반응을 정확히 기호화, 채점하려는 데 있다. 수검자의 반응을 유도하지 않으며 I~X번 카드의 반응 단계가 끝나고 난 후 다음과 같이 표준화된 지시를 한다.

"지금까지 10장의 카드에 대해서 잘 대답했어요. 이제 카드를 다시 한번 보면서 ○○이 본 것을 나도 볼 수 있도록 말해 주세요. 선생님이 ○○이가 말했던 것을 읽으면 그것을 어디에서 그렇게 보았는지, 어떻게 해서 그렇게 보게 되었는지를 설명해 주십시오."

"조금 전에 이 카드를 보고 ~라고 말했어요."

수검자가 말하는 내용을 반응 기록지에 기록하면서, 수검자가 가리키는 반점의 위치를 반응 영역 기록지에 표시하도록 한다. 검사자는 ① 반응 위치(어디서 그렇게 보았는지), ② 반응 결정 요인(무엇 때문에 그렇게 보게 되었는지), ③ 반응 내용(무엇으로 보았는지)에 대한 정보를 얻도록 한다. 중요한 것은 수검자가 자발적으로 스스로 직접 말한 것이 아니라면 검사자의 추측에 따라 채점 단계에서 기호화해서는 안 된다는 것이다.

수검자들의 보고가 모호하여 채점하기 어렵다면 추가적인 질문을 할 수 있다. 그러나 질문은 비지시적이어야 하며 수검자가 반응 단계에서 했던 반응 이외에 다른 새로운 반응을 하도록 유도해서는 안 된다. 기본적인 질문은 다음과 같이 할 수 있다.

"○○이가 본 것처럼 볼 수가 없네요. 나도 그렇게 볼 수 있도록 다시 한번 이야기해 주세요."

이 단계에서 직접적인 질문을 하지 않도록 주의해야 한다. 예컨대, "모양 때문에 그렇게 보였습니까?" 또는 "연기는 검은 색깔 때문에 그렇게 보였습니까?" 등과 같이 직접적으로 유도하는 질문은 적절하지 않다. 유도 질문은 이후 반응에 대한 수검자의 기술에 영향을 미칠 수 있다.

(3) 한계음미 단계

이 단계의 수검자 반응은 채점에 포함시키지 않으나 수검자의 상태를 좀 더 정확히 파악하는 데 필요하다고 판단되는 경우에 사용하는 절차다. 이 단계에서는 흔히 보고되는 평범 반응을 보고하지 않았을 경우 질문 단계를 마친 후 검사자가 평범 반응이 나타나지 않은 2~3개의 잉크반점을 선택한 후 "이제 검사를 마쳤습니다. 그런데 다른 사람들이 이 카드에서 ~를 봅니다. ○○도 그렇게 보이세요?"라고 질문한다.

이상에서 로르샤흐 검사 실시의 기본적인 단계인 반응 단계, 질문 단계, 한계음미 단계에 대하여 살펴보았다. 검사 실시가 다 끝나면 수검자의 반응에 대해 채점을 한다. 검사자가 채점에 대하여 자세히 알수록 이상의 실시 단계를 정확하게 또 효과적으로 수행할 수 있다.

3) 채점체계

수검자의 반응을 기호화하여 반응 영역, 발달질, 결정인, 내용, 평범 반응, 조직화 활동, 6개 특수점수 등을 단계적으로 채점해 나간다. 채점이 이루어진 후 Exner 종합체계의 규칙을 따라 각 변인의 빈도, 총점수, 비율 등을 계산하여 '구조적 요약 (Structure Summary)'을 하게 되며 이를 통해 수검자의 성격 특성 및 병리 상태에 대한 해석이 이루어지게 된다.

지금부터 소개되는 로르샤흐 검사의 실시, 채점 및 해석은 『A Rorschach Workbook for the Comprehensive System』(Exner, 2001)의 번역서인 『로르샤하 종합체계 워크북』(김영환 외, 2008) 및 『Principles of Rorschach Interpretation』(Weiner, 1998)의 번역서인 『로르샤하 해석의 원리』(김영환 외, 2005)에 기초하였다. 특히, 로르샤흐 검사의 채점 부분에서 『로르샤하 종합체계 워크북』(김영환 외, 2008)의 표를 인용하였음을 밝혀 둔다.

(1) 반응 영역과 발달질(Location and Developmental Quality)

① 반응 영역

반응 영역은 특정 반응에 잉크반점의 어느 부분에서 반응이 사용되었는가를 채점하는 것이다. 수검자가 환경에 어떻게 접근하고 있는지를 반영한다.

〈표 8-2〉 **반응 영역의 기호와 기준**

기호	정의	기준	예
W	전체 반응(Whole Response)	전체 잉크반점을 사용	카드 VII. 사람들
D	흔한 부분 반응 (Common Detail Response)	흔히 반응되는 부분 잉크반점 영역의 사용	카드 VII. 고양이 머리
Dd	드문 부분 반응 (Unusual Detail Response)	드물게 반응되는 부분 잉크반점의 사용	카드 VII. 동물의 발
S	공백 반응(Space Response)	흰 공간이 사용된 경우(WS, DS 또는 DdS처럼 다른 반응 영역 기호와 같이 사용)	카드 VII. 구름

② 발달질

발달질은 지각한 대상이 형태가 있는지와 지각한 대상들 간에 상호작용이 있는지 여부를 평가한다. 반응 영역의 기호에 붙여 쓴다. 발달질은 과제에 얼마나 많은 인지적 에너지를 투자하는가를 평가한다.

〈표 8-3〉 **발달질의 기호와 기준**

기호	정의	기준	예
+	통합 반응 (Synthesized Response)	두 개 이상의 대상이 분리되어 있으나 관련성이 있으며, 대상 중 하나 이상은 구체적인 형태가 있음	풀숲을 걷고 있는 고양이, 싸우고 있는 두 사람
o	보통(보편적) 반응 (Ordinary Response)	하나의 반점 영역이 자연스러운 형태를 가지고 있는 단일 대상이거나, 대상이 구체적인 형태가 있음	단풍잎, 박쥐, 나비, 에펠탑

| v/+ | 통합 반응
(Synthesized Response) | 두 가지 이상의 대상이 분리되어 있고, 상호 관련이 있지만 포함된 대상들이 구체적인 형태를 가지고 있지 않은 경우 | 바위와 바다가 어우러져 있는 바닷가. 서로 뭉쳐지고 있는 구름 |
| v | 모호 반응
(Vague Response) | 구체적인 형태가 없는 대상을 보고하고 포함된 어느 대상도 명확한 형태로 언급하지 않은 경우 | 얼음, 연기, 구름, 안개, 피 |

(2) 결정인(Determinants), 형태질(Form Quality), 그리고 조직화 활동 (Organizational Activity)

① 결정인

채점 과정에서 반응 결정인을 결정하는 것이 가장 복잡한 과정으로 반응을 결정하는 데 영향을 준 반점의 특징이 무엇인지 파악해야 한다. 9가지 범주의 결정인은 독립적으로 사용되기도 하고 다른 범주와 함께 사용되기도 한다. 각각의 범주와 채점은 〈표 8-4〉와 같다.

〈표 8-4〉 **결정인의 기호와 기준**

범주	기호	기준	예
형태(form)	F	형태 반응. 잉크반점의 형태에 근거하여 반응	사람의 머리, 몸, 다리
운동(movement)	M	인간 운동 반응. 인간의 움직임 혹은 동물이나 가상의 인물이 인간과 같은 움직임을 하고 있는 반응	요리를 만드는 곰, 하늘을 나는 물고기, 노래하는 토끼
	FM	동물 운동 반응. 그 동물 종 특유의 자연스러운 움직임을 포함하고 있는 반응	헤엄치는 물고기, 짖고 있는 개
	m	무생물 운동 반응. 무생물 또는 감각이 없는 대상의 움직임을 포함하고 있는 반응	폭포, 불꽃놀이, 화산 폭발, 빨랫줄에 걸려 있는 옷

유색채 (chromaticcolor)	C	순수 색채 반응. 잉크반점의 유채색에만 근거한 반응	파래서 하늘같다, 빨개서 피이다
	CF	색채-형태 반응. 일차적으로 반점의 색채에 근거해서 반응하였으나, 이차적인 결정인으로 형태를 사용했을 경우	색깔이 화려해서 꽃 같다, 색색가지로 만들어 그릇에 담은 아이스크림이다, 빨간 피가 흘러내리는 것 같다, 여러 색의 불꽃이 폭발하는 것 같다
	FC	형태-색채 반응. 주로 형태 특성에 근거해서 반응했고, 이차적 결정인으로 색채를 사용했을 경우	날개, 더듬이, 그리고 색깔도 나비 색깔이네요. 여기 줄기가 있고, 잎이 있고, 빨간색이 예쁘네요
	Cn	색채 명명 반응. 잉크반점의 색채를 명명하고, 색채명이 실제 반응으로 나타남	이건 빨간색이다, 이건 노란색이다
무채색 (achromaticcolor)	C′	순수 무채색 반응. 형태에 근거하지 않고, 회색, 검정색 또는 흰색에만 근거한 반응	까만색 때문에 박쥐 같아요, 하얀색 때문에 눈같이 보여요, 어두운 밤 같다
	C′F	무채색-형태 반응. 일차적으로 반점의 무채색에 근거해서 반응하였으나 이차적 결정인으로 형태를 사용했을 경우	흰 구름이 있는 검은 하늘이에요
	FC′	형태-무채색 반응. 주로 형태 특성에 근거해서 반응했고, 이차적 결정인으로 무채색을 사용했을 경우	검정색 박쥐다, 2명의 흑인 원주민이다
음영-재질 (shading-texture)	T	순수 재질 반응. 반점의 음영적 요소가 촉감을 나타낼 경우	거친, 부드러운, 매끈한, 털이 복슬복슬한
	TF	재질-형태 반응. 음영이 촉감을 나타내고 형태를 이차적으로 사용한 경우	재질이 털 같아요, 부드럽게 보여서 가냘픈 꽃 같았다
	FT	형태-재질 반응. 일차적으로 반점의 형태에 근거를 두고 있고 음영이 이차 결정인으로 사용했을 경우	기괴한 모양인데 털로 덮여 있어요

	V	순수-차원 반응. 음영이 깊이 또는 차원으로 지각된 반응	~의 뒤에 있다, ~밑에 있다, 깊숙이 들어가 있는 것 같다, ~를 공중에서 보는 것과 같다
음영-차원 (shading-dimension)	VF	차원-형태 반응. 음영을 근거로 깊이 또는 차원으로 반응하고 형태를 이차적 결정인으로 사용했을 경우 일차적으로 반점의 색채에 근거해서 반응하였으나, 이차적인 결정인으로 형태를 사용했을 경우	가장자리는 어둡고, 중간은 좀 더 밝고, 안쪽은 공간이 있어요. 접힌 것처럼 층이 만들어져 있다
	FV	형태-차원 반응. 반점의 형태 특징이 일차적인 결정인이고 음영을 근거로 깊이 또는 차원을 나타내었으나 이차적 결정인인 경우	양초인데, 이건 유리 같은데 바닥에는 공기가 순환할 수 있도록 구멍이 있다
	Y	순수 음영 반응. 음영에만 근거한 반응	빨간색이 더럽혀져 있다, 색깔들이 혼합된 것 같다
음영-확산 (shading-diffuse)	YF	음영-형태 반응. 일차적 결정인이 반점의 음영이고 형태는 이차적 결정인인 경우 일차적으로 반점의 색채에 근거해서 반응하였으나, 이차적인 결정인으로 형태를 사용했을 경우	검고 흐릿한데 연기 같다
	FY	형태-음영 반응. 일차적으로 반점의 형태 특징에 근거한 반응이고 음영이 이차적 결정인으로 사용된 경우	소의 해골인데 이렇게 흰 부분의 명암도 부패한 걸 보여 준다
형태 차원 (form dimension)	FD	형태에 근거한 차원 반응. 반점의 크기나 모양에 근거해서 깊이, 거리 및 차원이 결정된 반응	발이 머리에 비해 너무 크게 보이는 것을 보니 밑에서 보는 것 같다, 매우 작게 보이는 것을 보니 멀리 떨어져 있는 것 같다, 다리가 뒤에 있어 보이지 않네요

		쌍반응. 반점의 대칭에 근거해서 두 개의 동일한 대상을 보고했을 경우	두 개가 있다, 양쪽에 한 마리씩 있다, 사람들이 있다
	(2)	쌍반응. 반점의 대칭에 근거해서 두 개의 동일한 대상을 보고했을 경우	두 개가 있다, 양쪽에 한 마리씩 있다, 사람들이 있다
쌍 반응(pairs)과 반사 반응 (reflections)	rF	반사-형태 반응. 반점의 대칭성 때문에 반사된 것 또는 거울에 비친 상으로 보고한 반응 구름, 경치, 그림자와 같이 원래 일정한 형태를 가지고 있지 않은 대상으로 보고했을 경우	호수에 비치고 있는 산이다
	Fr	형태-반사 반응. 반점의 대칭에 근거해서 반사된 것 또는 거울상으로 보고했을 경우 구체적인 형태 특징에 근거한 반응으로 일정한 형태가 있는 경우	여자이고 이쪽은 거울에 비친 모습, 곰이 호수에 비친 자신의 모습을 보고 있다

② 형태질

형태질은 수검자가 사용한 반점 영역의 형태가 지각한 대상의 형태와 일치하는 정도를 평가하는 것이다. 형태질에 대한 평가는 『로르샤하 워크북』(김영환 외, 1999)을 참고하여 채점할 수 있다.

〈표 8-5〉 **형태질의 기호와 기준**

기호	정의	기준
+	보통(Superior - Overelaborated)	형태를 매우 정확하게 구체화하였고, 형태 사용이 적절해서 반응의 질이 풍부해진 경우
o	보통(Ordinary)	대상을 설명하기 위해 일반적인 형태 특징을 분명하게 사용한 반응. 형태질 자료에서 W와 D 영역에서는 2% 이상, Dd 영역에서는 최소한 50명 이상이 보고한 반응
u	드문(Unusual)	기본적인 윤곽이 적절하기는 하나 낮은 빈도의 반응. 빠르고 쉽게 알아볼 수 있지만 흔치 않은 반응
–	마이너스(Minus)	형태를 왜곡하고 임의적·비현실적으로 사용해서 반응. 사용한 반점 영역을 거의 또는 완전히 무시한 반점 구조에 대한 반응. 흔히 반점에 없는 인위적 선이나 윤곽을 만들어서 반응하는 경우가 많음

(3) 내용

내용(content)은 반응에 나온 대상이 어떤 내용 범주에 속하는가를 나타낸다. 반응 내용의 기호와 기준은 〈표 8-6〉과 같다. 한 반응에 여러 가지 부호가 포함될 수 있다. 어떤 내용 범주와도 일치하지 않는 반응의 경우에는 구조적 요약표 중의 특이한 내용(idiographic content, Id) 란에 그대로 기입하면 된다.

〈표 8-6〉 **내용의 기호와 기준**

분류	기호	기준
전체 인간 (Whole Human)	H	전체 사람 형태를 지각한 반응: 역사적 실존 인물이 포함되면 Ay를 추가 채점함
가공의 전체 인간 (Whole Human, Fictional or Mythological)	(H)	가상 인물 또는 신화에 나오는 인물을 전체적으로 지각한 반응: 광대, 요정, 거인, 악마, 유령, 우주인과 같은 공상과학 인물이나 인간과 유사한 괴물, 인간의 그림자
인간 부분 (Human Detail)	Hd	사람의 신체 일부 팔, 다리, 손가락, 발. 머리가 없는 사람 같이 불완전한 인간을 지각한 반응
가공의 인간 부분 (Human Detail, Fictional or Mythological)	(Hd)	가상적인 이야기나 신화에 나오는 불완전한 인간 형태 반응: 악마의 머리, 마녀의 팔, 천사의 눈, 공상과학 소설 속의 우주인. 동물 가면을 제외한 모든 종류의 가면
인간 경험 (Human Experience)	Hx	인간의 감정이나 감각 경험을 귀속시키는 반응에서 두 번째 내용으로 채점: 깊이 사랑하는 두 사람이 바라보고 있다. 슬픈 고양이, 슬퍼하는 두 사람, 악취를 풍기는 여자, 행복해 보이는 두 사람. HX는 사랑, 증오, 우울, 행복, 소리, 냄새 공포 등과 같이 인간의 정서나 감각 경험을 포함하는 형태가 없는 M 반응에 대해서도 채점하는데 이 경우 특수점수 AB도 채점
전체 동물(Whole Animal)	A	전체 동물 형태를 지각한 반응
가상의 전체 동물 (Whole Animal, Fictional or Mythological)	(A)	가상적이거나 신화에 나오는 동물을 전체 형태로 지각한 반응: 유니콘, 용, 마술 개구리, 날아다니는 말, 갈매기 조너선 리빙스턴 등
동물 부분 (Animal Detail)	Ad	불완전한 동물 형태를 지각한 반응: 말발굽, 가재의 집게발, 개의 머리, 동물 가죽 등
가공의 동물 부분 (Animal Detail, Fictional or Mythological)	(Ad)	가상적이거나 신화에 나오는 불완전한 동물 형태를 지각한 반응: 페가수스의 날개, 피터 래빗의 머리, 푸우의 다리, 모든 동물 가면 등
해부(Anatomy)	An	신체 내부 기관: 골격, 근육, 뼈, 두개골, 심장, 폐, 뇌 등. 현미경으로 본 조직 슬라이드를 포함하고 있다면 Art 기호를 부가함

예술(Art)	Art	예술작품, 동상, 보석, 샹들리에, 촛대, 배지, 인장, 장식품등을 그린 것. 두 마리의 개를 그린 작품(Art, A)처럼 다른 이차적인 내용을 포함하고 있는 경우가 많음. 카드 VII에서 빈번히 반응되는 장식으로 꽂은 깃털 역시 Art로 채점
인류학(Anthropology)	Ay	역사적·문화적 의미를 담고 있는 내용: 토템, 로마 시대의 투구, 산타마리아, 나폴레옹의 모자, 클레오파트라의 왕관 등
피(Blood)	Bl	인간이나 동물의 피
식물(Botany)	Bt	식물의 전체 또는 일부를 지각한 반응: 관목, 꽃, 해초류, 잎, 뿌리, 새 둥지 등
의복(Clothing)	Cg	의복 반응: 모자, 장화, 벨트, 넥타이, 재킷, 바지, 스카프 등
구름(Clouds)	Cl	분명히 구름이라는 내용이 사용된 반응: 안개 또는 노을은 Na로 채점
폭발(Explosion)	Ex	폭발 반응: 불꽃, 폭탄, 폭풍 등
불(Fire)	Fi	불이나 연기
음식(Food)	Fd	사람이 일반적으로 먹을 수 있는 것. 그 종의 동물이 일반적으로 먹는 먹이를 지각한 반응
지도(Geography)	Ge	지도를 지각한 반응. 지명이 포함되거나 포함되지 않을 수 있음
가정용품 (Household)	Hb	가정용품: 가구, 고기 써는 큰칼, 의자, 유리잔 등. 단, 큰 촛대, 샹들리에와 같은 반응은 Art로 채점 가능
풍경(Landscape)	Ls	풍경에 대한 반응: 산, 산맥, 섬, 동굴, 바위, 사막, 산호초 등
자연(Nature)	Na	다양한 자연환경: 태양, 달, 행성, 하늘, 물, 대양, 강, 얼음, 눈, 비, 안개, 노을, 무지개, 폭풍우, 회오리바람, 밤, 빗방울 등
과학(Science)	Sc	직간접적으로 과학이나 공상과학과 관련 있는 내용: 비행기, 건물, 다리, 차, 전구, 현미경, 오토바이, 발동기, 악기, 레이더 기지, 로켓 기지, 배, 우주선, 기차, 전화, TV 안테나, 무기 등
성(Sex)	Sx	남근, 질, 엉덩이, 가슴, 고환, 월경, 유산, 성관계처럼 성기관이나 성적 행동을 포함한 반응(인간의 성별을 확인하는 데 사용할 때에는 제외함): 일차 내용은 H, Hd, An이고, Sx는 이차적인 반응 내용으로 채점하는 경우가 흔함
엑스레이(X-ray)	Xy	엑스레이 반응으로 뼈나 내부 기관이 포함될 수 있음. Xy반응은 이차 기호로 An을 채점하지 않음

(4) 평범 반응

평범 반응(popular response)이란 카드마다 반응 빈도가 높게 나타난 13개의 반응을 말한다. P로 채점하기 위해서는 반응 내용과 사용한 영역이 완전히 일치해야만 한다. 종합체계에서 사용하는 평범 반응의 종류와 반응 영역 및 기준은 〈표 8-7〉과 같다.

〈표 8-7〉 **평범 반응**

카드	반응 영역	기준
I	W	박쥐. 반점의 상단을 박쥐의 상단부로 지각해야 함
I	W	나비. 반점의 상단을 나비로 지각해야 함
II	D1	곰, 개, 코끼리, 양과 같은 구체적인 동물 전체
III	D9	인간 모습이나 인형 또는 만화와 같은 것으로 표현함
IV	W or D7	인간이나 거인. 괴물 등 인간과 유사한 대상
V	W	박쥐. 반점의 상단을 박쥐의 상단부로 지각함
V	W	나비. 반점의 상단을 나비의 상단부로 지각함
VI	W or D1	동물 가죽, 짐승 가죽, 융단이나 모피
VII	D9	사람의 머리나 얼굴
VIII	D1	개, 고양이, 다람쥐 같은 종류의 전체 동물 모습. D4 영역과 가까운 부분을 머리라고 함
IX	D3	인간이나 마녀, 거인, 괴물, 공상과학에 나오는 생물체 등 인간과 유사한 대상
X	D1	게. 모든 부속 기관들이 D1영역에 한정됨
X	D1	거미. 모든 부속 기관들이 D1 영역에 한정됨

(5) 조직화 활동

조직화 활동(organizational activity)이란 반응에 나타난 형태를 조직화하려는 경향과 그 효율성에 대한 중요한 정보를 제공한다. 반응에 사용된 반점의 구성 요소들이 서로 의미 있게 연관되어 있는 경우에 조직화 활동 점수(Z점수)를 주게 된다. 예를 들어, 반응을 단순히 '사람'이라고 하지 않고 "사람들이 함께 짐을 들고 있다"라고 한다면 조직화 활동이 일어난 것이다. 이러한 반응은 보다 정교하게 자극 영역을 조직화하려는 인지적 활동 수준이 높다고 할 수 있다. 이에 대해 Z점수를 주게 된다. Z점수는 형태가 반드시 포함될 때 주며, 형태가 없는 순수 C, C′, T, V, Y 반응에는 주지 않는다.

〈표 8-8〉 **조직화 활동 채점표**

범주	정의	예
ZW	전체 반응의 발달질이 +, o, v/+ 일 때(W+, Wo, Wv/+)	카드 I. 나비
ZA	서로 인접해 있는 반점 영역에서 서로 다른 대상이 의미 있는 관계를 맺고 있을 때	카드 II. 두 사람(D1)이 손을 맞잡고 있다.
ZD	인접하지 않은 반점 영역에서 2개 이상의 개별적인 대상을 지각하고 대상들이 서로 의미 있는 관계를 맺고 있을 때	카드 III. 두 사람(D9)이 서로 마주 보고 있다.
ZS	반점 영역과 공백 부분을 통합시켜 반응한 경우	카드 III. 광대 얼굴인데 눈과 코가 있고, 하얀 칠을 하고 있다.

〈표 8-9〉 **각 카드별 조직화 활동 값(Z)**

카드	카드 조직화 활동 유형			
	ZW	ZA	ZD	ZS
I	1.0	4.0	6.0	3.5
II	4.5	3.0	5.5	4.5
III	5.5	3.0	4.0	4.5
IV	2.0	4.0	3.5	5.0
V	1.0	2.5	5.0	4.0
VI	2.5	2.5	6.0	6.5
VII	2.5	1.0	3.0	4.0
VIII	4.5	3.0	3.0	4.0
IX	5.5	2.5	4.5	5.0
X	5.5	4.0	4.5	6.0

(6) 특수점수

특수점수는 반응 내용에서 나타나는 특이한 면에 대해서 기호화하는 것이다. 개인의 인지적 활동뿐 아니라 방어기제, 자기지각, 대인지각에 관한 정보를 제공해 준다. 종합체계에서는 6가지의 '특이한 언어 반응', '반응 반복', 4가지의 '특수 내용', 2가지의 '인간 표상 반응', '개인적 반응', '특수 색채 현상' 등의 15가지 특수점수를 제시하고 있다.

① 특이한 언어 반응(Unusual Verbalization)

일탈된 언어 반응은 인지적 결합의 중요한 증거다. 일탈된 언어 표현 2가지(DV, DR), 부적절한 결합 3가지(INCOM, FABCOM, CONTAM), 부적절한 논리를 의미하는 ALOG라는 기호가 사용되며 사고 내용의 기괴한 정도에 따라 다시 수준 1과 수준 2로 나누어 기록한다. 이러한 분류를 하는 이유는 수준별로 인지장애의 정도를 판단할 수 있기 때문이다.

- 수준 1: 부적합한 언어를 사용하고 독특하고 잘못된 판단을 하기도 하지만 기이한 반응은 아닌 경우다. 오히려 부주의하거나, 교육기회가 제한되어 있거나, 미성숙한 반응일 수 있다.
- 수준 2: 비논리적이고 우회적이며 판단의 결함이 현저하게 나타난다.

특이한 언어 표현들을 살펴보고자 한다.

이탈된 언어 표현(Deviant Verbalizations: DV, DR)

■ 이탈된 표현(Deviant Verbalization : DV)

- 신조어(Neologism): 수검자의 언어 능력으로 볼 때 충분히 정확하게 표현할 수 있음에도 불구하고 부적절한 단어나 신조어를 사용. 수준 1과 수준 2로 구분할 수 있다.
  예: 이 피는 콘크리게이트처럼 굳어 있었다. (DV1)
  　　망원경으로 볼 수 있는 바이러스 (DV2)

- 동어반복(Redundancy): 어휘력이 제한되어 있지 않으나, 대상의 특성을 두 번 반복.
  예: 두 마리 새 한 쌍 (DV1)
  　　질 속에 있는 2명 쌍둥이 (DV2)

■ 이탈된 반응(Deviant Response: DR)

수검자가 매우 특이한 반응을 한 경우로 부적절한 구(inappropriate phrase)를 사용하였거나 표현이 우회적(circumstantial)일 때 채점한다.

- 부적절한 어구(Inappropriate phrases): 반응 내용이 부적절하거나 앞뒤가 연결되지 않는 방식으로 반응한 경우.

  예: 이건 고양이 같은데, 우리 아버지는 언제나 고양이를 미워했어요. (DR1)

  예: 이것은 영국 왕의 얼굴 같군요. 만약 당신이 민주당원이라면, (DR2)

- 우회적인 반응(Circumstantial responses): 수검자의 반응이 부적절하게 정교화되어 있지만 주제에서 벗어나면서 산만하게 흘러가는 경우.

  예: 언덕에서 멀리 떨어져 서 있는 나무 같아요. 내가 결코 도달할 수 없는 아름다운 곳 같아요. (DR1)

  예: 이건 책에서 본 적이 있는데, 러시아에서 온 사람 같아요. 난 책을 많이 읽어요. 왜냐하면 점점 똑똑해지고 점점 예의범절에도 익숙해지면서 많은 것을 알게 되죠. (DR2)

부적절한 조합(Inappropriate Combinations)

대상에 대한 비현실적인 특성을 보고하며, 현실성을 무시하고 부적절하게 조합되어 나타난 반응이다.

■ 모순적 조합(Incongruous Combination: INCOM)

반점의 부분들이 부적절하게 하나의 대상으로 합쳐진 반응으로 기묘함에 따라 수준 1과 수준 2로 나뉜다.

  예: 고환이 네 개인 개구리 (INCOM2)

  박쥐. 여기는 날개, 몸이고 손이 있다. (INCOM1)

  닭 머리를 한 여자 (INCOM2)

  빨간 곰 (INCOM1)

  날개가 달린 신기한 페니스 (INCOM2)

노란 눈을 한 남자 (INCOM1)

■ 우화적인 조합(Fabulized Combination: FABCOM)

분리되어 있는 두 가지 이상의 반점 영역의 대상들이 있을 수 없는 방식으로 관계를 맺고 있는 것으로 지각하는 경우다. 불가능한 투명 반응도 항상 FABCOM으로 채점한다.

　예: 토끼 두 마리가 농구를 하고 있다. (FABCOM1)

　　회전 목마를 타고 있는 쥐. (FABCOM1)

　　개미 두 마리가 춤추고 있어요. (FABCOM1)

　　두 여자가 잠수함을 공격하고 있다. (FABCOM2)

　　저 남자의 몸 안에서 심장이 뛰고 있는 것을 볼 수 있어요. (FABCOM2)

　　나비가 개를 삼키고 있어요. (FABCOM2)

■ 오염 반응(Contamination: CONTAM)

가장 기괴한 반응으로 두 가지 또는 그 이상의 이미지들이 비현실적인 단일 반응으로 합쳐진 경우다. 이 반응은 질문 단계에서 잘 드러나며, 반응 단계에서는 신조어 반응으로만 보이는 경우도 있을 수 있다. CONTAM으로 채점될 수 있는 반응은 특이한 언어 반응에 해당하는 다른 특수점수(DV, DR, INCOM, FABCOM, ALOG)가 채점되지 않는다.

　예: 곤충의 얼굴과 황소의 얼굴이 덧씌워져서 곤충 황소 얼굴이에요.

　　이거는 피와 섬처럼 보여요. 이것은 분명 피 흘리는 섬이에요.

부적절한 논리(Inappropriate Logic, ALOG)

수검자가 자신의 반응을 정당화하기 위하여 부적절하고 비합리적인 설명을 할 때 채점한다. 논리는 타당하지 않으며 연상이 이완되거나 사고가 지나치게 단순한 양상으로 나타난다. 또한 수검자는 그 논리가 적절하다고 믿고 있어야 하는데, 질문 단계에서 평가자가 유도하거나 자극하지 않은 경우에만 채점한다.

　예: 북극임이 분명해요. 왜냐하면 카드 위쪽에 있으니까요.

　　그는 광부예요. 왜냐하면 검기 때문이에요.

이건 거대한 맘모스예요. 왜냐하면 카드 전체에 있어요.

당근이다. 토끼 옆에 있으니까.

② 반응 반복(Perseveration, PSV)

이 반응은 인지적 역기능이나 심리적인 고착을 반영한다.

카드 내 반응 반복(within card perseveration)

같은 카드에 내에서 동일한 위치, 발달질, 결정인, 형태질, 내용 및 Z점수까지 모두 같은 반응이 연속적으로 나타나는 것을 말한다. 반응 내용은 다를 수 있지만, 내용 채점은 동일하다. 카드 V에서 전체 영역에 대해서 '박쥐'라고 한 후, 다음에 '나비'라고 말하는 경우다.

내용 반복(content perseveration)

앞서 제시되었던 카드에서 나왔던 내용이 뒤에 제시되는 카드에서도 동일하게 반복될 때를 말한다. 채점 기호가 일치할 필요는 없고 이전 카드에서 보고했던 대상과 동일한 것으로 보고하는 경우에 채점된다. 한 카드에서 '사람들이 싸우고 있다'라고 한 뒤 다음에 제시되는 카드에서 '아까 그 사람들이 이제는 싸우지 않고 있나 보다'라고 하는 경우다.

기계적 반응 반복(mechanical perseveration)

지적 또는 신경학적 손상이 있는 수검자들에서 흔히 나타난다. 카드가 바뀌어도 기계적으로 동일한 대상을 보고하는 경우다. 카드 I에서 '나비'라고 반응한 뒤 X번 카드까지 모두 '나비' 한 가지로만 답하는 경우가 이에 해당된다.

③ 특수 내용

자기의 특징과 관련된 것으로 여겨지는 사고, 자기상, 대인관계 특징과 관련되는 특수한 내용들을 기호화한다.

추상적 내용(abstract content, AB)

두 종류의 유형이 있는데, 첫 번째 유형은 반응 내용 기호가 HX인 경우로 형태에 대한 고려 없이 정서나 감각적 경험을 나타낸다. 두 번째 유형은 형태가 사용되지만 상징적인 의미를 나타내기 위하여 윤색한 경우다.

전자의 예를 들어 보면, '이것은 우울이다. 검고 죽음을 상징해요', '색깔들이 뒤섞여서 분노를 느끼게 한다' 등이 있다.

두 번째 유형은 수검자가 분명하고 구체적으로 상징적 표현을 한 경우로, 형태가 있는 대상에 상징적인 의미를 부여하게 된다. '자유를 상징하는 조각', '악을 상징하는 가면이에요.' 등이 있다.

공격적 운동(aggressive movement, AG)

주체적인 공격적인 운동 반응으로 싸움, 파괴, 논쟁, 공격 등의 공격적인 내용이 포함되어 있을 때 채점된다. 또한 폭발 자체는 AG로 채점되지 않지만, 폭발에 의하여 무엇인가 파괴되는 것으로 AG로 채점된다.

예: 뭔가 파괴하려고 발사된 로켓.

군인들이 무기를 들고 서로 덤벼들려고 하고 있다.

협동적 운동(cooperative movement, COP)

둘 또는 그 이상의 대상들이 협동적인 상호작용을 하고 있는 경우에 채점된다. '뭔가를 쳐다보고 있는 사람들'이나 '이야기하고 있는 두 사람' 같은 반응은 COP로 채점되지 않으며, '서로 다정하게 이야기를 하고 있다' 등 분명하고 상호작용이 나타난 경우에 COP로 채점된다.

예: 새가 새끼에게 먹이를 주고 있다.

아이들이 시소를 타고 있다.

서로 어울려 춤추고 있는 사람들

병적 내용(morbid content, MOR)

다음의 두 가지 경우 중 어느 하나에 해당될 때 채점한다.

• 죽은, 파괴된, 손상된, 폐허가 된, 상처 입은, 깨어진 등의 대상으로 지각한 경

우: 깨진 유리, 죽은 개, 해진 장화, 닳아빠진 외투, 멍든 얼굴, 썩은 고기, 찢어진 낙엽

• 우울한 감정이나 특징을 대상에게 부여한 반응: 음울한 집, 불행한 사람, 울고 있는 토끼, 슬픈 나무

④ 좋은/나쁜 인간 표상 반응(Good/Poor Human Representation, GHR, PHR)

인간 표상 반응은 세 가지 기준이 있다. 인간 내용 반응인 H, (H), Hd, (Hd) 또는 Hx로 채점되는 반응, 결정인 M이 포함된 반응, 특수점수 COP나 AG를 포함하는 FM 반응 중에서 채점한다.

	Good(GHR)과 Poor(PHR) 채점 과정 단계
1	순수 H 반응 중에서 다음의 경우 GHR로 채점 • 형태질이 +, o, u일 때 • DV 외의 다른 특수점수로 채점되지 않았을 때 • AG나 MOR을 제외한 특수점수로 채점되지 않았을 때
2	다음의 경우에 해당될 때는 PHR로 채점 • 형태질이 −, none • 형태질이 +, o, u이면서 ALOG, CONTAM, 수준 2의 특수점수가 있는 경우
3	AG는 없고 COP로 채점되는 인간 표상 반응일 때는 GHR로 채점
4	다음의 경우에는 PHR로 채점 • FABCOM이나 MOR • 내용 기호 An
5	카드 III, IV, VII, IX의 P반응으로 기호화할 수 있는 인간 표상 반응이 있는 경우 GHR로 채점
6	다음에 해당되면 PHR로 채점 • AG, INCOM, DR • Hd [그러나 (Hd)는 제외]
7	그 외의 인간 표상 반응은 GHR로 채점

⑤ 개인적 반응(PER)

개인적 반응(Personalized answer) PER은 수검자가 자신의 반응을 정당화하고 명료화하기 위하여 개인적인 지식이나 경험을 언급할 때 채점된다.

예: 내가 어릴 때 마당에서 이렇게 생긴 것을 보았어요.

　　　우리 아버지가 내가 초등학교 다닐 때 이런 것을 보여 주시곤 했다.

　　　나는 TV에서 그것을 본 적이 있어요.

⑥ 색채 투사(CP)

색채 투사(Color Projection) CP는 무채색 영역에서 유채색을 지각하는 경우에 채점된다. 이런 반응은 매우 드물긴 하지만, 카드 IV와 V에서 나타나는 경우가 있다. 반점의 음영 특징을 사용하여 유채색을 말한 경우 음영확산(FY, YE, Y)을 결정인으로 채점할 필요가 있다. 그러나 결정인을 채점할 때는 반점에 유채색이 없기 때문에 색채 결정인(FC, CF, C)을 사용해서 채점하지는 않는다. 수검자가 자신의 반응을 바르게 정정한다면 DV로 채점한다.

⑦ 한 반응이 여러 개의 특수점수에 해당될 때

한 반응이 여러 개의 특수점수에 해당될 때 다음의 채점기준을 따르도록 한다. PSV, AB, AG, COP, MOR/PER/CP는 서로 독립적이기 때문에 기준을 만족시키는 경우에는 모두 채점한다. DV, DR/INCOM, FABCOM, CONTAM/ALOG가 다중채점될 수 있는 경우, 이 특수점수들은 상호 관련이 있기 때문에 주의하여야 한다. CONTAM으로 채점한 반응에 대해서는 DV, DR, INCOM, FABCOM, ALOG는 추가하여 채점하지 않는다. 그러나 DV, DR/INCOM, FABCOM, CONTAM/ALOG 등의 다중채점에 대해서는, 만약 반응이 독립적이며 개별적인 것으로 분리될 수 있다면 같이 채점한다. 반응이 중첩되는 경우라면 가중치(WSum6)가 높은 점수 하나만을 채점한다.

4) 구조적 요약 및 해석

이상과 같은 과정을 통해 채점이 완료되면, 이를 토대로 구조적 요약(Structural summary)을 하게 된다. 구조적 요약은 다음과 같은 세 단계를 거쳐서 완성된다.

• 반응기록지의 오른쪽에 채점해 둔 각 반응의 기호와 점수들을 점수계열지에 기록한다.

- 기록된 각 변인의 빈도들을 구조적 요약지의 상단부에 기록한다.
- 이를 토대로 반응 간의 비율, 백분율, 산출점수들을 계산하여 구조적 요약지의 하단에 기록한다.

(1) 반응의 점수계열

〈표 8-10〉 **점수계열**

카드	반응 번호	반응 영역	영역 번호	결정인	(2)	내용	평범 반응	Z	특수 점수
I	1	Ddo	99	FC'o		A			
	2	WSv	1	C'Fo		Bt			MOR
II	3	WSo	1	F-		Hd		4.5	DV, PHR
	4	Ddv	99	CFu		Bt			
	5	Dv	2	CF.YF-	2	Bt			
III	6	DdS+	99	CF-		Hd, Art		4.5	DV, PHR
	7	DdSo	99	F'C-		Ad		4.5	
IV	8	Wo	1	Fo		Bt		2.0	
V	9	Wo	1	F-		A		1.0	
	10	Wo	1	Fo		A	P	1.0	
VI	11	W+	1	FVu		Art, Bt		2.5	
	12	Ddo	33	F-		A			DV, ALOG
VII	13	WSo	1	F-		Art		4.0	MOR
VIII	14	Wv	1	C		Bt			
	15	Do	4	FCu		Bt			
IX	16	Wv	1	C		Bt			
	17	Do	11	CFo		Bt			
	18	DSo	8	F-		Ad		5.0	
X	19	Wv	1	C		Na			ALOG
	20	DdSo	99	FC-		Hd			ALOG, PHR

〈표 8-11〉 **구조적 요약**

구조적 요약(상단부)										

결정인

반응 영역		혼합	단일		반응 내용		접근 방식			
					H = 0					
Zf	= 9	CF.YF	M	= 0	(H) = 0	I	Dd	WS		
Zsum	= 29.0		FM	= 0	Hd = 3	II	WS	Dd	D	
ZEst	= 27.5		m	= 0	(Hd) = 0	III	DdS	DdS		
			FC	= 2	Hx = 0	IV	W			
W	= 10		CF	= 4	A = 4	V	W	W		
D	= 4		C	= 2	(A) = 0	VI	W	Dd		
W+D	= 14		Cn	= 0	Ad = 2	VII	WS			
Dd	= 6		FC′	= 2	(Ad) = 0	VIII	W	D		
S	= 7		C′F	= 1	An = 0	IX	W	D	DS	
			C′	= 0	Art = 2	X	W	DdS		
			FT	= 0	Ay = 0					
발달질			TF	= 0	Bl = 0		**특수점수**			
+	= 2		T	= 0	Bt = 9		Lv1		Lv2	
o	= 12		FV	= 1	Cg = 0	DV	= 3x1		0x2	
v/+	= 0		VF	= 0	Cl = 0	INC	= 0x2		0x4	
v	= 6		V	= 0	Ex = 0	DR	= 0x3		0x6	
			FY	= 0	Fd = 0	FAB	= 0x4		0x7	
			YF	= 0	Fi = 0	ALOG	= 3x5			
			Y	= 0	Ge = 0	CON	= 0x7			
			Fr	= 0	Hh = 0	Raw Sum6	= 6			
형태질			rF	= 0	Ls = 0	Wgtd Sum6	= 18			
	FQx	MQaul	W+D		Na = 1					
+	= 0	= 0	= 0	FD = 0	Sc = 0	AB	= 0		GHR	= 0
o	= 6	= 0	= 5	F = 7	Sx = 0	AG	= 0		PHR	= 3
u	= 3	= 0	= 2		Xy = 0	COP	= 0		MOR	= 2
–	= 9	= 0	= 5		Id = 1	CP	= 0		PER	= 0
none	= 2	= 0	= 2	(2) = 1					PSV	= 0

구조적 요약(하단부)					

비율, 백분율, 산출한 점수

핵심				정서		대인관계	
R = 20	L	= 0.54		FC:CF+C	= 2:7	COP = 0　AG	= 0
				Pure C	= 2	GHR:PHR	= 0:3
EB = 0:9.0	EA	= 9.0	EBPer = 9.0	SumC′:WSumC	= 3:9.0	a:p	= 0,0
eb = 0:5	es	= 5	D = +1	Afr	= 0.54	Food	= 0
	Adj es	= 5	Adj D = +1	S	= 7	SumT	= 0
FM = 0	C′	= 3	T = 0	Blends:R	= 1:20	Hum Cont	= 3
m = 0	V	= 1	Y = 1	CP	=0	Pure H	= 0
						PER	= 0
						Iso Indx	= 0.55

관념				중재		처리		자기지각	
a:p	= 0:0	Sum6	= 6	XA%	= 0.45	Zf	= 9.0	3r+(2)/R	= 0.05
Ma:Mp	= 0:0	Lv2	= 0	WDA %	= 0.50	W:D:Dd	= 10:4:6	Fr+rF	= 0
2AB+Art+Ay	= 2	WSum6	= 18	X-%	= 0.45	W:M	= 10:0	SumV	= 1
MOR	= 2	M-	= 0	S-	= 6	Zd	= +1.5	FD	= 0
		Mnone	= 0	P	= 1	PSV	= 0	An+Xy	= 0
				X+%	= 0.30	DQ+	= 2	MOR	= 2
				Xu%	= 0.15	DQv	= 6	H:(H)+Hd+(Hd)	= 0:3

PTI = 3	DEF = 6*	CDI = 4*	S-CON = N/A	HVI = NO	OBS = NO

(2) 구조적 요약-상단부

① 반응 영역: 반응 영역과 관련하여 다음의 세 가지 내용을 기록한다.

조직화 활동

- Zf: Z 반응 빈도
- Zsum: Z 점수의 총합
- Zest: 수검자의 Zf에 해당하는 값에 기대되는 Zsum값, 표에서 제시됨

〈표 8-12〉 조직화 점수의 빈도를 알 때 추정되는 Z의 최적값

Zf	Zest	Zf	Zest	Zf	Zest	Zf	Zest
1	–	14	45.5	27	91.5	40	137.5
2	2.5	15	49.0	28	95.0	41	141.0
3	6.0	16	52.5	29	98.5	42	144.5
4	10.0	17	56.0	30	102.5	43	148.0
5	13.5	18	59.5	31	105.5	44	152.0
6	17.0	19	63.0	32	109.5	45	155.5
7	20.5	20	66.5	33	112.5	46	159.0
8	24.0	21	70.0	34	116.5	47	162.5
9	27.5	22	73.5	35	120.0	48	166.0
10	31.0	23	77.0	36	123.5	49	169.5
11	34.5	24	81.0	37	127.0	50	173.0
12	38.0	25	84.5	38	130.5		
13	41.5	26	88.0	39	134.0		

영역 기호

W, D, Dd, S 등 각 반응 영역 기호들의 빈도를 기록. S 반응은 다른 영역 기호들과 분리해서 계산.

발달질(DQ)

반응 영역과 관계없이 각 발달질 기호의 빈도 계산.

② 결정인: 혼합 반응과 단일 반응으로 나누어서 계산한다. 즉, 단일 결정인의 빈도 계산으로, 혼합 반응의 결정인은 제외시킨다.

③ 형태질
- FQx(Form Quality Extended): 형태를 사용한 모든 반응에 대한 형태질(FQ)의 빈도.
- M Qual: 인간 운동 반응의 형태질의 빈도. 형태를 포함하지 않은 Mnone 반응은 none 항 산출.
- W+D: W와 D 영역을 사용한 반응 모두의 형태질 빈도.

④ 반응 내용: 27개의 유목별로 일차 반응 내용과 이차 반응 내용을 모두 포함하여 반응 내용 범주 각각에 대한 빈도를 산출한다.

⑤ 접근 방식: 수검자가 선택한 반응 영역의 순서를 그대로 기록한다. 예를 들어, 카드 I에서 첫 번째 반응이 Dd, 두 번째 반응이 WS라면, I란에 Dd, WS라 기록하면 된다.

⑥ 특수점수: 15개의 특수점수 빈도를 기록하고, 두 가지 점수를 계산한다.
- Raw Sum6: 특수점수의 원점수 합으로 수준 1과 수준 2로 구분하지 않음.
- WSum6(Weighted Sum6): 특수점수 원점수에 가중치를 곱하여 산출.

⟨표 8-13⟩ **특수점수의 가중치**

특수점수	DV1	DV2	INCOM1	INCOM2	DR1
가중치	1	2	3	4	5
특수점수	DR2	FABCOM1	FABCOM2	ALOG	CONTAM
가중치	6	4	7	5	7

(3) 구조적 요약-하단부

각 변인들의 빈도를 계산한 뒤, Core(핵심 영역), Ideation(관념 영역), Affect(정서 영역), Mediation(중재 영역), Interpersonal(대인관계 영역), Processing(처리 영역), Self-Perception(자기지각 영역)의 7개의 자료군을 구성한다. 각 변인의 계산 방법과 해석적 지침을 살펴보면 다음과 같다.

① 핵심 영역(Core)

R(전체 반응수), FM, C′, T, m, V, Y 항목의 빈도를 기록하면 되는데, C′, T, V, Y 항목은 각각의 하위 유형(예를 들면, C′의 경우는 C′F, FC′, C를 모두 계산한다)을 모두 포함하여 빈도를 기록한다.

■ R(전체 반응수)

성인들의 평균 반응수는 17~27개 사이이며, 한국 성인의 경우에는 11~27개 사이에 속하는 것으로 연구되어 있다. 이 범위를 벗어나는 경우에는 종합체계를 적용하는 것에 신중을 기해야 한다.

■ L(Lambda, 람다)

전체 반응에서 순수 형태 반응이 차지하는 비율이다. 계산 공식은 아래와 같다.

$$L = \frac{F(\text{순수 형태 반응의 수})}{R - F(\text{전체 반응 수 – 순수 형태 반응의 수})}$$

L는 주변 상황에 관심을 기울이는 정도와 경험에 대한 개방성을 평가한다. 정상 범위는 .30~.99에 속한다. L > 0.99에 해당하는 사람은 관심의 폭이 협소하고, 융통성이 부족하며, 타인의 요구에 둔감한 편이다. L < 0.30인 사람들은 다양한 경험을 좋아하고, 대인관계는 폭이 넓지만 상대적으로 산만한 면을 보일 수 있다.

■ EB(Experience Balance, 경험형) = M: WSumC

$$WSumC = (0.5) \times FC + (1.0) \times CF + (1.5) \times C$$

인간 운동 반응(M)과 가중치를 준 유채색 반응수 합(WSumC)과의 관계를 나타낸다. 융통성과 대처 방식의 일관성을 나타내는 지표다. 적응적인 유연성을 발휘하려면 EB 유형이 균형을 이루어야 한다. M 반응 비율이 높은 내향형의 사람들은 문제해결이나 행동방식을 결정함에 있어서 자기의 내적 경험, 사고 활동을 더 선호하는 경향이 있다. WSumC 비율이 높은 외향형의 사람들은 외부 환경과의 상호작용, 활동이나 외적인 표현을 선호하는 경향이 있다. M 반응과 WSumC 반응 값의 차이가 크지 않은 양향형의 사람들은 일관성 없는 문제해결 방식을 가지고 있는 것으로 해석된다.

■ EA(Experience Actual) = M + WSumC

개인이 의사결정을 하고 문제를 해결하는 상황에서 신중하게 전략을 세우고 수행하는 데 필요한 심리적인 자원을 반영한다. EA가 높으면 적응 능력이 뛰어나고 자산이 많다는 것을 시사한다. 적어도 M>1이고 WSumC>2.0이며 EA>6인 경우 적응 능력이 있음을 시사하며, EA<6인 경우, 심리적 자원이 제한적이고 부적응적일 수 있다. M<2라면 사고하고 처리하는 능력이 제한적일 수 있으며, WSumC<2.5의 경우라면 정서를 경험하고 표현하는 능력이 제한되어 있어 부적응적일 수 있다.

■ EBPer(EB Pervasive)

EB의 양쪽 두 항(M: WSumC) 중에서 점수가 더 큰 항을 점수가 더 작은 항으로 나누어 계산하여 EB 양식인 M과 WSumC 중 어느 것이 우세한지를 결정하는 지표다. EA 값이 10.0 이하일 경우에는 두 항 간에 최소 2.0 이상의 차이가 있을 때, EA 값이 10.0 이상일 경우에는 최소 2.5 이상의 차이가 있을 때만 계산한다. 내향적이든 외향적이든 한 양식이 과도하게 두드러지는 경우 적응의 융통성과 문제해결에 어려움이 나타날 수 있다.

■ eb(Experience Base) = Sum(FM+m): SumC′ + SumT + SumY + SumV

eb는 수검자가 경험한 자극 요구에 대한 정보를 준다. FM 반응은 욕구가 충족되지 못한 좌절 상황에서 욕구를 끊임없이 반추하는 경향이 있음을 나타낸다. m 반응은 스스로 자신을 통제할 수 없는 스트레스 상황에서 무기력해져 있음을 보여 준다. FM+m>6은 침투적 사고로 인해 무기력해져 있으며 주의가 산만해져서 업무나 학업에 집중하기 어려울 수 있다.

C′ 반응은 정서적인 억압과 연관되어 있는데, SumC′가 상승할 경우 슬픔, 침울, 불행감 및 심리적인 고통감을 반영한다. C′>2는 고통스러운 감정이 내재화되어 있어, 적응상에 문제가 있음을 시사한다.

T 반응은 친밀감에 대한 욕구가 클수록 증가하며, T 반응이 없는 사람들은 다른 사람들과 친밀한 애착관계를 형성할 수 있는 능력이 부족하거나 관계 형성에 관심이 없다. T>1인 경우는 정서적 박탈감을 느끼고 친밀감에 대한 욕구가 크다는 것을 시사한다.

V는 자기 검열행동(self-inspecting behavior)과 관련된 지표로 V 값이 증가할수록 반추적인 자기 검열을 함으로써 나타나는 불편감, 만성적인 자기비난 성향 등과 관련되어 있다.

Y 반응은 스트레스와 관련된 심리적인 무력감이나 무망감과 관련되어 있다. m과 Y 변인이 상황과 관련된 불안 지표로 알려져 있다.

eb의 오른쪽 항인 SumShd(SumC′+SumT+SumY+SumV)는 성인에서 반응 빈도 중앙값이 3이다. SumShd가 FM+m을 초과하는 경우는, 정서적 스트레스를 경험하고 있음을 시사한다. SumShd>FM+m은 DEPI의 또 다른 준거이기도 하다.

■ es(Experience Stimulation) = Sum(FM+m+SumC′+SumT+SumY+SumV)

eb에서의 양쪽 두 항을 합하여 산출한다.

es를 구성하고 있는 변인들은 상황적 요구나 충족되지 못한 내적 욕구들에 의한 어려움을 반영하며, 높은 점수는 낮은 좌절 회복력과 무기력 등을 반영한다.

■ D(D Score)

EA와 es의 원점수 차를 계산한 후, 표준편차를 기초로 하여 척도화된 차이점수로 변환한다. 스트레스에 대한 내성과 통제의 요인과 관련된다. 대부분의 성인들은 D = 0인데, 이것은 현재 부과되고 있는 스트레스가 그 개인의 통제 능력 범위와 문제해결을 위한 자원을 벗어나지 않고 있음을 의미한다. D>0이라면 현재 문제해결을 위한 대처 자원이 풍부한 상태임을 반영하며, 스트레스에 대한 대응 능력이 높음을 의미한다. D<0인 경우는 수검자의 스트레스 대처 능력이 부족하며, 상황적 요구에 과부하되어 있어서 비효율적으로 기능하고 있을 것이라는 볼 수 있다.

■ Adj es(Adjusted es) = es−((m−1) + (SumY−1))

es 점수에서 상황적 요소의 영향을 받는 요소를 제외시킨 값으로, D점수가 상황적 요소에 영향을 받는지 파악할 수 있다.

〈표 8-14〉 **D점수 환산표**

EA-es	D점수
13.0 ~ 15.0	+5
10.5 ~ 12.5	+4
8.0 ~ 10.0	+3
5.5 ~ 7.5	+2
3.0 ~ 5.0	+1
-2.5 ~ 2.5	0
-3.0 ~ -5.0	-1
-5.5 ~ -7.5	-2
-8.0 ~ -10.0	-3
-10.5 ~ -12.5	-4
-13.0 ~ -15.0	-5

■ Adj D(Adjusted D Score)

Adj es로 점수를 가지고 EA-Adj es를 계산한 뒤, 해당되는 D점수를 다시 찾아 기록한다. D점수는 현재 수검자의 스트레스에 대한 내성 및 가용자원에 대한 정보를 제공하지만, 이 점수가 상황적인 요소에 의하여 영향을 받은 것인지와 심각성에 대해서 알려 주지 않는다. 이에 es에서 상황적인 영향을 받는 요소들인 m과 Y변인을 제외시킨 Adj es 점수를 산출하고, 이 점수와 EA와의 차이를 보는 것이 Adj D 점수다. 따라서 AdjD는 상황적 스트레스로 설명할 수 없는 주관적인 불편감의 정도를 시사한다. AdjD>0인 경우 높은 통제력과 스트레스 인내력을 가지고 있음을 시사한다. Adj D<0인 경우에는 수검자의 자원이 만성적으로 부족하며, 스트레스 대처 능력이 제한적임을 시사한다.

② **관념 영역**(Ideation Section)

관념 영역(Ideation section)은 입력되어 해석된 정보가 최종적으로 어떻게 개념화되고 어떤 식으로 조직화되었는지에 대한 정보를 제공한다. 각 항목의 의미와 해석에 대해 살펴보면 다음과 같다.

■ a:p(Active:Passive Ratio) = Ma+FMa+ma:Mp+FMp+mp

인지적인 융통성을 평가하는 지표다. 능동 운동과 수동 운동 반응의 합이 4 이상이고 한 값이 다른 값의 2배가 넘을 경우 인지적으로 경직되어 있으며 자신의 신념이나 사고를 수정하거나 다른 조망을 가지기가 매우 어렵다.

■ Ma:Mp(M Active:Passive Ratio)

Ma는 건설적으로 사고하는 능력과 관련되며, Mp > Ma인 경우 환상을 과도하게 사용하면서 적극적으로 문제를 해결하기보다는 막연히 다른 사람이나 무엇인가에 의지하는 모습을 보인다.

■ 2AB+Art+Ay(주지화 지표, Intellectualization Index)

이 지표는 방어 전략으로서 주지화를 사용하는 정도에 대한 정보를 준다. 4~5개이면 현재 다루기 어려운 감정을 주지화를 통해 대처하려는 경향이 있다고 할 수 있다. 점수가 높아질수록 자신의 정서를 제대로 다루지 못하고 있음을 의미하며 강한 정서적 경험을 하게 되는 상황에서는 감정에 압도당해 불안정해질 수 있다.

■ MOR

비환자 집단에서 1개의 MOR는 흔하지만, MOR > 2라면 수검자가 자신에 대해서 부정적이고 비호의적인 태도를 가지고 있으며 비관주의적이라는 것을 시사한다. MOR > 3개 이상이라면 우울증의 강력한 지표로 해석될 수 있다. MOR 해석 시 주의할 점은 수검자가 역기능적인 대상(찢어진 낙엽)을 동일시하고 있는지, '피를 흘리고 있는 두 마리의 동물. 사냥하러 가서 본 적이 있다'는 반응처럼 희생자(동물)보다는 부분적으로라도 공격자(사냥꾼)에 대한 동일시를 시사하는지 구분하도록 한다. 후자의 경우와 같이 방어 양식이 공격자와의 동일시일 경우 상처를 입었거나 취약하다는 자기지각이 완화되는 데 도움이 될 수 있다.

■ Sum6, Lv2, WSum6

WSum6가 높은 경우 현실 무시, 부자연스러운 추리, 잘못된 인과관계, 연상 이완, 혼란스러운 사고, 빈약한 집중력 등의 해석이 가능하다(청소년: WSum6 > 15, 성인:

WSum6≥17). 비환자 성인의 경우 WSum6의 평균은 7.2로 나타났다. 특수점수는 양적 수치와 함께 수검자의 반응 유형, 인지왜곡의 심각성, 반복되는 내용이나 형식을 함께 참조하여야 한다. 6개의 특수점수들은 그 심각성의 정도에 따라 다음과 같은 순서로 나열할 수 있다.

경도의 인지적 왜곡	중등도의 인지적 왜곡
DV1, INCOM1, DR1	DV2, FABCOM1, INCOM2, ALOG

■ M−, Mnone

M−반응은 기태적인 사고 양상을 반영한다. M−가 2 이상인 경우 방향감을 상실한 매우 기이한 사고가 있는 것으로 해석된다. Mnone은 형태가 없는 운동 반응으로('이건 불행을 나타낸다', '역겨운 냄새가 난다') 검사 자극으로부터 현저하게 이탈된 사고를 반영하며 M−반응과 같은 의미로 해석하게 된다.

③ 정서 영역(Affect Section)

정서 영역(Affect section)에서는 수검자의 정서 표현 및 조절에 대해서 살펴보게 된다.

■ FC:CF+C(Form−Color Ratio)

일반적으로 CF+C＞FC+1인 경우, 정서적으로 미성숙하며 감정을 극적이고 강렬하게 표현한다. 감정이 피상적이고 깊이가 없으며 쉽게 흥분한다. FC＞CF+C+3인 경우, 차분하고 화를 내는 경우가 드물고 어떠한 감정이든 일단 느끼면 오래 지속된다. 정서 표현을 지나치게 억제하고 정서적 상호작용을 불편해한다. 아동들의 경우에는 대부분 CF+C 반응이 우세하게 나타남을 고려해야 한다.

■ Pure C

형태가 개입되지 않은 색채 반응에 대한 빈도를 기록한다. 매우 어린 아동들에서 두드러지나, Pure C 반응을 보인 성인의 경우는 정서적 경험에 대해서 인지적으로 통제하는 데 실패해서 충동적이고 감정적 반응을 보일 수 있다.

■ SumC′:WSumC(Constriction Ratio)

정서를 내면화하는 정도를 나타낸다.

■ Afr(Affective Ratio, 정서비)

$$Afr = \frac{\text{카드 VIII, IX, X의 총 반응수}}{\text{카드 I, II, III, IV, V, VI, VII의 총 반응수}}$$

정서비 Afr는 수검자의 정서적 자극에 대한 반응성을 나타낸다. Afr은 EB 맥락을 고려해서 해석하는데 EB에서 C점수가 높은 외향성인 사람들은 .60~.95의 범위에, M점수가 높은 내향성이 높은 사람들과 양향성 사람들은 .50~.80의 Afr 점수를 나타낸다. 이를 고려한 후, Afr이 높은 경우 수검자는 감정적 자극을 잘 받아들이고 즉각적인 반응 경향성이 높은 것을 반영하며 Afr이 낮다면 감정의 철수 경향, 정서적 반응의 통제 경향이 높은 것으로 볼 수 있다.

■ S

공백 반응 S의 빈도를 기록하는 항목이다. S>2인 경우, 주장성, 독립성을 추구하려는 경향, 자율성을 침해받지 않으려는 경향, 또는 반항이나 비관주의, 내재된 분노와 적개심과 관련된다.

■ Blends:R(Complexity Ratio)

순수 F 반응이 단순하고 직선적인 방식의 반응이라면, 혼합 반응은 상당한 분석과 통합에 의해 일어나는 복잡한 심리적인 과정이 개입되어 있다고 할 수 있다. 아동이나 청소년 초기의 경우에는 대체로 1개의 혼합 반응을 보이지만, 성인에게서 혼합 반응이 없다면 심리적인 협소함이나 환경이나 자신에 대한 민감성이 떨어짐을 의미한다. 혼합 반응이 지나치게 많은 경우(정상범위의 전체 반응수에서 8개 이상)라면 심리적으로 복잡하고 정서적으로 외부 자극에 민감함을 시사한다. 양적 측면과 더불어 혼합 반응에 어떤 결정인들이 포함되어 있는지 고려한다. 색채가 우세한 결정인이 포함된 혼합 반응은 정서에 압도당할 수 있음을, 색채(C)-음영 반응(C′, Y, T, V 등)이 혼합 반응으로 나타나는 경우 고통스럽고 혼란스러운 심리적인 고통과 관련될 수 있다.

■ CP

CP는 반점의 무채색을 유채색으로 지각하는 반응이다. 이는 매우 드물게 나타나며 무기력한 감정을 보다 긍정적인 감정으로 대체하려는 시도로, 부인(denial)의 방어기제와 관련되어 있다. 부정적인 감정을 다루거나 감정 조절에 어려움이 있고 대인관계에서 문제를 겪기 쉽다.

④ 중재 영역(Mediation Section)

중재 영역(Mediation section)은 정보처리 과정 중에서, '들어온 정보를 수검자가 어떤 방식으로 해석하는가'에 대한 중요한 정보를 제공해 줄 수 있다. 7가지 항목으로, 이들에 대해서 살펴보면 다음과 같다.

■ XA%(Form Appropriate Extended)

$$XA\% = \frac{FQ가 +, o, u인\ 반응수}{R}$$

이 변인은 전체 반응에서 반점의 형태가 알맞고 적합하게 사용되었는지 판단하기 위한 것이다.

■ WDA%(Form Appropriate-Common Arears)

$$WDA\% = \frac{FQ가 +, o, u인\ W, D\ 반응수}{W + D영역\ 반응수}$$

W와 D 반응 중에서 FQ가 +, o, u인 반응의 총합을 W와 D 반응의 총합으로 나누어서 구한다. XA%와 WDA%는 두 개를 동시에 고려해서 수검자가 형태를 적합하게 사용했는지에 대한 충분한 정보를 얻을 수 있다. XA%가 .78~.90이고 WDA%가 XA%와 같거나 더 크다면, 수검자의 인지적 중재 작업은 상황에 적합함을 반영한다. XA%가 .70 미만이고 WDA%는 .75~.79일 때는 중재 과정이 역기능적일 가능성이 있으며, XA%가 .70 미만이고 WDA%는 .75 미만이라면 역기능은 심각하며 현실검증력은 매우 손상되었을 수 있다.

■ X−%(Distorted Form)

$$X - \% = \frac{SumFQX-}{R}$$

X−%는 지각적 왜곡 또는 지각적 적절성의 결여 정도를 나타내는 변인이다. X−%가
15% 이상인 경우 지각적 적절성에 어려움이 있음을 시사하며, 20% 이상일 때는 지각
적 왜곡이나 손상이 있음을 반영한다.

■ S−(White Space Distortion)

S−는 공백을 사용한 반응 중 지각적 왜곡이 일어난 정도를 나타내는 변인이다.

■ P(Popular Response)

정상 성인에서 P 반응의 적정 범위는 5~8개이며, P 반응은 다른 사람들과 비슷한 정
도로 관습적인 반응을 할 수 있음을 의미한다. P 반응이 평균 이하인 수검자들은 관
습적인 방식으로 지각하는 경향이 적은 것으로 볼 수 있다. P 반응이 평균 이상인 수
검자는 관습적인 반응 경향이 높거나, Lamda가 높은 경우 정확하게 반응하려는 경향
을 시사하는 완벽주의적이거나 강박적인 경향을 반영할 수도 있다.

■ X+%(Conventional Form)

$$X + \% = \frac{Sum(FQX- +FQX_0)}{R}$$

형태를 보편적으로 사용한 정도를 나타낸다. X+%>89%인 경우 수검자가 지나치게
관습적으로 지각하는 경향이 있으며, 사회적으로 수용받는 것에 지나치게 집착하는
모습을 나타낼 수 있다. X+%<70% 인 수검자는 자극을 비관습적으로 해석하고 행동
하는 경향이 있는데, 심한 경우 지각적인 왜곡을 생각할 수도 있다. 다른 변인들과 함
께 수치를 고려한다.

■ Xu%(Unusual Form)

$$Xu\% = \frac{SumFQXu}{R}$$

이는 전체 반응수에서 형태질이 unusual인 경우가 차지하는 비율이다. 평균 Xu%는 14%이며, 20%를 넘는 수검자는 지나치게 개인주의적인 경향이 있어서, 주변 환경과 조화를 이루지 못하는 경우가 있을 수 있다.

⑤ **처리 영역**(Information Processing Section)

처리 영역은 수검자의 인지 과정 중 정보의 입력 단계에서 어떤 일이 일어나는지에 대한 정보를 주는 영역이다. 정보를 처리하려는 노력 및 동기화와 연관되어 있다. 처리 영역에는 7가지의 항목이 들어가는데, 이 중 Zf, PSV, DQ+, DQv의 4가지 항목은 빈도 자료다.

■ Zf

평균적인 Zf는 9~13 범위에 속한다. 13 이상의 Zf는 기대 이상으로 과도하게 정보처리를 하려 노력하는 것으로, 9 이하의 Zf는 기대되는 것 이하로 정보처리 노력을 하고 있다는 가설을 세울 수 있다.

■ W:D:Dd(Economy Index, 경제성 지표)

전체 반응(W), 부분 반응(D), 드문 부분 반응(Dd) 간의 비율이다. 대개 W : D+Dd가 1:1.2 또는 1: 1.8로 나타난다. 높은 D 반응은 갈등 상황에서 관습적이고 경제적인 방식으로 대처하고 있음을 시사한다. Dd 반응은 일반적으로 0~3개 정도의 낮은 빈도 반응으로, 어린 아동과 청소년들에게서 많이 나타난다. Dd 반응은 자극을 협소하게 지각하는 경향을 반영하며 강박적인 처리 스타일이거나, 전체 자극의 모호함과 복잡성을 수용할 수 있을 정도의 유연성이 부족하거나, 불안감을 줄이기 위해 모호한 자극을 회피하면서 보다 세부적인 면에 초점을 맞추는 태도를 반영하는 것일 수 있다. W가 많은 경우 경험의 전체적 특징에 주의를 두는 것으로, 사건의 복잡한 관계에 대한 파악을 촉진할 수 있으나, 경제적인 인지 활동을 하고 있지 않다고 생각할 수 있다.

■ W:M(Aspirational Index, 열망 지표)

W:M 간의 비율이다. W 반응은 자신의 환경을 효과적으로 조직화하고 개념화하기를 열망하는 수준을, M 반응은 내적 자원과 외적 현실을 효과적으로 연결하고 추론하고 개념화하는 능력과 연관되는 변인으로 실제적인 능력에 대한 지표가 된다. EB 유형에 따라서 내향성인 경우는 1.5 : 1, 양향성인 경우는 2.0 : 1, 외향성인 경우는 3:1 이상으로 W 반응이 많다면 실제 능력에 비해 인지적으로 성취를 하려는 열망 수준이 높다고 볼 수 있다. 내향성인 경우는 0.5 : 1, 외향성과 양향성인 경우는 1 : 1보다 W 반응이 적다면 실제 능력에 비해 자신의 역량에 대해 과소평가하고 조심스럽고 보수적인 인지활동을 하고 있다는 가설을 세울 수 있다.

■ Zd(Processing Efficiency, 처리 효율성) = Zsum−Zest

Zd는 인지활동의 효율성에 대한 정보를 줄 수 있다. 평균적으로 Zd는 −3.0～3.0의 범위 안에 든다. Zd < −3.0인 경우인 수검자의 경우에는 과소통합적인 형(underincorporative style)으로, 무계획적이며, 충동적으로 의사결정을 하고 정보를 검색할 때 존재하는 중요한 단서를 무시하고 노력을 기울이지 않을 가능성이 있다. 반면, Zd > 3.0인 수검자의 경우에는 과다통합형(overincorporativestyle)으로, 정보처리에 많은 에너지와 노력을 소모하는 경향이 있다. 강박적 혹은 완벽주의적일 수 있다.

■ PSV(Perseveration)

세 가지 유형의 PSV가 있으며, 인지적 역기능이나 심리적인 고착을 반영한다.

■ DQ+, DQv

DQ가 +인 반응의 빈도, v인 반응의 빈도를 나타낸다. DQ는 자극들을 의미 있는 방식으로 통합하고 분석할 수 있는 능력 및 의욕과 관계되어 있다. DQ+ 반응은 지능이 높고 인지적으로 복잡한 사람들에게서 많이 발견된다. DQv 반응은 아동들이나 지적 능력이 제한적이거나 손상되어 있으며 미숙한 사람들에게서 많이 나타난다. 아동들은 연령이 증가할수록 DQv 반응은 감소하는데 16세 이상에서 2개 이상의 DQv 반응이 나타난다면 비정상적인 것으로 볼 수 있다.

⑥ 대인관계 영역(Interpersonal Section)

이 영역에서는 수검자의 대인관계 양상에 대한 정보를 얻을 수 있다. 이 영역에 들어가는 10가지 항목과 그 의미와 해석을 살펴보면, 다음과 같다.

■ COP

대인관계를 긍정적인 것으로 지각하여 협동적인 관계를 맺는 데 관심을 기울이는 경향을 나타낸다. 정상 성인에서 COP의 평균 빈도는 2.07이며, COP > 2는 호감이 가고 긍정적인 사람으로 지각되며 상호작용이 활발하다. COP = 0일 경우 타인과 상호 협동하는 일에 관심이 없거나 꺼려 하고 대인관계에서 불편감을 느끼며, 다른 사람에게 거리감을 두려는 사람이다.

■ AG

공격적 운동(AG) 반응. 대인관계에서 주장이 강하고 경쟁적인 태도를 지니고 있음을 나타내며, AG > 2인 경우 지나치게 자기주장이 강하고 때로는 경쟁적인 태도로 인하여 과도하게 공격적이고 호전적인 태도를 보일 수 있다. AG = 0인 경우는 자기주장을 해야만 하는 상황에서도 그렇게 하지 못할 수 있다.

■ GHR : PHR(좋은 인간표상 반응: 나쁜 인간표상 반응 변인)

프로토콜에 적어도 3개의 인간표상 반응이 포함된 경우, 좋은 인간표상 반응과 나쁜 인간표상 반응의 관계(GHR:PHR)는 개인의 대인관계 기능의 효율성에 대한 정보를 제공한다. GHR > PHR인 사람은 대인관계에서 상황에 적절하게 대처할 가능성이 높고 다른 사람들이 긍정적으로 지각할 수 있다. GHR ≤ PHR인 사람은 대인관계에서 적응능력이 떨어져서 다른 사람들이 비호의적으로 지각할 수 있다.

■ a:p

관념 영역에서 설명된 변인이나, 대인관계 영역에도 포함된다. p > a + 2인 경우에는 대인관계에서 지나치게 순종적이고 의존적이어서 적응상의 문제를 나타낼 수 있다.

■ FOOD

음식 반응(Fd)가 나타난 빈도를 기록한다. 높은 빈도의 음식 반응(2 이상)은 다른 사람들의 도움과 지지에 대한 의존 욕구와 애정 욕구를 반영한다.

■ SumT

대부분의 성인은 1개의 재질 반응을 하므로, T>1은 모두 적응상의 어려움을 시사한다. T>1인 수검자의 경우 현재 충족되고 있는 수준보다 타인과 친밀한 관계에 대한 욕구와 대인관계에 대한 욕구가 더 높고 정서적 박탈감을 시사한다. T = 0인 수검자의 경우 의미 있는 정서적 관계를 맺지 않고 있으며, 정서 표현이 억제된 경우를 고려해 볼 수 있다.

■ Human Content, Pure H

인간 내용의 빈도가 낮은 경우는 사회적으로 고립되어 있음을 시사하는 것일 수 있다. 순수 H 반응의 수가 많은 사람은 대인관계가 원만한 것으로 나타났다.

■ PER

성인 비환자 집단은 절반 이상이 적어도 1개의 개인적 반응을 보이며, 아동은 더욱 많은 반응을 보인다. PER는 자신을 안심시키는 반응이면서 자기 방어적 방법이 되기도 한다. PER>3인 경우 융통성이 없고, 생각이 협소하며 대인관계를 유지하는 데 어려움이 있을 수 있다.

■ Isolate/R(Isolation Index, 소외 지표)

이 지표는 사회적인 고립이나 철수와 관련되어 있다. 소외 지표>.33인 경우 사회적으로 고립되어 있고 상호작용에 덜 흥미를 느끼며 유연하고 의미 있는 대인관계를 형성하는 것이 어려운 경우가 많다.

$$Isolate \ / \ R = \frac{Bt + 2Cl + Ge + Ls + 2Na}{R}$$

⑦ 자기지각 영역(Self-Perception Section)

이 영역에서는 수검자가 자기 자신, 즉 self에 대해서 어떻게 지각하고 있는지에 대한 정보를 주는 영역이다. 이 영역에 들어가는 7가지 항목과 그 의미와 해석을 살펴보면, 다음과 같다.

■ 3r + (2)/R(Egocentricity Index, 자아중심성 지표)

이 지표는 수검자가 자기에게 초점이나 관심을 두는 정도, 자기에게 몰두하는 정도를 나타내며 자존감(self-esteem)과도 연관되어 있다. 5~10세의 아동의 경우 자아중심성 지표가 높을 수 있지만 청소년기에는 지표가 감소되어 자아중심성 성향이 줄어드는 경향이 있다. 따라서 연령에 따른 기준이 다름으로 해석 시 〈표 8-1〉을 고려한다. 자아중심성 지표가 낮은 경우(3r+(2)/R<.33) 자신에게 충분한 주의를 두지 않고 의도적으로 자신에 대한 주의초점을 회피할 수 있다. 자신을 타인보다 더 나쁘게 바라보고 무능하게 여길 수 있다. 자아중심성 지표가 높은 경우(3r+(2)/R>.44) 자신에게 지나치게 주의를 두고 몰두하는 경향을 시사한다. 이러한 자아중심성 지표에 대한 해석은 다음의 반사 반응을 함께 고려할 때 명확해진다.

■ Fr + rF

반사 반응 r은 자기의 가치를 과대평가하는 자기애적인 특성을 시사하며 청소년기 이후에는 대개 나타나지 않는다. 만약 청소년 후기나 성인기까지 Fr+rF>0인 경우는 자기 가치감을 과장되게 지각하며 대인관계에 부적응적인 영향을 미치게 된다. 3r+(2)/R>.44이고 반사 반응이 있으면, 자기애적 특징이 두드러지고 반면, 반사 반응이 없으면 자신에게 지나치게 몰두하나 자기 자신을 좋아하지 않기 때문에 자기상이 부정적이다.

■ Sum V, FD

FD 반응은 자기성찰 행동과 관련된 변인으로 자기인식 행동을 내면화할 수 있다. 청소년이나 성인이 FD = 0이면 내성능력이 부족함을 시사하고, V 반응은 자기 자신을 비난하는 태도를 측정한다(V>0).

■ An + Xy

이 항목은 피검자가 신체에 대해서 갖는 관심 정도에 대한 정보를 제공해 줄 수 있다. An + Xy > 3 이상의 경우라면 신체에 대한 높은 염려감이나 집착이 있음을 반영한다. 이때, 실제 신체적인 문제를 가지고 있지 않다면 심리적인 요인이 영향을 미치고 있음을 고려해 본다.

■ MOR

MOR 반응은 자기에 대한 시각이 염세적이고 비관적임을 암시하는 반응이다. 5~10세 수검자의 중앙값은 0~2개이며 모든 연령대에서 MOR > 2인 경우는 매우 드물다. 따라서 MOR≥3이라면 수검자의 자기상이 부정적이며 손상되어 있을 가능성이 많다.

■ H:(H) + Hd + (Hd)(Interpersonal Interest, 대인관계 관심)

인간 반응의 빈도는 사람에 대한 관심의 정도를 나타내며, 연령의 증가에 따라 점차 증가한다. H 반응이 많다는 것은 사람에 대한 관심이 많고 자존감과 지능이 높을 것으로 예상된다. H 반응이 적은 경우 사회적인 접촉에서 고립되어 있거나 감정적으로 철수되어 있는 사람을 나타낼 수 있다. H 반응보다 (H)+Hd+(Hd) 반응이 많은 수검자는 부적응적인 대인관계 양상을 나타내는 데 적절한 직업과 사회적 지위를 유지하고 있는 사람들과의 관계에서 거북함을 느끼며 문제해결이나 대인관계에서 어려움을 경험할 수 있다.

⑧ 특수 지표

구조적 요약의 가장 하단에는 자살 지표 S-CON(Suicide Constellation), 지각적 사고 지표 PTI(Perceptual-Thinking Index), 우울증 지표 DEPI(Depression Index), 대응손상 지표 CDI(Coping Deficit Index), 과민성 지표 HVI(Hypervigilance Index), 강박성 지표 OBS(Obsessive Style Index)의 6가지 특수 지표가 있다. 연령에 맞게 교정해야 하는 항목들이 있는데, DEPI의 자아중심성 지표와 PTI의 X+%, Sum6, WSum6는 〈표 8-1〉에서 제시된 수치로 교정하여 보아야 한다. 각 지표들이 유의미한 것으로 나타났을 때 의미를 살펴보면 다음과 같다.

〈표 8-15〉 Constellation Worksheet

S-Constellation(Suicide Potential):	PTI(Perceptual-Thinking Index):
■ 8개 이상 해당될 경우 체크 　주의: 14세 이상의 수검자에게만 적용 ☐ FV+VF+V+FD>2 ☐ Color-Shading Blends >0 ☐ 3r+(2)/R<.31 혹은 >.44 ☐ MOR>3 ☐ Zd>+3.5 혹은 Zd<-3.5 ☐ es>EA ☐ CF+C>FC ☐ X+%<.70 ☐ S>3 ☐ P<3 혹은 P>8 ☐ Pure H<2 ☐ R<17	☐ XA%<.70이고 WDA%<.75 ☐ X-%>.29 ☐ Level2>2이고 FABCOM2>0 ☐ R<17이고 WSUM6>12 혹은 　 R>16이고 WSUM6>17 ☐ M->1 혹은 X-%>.40

DEPI(Depression Index):	CDI(Coping Deficit Index):
■ 5개 이상 해당될 경우 체크 ☐ (FV+VF+V>0) 혹은 (FD>2) ☐ (Col-Shd Blends>0) 혹은 (S>2) ☐ [3r+(2)/(R)>.44이고 Fr+rF=0] 혹은 　 [3r+(2)/R<.33] ☐ (Afr<.46) 혹은 (Blends<4) ☐ (Sum Shading>FM+m) 혹은 (Sum C′>2) ☐ (MOR>2) 혹은 (2xAB+Art+Ay>3) ☐ (COP<2) 혹은 　 [(Bt 2xCl+Ge+Ls+2xNa)/R>.24]	■ 4개 또는 5개 이상이면 체크 ☐ (EA<6) 혹은 (Adj D<0) ☐ (COP<2) 이고 (AG<2) ☐ (WSum C<2.5) 혹은 (Afr<.46) ☐ (Passive>Active+1) 혹은 (Pure H<2) ☐ (Sum T>1) 혹은 (Isolate/R>.24) ☐ (Food>0)

HVI(Hypervigilance Index):	OBS(Obsessive Style Index):
■ 1번을 만족시키고 아래 7개 중 최소한 4개 　 가 해당될 경우 체크 ☐ (1) FT+TF+T=0 ☐ (2) Zf>12 ☐ (3) Zd>+3.5 ☐ (4) S>3 ☐ (5) H+(H)+Hd+(Hd)>6 ☐ (6) (H)+(A)+(Hd)+(Ad)>3 ☐ (7) H+A:Hd+Ad⟨4:1 ☐ (8) Cg>3	☐ (1) Dd>3 ☐ (2) zf>12 ☐ (3) Zd>+3.0 ☐ (4) Populars>7 ☐ (5) FQ+>1 ---- ■ 1개 이상 해당될 경우 체크 ☐ (1)~(5) 모두 해당 ☐ (1)~(4) 중에서 2개 이상 해당되고 FQ+>3 ☐ (1)~(5) 중에서 3개 이상 해당되고 X+%>.89 ☐ FQ+>3이고 X+%>.89

■ S-Constellation(Suicide Potential, 자살 지표)

자살 시도의 위험성을 감지하기 조합된 12개 변인들로 구성되어 있다. 8점 이상을 나타내는 수검자는 자살의 위험성에 대해서 검토해 보는 것이 필요하다. 다만 8점 이하라면 자살의 위험 요소가 없고, 8점 이상이면 반드시 자살을 한다고 해석할 수 없지만 위험성 측정 변인으로 고려하도록 한다.

■ PTI(Perceptual Thinking Index, 지각적 사고 지표)

SCZI(Schizophrenia index, 정신분열증 지표)가 개정된 지표다. 결정적인 절단점 값은 없으나 일련의 혼돈스럽고 비일상적인 사고 과정이나 지각적 경험을 평가하기 위해 고안되었다. 3점 이상인 경우 사고의 혼란과 특이한 사고 과정을 점검해 보도록 한다.

■ DEPI(Depression index, 우울증 지표)

이 지표만으로 우울장애를 판별할 수는 없으며 다양한 진단명과 관련이 있을 수 있다. 특히, 아동·청소년을 대상으로 할 때 주의해야 한다. 5점 이상이 되는 경우에는 우울하거나 기분장애를 가지고 있다고 진단된 사람들에게서 발견되는 특징들을 많이 가지고 있는 것으로 밝혀진 바, 수검자에 대한 평가에서 정서적인 문제를 주요하게 다루어야 한다.

■ CDI(Coping Deficit index, 대처결함 지표)

이 지표는 대인관계나 사회적 활동에 있어서 대응 능력이 손상된 것을 탐지해 내는 변인들로 구성되어 있다. 점수가 4점 이상인 수검자들은 대인관계가 빈약하고 부적절하며 매일 요구되는 일상적인 일들에 효과적으로 대처하는 데 어려움을 겪고 있을 가능성이 있다. 다만 해석은 신중하게 수행되어야 한다.

■ HVI(Hypervigilance index, 과잉경계 지표)

이 지표는 '환경에 대한 과잉경계'와 관련된다. HVI가 유의미한 사람들은 환경을 신뢰하지 않고 만성적인 취약성을 경험하며 이로 인해 환경에 대해 과잉경계적인 모습을 나타낼 수 있다. 환경으로부터 피해를 당하지 않기 위해 다른 사람들과 친밀한 관계 형성을 회피하고 개인적인 영역을 유지하는 데 걱정이 많다.

■ OBS(Obsessive Style index, 강박유형 지표)

이 지표가 유의미하게 높은 사람들은 완벽주의적이고, 세부적인 사항에 과도하게 몰두하고, 우유부단하며 감정 표현에서 어려움을 겪을 수 있다. 반드시 병리적인 특성은 아니지만 상황에 대한 유연한 전환이나 조절에 실패할 가능성이 있고, 제한된 시간 내에 목표달성이 요구되는 경우라면 부적응적인 특성이 될 수 있다.

　이상으로 로르샤흐 종합체계의 다양한 변인들에 대해서 살펴보았다. 각 영역에 해당하는 변인들은 관념, 정서, 대인 및 자기지각, 스트레스 통제력 등 해당 영역에 대한 다양한 정보를 제공하고 있다. 그러나 한 변인이 반드시 한 영역에만 해당되는 것은 아니고, 여러 영역들에 중복하여 해석적 의미를 줄 수 있다. 따라서 각 변인의 특성과 해석 방법에 대해서 폭넓게 이해하고 있을 필요가 있다. 이러한 변인에 대한 기본적인 이해를 바탕으로 심도 있는 해석은 Exner가 개발한 11개의 핵심 변인들을 이용한 해석 순서와 해석적 전략들을 참조하여 진행하도록 한다.

　이상의 로르샤흐 종합체계에 대한 소개는 주로 변인들의 양적인 측면에 바탕을 두고 있다. 그러나 수검자의 독특성을 이해하기 위해서는 반응의 질적인 면에 대한 접근도 매우 중요한 역할을 한다. 이를 돕기 위해 여기서는 카드의 속성에 대해 좀 더 살펴봄으로써 해석에 도움을 얻고자 한다. Weiner(1998)는 10개의 로르샤흐 카드에 대하여 종합체계 변인에 기초한 경험적 연구 결과들과 이론적으로는 정신역동적 추론을 통합하여 다음과 같이 카드별 특성을 제시하였다.

카드 I

　처음으로 제시되는 카드 반응을 통해 수검자가 새로운 상황에 대처하는 방식을 유추해 볼 수 있다. 1번 카드는 '박쥐'와 '나비'라는 평범 반응이 쉽게 나올 수 있으며, 수검자들은 무난하고 어려움 없이 반응할 수 있다. 다만 1번 카드의 어두운 색깔 때문에 때로는 부정적인 정서를 유발하기도 한다. 따라서 우울감이나 불행감으로 힘들어하는 수검자들은 1번 카드와 다른 4개의 흑백 카드에 반응하는 것을 불편해하고 힘들어할 수 있다.

카드 II

2번 카드의 밝고 붉은색 영역은 분노감 혹은 상해와 관련된 반응을 유발한다. 심리적 외상을 경험한 수검자, 분노감 또는 건강염려증이 있는 수검자는 이 카드에서 힘들어할 수 있다. 카드 II의 상위 검정색 부분(D4)은 남근으로, 중앙의 아래 붉은색 부분(D3) 또는 아래 중앙의 붉은색 영역(Dd24)은 질로 보는 경우가 많다. 따라서 수검자가 카드 II에 반응하는 방식은 수검자가 성에 관심 있는 정도를 나타내 준다.

카드 III

카드 III은 쉽게 사람을 지각할 수 있는 카드다. 이때 두 사람은 서로 무관한 사람일 수도 있고, 아니면 서로 상호작용을 하는 사람일 수도 있다. 이 카드에 어떻게 반응하는가가 수검자가 대인관계를 맺을 때 가지는 태도를 나타낼 수 있다. 수검자가 카드 III에서 힘들어할수록, 수검자가 사회적 상호작용에 대하여 매우 부정적이고 혐오적인 태도를 가질 가능성도 높아진다.

카드 IV

카드 IV를 '아버지 카드'로 단정적으로 기술하는 것은 바람직하지 않으나, 이 카드가 크고 강하고 힘차고 무겁고 강력하고 권위적이고 때로는 위협적인 것을 연상시킨다는 것은 입증되었다. 이러한 연상에 더하여, 카드 IV는 수검자들이 흔히 '밑에서 올려다본 것'이라는 말을 덧붙여서 수검자 자신을 약하고 열등한 위치에서 관찰되는 대상으로 둔다는 점도 함께 나타나고 있다. 이와 같은 맥락에서 이 카드는 흔히 거인, 괴물, 고릴라나 아주 큰 사람으로 지각된다. 따라서 카드 IV를 신뢰할 수 있고 복종해야 하는 권위 또는 권위적 인물로, 대개는 남성이지만 여성일 수도 있는 것으로 생각하는 것은 상당히 합리적인 것이다. 카드 IV의 특성에 의하여, 카드 IV에 대하여 반응하는 방식은 권위나 권위적 인물에 대한 수검자의 태도에 대하여 정보를 줄 수 있으며, 카드 IV에 반응하는 것을 힘들어하는 것은 이러한 영역에서 수검자가 불편감을 느끼고 있음을 시사할 가능성이 높다.

카드 V

　이 카드는 평범 반응인 '박쥐', '나비'와 매우 비슷해 보이므로 로르샤흐 카드 중 가장 쉽게 반응할 수 있는 카드다. 카드 V에는 카드 I~IV에서 느꼈던 고통에서 벗어나 편안함을 느낄 수 있다. 이 카드는 '휴식' 카드로 볼 수 있고, 수검자도 특히 쉬운 카드로 평가한다. 따라서 수검자들은 "이 카드는 알 것 같아요. 박쥐예요." 또는 "이건 별로 어렵지 않게 나비로 보이네요."와 같이 반응한다. 수검자가 카드 V에 반응하는 데 어려워한다면 이는 카드 V 반점 때문이라기보다는 카드 IV에서 경험했던 불안이 지속되었기 때문일 가능성이 높다.

카드 VI

　카드 VI의 주된 특징은 검은색과 회색 음영에서 시사되는 재질특성이다. 카드 VI은 대인관계에서의 친밀성과 관련된 연상을 쉽게 유발하므로, 수검자의 반응 방식을 통하여 대인관계에 대한 태도와 이에 관한 정보를 얻을 수 있다. 마찬가지로 카드 VI에서 반응하는 데 힘들어한다면, 이는 다른 사람과 신체적으로나 심리적으로 접촉하는 것에 대해 두려움을 지니고 있음을 시사한다.

　카드 VI는 성적으로 중요한 의미를 주는 경우도 많다. 카드 VI는 성과 관련된 해부학적 구조를 쉽게 지각할 수 있고 특히 카드 VI의 D6은 '남근', D12는 '질'과 매우 유사하므로, 정확히 지각한 반응으로 볼 수 있다. 따라서 수검자가 카드 VI를 기술하는 방식과 카드 VI에 반응하는 데 힘들어하는 정도를 통하여 성적인 면에 대한 태도를 탐색해 볼 수 있다.

카드 VII

　카드 IV와 비교했을 때 카드 VII는 위협적이기보다 정감이 가고, 단단하기보다 부드럽고, 강하기보다 약하게 보인다. 따라서 카드 IV가 전형적으로 남성성과 관련된 특징으로 구성된 반면, 카드 VII는 전통적으로 여성적인 것과 관련된 특성을 많이 포함한다. 따라서 카드 VII에서 수검자의 반응, 검사 행동은 여성에 대한 수검자의 감정과 태도를 나타낼 수 있다. 그러나 이런 감정과 태도가 일반적인 여성에 대한 것인지 또는 수검자의 어머니, 할머니, 자매, 연인 등 특정 여성상과 관련된 것인지는 알 수 없다. 카드 IV에 대한 반응을 해석하는 것과 마찬가지로 카드 VII에 대한 반응도 각 수검자의 구체적이고 부가적인 정보가 있어야만 해석할 수 있다.

카드 VII는 흔히 여성성과 관련된 연상을 유도하기 때문에 이 카드에 반응하기 힘들어 하는 수검자는 자신의 삶에 있는 여성과 관련해서 고통스럽거나 해결되지 않은 불안을 느끼고 있다는 점을 추측하게 한다.

카드 VIII

카드 VIII은 부드러운 색채로 이뤄져 있고 양쪽 측면의 반점 영역에서 평범 반응인 동물 형상을 쉽게 지각할 수 있다. 따라서 카드 V와 마찬가지로 카드 VIII은 종종 수검자가 잠시 이완하고 카드 IV~VII에서보다는 더 효율적으로 반응할 수 있는 '휴식' 카드가 된다. 수검자들은 카드 VIII을 보고는 "이 카드는 좋아요.", "이제 예쁜 카드가 나오네요.", "이것은 쉬워요."라는 말로 자신의 안도감을 나타낸다. 어떤 수검자들에게는 카드 VIII이 또 다른 어려움을 줄 수도 있다. 이 카드는 전체적으로 조각이 나뉜 듯한 느낌이 들고 큰 영역들이 흩어져 있으며 다양한 색채가 함께 나타나는 첫 카드라는 점에서 앞선 7개의 카드보다 더 복잡하다. 복잡한 상황을 구성하는 요소들을 정리해서 통합하는 데 어려움을 경험하는 수검자들은 카드 VIII을 위협적으로 느낄 수 있으며 평범 반응 이외의 반응을 하기 힘들어할 수 있다. 감정을 유발시키는 상황을 불편해하거나 감정적 자극을 회피하기를 선호하는 수검자들도 카드 VIII에 반응할 때 즐거움과 안도감보다는 불안감을 느끼고 회피하고자 한다.

카드 IX

카드 IX는 모호하고 산만한 카드다. 카드 IX는 수검자에게 특징이 없는 것같이 느껴지게 하며, 반응하기 힘들게 한다. 이 카드에 반응하기 힘들어하는 것은 수검자가 복잡하고 비구조화된 상황을 적절히 파악하지 못하고 있으며, 이러한 상황을 좋아하지 않는다는 것을 반영한다.

카드 X

카드 X은 명확하게 구별되는 유채색 부분들이 있지만 부분으로 나누어진 느낌을 준다. 동시에 여러 가지 다양한 형태와 색채들은 카드 X을 불확실하고 복잡하게 만든다. 카드 X은 쉽게 볼 수 있는 부분들로 이루어져 있지만, 이것을 효과적으로 조직화하기가 어렵기 때문에 카드 IX 이후 두 번째로 어려운 카드다. 특히, 많은 것을 동시에 처리하는 것에 압도당하거나 심한 부담을 느끼는 수검자의 경우 카드 X에 반응하기를 싫어하고 검사를 빨리 끝내고 싶어 한다. 더욱이 이 카드는 마지막으로 제시되는 카드이므로, 마무리를 어떻게 하느냐를 통하여 수검 태도를 나타낼 수도 있다.

2. 아동용 주제통각검사(Korean Child Apperception Test: K-CAT)

1) 개관

CAT는 Morgan과 Murray(1935)가 처음 개발한 성인용 주제통각검사(Thematic Apperception Test: TAT)를 3~10세의 아동들에게도 실시할 수 있도록 Bellak(1954)이 제작한 아동용 투사적 성격검사다. 성인용 TAT는 성인의 성격을 진단하는 데는 매우 유용하지만 아동들에게는 적합하지 않기 때문에 Bellak(1954)은 아동들에게 실시할 수 있도록 도판의 그림 장면들을 변경하였고, 도판의 주인공도 동물로 바꾸어서 CAT를 만들었다. 도판의 주인공을 동물로 사용한 것은 사람보다는 동물이 아동들의 동일시의 대상으로서 중요하기 때문이다.

TAT와 마찬가지로 CAT에서는 대인관계, 사회적 상호작용, 동일시 양식 등과 같은 구체적인 아동의 문제를 반영하는 반응들이 나타나며, 반응 내용을 통해 공포, 공격성, 애정의 원천이나 그 대상, 반응기제에 관한 단서도 얻을 수 있다. 다만 미국판 CAT 도판들은 미국 문화와 관련되어 있으므로 우리나라 아동들에게 부적합한 면이 있다. 이러한 부적절한 점을 고려하여 한국 아동에게 알맞게 수정된 것이 K-CAT(김태련, 서봉연, 이은화, 홍숙기, 1976)이며, 9매의 표준판 카드와 9매의 보충판 카드로 구성되어 있다.

K-CAT는 채점과 해석 방법이 표준화되어 있지 않기 때문에 신뢰도와 타당도가 잘 검증되지 못하였다는 주장이 있으며, 어리고 지적 발달이 충분하지 못한 아동은 매우 짧고 구체적인 방식으로 이야기를 하기 때문에 이야기 내용만으로 충분히 해석할 수는 없다는 제한점이 있다. 그럼에도 불구하고 K-CAT는 대상 아동과의 관계 증진 및 의사소통 촉진에 도움이 되며 사회 정서적 평가에 유용한 검사다.

K-CAT 해석은 연령에 따른 아동의 주요 발달 과제나 갈등 내용에 대한 정보를 기초로 정신역동적으로 접근하며, 각 아동에게 연령에 적합한 발달 과제나 갈등 내용이 나타나고 있는지, 특정 단계에서 해결되지 않은 과제에 집착하고 고착되어 있는지를 파악하는 데 도움이 된다.

2) 실시

K-CAT는 개인이나 집단을 대상으로 실시할 수 있지만 시행과 해석은 숙련된 임상가가 실시해야 한다. 수검자가 편안한 상태에서 실시하며 검사자와 수검자 사이에 라포가 형성되어야 하며, 아동들의 긴장 완화와 반응을 돕기 위해 놀이를 활용할 수도 있다.

검사자가 쓰는 지시문은 기본적으로 비슷하나, 수검자의 연령, 지적 수준, 성격 혹은 생활환경을 고려하여 적절한 지시와 격려가 요구되며 수검자의 어떠한 질문에도 비지시적으로 답해야 한다.

① 초기 지시문

"지금부터 그림을 가지고 이야기를 할 거예요. 내가 그림을 보여 줄 테니까 그림들을 보고 거기에서 어떤 일이 일어나고 있는지 말해 주면 돼요. 네가 하고 싶은 어떤 이야기든지 만들 수 있어요. 자, 이 그림을 봐요. 여기 나온 동물들은 지금 무엇을 하고 있고, 여기서 어떤 일들이 일어나고 있는지 말해 봐요."

② 중기 지시문

"그럼 이 일이 있기 전에는 어떤 일이 일어났을까? 그럼 다음에는 어떻게 될까?"

• 반응 유도 질문

"어느 동물이 그런 이름을 갖게 되었니? 얘기에 나오는 동물들은 몇 살이니?"

• 격려 및 환기 질문

"잘했어. 잘하는구나. 그럼 다른 걸 해 볼까?"

가능한 한 정해진 도판 순서대로 제시하며 K-CAT의 보충용 9매의 도판은 수검자의 문제와 관련되어 있는 도판만 선택하여 실시한다. 수검자의 모든 표현은 가능한 한 기록해야 하며, 수집자가 주의를 지속할 수 있도록 격려와 세심한 배려가 요구된다.

3) 채점 및 해석

각 도판에 대한 아동의 반응은 '임상용 기록 및 분석 용지'에 기록하고 분석한다. 기록 용지에 적혀 있는 항목에 대한 설명은 다음과 같다.

(1) 주제

아동이 K-CAT의 각 도판에서 무엇을 떠올렸는지, 왜 그러한 이야기를 하는지, 또 이러한 해석이나 이야기가 내적 세계에서 어떤 의미를 갖는 것인지를 알아내도록 한다. 아동의 이야기에서 공통되는 주제를 파악한다.

(2) 주인공

아동의 이야기에서 주인공을 찾아내어 그 대상을 기록하고 대상의 연령, 성별, 직업, 능력 및 기타 특징들을 적는다. 때로는 주인공이 하나 이상일 수도 있으며, 처음에는 이 대상에 동일시했다가 나중에는 다른 인물을 동일시하고, 때로는 둘 다에 동일시하기도 한다. 때로는 두 번째로 동일시한 대상의 특징에 한층 더 깊이 억압된 무의식적 태도를 반영하는 경우도 있다.

(3) 주인공의 주요 욕구와 추동

주인공이 나타내는 욕구는 수검자의 욕구와 직접 관련된 것일 수 있으며, 때로는 수검사의 실제 생활을 반영하거나 반대로 공상 속에서 대리만족 되는 내용일 수 있다. 이야기에 나타나는 주인공의 욕구는 수검자가 가지는 추동의 다양한 변형과 변종일 수 있다.

실제 그림에 나와 있지 않은 대상이나 상황을 포함시켜 이야기를 꾸민다면 중요한 내용일 수 있으며 실제 상징적인 의미가 무엇인지를 알아내야 한다. 반면, 그림 속의 특정 인물이나 사물이 생략되거나 무시되고 있다면, 이는 그 대상에 대한 적대감이나 갈등을 반영하는 것으로 해석해 볼 수도 있다.

(4) 주변 인물에 대한 자각

아동이 그림 속 대상들을 수검자 주변 인물들과 동일시하고 있거나, 어떻게 지각하는가를 알아보는 것은 아동의 주변 사람들에 대한 심리적 역동을 이해하는 데 중요하다. 부모, 또래, 연장자 및 어린 대상 등 4가지 유형의 주변 인물들에 대한 심리적 친근감이나 거리감을 포함한 지각을 분석하여 기록하도록 한다.

(5) 주요 갈등

수검자가 가지고 있는 갈등의 유형, 특성과 갈등의 강도를 파악할 수 있으며, 갈등으로 유발되는 불안에 대해 사용하는 방어기제 유형에 대한 정보를 알 수 있다.

(6) 불안

아동들의 주요한 불안 유형으로는 신체적 상해, 처벌, 사랑의 결여나 상실에 대한 공포, 혼자 남게 되는 것에 대한 공포 등이 있는데, 아동의 주된 불안을 파악하는 것은 매우 중요하다. 아동이 지각하는 불안이 정상적인 성장 과정의 보편적인 것인지, 병리적인 수준인지를 진단·구별해야 한다.

(7) 주요 방어기제

이야기의 내용을 욕구, 갈등, 불안의 차원에서 분석하고 주인공의 욕구, 갈등, 불안에 대한 방어기제도 함께 검토하는 것이 수검자의 역동을 이해하는 데 도움이 된다. 방어기제의 평가는 욕구와 갈등이나 불안에 대한 개별적인 검토보다 훨씬 더 많은 정보를 제공해 줄 뿐만 아니라 성격구조를 깊이 있게 탐색하게 해 준다. 이야기에 나타나는 다양한 주제와 주인공의 욕구를 통해 아동의 주된 방어기제 외에 이야기 속에 숨겨져 있는 방어기제를 알아보는 것도 도움이 된다.

(8) 초자아의 적절성

이야기 주인공이 보여 주는 초자아의 적절성 여부는 수검자의 성격구조를 이해하는 데 유용하다. 이야기 주인공이 저지른 잘못의 특성이나 정도를 고려한 처벌의 타당성과 적절성을 통해 초자아의 엄격성을 보여 준다. 신경증적 주인공은 사소한 공격적 행동도 고의적인 행동으로 생각하여 죄악시하고 죄책감을 나타낼 수 있으며, 통합되지 않은 초자아의 경우에는 아주 엄격하거나 과대하게 표출될 수도 있다.

(9) 자아의 통합

내적 충동이나 현실에서 오는 요구와 초자아의 명령을 어떻게 타협하고 조절하는지를 검토하고 주인공이 외부 자극에 대해서 얼마나 민감하며 어떠한 자극에 더 집착하는지를 알아낼 수 있다. 주인공이 자신의 욕구와 현실 및 사회규범이나 도덕적인 행동 간의 갈등을 처리하는 방식의 적절성을 알아내는 것이 중요하다.

(10) 임상적 특기

이 항목에는 각 도판에 나타난 반응 분석 전체를 요약 · 종합해서 기록하거나, 진단적 단서가 될 수 있는 검사자가 의문시하는 내용들을 기록한다.

4) 도판 소개

(1) 도판

[도판 1]

음식이 담긴 큰 접시가 놓인 식탁 주위에 병아리들이 앉아 있다. 따로 떨어져 있는 희미한 형태의 큰 닭이 서 있다. → 구강기의 문제와 형제자매들 간의 경쟁

[도판 2]

한쪽에서는 한 마리의 곰이 줄을 잡아당기고 다른 한쪽에서는 다른 곰과 아기 곰이 함께 줄을 잡아당기고 있는 줄다리기 장면이다. → 동일시 대상과 공격성

[도판 3]

　담뱃대와 지팡이를 가지고 의자에 앉아 있는 사자와 오른쪽 구석 구멍에는 작은 쥐가 보인다. → 아버지상과 역할에 대한 갈등

[도판 4]

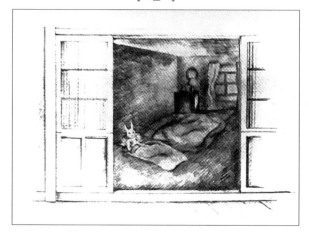

　어두운 방에 깔려 있는 이불 위에 어린 토끼가 혼자 앉아 있다.
　→ 불안의 성질과 오이디푸스 콤플렉스

[도판 5]

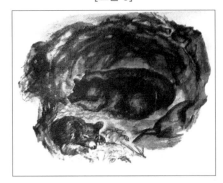

어두운 동굴 속에 희미하게 곰 두 마리가 보이고 동굴 앞에는 작은 곰이 엎드려 있다. → 삼각관계에서의 갈등

[도판 6]

날카로운 송곳니와 발톱을 드러낸 호랑이가 원숭이에게 덤벼들고 있다.
→ 공격성에 대한 두려움과 대처 방식

[도판 7]

어른 원숭이 두 마리가 소파에 앉아 차를 마시면서 이야기를 나누고 있고 그 앞에
는 다른 원숭이 한 마리가 아기 원숭이와 이야기를 하고 있다.

→ 가족 구성원의 역할에 대한 지각

[도판 8]

욕실에 어미 개의 무릎 위에 누워 있는 강아지가 있다.

→ 체벌에 관한 개념과 대소변 훈련

[도판 9]

과일 가게 앞에 하마가 서 있고 다람쥐 두 마리가 과일을 쥐고 달아나고 있다.

→ 사회적 상황에서의 도덕관념

(2) 보충용 도판

[보충 도판 1]

다람쥐 네 마리가 미끄럼틀을 타고 있는데, 한 마리는 막 내려오고 있고 또 한 마리는 내려오려고 하고 있으며, 나머지 두 마리는 사다리를 올라가고 있다. 첫 번째와 세 번째는 수컷이고 두 번째와 네 번째는 암컷을 암시한다.

→ 신체 활동과 친구끼리의 경쟁

[보충 도판 2]

교실에서 원숭이 두 마리는 책상에 앉아 있고 한 마리는 손에 책을 들고 서 있다. 세 번째 원숭이는 꼬리를 만지작거린다. → 학교 상황에서의 문제(경쟁 및 과시)

[보충 도판 3]

엄마 쥐가 큰 안경을 낀 아빠 쥐에게 차를 따라주고 있는 소꿉놀이 장면이다. 장난
감과 인형이 주변에 있다. → 성인으로의 욕구와 가정 내의 대인문제

[보충 도판 4]

큰 곰 한 마리가 아기 곰 두 마리를 안고 있다. → 형제간의 시샘과 엄마에 대한 애정

[보충 도판 5]

엄마 토끼가 어린 토끼를 학교 문 앞에 데리고 와서 선생님 토끼에게 데려다 주려고 하고 있다. 운동장에는 많은 동물들이 수업을 하고 있다.

→ 학교(유치원)에서의 적응(어머니로부터의 독립 및 의존성)

[보충 도판 6]

꼬리와 다리에 붕대를 감은 캥거루가 목발을 짚고 서 있다. → 신체적 상해

[보충 도판 7]

고양이 한 마리가 거울 앞에 서서 자신을 비춰 보고 있다.

→ 자기 표현과 과시 및 청결

[보충 도판 8]

토끼 의사가 아기 토끼를 청진기로 진찰하고 있다. 뒤에 약병이 있다.

→ 질병에 대한 문제

[보충 도판 9]

목욕탕에서 큰 고양이가 몸을 씻고 있는데 뒤쪽 문틈으로 작은 고양이가 지켜보고 있다. → 호기심 및 도시(盗視) 경향

 참고문헌

김영환, 김지혜, 홍상황(2005). 로르샤하 해석의 원리. 서울: 학지사.

김영환, 김지혜, 홍상황 공역(2008). 로르샤하 종합체계 워크북(5판). 서울: 학지사.

김태련, 서봉연, 이은화, 홍숙기(1976). 아동용 회화 통각 검사. 이화여자대학교 인간발달연구소.

신민섭, 김지영, 김은정(2009). 아동·청소년 로샤의 이론과 실제. 서울: 학지사.

윤화영(2011). 로르샤하 종합체계. 서울: 학지사.

Beck. S. J. (1944). *Rorschach's test 1: Basic processes.* New York: Grune and Stratton.

Bellak, L. (1954). *The Thematic Apperception Test and the Children's Apperception Test in Clinical Use.* New York: Grune & Staratton.

Exner, J. E. (1974). *The Rorschach: A Comprehensive System Vol I.* New York: John Willey & Sons.

Exner, J. E. (1991). *The Rorschach Comprehensive System. Volume 2: Current Research and Advanced Interpretations.* New York: Wiley.

Exner, J. E. (1993). *The Rorschach Comprehensive System. Volume 1: Basic Foundations* (3rd ed.). New York: Wiley.

Exner, J. E. (2001). *A Rorschach Work for the Comprehensive System* (5th ed.). Asheville, NC: Rorschach Workshop.

Exner, J. E. (2002). *The Rorschach: A Comprehensive System, Basic Foundations and Principles of Interpretations, Volume 1*(4th ed.). Hoboken, NJ: John Wiley & Sons, Inc.

Hertz, M. R. (1936). *Frequency tables to be used in scoring the Rorschach ink-blot test.* Brush Foundation, Western Reserve University.

Klopfer, B., & Kelley, D. (1942). *The Rorschach technique.* World book company.

Morgan, C. D., & Murray, H. A. (1935). "A method for investigating fantasies." *Archives of Neurology & Psychiatry, 34,* pp. 289-306.

Piotrowski, Z. (1957). *Perceptanalysis.* New York: Macmillan.

Weiner, I. B. (1998). *Principles of Rorschach Interpretation.* New York: Taylor & Francis.

제9장

신경심리평가

1. 신경심리평가의 발전

신경심리평가는 19세기 중반 Paul Broca와 Carl Wernicke가 각각 뇌의 언어기능을 담당하는 부위를 발견한 것을 시작으로 긴 역사를 가지고 있다. 신경심리검사가 처음 사용되기 시작한 것은 두뇌 손상을 입은 환자들에서 나타나는 인지적 결함을 측정하기 위한 목적으로 시행되었다(Lezak, 1995). 제2차 세계 대전 후 Goldstein과 임상가들이 신경과적 장애를 가진 환자들, 전쟁터에서 돌아온 군인들을 위한 심리평가 개발을 서둘며 1940년대 말 심리평가가 전통적인 의학에서 분리되었다. 최초의 신경심리검사는 '기능적 장애'보다 '기질적 장애'로 뇌기능 이상을 가진 사람들을 확인하기 위해 개발되었다.

미국의 Halstead, Reitan, Goldstein, 프랑스의 Rey, 그리고 러시아의 Luria 같은 연구자들의 작업으로 1950년대에 신경심리평가가 자리를 잡기 시작하였다. 1950년대와 1960년대에는 Wechsler 지능검사 및 Halstead-Reitan 신경심리검사 등의 인지기능을 평가하기 위한 표준화된 검사가 개발되었다. 이러한 검사는 주의, 기억, 언어 및 실행기능 등 다양한 인지기능을 측정하며, 뇌 손상 및 알츠하이머, 파킨슨증 등의 질환과 관련된 인지장애를 식별하기 위해 사용되었다.

1980년대와 1990년대에는 컴퓨터 기술의 발전이 신경심리검사를 자동화하는 컴퓨터화된 검사의 개발로 이어졌고, 최근에는 뇌 손상, 뇌졸중 및 기타 신경학적 질환을 가진 환자를 대상으로 신경심리평가를 이용하여 재활 및 치료 계획을 지도하는 것이 강조되고 있다. 다양한 정신과적 장애를 가진 환자들에게서도 신경심리검사를 통한 뇌기능 이상이 보고되면서 신경심리검사는 구조적 뇌 손상을 입은 사람뿐 아니라 뇌기능에 문제가 있는 사람들의 인지기능을 측정하는 데 사용되고 있다.

아동을 위한 신경심리학적 종합검사는 1960년대 소아 신경심리학이 임상신경심리학의 세분화된 분야로 출현하면서 발전하기 시작하였다. 1970년대 Halstead-Reitan의 아동을 위한 신경심리학적 종합검사(Halstead-Reitan Neuropsychological Test Battery for Older Children: HRNTB)가 개발되었고, 1986년에 성인용 Luria-Nebraska 신경심리 종합검사(Luria-Nebraska Neuropsychological Battery: LNNB)가 개정 출판될 때, 8~12세 아동을 대상으로 하는 아동용 Luria-Nebraska 신경심리 종합검사가 개발되었다.

신경심리평가의 목적은 아동의 인지 발달 수준에 대한 정확한 평가뿐 아니라 인지적 결함을 진단, 치료 계획을 세우기 위해 실시하는 것으로 인지기능, 관리기능, 기억, 언어, 시공간/지각기능, 시각-운동협응 등 운동기능 영역을 평가하는 데 있다.

2. 신경심리평가 영역

신경심리검사는 주로 인지기능의 주요한 측면인 주의, 언어, 기억, 시공간 및 실행기능을 측정한다.

〈표 9-1〉 인지기능 영역과 평가를 위한 검사들

영역	검사
주의	산수, 숫자, 순차연결, 순서화, 지우기, 스트룹 색상-단어검사, 선로잇기 검사, 연속수행검사(CPT)
언어	어휘, 공통성, 이해, 상식, 보스톤 이름대기 검사(K-BNT-C), 토큰 검사(K-TTFC-2), 피바디 그림 어휘력 검사, 통제 단어연상 검사
기억	숫자 거꾸로 따라하기, 산수, 그림기억, 순차연결, Bender-2(회상), Rey-Osterrieth Complex Figure(회상)
시공간	토막짜기, 공통그림찾기, 행렬추론, Bender-2(지각과 모사), Rey-Osterrieth Complex Figure(지각과 모사), K-DTVT-3
실행기능	면담과 과거력, 위스콘신 카드 분류 검사, 색 선로잇기 검사, Kims 전두엽 관리기능검사, 스트룹, Go No Go Test

1) 주의력 평가

주의는 정보를 선택하여 처리하는 과정으로 우리의 뇌에 입력된 많은 양의 정보 중 필요한 정보만을 선택하여 더 깊이 처리함으로써 효율적인 기능할 수 있게 하는 정보처리 능력이다(Banich, 2004). Mirsky와 동료들(Mirsky, 1987, 1996; Mirsky, Anthony, Duncan, Ahearn, & Kellam, 1991; Mirsky & Duncan, 2001)은 주의력 양상을 측정하는 부분이 포함된 신경심리검사들에 대한 요인분석을 실시하였다. 임상적 주의력 장애를 비롯하여 600사례 이상을 대상으로 한 요인분석을 바탕으로 주의기능의 분류를 발표하였는데, 이는 집중/실행, 유지와 안정, 변환, 그리고 부호화를 포함한다.

Mirsky와 동료들(Mirsky, 1987, 1996; Mirsky & Duncan, 2001; Mirsky et al., 1991)은 자극의 집합체를 살피고 선별적인 반응을 하는 능력을 집중/실행이라고 표현한다. 집중주의는 자극의 집합체를 살피는 지각적 능력이고, 실행은 반응을 만들어 내는 능력이다. 신경심리 문헌에서 집중/실행이라는 용어 대신 쓸 수 있는 말은 '선택적 주의'라는 용어다. 선택적 주의는 "배경 '소음' 또는 방해 요소의 존재 속에서 인지 틀을 유지하는 능력"(Baron, 2004)이라고 정의된다. 선택적 집중을 측정하는 신경심리검사 중 하나는 스트룹 색상－단어검사(Stroop Color and Word Test: SCWT)다. SCWT에서 아동은 선택적으로 주의를 기울여 단어가 쓰인 잉크의 색상을 말해야 함과 동시에 쓰인 색상 단어 그 자체는 무시할 수 있어야 한다.

유지와 안정 요인은 지속 주의로 어떠한 과제를 방심하지 않는 자세로 긴 시간 동안 할 수 있는 능력을 의미한다. 어떤 면에서 보면 지속 주의력은 선택적 주의를 긴 시간 동안 적용하는 것이라고 할 수 있다. 지속 주의 과제로는 연속적 실행 검사(Continuous Performance Test: CPT)가 있다. 이 검사에서 아동은 긴 시간 동안 '목표' 사건에 주의하며, 다른 모든 사건을 무시하도록 해야 한다.

Mirsky와 동료들은 주의 용량이라고 불리는 주의의 하위 구성을 찾지 못했는데, 이는 요인분석된 신경심리 과제가 이 능력을 필요로 하지 않았기 때문이다. 주의 용량은 인지 용량 또는 기억 과제에서 필요로 하는 용량과 직접적으로 연관되어 있다(Miller & Maricle, 2012). 숫자나 철자, 단어에서 문장 그리고 이야기로 이어질 때 그 의미의 양이 증가하고 회상되는 자극의 길이가 증가하는 것처럼, 어떠한 과제에 대한 주의 요구는 수행과 동시에 변화한다. 주의 용량을 측정하는 검사는 숫자 폭 검사가 있는데, 이를 통해 아동들은 점점 길이가 늘어나는 숫자를 회상하도록 한다. 주의 용량을 측정하는 다른 검사들은 단어 기억, 문장 기억 또는 이야기 기억 등을 측정하는 검사들이 있다. 이 검사들은 기억 구성을 측정하는 데 집중되어 있지만, 주의 능력을 필요로 한다.

종합하면, 주의는 환경 내 엄청난 양의 정보 속에서 불필요한 정보는 무시하고 중요한 정보에 선택적으로 주의를 기울이는 **선택적 주의**, 동시에 여러 가지 정보에 주의를 기울여야 하는 경우 작업요구와 목표에 따라 주의 자원을 배분하는 **분할주의**, 일정한 시간 동안 주의를 지속적으로 유지할 수 있는 **지속적 주의**, 정보처리에 필요한 주의 능력을 집중시키고 주변의 무관련 자극을 억제하는 등의 집행기능을 하는 **주의조절 능력** 등으로 구분된다.

주의의 신경해부학은 통제를 돕고 자극을 유지하는 뇌의 피질하부 영역(예: 망상 활성체계)과 주의 자원을 할당하고, 선택적인 주의, 그리고 응답 억제를 통제하는 뇌의 상부 피질 영역(예: 전전두엽과 전대상피질)을 포함한다. 주의 통제를 돕는 전두-피질 하부 경로는 실행기능 통제와 관련이 있다. Mirslky와 동료들(1991, 1996)은 선택적/집중적 주의를 통제하는 뇌 구조는 상부 측두골 피질, 하위 두정 피질 그리고 선상체이고, 유지적 주의를 조절하는 뇌의 구조는 중뇌의 피질 하부(이는 시개, 메소폰틴, 망상체, 정중선, 그리고 시상 그물핵을 포함), 변환적 주의와 관련이 있는 뇌 구조는 배 측면 전두엽 피질과 전대상회와 관련 있다고 보았다.

- 선택적 주의력: Wechsler 지능검사 중 숫자, 산수, 이분 청취 과제(Dichotic Listening Task), 스트룹 색상-단어검사, 선로잇기 검사-A, B형
- 분할주의력: Wechsler 지능검사 중 기호쓰기, 순차연결, 이분청취 과제(Dichotic Listening Task), 스트룹 색상-단어검사, 선로잇기 검사-A, B형
- 지속주의력: 연속수행검사(Continuous Performance Test)
- 주의조절 능력(실행기능): 위스콘신 카드 분류 검사, Sequential Hand Movements, Go-No Go test

(1) 연속수행검사(Continuous Performance Test)

웩슬러 지능검사의 숫자, 산수, 순차연결, 순서화 등의 소검사들이 주의력 평가에 유용하기는 하지만, 각성도나 주의 집중력을 객관적으로 측정하는 가장 대표적인 방법은 연속수행검사(Continuous Performance Test)다.

CPT의 실시방법은 스크린에 무작위로 제시되는 일련의 자극 중 목표 자극에 대해서만 반응하고 간섭 자극(비목표 자극)에 대해서는 반응하지 않는 것이다. 특정한 기호, 숫자, 문자를 짧은 시간 동안 컴퓨터 화면에 시각적으로 제시하거나 청각적으로 들려준 뒤에 아동에게 목표 자극이 나올 때마다 빠르게 반응하도록 지시하게 된다. 정반응수, 목표 자극에 반응하지 않은 누락 오류(omission error), 비목표 자극에 잘못 반응한 오경보 오류(commission error) 등이 측정되는데, 정반응수와 누락 오류는 지

속적 주의력을, 오경보 오류는 주의 집중력과 인지적 충동성, 반응 억제 능력을 나타
내 준다. 국내 아동 및 청소년을 대상(만 5세~15세까지)으로 국내에서 개발, 표준화된
CPT 검사로 한국판 주의력 검사(Korean Attention Test System: KAT; 홍강의, 신민섭, 조
성준, 2022)가 있다.

KAT 측정 변인인 내용은 다음과 같다.

〈표 9-2〉 **KAT 척도의 구성 및 내용**

척도	내용
누락 오류 (Omission error)	주의 분산성: 목표 자극에 반응하지 못한 횟수를 활용하여 부주의를 측정
오경보 오류 (Commission error)	인지행동 충동성: 비목표 자극에 반응한 횟수를 활용하여 충동성, 탈억제를 측정
정보처리속도 (Response Time)	정보처리속도: 목표자극에 반응하기까지의 평균시간으로 자극을 처리하는 속도를 의미
반응시간 표준편차 (Response Time deviation)	주의 집중력: 목표자극에 반응하기까지의 표준편차로 반응의 일관성을 의미
민감도(d') (sensitivity)	목표 자극에 얼마나 민감하게 반응하는지를 측정, 오경보 비율에 대한 정반응의 비율
반응기준(β) (criterion bias)	반응 편향성과 충동성을 나타내는 지표

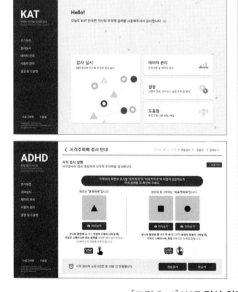
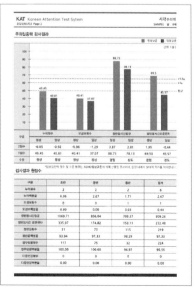

[그림 9-1] KAT 검사 화면 및 결과지 예시

(2) 아동 색 선로 검사(Children's Color Trails Test)

아동 색 선로 검사(CCTT)는 5~15세 아동·청소년에게 사용하도록 제작된 검사다. 초점주의력, 지속적 시각주의력, 분할 시각주의력 등을 측정하는 검사로 A형과 B형 두 가지로 구성되어 있다. CCTT-1 과제는 검사지에 무작위로 배치되어 있는 15개의 원 안의 숫자를 가능한 한 빠르고 정확하게 연결하는 과제이며, CCTT-2 과제는 일련의 숫자를 순서대로 연결하되 서로 다른 색(분홍색과 노란색)으로 번갈아 가며 연결하는 과제다(예: ① → ❶ → ② → ❷ → ③ → ❸ → ……). 연습 시행과 본 시행으로 이루어지는데 이는 표준화된 실시 절차에 따라 시행된다.

채점은 완료하는 데 걸린 시간과 오류수를 기준으로 점수가 주어지며, CCTT-1과 CCTT-2의 완성 시간 원점수 차이로 간섭 지표가 산출된다. CCTT-1보다 CCTT-2과제를 완성하는 시간이 더 오래 걸리는 경우, 주의 전환에 어려움이 있음을 예측할 수 있다. CCTT-1은 초점 주의력, 지속적 주의력이, CCTT-2는 앞의 능력에 더하여 분할 주의력이 요구된다(한국판 아동 색 선로 검사: CCTT; 신민섭, 구훈정, 2007).

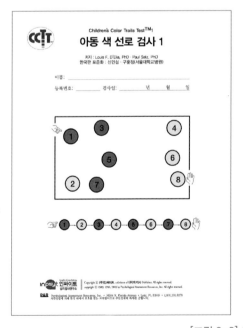
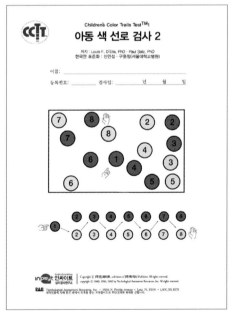

[그림 9–2] CCTT 검사

(3) 스트룹 검사(Stroop Color and Word Test)

한국판 스트룹 아동 색상 단어 검사(신민섭, 박민주, 2007)는 단어 조건, 색상 조건, 색상–단어 조건 세 조건의 과제가 주어지는 검사로 만 5~14세 아동·청소년에게 실시 가능하다. 단어 조건에서는 종이에 검정색으로 적힌 단어를 읽어야 하고, 색상 조건에서는 '××××'로 쓰여진 글자의 색상(빨강, 초록, 파랑)을 말해야 하며, 색상–단어 조건에서는 단어에 대한 읽기가 아니라 그 단어가 인쇄된 색상을 말해야 한다. 이 검사는 색상 자극과 단어 자극을 동시에 사용하여 목표 자극에 대한 선택적 주의력과 주의 억제력을 측정한다.

스트룹 검사는 세 가지 기본 점수와 간섭 점수를 산출한다. 단어 원점수는 단어 페이지에서 완성한 문항의 수이며, 색상 원점수는 색상 페이지에서 완성한 문항수다. 그리고 색상–단어 원점수는 색상–단어 페이지에서 완성한 문항의 수다. 간섭 점수는 색상 점수에서 색상–단어 점수를 빼어 계산한다. 간섭 점수가 높을수록 인지 간섭을 억제하고 선택적 주의를 유지하는 데 어려움이 있음을 나타낸다.

XXXX	XXXX	XXXX	XXXX	XXXX
XXXX	XXXX	XXXX	XXXX	XXXX
XXXX	XXXX	XXXX	XXXX	XXXX
XXXX	XXXX	XXXX	XXXX	XXXX
XXXX	XXXX	XXXX	XXXX	XXXX
XXXX	XXXX	XXXX	XXXX	XXXX
XXXX	XXXX	XXXX	XXXX	XXXX
XXXX	XXXX	XXXX	XXXX	XXXX
XXXX	XXXX	XXXX	XXXX	XXXX
XXXX	XXXX	XXXX	XXXX	XXXX
XXXX	XXXX	XXXX	XXXX	XXXX
XXXX	XXXX	XXXX	XXXX	XXXX
XXXX	XXXX	XXXX	XXXX	XXXX
XXXX	XXXX	XXXX	XXXX	XXXX
XXXX	XXXX	XXXX	XXXX	XXXX
XXXX	XXXX	XXXX	XXXX	XXXX
XXXX	XXXX	XXXX	XXXX	XXXX
XXXX	XXXX	XXXX	XXXX	XXXX
XXXX	XXXX	XXXX	XXXX	XXXX
XXXX	XXXX	XXXX	XXXX	XXXX

빨강	파랑	초록	빨강	파랑
초록	초록	빨강	파랑	초록
파랑	빨강	파랑	초록	빨강
초록	파랑	빨강	빨강	파랑
빨강	빨강	초록	파랑	초록
파랑	초록	파랑	초록	빨강
빨강	파랑	초록	파랑	초록
파랑	초록	빨강	초록	빨강
초록	빨강	파랑	빨강	파랑
파랑	초록	초록	파랑	초록
초록	빨강	파랑	빨강	빨강
빨강	파랑	빨강	초록	파랑
초록	빨강	파랑	빨강	초록
파랑	파랑	빨강	초록	빨강
빨강	초록	초록	파랑	파랑
파랑	파랑	빨강	초록	빨강
빨강	초록	파랑	빨강	초록
초록	빨강	초록	파랑	파랑
빨강	파랑	빨강	초록	빨강
초록	빨강	초록	파랑	초록

[그림 9-3] 스트룹 검사

2) 언어 평가

언어기능은 인간만이 가진 고유한 기능으로, 복잡하고 고등 인지기능을 요하는 능력이다. 언어는 지각 능력, 이해 능력, 운동 능력을 필요로 하는 고도로 복잡한 과정으로, 언어 발달에 필요한 지각 및 운동 과정은 측두엽과 전두엽의 발달과 관련이 있다. 우리가 알고 있는 대부분의 언어에 대한 신경심리학적 줄기는 실어증 환자에 대한 연구로부터 비롯되었다. 실어증은 뇌 손상 또는 장애로 인해 언어의 생산 또는 이해 능력에 결여가 생긴 상태를 일컫는다. Paul Broca(1861)는 표현언어 상실증을 앓고 있던 환자의 사후 부검 중 뇌에서 좌측 반구의 하위 전전두엽 피질에 손상을 처음 발견하여 이 부위는 브로카 영역이라고 알려졌다(Berker, Berker, & Smith, 1986). 최근 연구에서는 브로카 영역 손상만으로는 표현언어 실어증이 발생하지 않는다는 의견이 제기되고 있다. 표현언어 실어증이 발생하는 것은 뇌 손상이 전두엽 안의 브로카 영역을 감싸고 있는 뇌 조직과 그 하부에 있는 피질하 백질까지 이어져야 한다(Naeser, Palumbo, Helm-Estabrooks, Stiassny-Eder, & Abert, 1989). 또한 기저핵에 있는 꼬리핵의 머리 부분에 생긴 병변은 브로카 실어증과 비슷한 실어증을 발생시킨다(Damasio, Eslinger, & Adams, 1984). 또한 측두엽의 바로 뒤에 있는 대뇌 반구의 전벽에 위치한 좌측 중심전회 병변은 말 실행증의 원인이 된다. 말 실행증은 언어 생산을 위한 입술, 혀, 목의 움직임을 계획하는 능력의 손상을 일컫는다(Dronkers, 1996).

브로카 실어증은 느리고 힘겨우며 유창하지 못한 언어로 특징지어진다. 브로카 실어증 또는 표현언어 실어증을 가진 아동들은 언어를 생산하는 것보다 이해하는 것이 더 수월하다. 브로카 실어증은 언어 생산을 위한 구강운동 계획 부족, 실문법증, 명칭 실어증, 그리고 조음장애 등과 같은 여러 결여와 관련이 있다(Carlson, 2010). 실문법증은 아동이 문법적이거나 이해할 수 있는 문장을 만드는 것에 어려움이 있는 경우를 말한다. 명칭 실어증은 단어를 찾는 것에 어려움을 느끼는 것으로 다양한 종류의 실어증에서 발견되는 증상이나 브로카 실어증에서 매우 두드러진다. 조음장애는 표현언어 실어증 또는 브로카 실어증을 가진 아동들에게서 자주 관찰된다. 하지만 브로카 실어증은 혀나 입술 등 발성기관의 근육을 통제하지 못해 나타나는 조음장애(dysarthria)와 구별되어야 한다. 브로카 실어증은 특정 내용의 언어를 말하지 못하는 표현장애라면 조음장애는 특정 소리를 내지 못하는 발음장애이기 때문이다.

Carl Wernicke(1874)가 실어증을 가진 환자의 뇌에서 다른 손상 부위를 확인하였는데, 좌측 전두엽에 위치하며 일차 청각피질의 뒤쪽에 위치하는 이 부위는 베르니케 영역으로, 이 부위의 손상은 베르니케 실어증이라 부른다(Miller, 2013). 베르니케 실어증은 언어 이해력 장애와 유창하지만 의미 없는 말로 특징지어진다. 이는 말의 샐러드(word salad)라고도 불린다(Carlson, 2010). 베르니케 실어증의 가장 대표적인 특색은 청각적 이해력이 두드러지게 떨어진다는 점이다. 특히, 제시되는 자극어가 문법적으로 복잡하거나 길이가 길어질수록 오류가 증가한다. 청각적 이해력이 떨어질수록 여러 가지 질문에 거의 비슷한 문구만 되풀이하여 반응하는 현상을 보이기도 하는데, 이를 언어 상동증(stereotypy of speech)이라고 한다. 베르니케 실어증 환자들은 대화를 할 때 혹은 그림 설명을 할 때 비교적 유창하며, 때에 따라서는 지나치게 많은 말을 늘어놓는 과유창성을 보이기도 한다. 또한 목표 단어의 일부 음소를 다른 음소로 대치하여 반응하는 음소착어를 보이기도 한다.

언어 능력을 측정하는 검사는 다음과 같다.

- 수용 언어 평가: 그림 어휘력 검사 4판(PPVT-IV; Dunn & Dunn, 2007)은 2~8세 아동을 대상으로 명확한 표현 능력이 배제된 상태의 수용 어휘력을 평가한다. 4가

지 그림을 보고 선택하는 것이기 때문에 장애아동을 비롯하여 정신지체, 청각장애, 뇌 손상, 자폐증, 행동결함, 뇌성마비 등으로 인해서 언어에 문제가 있는 아동들의 수용 어휘 능력을 평가하는 데 활용될 수 있다. 그림 어휘력 검사 점수가 적절하고, 웩슬러의 어휘 점수가 낮으면 단어 자체를 이해하는 것보다 생각을 명확하게 말로 나타내는 것과 같이 표현언어 문제일 확률이 크다.

- 한국 아동 토큰 검사(K-TTFC-2)는 아동의 듣기 이해력 장애 유무를 판별하는 선별검사로 크기, 모양, 색상의 세 가지 측면에서 서로 다른 20개의 토큰들을 사용하여 듣기 이해력 및 주의 집중과 관련된 기타 문제 등을 검사하기 위해 사용될 수 있다.
- 표현언어 평가: 아동용 한국판 보스톤 이름대기 검사(K-BNT-C)는 3~14세 아동을 대상으로 흑백으로 그려진 사물의 그림을 보여 주고 이름을 말하게 함으로써 그림에 대한 '시각적 인지력', 그림에 대응하는 '단어 인출력' 등을 측정할 수 있는 표현언어장애 선별 도구로 유용하다.

3) 기억 평가

기억의 과정은 정보를 부호화, 저장, 인출하는 세 단계로 이루어지는데, 특히 정보가 부호화 및 저장되는 단계에 따라 단기기억(작업기억)과 장기기억으로 구분된다.

단기기억(작업기억)은 입력된 정보를 짧은 시간 동안 일시적으로 저장하는 과정으로, 한번에 처리 가능한 단기기억의 양은 7 ± 2 정도로 한정되어 있다. Baddeley(2003)는 단기기억이 매우 짧은 순간에 정보처리가 이루어진다는 점에서 단일한 기억체계로 비춰지지만, 여러 개의 하위 체계로 이루어지며 각각은 작업기억(working memory)이라 불리는 제한된 용량의 실행체계에 의해 조절된다고 설명하였다. 작업기억은 말소리와 관련된 정보의 일시적인 저장을 담당하는 음운 고리(phonological loop)와 시각과 공간적 정보의 일시적인 유지를 담당하는 시공간 잡기장(visuospatial sketchpad), 그리고 이 두 하위 체계를 통제하는 중앙집행기(central executive)의 세 체계로 구성된다. 과거에는 단기기억(작업기억)의 정보가 시연(rehearsal)을 통해 장기기억으로 전환된다고 보았지만, 단기기억에 결함이 있음에도 새로운 정보를 장기기억으로 저장, 인출하는 능력이 유지되는 뇌 손상 환자가 발견됨에 따라 단기기억(작업기억)은 장기기억과 독립적으로 기능하는 것으로 여겨진다. 단기기억(작업기억)과 장기기억에 관여하는 신경해부학적 구조물의 차이도 이러한 기억 모델을 지지한다.

중앙집행기는 배외측 전전두엽, 음운 고리는 우세 반구(일반적으로 좌반구)의 실비안 주변부, 시공간 잡기장은 비우세 반구의 두정-후두 영역 등과 관련이 있다. 장기기억의 정보처리에는 내측 측두엽과 간뇌의 구조물이 주로 관여하는데, 특히 해마는 공간기억과 새로 학습한 정보의 회상에 매우 중요한 역할을 담당한다. 운동기억을 비롯한 절차적 기억에는 소뇌의 여러 구조물이 관여하는 것으로 알려져 있다.

장기기억은 크게 의식적인 접근이 가능한 서술기억(외현기억)과 의식적 접근이 용이하지 않은 암묵기억(절차기억)으로 분류된다. 암묵기억에는 운동기술의 습득이나 점화 및 고전적 조건 형성과 같이 자동적으로 습관화된 반응 등이 포함된다. 서술기억은 개인이 경험한 사건과 관련된 정보를 저장, 회상하는 일화기억과 사실, 개념에 대한 표상적 지식을 저장, 회상하는 의미기억으로 분류된다. 의식적인 수준의 기억을 말하는 명시적 기억은 주로 해마를 포함하는 내측두 피질에서, 비의식적이고 암묵적인 기억은 기저핵과 소뇌, 일차 감각 피질이 관여한다.

기억력을 평가하는 검사는 다음과 같다.

(1) 단기기억(작업기억)검사

- 숫자 따라하기: 청각적 단기기억을 검사하기 위해 가장 많이 사용되는 검사다. 단기기억의 폭을 측정하는 바로 따라하기와 작업기억의 다양한 요소가 관여하는 거꾸로 따라하기, 순서대로 따라하기로 구성된다.
- 코지 토막 두드리기 검사(Corsi Block Tapping Test): 수행 방식은 숫자 따라하기와 동일하지만 육면체 형태의 토막 판으로 시공간 단기기억을 평가한다.

(2) 언어기억검사

- 캘리포니아 언어학습 검사(California Verbal Learning Test: CVLT-C): 5~16세 아동에게 표준화된 것으로 언어학습 및 기억력을 측정한다. 이 검사는 두 개 중 하나의 쇼핑 목록을 아동에게 읽어 준 뒤, 가능한 많은 항목을 기억해내야 하는 검사다.

(3) 시공간 기억검사

- 레이 시각기억검사(R-CFT): 구성 과제를 실시한 직후 도형이 제시되지 않은 상태에서 다시 그리도록 하는 즉각 회상 과제, 일정 시간 경과 후의 지연 회상 과제 및 재인 과제의 절차를 포함한다.
- 아동용 Rey-Kim 기억검사(김홍근, 2005): 언어기억검사인 AVLT(Auditory Verbal Learning Test)와 시각기억검사인 CFT(Complex Figure Test)의 두 소검사로 구성된다. 전체 요약점수인 MQ(memory quotient, 기억지수)는 아동의 기억기능을 전반적으로 평가하는 데 유용하며 1Q와 비교한 상대적 평가도 가능하다.

4) 시공간 능력 평가

시공간 기능은 지각 능력과 구성 능력으로 구성되며 운동기능의 영향을 받기 쉽다. Benton과 Tranel(1993)은 시공간 기능의 장애를 시지각장애, 시공간장애, 시운동장애로 구분하였다. 시지각장애는 복잡한 자극을 변별, 시각재인, 색채인식, 전경-배경의 변별, 시각적 통합에서의 손상을 의미한다. 시공간장애는 공간적 위치 탐색 손상, 지형학적 지남력 손상, 시야의 무시, 방향과 거리 감각의 손상이 포함된다. 시운동장애는 안구운동, 조립, 글씨를 쓰거나 그림 그리기와 같은 동작 수행의 손상이 포함된다.

시공간 기능은 많은 하위 구성 요소를 아우르는 광범위한 인지 과정으로 주의력, 감각-운동, 기억력, 실행기능 같은 인지 과정과 관련되어 있다. 시공간 능력을 측정하는 신경 인지적 과제는 시각-운동 통합, 시각-운동 계획, 시각 기억력, 운동 반응을 동반하는 시각적 인지, 시공간적 추리, 운동 반응을 동반하지 않는 시각적 인지, 시각적 인지 조직화, 시각 인지적 추리, 시각 주사/이동 등을 포함한다.

시공간 기능은 비우세 반구의 두정엽이 담당하는 것으로 알려져 있는데, 이 외에 일차 시각 경로, 등쪽과 복측 시각 경로, 시각적 물체 인지 중 활성화되는 뇌 영역과 얼굴 인식 중 활성화되는 뇌 영역을 포함한 영역이 관여된다.

(1) 시지각발달검사(Developmental Test of Visual Perception: DTVP-3)
① 개관

DTVP는 Frostig, Lefever와 Whittlesey에 의해 1961년에 3~8세 아동을 대상으로

시지각의 서로 다른 다섯 개의 측면을 측정하는 시지각발달검사로 개발되었다. 눈-운동 협응(Eye-Motor Coordination), 도형-배경(Figure-Ground), 형태 항상성(Form Constancy), 공간위치(Position in Space), 공간관계(Spatial Relationship). DTVP의 타당도에는 문제가 없었으나 표준화의 부적절성 및 측정 도구의 신뢰도 문제 등 심리측정적 문제점이 제기되어 이를 보완하고 보다 순수한 시지각 능력과 시각 능력과 운동 기능이 통합된 능력을 분리해서 측정하기 위해 Hammill, Pearson, Voress가 1972년에 DTVP의 판권을 취득하여 개정하기 시작하였다. DTVP-2는 대상 연령을 10세까지로 확장하고 진단 능력을 향상시키기 위해 두 개의 종합척도지수로 시각-운동 통합(VMI)과 운동축소화-시지각(MRVP) 지수를 제공한다. DTVT-2가 지니고 있는 장점에도 불구하고 검사 결과와 학업성취 간에 높은 상관이 없는 것으로 나타나 특별한 학습장애를 가진 아동을 진단하거나 학업 영역에 있어서 교육 프로그램을 계획하고자 할 때 별다른 도움이 되지 않는다고 느껴 검사의 측정 능력을 보다 더 향상시키고자 DTVT-3가 개발되었다. DTVP-3는 검사 대상 연령이 12세까지 확대되었고, 5개의 하위 검사를 통해 시각-운동 통합 지수(VMI), 운동축소화-시지각 지수(MRVP), 일반 시지각(GVP)의 3개의 종합척도가 산출된다(K-DTVP-3; 문수백, 2016). 한국판 아동 시지각발달검사-3는 채점 프로그램을 이용한 채점 결과 보고서에 각 하위 검사의 원점수, 백분위, 하위 검사 척도점수, 종합척도지수가 제시된다.

② 실시 및 채점

검사는 만 4세~12세 아동을 대상으로 1:1 개별적으로 실시하는 것으로 집단으로 실시하는 것은 안 된다. 전체 검사를 실시하는 데는 약 20~40분 정도 소요된다. 일반적으로 실시 순서는 ① 눈-손 협응, ② 따라 그리기, ③ 도형-배경, ④ 시각통합, ⑤ 형태 항상성 순서로 실시되어야 한다.

K-DTVP-3에서는 K-DTVP-2와 달리 검사 실시를 위해 시작규칙(Entry Point)과 중단규칙(Ceiling)이 적용된다.

■ 시작규칙

K-DTVP-3에서는 아동의 연령과 관계없이 모든 하위 검사에서 문항 1번부터 시작한다.

■ 중단규칙

[하위 검사 1: 눈-손 협응]의 경우 문항 1에서 출발하여 검사의 마지막 문항까지 중단 조건 없이 끝까지 실시한다. [하위 검사 1]을 제외한 나머지 4개 하위 검사에서는 연속적으로 3개 문항에서 0점을 받을 경우 해당 하위 검사의 실시를 중단한다.

하위 검사 1: 눈-손 협응

■ 채점규칙

각 문항의 전체 구간은 1인치(약 2.54cm) 단위로 구분된 여러 개의 짧은 구획으로 이루어져 있으며 각 구획마다 일련번호가 부여되어 있다.

■ 단일통로(문항 1, 2)일 경우: 0∼1점

문항 1과 2의 경우 단일통로로 되어 있고, 전체 구간이 8개의 구획으로 이루어져 있다. 반응 결과에 따라 각 구획마다 채점규칙에 따라 0∼1점을 준다. 아동의 반응선이 회색 길을 벗어나지 않을 경우 1점을 주고, 아동의 반응선이 회색 길을 벗어나거나 선이 끊어질 경우 0점을 준다.

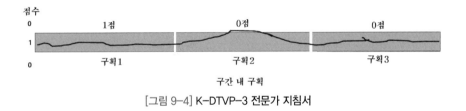

[그림 9-4] K-DTVP-3 전문가 지침서

■ 다중통로(문항 3, 4, 5)일 경우: 0∼4점

문항 3, 4, 5의 경우는 검사문항이 다중통로로 되어 있으며 중앙에 회색으로 표시된 통로를 중심으로 상하로 각각 3개의 추가적인 통로가 그려져 있다. 전체 구간은 1인치 단위로 구분된 여러 개의 구획으로 이루어져 있으며 각 구획마다 일련번호가 부여되어 있다. 그리고 반응 결과에 따라 각 구획마다 채점규칙에 따라 0∼4점의 점수가 주어진다.

• 4점: 반응선이 회색 길을 벗어나지 않을 경우
• 3점: 상하로 한 칸 위의 통로에 머물 경우

- 2점: 상하로 두 칸 위의 통로에 머물 경우
- 1점: 상하로 세 칸 위의 통로에 머물 경우
- 0점: 상하로 세 칸 위의 통로를 벗어날 경우 또는 특정 구간에서 아동이 연필을 들거나 중단하여 선의 연결이 끊어질 경우

하위 검사 2: 따라 그리기

■ 채점방법

만약 아동이 모델로 제시된 도형 그림을 단일선으로 그리지 않고 형태를 스케치하거나 윤곽을 잡기 위해 밑그림을 그리려고 하면 행동을 중단시킨 다음 단일선으로 도형을 그리도록 한다.

- 각 문항마다 아동의 반응 결과에 따라 0~3점까지 점수를 부여한다.
- 그림의 크기가 자극 그림과 달라도 채점에 영향을 주지 않는다.
- 투명 채점보조판의 활용: 투명 채점보조판은 검사자가 채점을 위해 측정해야 할 도형 그림의 각도를 쉽게 파악할 수 있게 도와준다. 실선은 모든 각도를 측정하기 위한 기본선이고 점선은 3점이 가능한 허용 각도를 보여 준다.

하위 검사 3: 도형-배경

■ 채점방법

- 각 문항별로 아동이 선택한 그림에 부여된 번호를 기록지에서 찾아 해당 번호에 / 표시를 한다.
- 자극 그림 속에 없는 그림을 가리킬 경우 문항 점수를 0점으로 채점 한다.
- 자극 그림 속에 없는 그림을 가리켜서 0점을 받는 경우가 아닌 경우, 자극 그림 속에 포함된 그림을 정확히 가리킬 때마다 그림 1개당 1점을 준다. 따라서 여러 개의 그림이 포함된 문항의 경우 그림 수와 아동의 반응 결과에 따라 문항 점수가 1점 이상 부여될 수 있다.
- 하위 검사의 원점수는 문항 1에서 중단 문항까지 또는 최종 문항까지의 문항 점수를 모두 합산하여 계산한다.

하위 검사 4: 시각통합

■ 채점방법

- 아동의 반응을 채점용 기록지에 기록한다. 각 문항에서 아동이 선택한 그림에 부여된 번호를 기록지에서 찾아 해당 번호에 / 표시를 한다.
- 각 문항별 정답 반응은 하나뿐이며 채점용 기록지에 음영으로 표시되어 있다. 정답 반응은 1점으로, 오답 반응은 0점으로 채점한다.
- 하위 검사의 원점수는 문항 1에서 중단 문항까지 또는 최종 문항까지의 문항 점수를 모두 합산하여 계산한다.

하위 검사 5: 형태 항상성

■ 채점방법

- 아동의 반응을 채점용 기록지에 기록한다. 각 문항에서 아동이 선택한 그림에 부여된 번호를 기록지에서 찾아 해당 번호에 / 표시를 한다.
- 각 문항별 정답 반응은 채점용 기록지에 음영으로 표시되어 있다.
- 자극 그림과 다른 반응 그림을 선택할 경우 문항 점수를 0점으로 채점한다. 문항 점수가 0점이 아닌 경우에 한하여. 정답 그림 한 개에 1점씩 부여한다. 따라서 정답 그림이 두 개 이상인 문항의 경우, 문항의 점수는 1점 이상 될 수 있다.
- 하위 검사의 원점수는 문항 1에서 중단 문항까지 또는 최종 문항까지의 문항점수를 모두 합산하여 계산한다.

③ 결과의 해석

검사 결과 해석을 위해 연령점수, 백분위, 하위 검사 척도점수, 종합척도지수를 사용한다. 하위 검사 척도점수 간 비교를 통해 아동의 시지각 능력과 관련된 강점과 약점에 대한 유용한 정보를 파악할 수도 있지만, K-DTVP-3 하위 검사의 신뢰도가 종합척도의 신뢰도보다 높지 않기 때문에 하위 척도점수에 근거해서 내려진 아동의 시지각 능력에 대한 해석, 진단, 그리고 판별이 종합척도의 표준점수에 근거해서 내려진 것보다 오류를 더 많이 포함할 수 있다. 따라서 하위 검사 척도점수 간 비교분석 결과의 해석보다 종합척도 표준점수의 해석에 더 관심을 두어야 한다.

하위 척도 점수는 각 하위 검사의 원점수를 평균이 10, 표준편차가 3인 분포하의 점수로 변환시킨 척도점수가 산출된다.

〈표 9-3〉 5개의 하위 검사와 3개의 종합척도

종합척도		하위 검사
일반 시지각 지수 (GVP)	시각-운동 통합 지수 (VMI)	1. 눈-손 협응(EH): 시각적 경계에 따라 정밀한 직선이나 곡선을 그리는 능력을 측정
		2. 따라 그리기(CO): 그림의 특성을 재인하는 능력과 모델을 따라 그리는 능력을 측정
	운동축소화- 시지각 지수 (MRVP)	3. 도형-배경(FG): 혼란스럽고 복잡한 배경 속에 숨겨진 특정 그림을 찾는 능력
		4. 시각 통합(VC): 불완전하게 그려진 자극 그림을 완전하게 재인하는 능력을 측정
		5. 형태 항상성(FC): 하나 이상의 변별적 특징(크기, 위치, 음영 등)에 따라 변이된 두 개의 그림을 짝짓는 능력을 측정

〈표 9-4〉 하위 검사별 척도점수

척도점수	기술 평정	백분율
17~20	매우 우수	2.34
15~16	우수	6.87
13~14	평균 이상	16.12
8~12	평균	49.51
6~7	평균 이하	16.12
4~5	낮음	6.87
1~3	매우 낮음	2.34

〈표 9-5〉 표준점수의 서술적 지침

표준준점수	기술 평정	백분율
>130	매우 우수	2.34
121~130	우수	6.87
111~120	평균 이상	16.12
90~110	평균	49.51
80~89	평균 이하	16.12
70~79	낮음	6.87
<70	매우 낮음	2.34

■ 종합척도지수의 해석

K-DTVP-3에는 시각-운동 통합 지수(VMI), 운동축소화-시지각 지수(MRVP), 일반 시지각(GVP) 등 세 개의 종합척도가 산출되는데, 평균이 100, 표준편차가 15인 표준점수(standard score)로 변환되어 산출된다.

• 시각-운동 통합 지수(VMI)

VMI(Visual-Motor Integration)가 90 이상일 경우, 이는 복잡한 눈-손 협응 과제를 충분히 해결할 수 있을 정도의 정상적인 시지각 기능을 지니고 있음을 의미한다. VMI가 89 이하로 낮을 경우에는 시지각 능력이 낮은 것으로 볼 수 있지만 반드시 시지각 능력이 낮은 것으로 해석할 수 없다. 왜냐하면 눈-손 협응 능력이 낮거나 또는 단순히 손 움직임이 서툴 경우에도 VMI가 낮게 나올 수 있기 때문이다.

• 운동축소화-시지각 지수(MRVP)

MRVP(Motor Reduced Visual Perception)는 운동 개입이 최소화된 하위 검사들에 의해서만 측정된 것이기 때문에 아동의 순수한 시지각 능력을 가장 직접적으로 나타내 주는 지수라 할 수 있다. 따라서 VMI와 MRVP 지수 간의 차이에 대한 정보는 아동의 시지각 능력을 평가하는 데 있어서 중요하다. MRVP가 VMI보다 더 우수하면 검사자는 상대적으로 낮은 VMI가 시지각 자체에 기인된 것이 아니라는 증거를 가지게 되는 것이다. 두 지수 간의 차이의 원인이 아동의 운동계에 있을 수도 있고 시각-운동계에 있을 수도 있다는 것이다. 이러한 경우에 검사자는 아동의 시지각 능력을 가늠해 볼 수 있는 가장 좋은 증거로서 VMI보다 MRVP를 선택하여 아동의 운동기능을 보다 면밀히 조사하여 문제의 원인을 찾아보는 것이 좋다.

• 일반 시지각 지수(GVP)

GVP(General Visual Perception)는 5개 하위 검사들의 검사 결과를 모두 통합한 것으로 소위 '시지각'이라 부르는 능력을 가장 잘 측정해 준다. 일반 시지각 지수는 두 가지 검사 형식(시각-운동 통합과 운동-축소 형식)에서 얻어진 시지각 능력에 관한 정보를 모두 포함하고 있다.

GVP 지수에서 90점 이상의 높은 수행 능력을 보이는 아동은 통상적으로 높은 시지각 능력을 가진 아동으로 평가할 수 있다. GVP 지수가 높은 아동은 어떤 물체나 형상의 속성을 상당히 잘 이해할 것이다. 그리고 자극그림과 유사한 그림이 섞여 있는 그림 속에서 자극 그림을 잘 식별해 내고, 불완전한 형태, 혼란스러운 배경, 다른 크기와 위치의 배열 속에서 자극 그림을 재인할 수 있는 잘 발달된 변별 능력을 가지고 있다. 이러한 시지각 능력은 아동의 시각-운동 기능과 통합되어 빈틈없고 정확한 손 운동을 할 수 있게 된다.

GVP 지수가 높은 아동은 시지각이나 시각-소근육 운동이 요구되는 광범위한 범위의 활동에서 뛰어난 수행을 나타낼 가능성이 있다. GVP 지수가 90 이하일 경우는 시지각의 문제, 소근육 운동장애, 손과 시각의 협응문제를 가진 아동일 가능성이 높고, GVP 지수가 매우 낮은(예컨대, 70 이하) 아동은 시지각에 영향을 미치는 이러한 문제점과 함께 심각한 문제를 지니고 있을 가능성이 있다. 실제로, 한국판 규준집단에서 GVP 지수가 70점 이하인 아동들 중에서 71%가 언어지체, 학습장애, 발달지체, 자폐증, 그리고 신체적 장애 중에서 하나 또는 그 이상의 문제를 가지고 있는 것으로 진단되었다.

GVP 지수가 90 이하일 경우에 검사자는 피검사자의 MRVP와 VMI 지수와 같은 임상적으로 중요한 지수에 보다 많은 관심을 가질 필요가 있다. 이들 두 지수를 면밀히 검토해 보면 왜 GVP 지수가 낮게 나타났는지 알 수 있는 단서를 찾을 수 있다. 이론적으로 볼 때, 자극을 조작하기 전에 먼저 그 자극을 지각할 수 있어야 하기 때문에 VMI가 MRVP보다 큰 경우는 거의 기대할 수 없다, 그럼에도 불구하고 실제 검사에서 그러한 경우가 생기기도 한다. MRVP와 VMI의 비교는 실제로는 운동 영역에 문제를 가진 아동이 시지각에 문제를 가진 아동으로 잘못 오진될 수 있는 가능성을 막아 준다는 점에서 검사자에게 대단히 유용한 정보를 제공해 준다(문수백, 2016).

■ 시지각 능력 간의 차이 해석

개인 내적 능력 간 차이 분석(intra-ability discrepancy analysis)을 통해 강점과 약점을 파악할 수 있는데, 비교되는 두 지표점수 간의 차이가 12점 이상 되어야 하고(통계적 유의성≥12)), 임상적으로 유용한 차이가 있는 것으로 해석하기 위해서는 최소한 28점 이상이 될 때(임상적 유의성≥28) 유의미한 것으로 해석 가능하다(문수백, 2016).

(2) 시각-운동 통합 검사 6판(Beery-Buktenica Developmental Test of Visual-Motor Integration)

① 개관

Beery는 도형모사 능력의 정상적인 발달 단계를 연구하여 1967년에 정상 발달 순서에 따른 24개 도형을 포함한 모사 과제로 아동의 시각-운동 통합 능력을 측정할 수 있는 검사를 개발하였다. 이 검사는 2010년 아동 1,732명 및 성인 1,021명을 대상으로 표준화된 6판이 개발되기까지 약 40년간 6차례의 개정 작업을 거쳤으며, 초판에 포함되었던 24개의 도형이 현재까지 동일하게 사용되고 있다. 시각-운동 통합, 시지각 또는 운동 협응에 심각한 결함이 있는 아동에게 필요한 교육적, 의학적 및 기타 분야의 개입을 제공하기 위해 장애를 조기에 식별하는 것을 주요 목표로 개발되었으며, 다양한 이유로 이러한 기능에 결함을 보이는 청소년, 성인 및 노인의 평가도 가능하도록 표준화되었다(Beery & Beery, 2010).

Beery VMI-6는 모사 이전 단계인 낙서(scribbling)와 모방(imitation) 과제를 포함하고 있어 수검자의 연령이 너무 어리거나 기능 수준이 매우 낮아서 모사 단계까지 발달하지 못한 경우에도 표준화된 실시와 해석이 가능하다. 또한 5세 이상이 개인에게는 단체로 실시할 수 있고, 실시 절차가 간결하며 학교 장면 등에서 다수 아동을 대상으로 하는 선별검사로 사용될 수 있다. 또한, 국내에서 사용되고 있는 VMI는 미국에서 표준화된 4~18세 규준과 모사 과제만을 수록하고 있으나, 시각-운동 통합 검사(VMI-6)는 Beery와 Beery(2010)가 제작한 Beery VMI-6의 한국 표준화판(황순택, 김지혜, 홍상황, 2016)으로 2~99세까지의 연령 규준을 포함하고 있어 전 연령대에서 사용이 가능하다.

② 실시 및 채점

VMI-6는 시각-운동 통합을 측정하는 검사(VM)와 2개의 보충검사로 시지각검사(VP), 운동협응검사(MC)로 구성되어 있으며, 세 검사는 각각 30문항으로 구성되어 있다. 이 검사에서는 24개의 기하학 도형을 포함한 총 30개 문항을 볼펜 또는 HB 연필로 모사하는 과제(VMI), 제시된 도형과 동일한 도형을 몇 개의 선택지 중에서 찾는 과제(VP), 그리고 제시된 윤곽선을 벗어나지 않고 도형을 따라 그리는 과제(MC)로 구성되어 있다. 이들 과제에서의 수행을 통해 수검자의 시각-운동 통합 능력, 시지각 능력, 운동협응 능력을 평가하게 된다. 검사는 원칙적으로 개인별로 실시되는데, 5세 이상 연령에서는 집단 실시도 가능하다. 단, 두 보충검사는 개인별로만 실시해야 한다. 3개의 검사를 모두 수행하는 데는 약 20분 정도가 소요된다.

■ 시각-운동 통합 검사(Visual-Motor Integration Test: VMI) 실시

시각-운동 통합 검사(VMI)는 낙서 과제(scribbling) 2 문항, 모방 과제(imitation) 4문항, 모사 과제(direct copying) 24문항의 총 30문항으로 구성되어 있다. 문항 7~24번에서 사용되는 모사 과제는 단순한 도형(수직선)에서 시작하여 복잡한 도형(별 입체도형)까지 총 24개 도형으로 구성되어 있다. 문항 7번(수직선 모사)에서부터 모사 과제가 시작되며, 문항 1~6번은 기능 수준이 모사 단계에 미치지 못하는 수검자들을 대상으로 한다. 5세 미만의 수검자에게는 문항 4번부터 실시한다. 5세 이상은 문항 7번부터 실시한다. VM의 경우 모든 연령에서 5문항 연속 실패하면 검사를 종료한다.

전체 문항의 과제는 다음과 같이 구성된다.

- 1번: 낙서 모방 과제(imitated scribbling task). 검사자가 낙서 시범을 보인 후 수검자에게 따라 하도록 지시한다.
- 2번: 자발적 낙서 과제(spontaneous drawing or scribbling task). 검사자의 시범 없이 수검자에게 실시용지에 낙서나 표시(marking)를 하도록 지시한다.
- 3번: 수직선 모방 과제(imitation task), 검사자가 실시용지 위 칸에 수직선을 그려서 시범을 보인 후 수검자에게 따라 그리도록 지시한다.
- 4~6번: 모방 과제(imitation task). 검사자가 실시용지 위 칸에 도형을 그려 시범을 보인 후 수검자에게 따라 그리도록 지시한다.
- 7~ 30번: 모사 과제(direct copying). 검사자의 시범 없이 실시용지 위에 제시된 도형들을 수검자가 바로 따라 그리도록 지시한다.

VMI의 채점

VMI 각 문항에서 수검자의 수행은 성공한 경우 1점, 실패한 경우 0점으로 채점된다. 각 문항에서의 성공/실패 여부는 다음에 제시되는 기준을 엄격하게 적용하여 판

단해야 한다. 검사자는 각 문항의 채점에 앞서 전체적으로 적용되는 일반적인 재점
기준을 먼저 숙지해야 한다(〈표 9-6〉).

〈표 9-6〉 VMI 채점기준 요약표

채점기준 요약				
문항	도형	기준	1점	0점
4 & 7	│	선의 1/2 이상이 수직으로 30° 이내		
5 & 8	─	선의 1/2 이상이 수평으로 30° 이내		
6 & 9	○	높이/폭 1:2 이내의 비율		
10	┼	2개의 선이 교차 모든 부분의 길이가 적어도 6.4mm 적어도 1/2 길이가 20° 이내		
11	╱	1. 하나의 선(연장된 것도 가능) 2. 선이 적어도 1/2은 110° ~ 160° 사이 3. 방향에 갑작스런 변화가 없는 것		
12	□	4개의 변이 명료한 것		
13	╲	하나의 선(연장된 것도 가능) 선이 적어도 1/2이 20° ~ 70° 방향에 갑작스런 변화가 없는 것		
14	✕	2개의 선이 교차 각도가 20° ~ 70°, 110° ~ 160° 사이 긴 것은 짧은 것의 2배를 넘어선 안 됨		
15	△	3개의 변이 명료한 것 하나의 각이 다른 각보다 더 높이 있음		
16	占	분리/중첩 < 1.6mm 3. 2:1 크기 뒤틀림이 없어야 함 4. 2등분하는 직선 투영		
17	✳	모두 교차 3. 수평선 < 15° 간격 < 3.2mm 4. 사선 < 10°		

18		1. 역전되면 안 됨　　3. 올바른 방향 2. 날카로움　　4. 긴 것 < 2×짧은 것		
19		1. 7개의 공간 2. 1개의 원이 다른 것보다 명확히 아래		
20		6개의 원　　3. 수평으로 10° 이내 기준 + 변이 직선　　4. 같은 변 공간 < 2:1		
21		1. 4개의 각　　4. < 1.6mm 분리/중첩 2. < 10° 축　　5. 1/3 접촉 3. 막힌 각　　6. < 2:1 크기		
22		잘 그려진 각　　4. > 2/3 변 170° ~190°　　5. < 60° 각 개의 귀가 아닌 것		
23		1. 2개의 변 2. 2개의 1/3 닿음　　3. 60°~120° 좌측 (세 번째 1.6mm)　　4. 100° 이상의 경사		
24		8개의 점, 원 또는 대시 3개의 직선 위에 3개의 점 x < 2:1 가장 긴/가장 짧은 공간		
25		모든 변(1개의 둔각곡선 가능) 모서링 혼란이 없는 것 중첩이 극단적이지 않은 것		
26		잘 그려진 각　　3. 변 > 2/3 170° ~ 190°　　4. 60° 각		
27		완전한 이중의 원이 3개 모든 원이 중첩 적어도 하나에 확실한 입체적인 중첩		
28		면의 정확한 수 방향이 바른 것 혼란이 보이지 않는 것		
29		외측 평행사변형　　3. 우측과 아래쪽 내측 직사각형　　4. 혼란이 없는 것		
30		모든 각(모서리)은 변을 지나감 위, 그리고 아래에 중첩, 같은 삼각형 측면 극단적인 왜곡이 없는 것		

출처: 황순택 외(2016). 시각-운동 통합 검사(VMI-6) 요강. 대구: 한국심리주식회사.

수검자가 반응 과정에서 선을 두 개 이상 중첩되게 그려서 수정한 경우 처음에 그린 선과 수정 후의 선 둘 다 정답 채점 기준에 맞으면 1점, 하나라도 틀리면 0점으로 채점한다. 수검자가 연결된 하나의 선이 아닌, 스케치식의 짧은 선으로 그린 경우 그려진 도형의 모양이 정답 채점 기준에 맞으면 1점을 준다.

수검자가 그린 도형의 크기는 채점에서 고려하지 않는다. 즉, 수검자가 제시된 자극도형에 비해 크기가 매우 작은 도형을 그린 경우에도 크기에 상관없이 모양이 채점 기준에 맞으면 1점을 준다. 수검자가 그린 도형이 칸을 약간 벗어나 있는 경우 다른 채점기준에 맞으면 1점을 준다.

VMI-6에 포함된 세 검사(VMI, VP, MC)의 수행 과정에서 지우개 사용은 허락되지 않는다. 덧그리거나 지우고 그린 경우에도 첫 번째 그림만 채점 대상이 된다. 단, 처음에 흐리게 스케치한 후 진한 선으로 도형을 완성하는 것은 허용된다.

VMI 각 문항에 대한 채점이 완성되고 나면 1점 문항의 수를 합산하여 수검자의 VMI 원점수를 산출하는데, 표준 절차상 실시하지 않은 쉬운 문항에 대해서는 성공한 것으로 간주하여 1점을 주고, 연속 5문항 득점에 실패하는 경우 그 직전까지의 성공한 문항수의 합이 그 수검자의 VMI 원점수가 된다.

■ 시지각 보충검사(Visual Perception Test: VP) 실시

시지각 보충검사(VP)는 VMI를 실시한 후에 필요한 경우 개별적으로 실시하는 표준화된 소검사로 총 30문항으로 구성되어 있다. 문항 1번은 검사자의 지시에 맞는 수검자 자신의 신체 부위를 손으로 짚어야 하는 과제이며, 문항 2번, 3번은 그림 자극이 제시되고, 그림 속에서 검사자 지시에 맞는 부위를 손으로 짚어야 하는 과제다. 문항 4~30번은 VM의 각 문항과 동일한 형태의 24개 자극 도형이 수록되어 있고, 각 문항 자극 도형과 동일한 도형이 포함된 2개(문항 4~9번), 3개(문항 10~13번), 4개(문항 14~16번), 5개(문항 14~17번), 6개(문항 22~26번), 또는 7개(문항 28~30번)의 선택지 중 자극 도형과 동일한 도형을 지목해야 한다. 문항 4~6번은 검사자가 설명을 해 주며, 문항 7번부터 검사자의 안내 없이 수행해야 한다. 정확하게 3분간 검사를 실시해야 하며, 5세 이하 아동에게는 연필이나 펜을 직접 사용하지 못하도록 해야 하며, 검사자가 아동의 응답을 듣고 대신 표시해 주이야 한다.

시지각 보충검사의 채점

하나 이상의 답을 한 경우, 수검자가 "아니, 그게 아니에요. 이거에요."라고 말하는 등 명확하게 수정한 경우를 제외하고는 모두 첫 응답에 대해서 채점한다. 3분 시간제한 이내에 답한 정답에 대해 각 문항 당 1점씩 채점한다. 처음의 교육을 위한 연습문제인 문항 1번, 2번, 8번의 채점을 포함하여 최대 30점까지 득점할 수 있다.

■ 운동협응 보충검사(Motor Coordination Test: MC) 실시

운동협응 보충검사(MC)는 VMI와 시지각 보충검사를 실시한 후에 필요한 경우 개별적으로 실시하는 표준화된 소검사로 총 30문항으로 구성되어 있다. 문항 1~3번은 행동 과제(1번, 의자에 앉기; 2번, 연필 쥐기; 3번, 한 손으로 종이를 고정시키기)로, 검사 과정에서 이미 관찰된 경우 따로 실시하지 않아도 된다. 문항 4~30번은 VMI와 동일한 24개 도형으로 구성되어 있다. 문항 4~30번은 도형 모양의 테두리와 시작/종료점이 있는 실시용지를 사용하여, 테두리를 벗어나지 않게 점들을 이어서 도형을 그려야 하는 과제다. 문항 4~6번은 검사자가 A문항에서 시범을 보이고 수검자는 B문항을 수행하며, 문항 7번부터는 검사자 시범 및 안내 없이 수행해야 한다. 이 검사는 정확히 5분 동안 실시한다.

운동협응 보충검사의 채점

각 문항에서 다음의 A, B, C 세 기준을 모두 충족하는 경우에만 1점으로 채점한다. 각 문항에서의 수행은 0점 또는 1점으로 채점된다. 운동협응 보충검사의 최대 총점은 30점이다.

A. 연필 표시가 칸 밖으로 벗어나선 안 되며, 모든 점들이 연결되게 그려져야 한다.
B. 칸 밖으로 명백하게 벗어난 곳이 없어야 한다. 점을 둘러싼 도형의 윤곽선을 건드리거나 윤곽선 위에 그려지는 것은 무방하지만 윤곽선 밖으로 나가는 것은 안 된다.
   (예외: 선이 점에 닿거나 선이 점을 통과하여 나간 경우는 점수를 준다.)
C. VMI와 마찬가지로 문항 27번에서 하나 이상의 선이 중첩되어야 하고, 문항 30번에서 하나 이상의 선이 위, 아래로 중첩되어야 한다.

③ 점수의 해석

VMI-6는 표준 점수, 백분위 점수, 등가연령 점수의 3가지 점수를 제공한다.

표준점수는 동일한 연령 표준화집단의 원점수 분포를 평균 100, 표준편차 15로 환산한 분포에서의 개인의 상대적인 위치를 보여 준다. 표준점수의 범위에 따라 낮음 (Low), 약간 낮음(Moderately Low), 평균(Adequate), 약간 높음 (Moderately High), 높음 (High)의 다섯 개 범주가 사용된다.

백분위 점수는 같은 연령대의 표준화집단에서 대상자보다 낮은 점수를 얻은 사람의 비율을 의미한다. 예를 들어, 75세인 대상자의 백분위가 84위라는 것은 75세 집단의 100명 중 83명이 대상자보다 낮은 점수를 얻었음을 의미한다. 따라서 백분위 점수가 높을수록 대상자는 표준화집단의 같은 연령대 사람들에 비해 점수가 높다는 것을 의미한다.

등가연령은 대상자의 수행이 어떤 연령의 평균적인 수행과 같은 수준인가를 나타낸 값을 의미한다. 예를 들어, 등가연령이 5세 10개월이라는 것은 그 대상자의 능력이 5세 10개월 된 아동들의 평균적인 수행수준에 해당된다는 의미다. 즉, 등가연령은 연령이 높을수록 더 높은 기능을 수행할 수 있다는 것을 의미한다(황순택 외, 2016).

(3) 벤더 도형 검사(Bender Gestalt Test: BGT)

① 개관

BGT(Bender, 1938; Hutt, 1985)는 시각-운동 능력의 발달이나 뇌의 기질적인 문제를 확인할 목적에서 개발되었으며, 이후에는 시공간 구성 능력을 평가할 목적에서 널리 사용되어 온 초기 신경심리검사 중 하나다.

Bender는 별도의 채점체계를 개발하지 않았으나, 이후 연구자들에 의해 다양한 채점체계가 개발되었고, 이에 따라 지시 내용이 조금씩 달라지기도 하였다(Pascal & Suttell, 1951; Koppitz, 1964; Hutt, 1985; Lacks, 1984). Koppitz(1964, 1975)는 5~10세 아동들을 대상으로 발달적 측면과 정서적 요인을 측정할 수 있는 채점체계를 개발하였다.

원판 BGT는 9개의 기하학적 도형을 순차적으로 모사하는 과제였으나, 이후 여러 임상가에 의해 모사 과제 이외에도 다양하게 변형된 방식으로 사용되기도 하였다. 2000년대 들어 BGT-II(Brannigan & Decker, 2003)가 출시되었는데, 원판 BGT의 9개 도형에 7개 도형을 추가한 총 16개의 도형으로 자극을 확장하였고, 모사 단계와 회상 단계로 구성된다. BGT-II는 원판 도형을 유지하면서 더 낮은 '바닥'을 만들기 위해 4개의 더 쉬운 항목을 추가하였고, 더 높은 '천장'을 만들기 위해 3개의 더 어려운 항목을 추가하였다. 8세 이하의 어린이에게는 4개의 쉬운 도형과 9개의 원래 도형(항목 1~13)이 주어지고, 8세 이상의 아동 및 성인에게는 9개의 원판 도형과 3개의 더 어려운 도형(항목 5~16)이 주어진다([그림 9-6]).

② 실시 및 채점

BGT-II의 실시에는 4단계가 포함된다. 첫 번째는 수검자가 제시된 도형을 한 번에 하나씩 동일하게 그리는 모사 단계다. 시간제한은 없지만 과제를 완료하는데 걸린 시간을 기록한다. Brannigan과 Decker(2003)가 제안한 언어 지시가 표준 절차로 권장된다.

> "여기에 여러 개의 카드가 있습니다. 각 카드에는 다른 그림이 있습니다. 한 번에 하나씩 카드를 보여 드리겠습니다. 이 연필(수검자에게 연필을 줌)을 사용하여 이 용지 위에 그림을 똑같이 그리십시오(용지를 가리킴). 그림을 이 카드의 그림처럼 그리십시오, 시간제한은 없으므로 필요한 만큼 시간을 쓸 수 있습니다. 질문 있으세요? 여기에 첫 번째 카드가 있습니다."

두 번째는 회상 단계로 마지막 도형을 모사한 직후에 수검자에게 새로운 용지가 제공되고 아래 지침이 제시된다(Brannigan & Decker, 2003). 시간제한은 없지만 과제를 완료하는 데 걸린 시간을 기록하는 것은 중요하다.

> "이제 방금 전에 보여 준 도형들을 가능한 많이 기억해서 그리세요. 이 새로운 종이에 그리세요. 당신이 이전에 본 카드와 똑같이 그려 보세요. 시간제한이 없으므로 필요한 만큼 시간을 쓸 수 있습니다. 질문 있으세요? 시작하십시오."

세 번째는 운동검사로 보기 항목과 네 가지 검사 항목이 있는 용지로 구성된다. 검사자는 먼저 양쪽 끝에 중간 크기의 점이 2개인 직사각형이 그려진 보기 항목을 보여

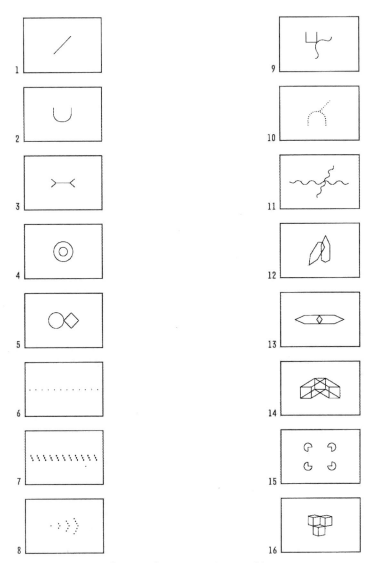

[그림 9–5] Koppitz–2의 BGT 모형
출처: 정종진(2023). BGT의 이해와 활용(2판). 서울: 학지사.

준다. 일련의 작은 점들은 2개의 중간 크기 점들을 연결한다. 수검자가 수행을 시작할 때 시간을 재기 시작하여 다 마쳤거나 최대 4분이 경과하면 절차를 중단시키고 시간을 기록한다. 지시 사항은 도형 페이지 상단에 제시된다.

  "각 항목을 할 때 가장 큰 그림부터 시작하십시오. 각 도형에 대해 경계를 건드리지 않고 점들을 연결하는 선을 그립니다. 그림을 그릴 때 연필을 들어 올리거나 지우거나 기울이지 마십시오."

마지막으로, 지각검사에서는 10개의 도형을 보여 주며 각 도형에는 4개의 도형이 뒤따른다. 이 4개 중 하나는 원래 모양과 동일하고 다른 것들은 단지 비슷하다. 지시문은 다음과 같다.

> "이 그림을 보십시오(첫 번째 상자의 도형을 가리킴). 이 줄을 보면 다른 그림이 있습니다 (첫 번째 줄에서 손가락을 움직임). 이 원 모양과 같은 모양의 원을 가리키거나 동그라미 하세요(도형을 다시 가리킴). 필요한 경우 첫 번째 항목을 참고하세요(줄의 각 항목을 가리키며 다음과 같이 말함). 이 그림 중 어느 것이 이 모양과 비슷합니까(상자 안의 도형을 다시 가리킴)."

또한 BGT-II에서는 각 과제를 쉽고 빠르게 채점할 수 있도록 전반적 채점체계(Global Scoring System)를 개발하였으며, 모사 및 회상 단계에서 각 도형마다 5점 척도로 평정된다(0=무작위 그림, 낙서, 도형이 빠져 있음; 1=약간 모호하게 닮음; 2=어느 정도 닮음; 3=강한 유사성, 정확한 회상; 4=거의 완벽함). 운동검사에서는 선이 도형의 양쪽 끝에 있는 중간 크기 점들 모두 닿고 경계를 넘지 않으면 1점을 준다. 이와 대조적으로 선이 상자 바깥쪽으로 뻗어 있거나 중간 크기의 점에 닿지 않으면 0점을 준다. 총 12점이 가능하다. 지각검사에서는 올바른 응답의 경우 1점, 잘못된 응답의 경우 0점으로 점수가 매겨져 총 10점이 가능하다.

검사자 지침서, 관찰기록지, 운동검사, 지각검사 원본은 PRO-ED 출판사의 웹 사이트(www.proedinc.com)에서, 번역본은 주식회사 아딘스의 웹 사이트(www.koreapsy.kr)에서 구입할 수 있다.

③ 점수의 해석

BGT-II는 만 4세 이상 아동에서부터 모든 연령층의 성인에 대한 규준이 개발되었고, 이를 토대로 산출된 원점수에 대해서는 연령대별 T점수 및 백분위 점수가 산출된다. 전체 채점을 보면 원점수를 40에서 160 사이의 표준점수로 변환한다. 웩슬러 지능검사와 마찬가지로 평균은 100이고 표준편차는 15이다.

Brannigan과 Decker는 BGT-II 표준점수에 대해 다음과 같은 분류를 제공하였다(〈표 9-7〉).

〈표 9-7〉 BGT-II 표준점수 분류 표기

분류 표기	표준점수
최우수 혹은 매우 잘 발달된	145~160
매우 우수 혹은 잘 발달된	130~144
우수 혹은 발달된	120~129
평균 상	110~119
평균	90~109
평균 하	80~89
낮은 혹은 경계선 수준으로 지체된	70~79
매우 낮은 혹은 경도로 지체된	55~69
극도로 낮은 혹은 중도로 지체된	40~54

BGT-II는 운동 및 지각 하위 검사를 사용하여 수검자의 저조한 수행이 부적절한 지각(시각적 정보 수용의 어려움), 부적절한 운동 능력(물리적으로 도형을 그리는 것의 어려움), 또는 둘의 부적절한 통합(정확하게 인식된 것을 재인하는 것의 어려움)의 결과인지 구분할 수 있다. 표준점수는 좋지 않지만 운동검사가 평균 이상이면, 지각 능력이 주요 문제일 가능성이 높다. 이결과는 지각 하위 검사에서 낮은 점수를 받았는지 여부에 따라 확정된다. 반대로 운동 하위 검사의 수행이 낮지만 지각검사가 손상되지 않은 경우는 문제가 운동 능력 때문인 것이다. 또한 BGT-II 모사 표준점수가 낮지만, 운동 및 지각검사가 평균이거나 더 높으면 지각과 운동 결과의 통합이 문제가 될 가능성이 더 크다(Brannigan & Decker, 2003).

(4) 레이 복합 도형 검사(Rey-Osterrieth Complex Figure: ROCF)

ROCF는 Rey(1941)에 의해 개발되고, Osterrieth(1944)가 개정한 검사로 시지각 구성 능력, 계획 및 조직화 능력, 시각적 기억력을 평가하는 검사로 모사, 즉시회상, 지연회상 단계로 실시된다(Corwin & Bylsma, 1993). 복잡한 도형을 제시하고 그대로 그리도록 지시한 후(모사 단계), 도형을 치우고 다시 기억해서 그려 보도록 한다(즉시

회상 단계). 지연회상은 즉시회상을 실시하고 15~20분 후에 실시한다. 수검자의 수
행은 Bernstein과 Waber(1994)가 개발한 발달적 채점체계(Developmental Scoring
System)에 입각하여 아동의 수행이 연령에 적합한지, 정상 발달에서 어느 정도 이
탈되어 있는지를 평가한다. 한국판 아동용 ROCF(신민섭, 구훈정, 김수경, 2009)는 만
5~14세에게 시행 가능하다.

발달채점 체계에서는 조직화(organization), 모사 양식(style: 형태 지향적 접근, 중간
단계 접근, 부분 지향적 접근), 정확도(accuracy), 오류(error: 회전, 보속, 오배치, 통합)의
4가지 범주의 채점을 통해 다양한 양적 · 질적 분석이 가능하다.

일반적으로 우반구 손상의 환자는 파편화된 방식으로 접근함으로써 전반적인 도
형의 형태가 붕괴된 그림이나 흔히 그림의 좌측 측면이 무시된 그림을 그리는 반면,
좌반구 손상 환자는 전반적인 형태는 유지되지만 세부 구성 요소가 생략된 단순화된
그림을 그린다. ROCF는 과제를 계획적으로 조직화시켜 처리하는 능력이 요구되어
시공간 구성 능력 외에도 관리기능을 측정하는 검사로 사용되기도 한다.

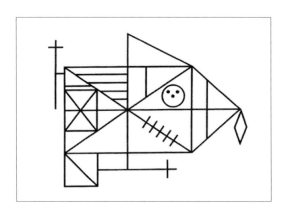

[그림 9-6] 레이 복합 도형 검사 자극

5) 실행기능평가

실행기능(executive function)은 주로 전전두엽이 담당하는 고위 인지 처리 과정으로
다차원적인 요인들로 구성되어 있으며, 인지, 정서, 행동기능을 조절하고 방향을 안
내해 주는 능력들을 감당하는 집합체로 정의될 수 있다(Lezak et al., 2004). 실행기능에
는 추상적 사고력, 개념형성 능력, 추론 및 예측 능력, 계획 세우기, 가설 형성, 인지적

융통성, 의사결정, 판단력 및 통찰력, 피드백을 이용하는 능력, 상황과 맥락에 적절하게 자신의 행동과 정서를 조절하는 자기 조절 능력 등이 포함된다. Lezak 등(2004)은 다양한 실행기능의 영역들을 의지, 계획, 목적 활동, 효과적인 수행의 4가지 영역으로 개념화하였다. 또한 여러 가지 복잡한 정보를 가용한 상태로 활성화시켜 유지하고 동시에 처리하는 작업기억, 목표에 맞게 자신의 행동을 조율하고 감독하는 능력과 오류를 확인하고 수정하는 능력도 실행기능의 중요한 측면이다. 일반적인 인지기능이 무엇을 얼마나 많이 해낼 수 있는가의 문제라면 실행기능은 보유한 자신의 지적 능력을 어떤 일에 어떻게 발휘해 나가는가와 관련이 있다. 실행기능이 손상되었더라도 여타의 인지기능이 유지된다면 구조화되고 익숙한 상황에서는 일정 수준의 기능을 수행할 수 있다. 하지만 감정 조절이나 행동 통제의 어려움을 보이거나 특히 일상에서 벗어난 복잡한 상황에서 효과적으로 대처하는 데 어려움이 발생한다.

실행기능은 전두엽, 특히 전전두 영역과 관련이 있다. 전전두 피질은 크게 세 부분으로 구분된다. 배외측 전전두 피질은 주의 통제, 작업기억의 중앙집행기능, 계획의 수립과 실행, 융통성 있는 대처 능력 등과 관련이 있다. 이 영역이 손상되면 구체적인 사고, 정신적 통제의 어려움, 복잡한 운동 활동의 결함, 반응 세트를 유지하지 못하는 등의 결함을 나타낸다. 안와 전전두 피질은 편도체, 측두엽과 연결되어 있으며, 정서 및 사회적 판단, 충동 및 행동 억제 등을 담당한다. 이 영역이 손상되는 경우 외부 자극에 즉각적이고 부적절하게 반응하거나 과민함, 공격적 언사, 충동성, 탈억제 반응, 상동증적 혹은 의례적인 행동 반응과 같은 비정상적인 반복 행동 등을 보인다. 내측 전두피질은 동기, 자발성과 관련이 있다. 이 영역이 손상되면 외부 환경에 무관심하고 자발적인 의지를 상실한 상태가 되기도 한다.

실행기능을 평가하는 검사로는 적절한 주의배분과 인지 세트의 변경 능력을 평가하는 선로잇기 검사-B형(CCTT-2), 시공간적 조직력 및 계획과 관련 있는 ROCF, 추상적 개념 형성과 인지적 융통성을 측정하는 위스콘신 카드 분류 검사, 그리고 배터리 검사로 아동용 Kims 전두엽 관리기능 검사, 아동용 Luria-Nebraska 신경심리검사 등이 있다.

(1) 위스콘신 카드 분류 검사(Wisconsin Card Sorting Test)
실행기능을 평가하는 대표적인 신경심리검사로 추상적인 개념을 형성하고 범주화하는 능력, 문제를 해결하거나 추리하는 능력, 계획력과 조직화 능력, 인지적 융통성을 측정하는 검사다. 전산화된 WCST에서는 수검자에게 스크린을 통해 일련의 카드를 제시한 후에 '맞다/틀리다'의 피드백을 주어 카드를 분류하는 규칙을 추론하여 자신의 다음 반응을 결정할 수 있다. 연속해서 정해진 숫자만큼 성공 반응을 보이면 분류하는 규칙이 바뀐다. WCST에서는 오류를 가능한 한 적게 하고, 더 적은 시행착오 과정을 통해 범주의 규칙을 파악하는 것이 중요하다. 이 검사에서는 범주화 및 개념 형성 능력(색, 모양, 숫자), 주의지속 능력, 인지적 융통성, 보속 반응 등을 평가할 수 있다.

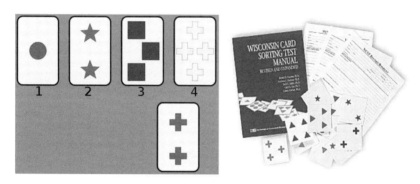

[그림 9-7] 위스콘신 카드 분류 검사 카드용과 전산화 검사 예시

(2) 아동용 Kims 전두엽 관리기능 검사

아동용 Kims 전두엽 관리기능 검사(김홍근, 2001)는 관리기능의 손상을 평가할 목적으로 개발된 검사로 스트룹 검사, 단어 유창성 검사, 도안 유창성 검사, 인출효율성 검사로 구성되어 있으며, 양적 점수와 질적 점수를 토대로 관리지능지수(EIQ)가 산출된다.

스트룹 검사는 자극의 단일 차원으로 이루어진 단순 시행과 자극의 두 가지 차원으로 이루어진 간섭 시행으로 구성된다. 간섭 시행은 현저한 특징을 나타내는 한 차원은 무시하고 다른 한 차원에 주의를 집중하는 것이 요구되는 것으로 주의 자원의 통제와 억제가 매우 중요하므로, 실행기능이 중요한 역할을 한다.

단어 유창성 검사는 'ㄱ, ㅅ, ㅇ'으로 시작하는 단어들을 1분 동안 아동이 말할 수 있는 최대한의 단어를 말하도록 하는 검사다. 동일한 단어를 반복하는 반복 반응, 비언어 반응을 평가한다.

도안 유창성 검사는 우측 전두엽의 기능을 측정하기 위한 도구로, 비언어적인 유창성을 평가할 수 있다. 1분 동안 5개의 점을 연결하여 새로운 도안을 많이 그리는 과제로 인지적 유연성과 창의적 접근이 강조된다는 점에서 실행기능이 요구되는 시공간적인 전략수립 검사다.

인출효율성 검사는 아동용 청각언어기억검사(AVLT-C)를 관리기능에 초점을 맞춘 검사로 재편한 것으로 15개의 단어 목록을 듣고 회상하도록 하는데, 5회의 반복 시행을 진행한 후 20분 뒤에 지연회상 시행, 지연재인 시행 순으로 실시된다.

(3) 아동용 Luria-Nebraska 신경심리검사 배터리

① 개관

LNNB-C(Luria-Nebraska Neuropsychological Battery for Children)는 네브래스카 대학교에 Golden이 러시아 신경학자인 Luria의 신경심리 이론 및 진단 절차에 입각하여 개발한 다차원적 검사 배터리로 8세부터 12세까지 아동의 신경심리학적 기능을 평가하는 검사다. LNNB-C의 주된 목적은 편측화와 국재화를 포함한 일반적이고 특수한 뇌 손상 및 그에 기인된 인지적 결함을 진단할 뿐만 아니라 재활 프로그램을 계획하고, 효과를 평가하는 것을 돕는 데 있다. LNNB-C는 검사 실시와 채점 시 고도의 전문 지식을 요하지 않으며, 검사 실시 시간이 정상 아동의 경우에는 1시간 30분에서 2시간 정도 소요되며, 뇌 손상 아동의 경우에도 평균 2시간 30분가량이 소요되므로 임상 장면에서 사용하기에 실용적이고, 특정 결함을 평가하기 위해서 원하는 소검사만 선택해서 사용할 수 있는 효율적인 신경심리검사라 할 수 있다. 한국판 아동용 LNNB-C는 신민섭(1994)이 제작하여 신뢰도와 타당도, 그리고 뇌 손상 진단을 위한 연령별 규준에 관한 표준화 연구를 수행하였다.

② 채점 및 해석

LNNB-C는 총 148문항으로 이루어져 있으며, 이에 포함된 과제수는 497개다. 각 문항에 대한 아동의 반응은 연령별로 다른 기준에 입각하여 0점(정상), 1점(뇌 손상의 미약한 증거), 2점(뇌 손상의 강한 증거)으로 채점되며, 이렇게 채점된 각 문항의 점수들은 척도별로 환산되어 최종적으로 각 척도별 T 점수(평균 50, 표준편차 10)로 환산된다.

LNNB-C는 질적 점수와 양적 점수 모두 산출하는데, 둘 다 신경학적인 기능을 평가하는 데 매우 중요하다. 양적인 척도들은 11개의 임상 척도(운동, 리듬, 촉각, 시각, 수용언어, 표현언어, 쓰기, 읽기, 산수, 기억, 지적 과정)와 3개의 요약 척도(병리 척도, 좌반구, 우반구 척도), 그리고 11개의 요인 척도(학업성취, 통합기능, 공간지각에 근거한 운동, 운동속도와 정확성, 묘사 능력, 묘사속도, 리듬 지각과 산출, 촉감각, 수용언어, 표현언어, 단어와 구 반복척도)로 분류되어 있다.

11개의 임상 척도와 병리 척도 중에서 특정 아동의 연령에서 정상이라고 가정될 수 있는 평균 척도점수의 임계 수준을 넘어서는 척도의 수가 3개 이상일 때 뇌 손상을 시사하며, 임계 수준을 넘어서는 척도의 수가 1개 이하일 때는 뇌 손상이 없음을 시사하고, 2개 척도가 임계 수준을 넘어설 때는 경계선 수준의 뇌 손상을 시사하는 것으로 잠정적으로 해석된다.

■ 임상 척도

• 운동기능 척도(C1: 34문항)

LNNB-C에서 가장 복잡한 척도로, 양반구의 광범위한 운동기능을 평가한다. 속도를 요하는 단순한 손의 운동, 눈을 가린 채 수행하는 단순한 운동, 언어 지시에 따라 수행하는 단순하거나 복잡한 운동 등과 같은 과제가 포함된다.

• 리듬 척도(C2: 8문항)

대부분의 과제들이 녹음기를 통해 제시되는데, 제시된 두 음의 높이가 같은지, 다른지, 혹은 제시된 2~3개의 음정이나 노래를 따라서 부르거나 언어적 지시에 따라 리듬 자극의 패턴을 만드는 것과 같은 음의 높낮이나 장단과 관련된 과제들이 포함된다. 리듬 척도는 주의 및 집중력 장애에 매우 민감한 척도다.

• 촉각기능 척도(C3: 16문항)

단순한 촉각 기능, 복잡한 촉각 기능, 그리고 운동 감각 기능을 평가하는 척도로, 모든 문항을 눈을 가린 상태에서 실시하는데, 신체의 좌, 우측에 번갈아 자극을 제시한다.

• 시각기능 척도(C4: 7문항)

시지각 및 공간 지각 능력을 평가하는 척도로서, 제시된 물건들이 무엇인지 알아맞히거나 겹쳐서 그려진 물건들을 파악하는 것, 제시된 글자나 숫자의 같은 점과 다른 점을 말하는 것, 옆으로나 거꾸로 제시된 도형과 동일한 도형을 찾아

내는 것과 같은 과제가 포함된다.

• 수용언어 척도(C5: 18문항)

단순한 음소로부터 복잡한 문장까지 청각적으로 제시된 언어적 과제들을 이해하는 능력을 평가한다. 또한 질적인 분석을 통해 아동의 주의력을 평가할 수 있다.

• 표현언어 척도(C6: 21문항)

이 척도의 목적은 아동이 말한 언어적 표현이 얼마나 적절하고 유의미한가보다는 유창성과 조음 능력을 평가하기 위한 것이다. 검사자가 말한 단어나 문장을 그대로 따라서 말하는 능력, 어떤 그림이 그려진 카드를 제시한 후 그 그림에서 무슨 일이 일어나고 있는지를 말하는 과제들이 포함된다.

• 쓰기 척도(C7: 7문항)

철자법과 필기 능력을 평가하기 위한 척도로, 낱말을 그것을 구성하는 음소로 분석하거나 검사자가 불러 준 단어를 받아쓰는 문항들로 이루어져 있다.

• 읽기 척도(C8: 7문항)

음소나 단어, 구 그리고 긴 문장을 읽는 능력을 평가한다.

• 산수 척도(C9: 9문항)

산수 척도는 LNNB-C 척도들 중에서 뇌 기능 장애와 교육적 결함을 알아내는 데 가장 민감한 척도다. 청각적으로나 시각적으로 제시된 숫자를 쓰거나 읽고, 크고 작은 수를 비교하고 간단한 가감승제와 관련된 수리력을 평가한다.

• 기억 척도(C10: 8문항)

단어나 시각적 자극에 대한 단기기억, 간섭 자극이 있는 조건하에서의 언어적 기억, 연합기억 등 광범위한 기억 과정을 평가한다.

• 지적 과정 척도(C11: 14문항)

기능적인 지적 수준에 대한 정보를 제공해 주는 척도로 아동용 웩슬러 지능검사의 전체 검사 IQ와 가장 상관이 높다.

■ 요약 척도

• 병리 척도(S1: Pathognomonic scale, 13문항)

병리 척도는 원래 뇌 손상 아동과 정상 아동을 최대한 변별하기 위한 목적으로 만들어진 척도로 뇌 손상 아동들은 실패율이 높은 반면, 정상 아동이나 정신과 집단의 아동들은 거의 실패하지 않는 문항들로 구성되어 있다. 또한 뇌 손상 후에 일어나는 회복의 정도를 평가하는 데도 매우 유용하며, 병리 척도는 그것이 상승된 정도와 다른 척도점수와의 관계에서 해석된다.

- 좌반구 척도(S2: Left sensorimotor, 9문항)

좌반구 척도와 우반구 척도는 국재화를 평가하기 위해 제작된 척도로, 운동기능 척도(C1)와 촉각기능 척도(C4) 문항들의 일부로 구성되어 있다. 좌반구의 감각 및 운동기능을 평가하며, 좌반구 손상 시에는 두 척도가 모두 상승하나 좌반구 척도(S2)가 더 높이 상승하는 경향이 있다. S2와 S3 점수의 심한 차이는 국재화 된 뇌 손상을 시사한다.

- 우반구 척도(S3: Right sensorimotor, 9문항)

운동기능 척도(C1)와 촉각기능 척도(C4) 문항들 중에서 우반구의 감각 및 운동기능을 평가하는 문항들로 이루어져 있으며, 우반구의 손상 시 S3 점수가 상승한다.

■ 요인 척도

요인 척도는 요인분석 방법을 통해 경험적으로 관련되어 있는 문항들을 추출한 것으로 요인 척도들의 명칭은 특정한 신경학적 구성개념을 나타내기보다는 '참고를 위한 명명화'로 해석되어야 한다.

- 학업성취 척도(F1: Academic achievement, 17문항)

기본적인 학습 능력을 평가하는 척도로, 임상 척도 중에서 읽기(C8), 쓰기(C7), 산수(C9), 표현언어(C6) 척도 문항들의 일부로 이루어져 있으며, 학습장애를 진단하는 데 유용하다.

- 통합기능 척도(F2: Integrative function, 6문항)

양반구를 포함하는 통합기능 체계를 평가한다.

- 공간지각에 근거한 운동 척도(F3: Spatial-based movement, 6문항)

운동기능 척도(C1)의 문항들로 구성되어 있으며, 언어적 지시나 운동감각적 정보에 근거해서 수행하는 공간적 운동을 평가한다.

- 운동속도와 정확성 척도(F4: Motor speed & accuracy, 6문항)

시간제한이 있는 상황에서 손의 반복적인 운동을 평가하는 운동기능 척도(C1)의 일부 문항들로 이루어져 있다.

- 묘사 능력 척도(F5: Drawing quality, 6문항)

  기하학적인 도형을 그리도록 하는 과제로, 시-공간적 분석과 섬세한 시각-운동 협응 능력을 평가한다.

- 묘사 속도 척도(F6: Drawing speed, 6문항)

  기하학적인 도형을 그리는 데 걸리는 시간을 평가한다.

- 리듬 지각과 산출 척도(F7: Rhythm perception & production, 4문항)

  청각적인 리듬이나 음의 높낮이를 지각하고 재산출하는 능력과 주의 집중력을 평가한다.

- 촉-감각 척도(F8: Tactile sensation, 8문항)

  여러 가지 촉각 기능을 평가한다.

- 수용언어 척도(F9: Receptive language, 5문항)

  언어적으로 제시한 음소를 받아쓰거나, 반복해서 말하거나, 글자나 단어를 변별하는 능력을 평가한다.

- 표현언어 척도(F10: Expressive language, 8문항)

  음소나 단어나 구를 반복해서 말하고, 글자를 읽는 능력을 평가한다.

- 단어와 구 반복 척도(F11: Word & Phrase Repetition, 4문항)

  지적 과정 척도(C11)의 일부 문항들로 구성되어 있으며, 언어적 추상 능력을 평가한다.

참고문헌

김영아, 이진, 문수종, 김유진, 오경자(2009). 한국판 CBCL 1.5-5의 표준화 연구. 한국임상심리학회: 임상. 28(1), 117-136.

김홍근(2001). 아동용 Kims 전두엽 관리기능 검사: 해설서. 대구: 도서출판 신경심리.

김홍근(2005). 아동용 Rey-Kim 기억검사. 대구: 도서출판 신경심리.

문수백(2016). 한국판 아동 시지각발달검사-3(K-DTVP-3) 전문가 지침서. 서울: 인싸이트.

신민섭(1994). 한국판 아동용 Luria-Nebraska 신경심리검사의 표준화 연구 I: 척도 제작, 신뢰도 및 뇌 손상 진단을 위한 규준 산출. 소아청소년 정신의학, 5(1), 54-69.

신민섭, 구훈정(2007). 한국판 아동 색 선로 검사(CCTT) 실시요강. 서울: 인싸이트.

신민섭, 구훈정, 김수경(2009). 한국판 레이 복합도형검사 K-DSS-ROCF 전문가용 지침서. 서울: 마인드프레스.

신민섭, 박민주(2007). 한국판 스트룹 아동 색상-단어 검사 실시요강. 서울: 인싸이트.

신민섭, 홍강의(1994). 한국판 아동용 Luria-Nebraska 신경심리검사의 표준화 연구 II: 타당화 및 임상적 유용성 검증. 소아청소년 정신의학, 5(1), 70-82.

홍강의, 신민섭, 조성준(2022). KAT 한국판 전산화 주의력 검사 전문가 지침서. 서울: 인싸이트.

황순택, 김지혜, 홍상황(2016). 시각-운동 통합 검사(VMI-6) 요강. 대구: 한국심리주식회사.

Baddeley, A. D. (2003). Working memory: Looking back and looking forward. *Nature Reviews Neuroscience, 4*, 829-839.

Banich, M. T. (2004). *Cognitive Neuroscience and Neuropsychology* (2nd ed.). Boston, MA: Houghton Mifflin Company. 김명선, 강은주, 강연욱, 김현택 공역(2008). 인지신경과학과 신경심리학. 서울: 시그마프레스.

Baron, I. S. (2004). *Neuropsychological evaluation of the child.* New York: Oxford University Press.

Beery, K. E., & Beery, N. (2010). *The Beery-Buktenica Developmental Test of Visual-Motor Integration* (6th ed.). Bloomington, MN: Pearson.

Bender, L. (1938). *A Visual Motor Test and it's use.* New York: American Orthopychiatric Association.

Benton, A., & Tranel, D. (1993). Visuoperceptual, Visuospatial, and visuoconstructive disorders. In K. M. Heilman & E. Valenstein (Eds.), *Clinical neuropsychology* (pp. 163-213). New York: Oxford University Press.

Berker, E. A., Berker, A. H., & Smith, A. (1986). *Translation of Broca's 1865 report.*

Archive of Neurology, 43, 1065-1072.

Brannigan, G. G., & Decker, S. L. (2003). *Bender visual-motor gestalt test* (2nd ed.). Itasca, IL: Riverside.

Carlson, N. R. (2010). *Physiology of behavior* (10th ed.). New York: Allyn & Bacon.

Corwin, J., & Bylsma, F. W. (1993). Translations of excerpts from André Rey's Psychological examination of traumatic encephalopathy and P. A. Oeterrieth's The Complex Figure Copy Test. *The Clinical Neuropsychologist, 7*, 9-15.

Damasio, H., Eslinger, P., & Adams, H. P. (1984). Aphasia following basal ganglia lesions: New evidence. *Seminar in Neurology, 4*, 151-161.

Dronkers, N. F. A. (1996). A new brain region for coordinating speech articulation. *Nature, 384*, 159-161.

Hutt, M. L. (1985). *The Hutt Adaptation of the Bender Gestalt Test*. New York: Grune & Stratton.

Koppitz, E. M. (1964). *The Bender Gestalt Test for Young Children*. New York: Grune & Stratton.

Koppitz, E. M. (1975). *The Bender Gestalt Test for Young Children, Volume 2: Research and application, 1963~1973*. New York: Grune & Stratton.

Lacks, P. (1984). *Bender gestalt screening for brain dysfunction*. New York: John Wiley & Sons.

Lezak, M. D. (1995). *Neuropsychological Assessment* (3th ed.). New York: Oxford University Press.

Lezak, M. D., Howieson, D. B., & Loring, D. W. (2004). *Neuropsychological assessment* (4th ed.). New York: Oxford University Press.

Miller, D. C. & Maricle, D. (2012). The emergence of neuropsychological constructs into tests intelligence and cognitive abilities. In D. P. Flanagan & P. L. Harrison (Eds.), *Contemporary intellectual assessment: Theories, tests, and issues*(pp. 800-819). New York: Guilford Press.

Miller, D. C. (2013). *Essentials of School Neuropsychological Assessment* (2nd ed.). New York: John Wiley & Sons.

Mirsky, A. F. (1987). Behavioral and psychophysiological markers of disordered attention. *Environmental Health Perspectives, 74*, 191-199.

Mirsky, A. F. (1996). Disorders of attention: A neuropsychological perspective. In G. R. Lyon & N. A. Krasnegor (Eds.), *Attention, memory and executive function* (pp. 71-95). Baltimore, MD: Brookes.

Mirsky, A. F., & Duncan, C. C. (2001). A nosology disorders of attention. *Annuals of New York Academy of Sciences, 931,* 17-32.

Mirsky, A. F., Anthony, B. J., Duncan, C. C., Ahearn, M. B., & Kellam, S. G. (1991). Analysis of the elements of attention: A neuropsychological approach. *Neuropsychology Review, 2,* 109-145.

Naeser, M. A., Palumbo, C. L., Helm-Estabrooks, N., Stiassny-Eder, D., & Albert, M. L. (1989). Severe nonfluency in aphasia: Role of the medial subcallosal fasiculus and other white matter pathways in recovery of spontaneous speech. *Brain, 112,* 1-38.

Pascal, G. R., & Suttell, B. J. (1951). *The Bender Gestalt Test: Quantification and Validity for Adults.* New York: Grune & Stratton.

제10장

적응 및 행동평가

1. 아동 · 청소년 행동평가척도(CBCL)

1) 개관

아동 행동평가척도는 양육자가 유아, 아동 및 청소년의 문제행동을 평가하여 문제행동 위험군을 조기 선별하고 진단에 활용하기 위한 척도다. Achenbach와 Edlelbrock(1981)는 42개의 정신건강 서비스에 접수된 4~16세 아동 2,300명의 자료를 기초로 CBCL 결과를 출판하였다. 부모 평가에 대한 요인분석으로 광범위한 내재화 문제와 외현화 문제 척도뿐만 아니라, 무선 선정된 일반 아동 1,300명의 부모를 대상으로 한 가정 면담조사에서 CBCL을 작성하도록 하여 문제행동과 사회능력 척도가 표준화되었다. 1983년 Achenbach와 Edelbrock는 CBCL에 대한 자세한 지침서를 처음으로 출판하였고, 교사와 청소년으로부터 정보를 얻기 위해 TRF(Teacher's Report Form, 1986)와 11~18세를 대상으로 하는 YSR(Youth Self-Report, 1987)을 개발하였다. TRF와 YSR의 요인분석에서 추출된 여러 증후군이 CBCL에서 추출된 증후군과 일치하였다. 1991년 Achenbach는 CBCL, TRF 및 YSR 지침서의 개정판을 출판하였다. 성별과 연령집단에서 나아가 CBCL, TRF 및 YSR 전체에서 공통으로 관찰되는 동시 발생적 문제 유형을 새로운 요인분석으로 규명하였다. 또한 3명의 모든 정보 제공자(부모, 교사, 청소년)에게서 8개의 문제행동 증후군이 확인되었는데 다수는 이전 요인분석에서 발견되었던 것이며 새로운 전국 표본을 사용하여 표준화되었다.

2~3세 아동용 CBCL이 1992년에 출판되었고(Achenbach, 1992), Caregiver-Teacher Report Form(C-TRP; Achenbach, 1997)이 그 뒤를 이었다. 2000년대에 들어 Achenbach 연구팀은 행동평가척도들의 평가 대상 및 평정자 관계를 구조화하여 그동안 개발되어 온 개별 검사들을 전 연령대에 걸쳐 문제행동을 평가하는 ASEBA 시스템(Achenbach System for Empirically Based Assessment: ASEBA)으로 구축하였다(Achenbach & Rescorla, 2001). 2001년에 Achenbach와 Rescorla는 CBCL과 TRF(6~11세, 12~18세의 성별 규준) 개정판과 YSR(11~18세의 성별 규준) 개정판을 출판하였다. 이 개정판에서는 CBCL/6-18과 YSR의 문항 6개, TRF의 문항 3개가 변경되었다. 또한 일반 집단 표본과 임상 표본에서 새롭게 자료를 수집하여 특정 진단 범주와 일치하는

ASEBA 문항에 대한 전문가 평가에 기초한 DSM 진단 척도가 개발되었다. 이 척도는 정서문제, 불안문제, 신체화 문제, 주의력결핍 과잉행동 문제, 반항행동 문제, 품행문제로 명명되었다. Achenbach와 Rescorla(2000)가 ASEBA 학령 전기용 개정판을 출판하였고, 2007년 여러 연구자에 의해 검증된 기존 문항에 근거한 CBCL/6-18, TRF, YSR 채점을 위한 추가 척도 4개(YSR의 긍정적 특성, 세 가지 척도 모두에서 강박증 문제와 외상 후 스트레스 문제, CBCL/6-18과 TRF의 인지적 속도 저하)가 출판되었다(Achenbach & Rescorla, 2007).

한국판 아동·청소년 행동평가척도는 현 ASEBA 아동·청소년 행동평가척도에 속하는 CBCL 6-18과 YSR의 전신이라 할 수 있는 1991년 미국판 CBCL 4-18과 YSR을 표준화한 K-CBCL(아동·청소년 행동평가척도; 오경자, 이혜련, 홍강의, 하은혜, 1997)와 K-YSR(청소년 자기행동 평가척도; 오경자, 하은혜, 이혜련, 홍강의, 2001)이 사용되어 왔다. TRF의 한국판 검사는 이번에 처음 표준화되었다. 현재 사용되는 아동·청소년 행동평가척도들은 2001년에 전반적으로 개편된 미국판 ASEBA 학령기용을 구성하고 있는 세 가지 검사를 한국판으로 표준화하여 개발하였다.

대상 아동의 연령에 따라 한국판 CBCL 1.5-5와 CBCL 6-18을 사용할 수 있다. 한국판 CBCL 1.5-5는 만 18개월에서 만 5세 유아의 문제행동을 평가하는 척도로 Achenbach와 Rescorla(2000)가 개발하고 국내에서는 2009년에 표준화되었다(김영아, 이진, 문수종, 김유진, 오경자, 2009). 부모나 주 양육자가 각 문항에 대해 0~2점으로 평정하게 된다. 총 99문항과 1개의 개방형 문항으로 구성되며 7개의 문제행동 증후군 척도로 구성되어 있고, 문제행동 증후군 척도는 정서적 반응성, 불안/우울, 신체 증상, 위축, 수면문제, 주의 집중 문제, 공격행동이 있다. 또한, 이 척도들은 문제행동 총점, 외현화 척도, 내재화 척도의 3개의 상위 척도로 구성된다. 문제행동 총점은 문제행동 증후군 척도 전체의 합으로 계산되고 내재화 척도는 정서적 반응성, 불안/우울, 신체증상, 위축척도가 포함되며, 외현화 척도에는 주의 집중 문제, 공격행동 척도가 포함된다.

한국판 CBCL 6-18은 만 6세에서 18세 아동·청소년에게 사용하는 척도로 Achenbach와 Rescorla(2001)가 개발한 아동 행동평가척도(Child Behavior Checklist for Ages 6-18)를 2010년에 표준화하였다. 총 120개의 문항에 대해 3점 평정 척도로 평가한다. 문제행동 증후군 척도는 8개(불안/우울, 위축/우울, 신체 증상, 규칙 위반, 공격행동,

사회적 미성숙, 사고문제, 주의 집중 문제)로 구성되며, 하위 척도의 합으로 구성되는 상위 척도인 문제행동 총점, 외현화 척도, 내재화 척도로 구성된다. 내재화 척도는 불안/우울, 위축/우울, 신체 증상 척도가 포함되고, 외현화 척도에는 규칙 위반과 공격행동 척도가 포함된다. 매뉴얼에 제시된 기준에 따르면 상위 척도 점수는 60T 이상인 경우, 문제행동 증후군 척도는 65T 이상인 경우 임상적 수준의 문제를 보인다고 판단한다.

2) 구성과 내용

(1) CBCL 1.5-5

〈표 10-1〉 유아 행동평가척도의 구성

검사명	실시 대상	실시자	문항수
CBCL 1.5~5	만 18개월~만 5세 영유아(만 6세 유치원생 포함)	영유아의 주 양육자	-문제행동척도: 총 100 문항 (3점 척도) -언어발달검사: 총 310개 단어(3점 척도)
C-TRF		영유아를 담당하거나 잘 알고 있는 교육기관의 교사 혹은 보육교사	-문제행동척도: 총 100 문항 (3점 척도)

출처: 윤치연(2016). 아동심리평가. 서울: 학지사.

① 문제행동 증후군 척도

문제행동 증후군 척도는 증후군 소척도 및 기타 문제와 이들 하위 척도의 합으로 구성되는 상위 척도인 내재화, 외현화, 총 문제행동 점수(문제행동 총점)로 구성된다.

■ 문제행동 증후군 소척도
- 정서적 반응성(emotionally reactive): 낯선 상황에 대한 불안, 일상생활의 변화에 대한 저항, 짜증, 격정 등 정서적 안정성과 관련된 문항들로 구성된다.
- 불안/우울(anxious/depressed): 날카롭게 곤두선 기분, 긴장, 스스로의 행동이나 감정 표현에 대해서 지나치게 의식하며 불안해하고 전반적으로 슬퍼 보이는 등 부정적인 감정과 관련된 문항들로 구성된다.

- 신체 증상(somatic complaints): 분명한 의학적 원인이 없음에도 불구하고 다양한 신체 증상을 호소하거나, 물건이 제자리에 있지 않으면 견디지 못하는 등의 불분명한 예민함과 관련된 문항들로 구성된다.
- 위축(withdrawn): 연령대에 기대되는 것보다 위축되고 어린 행동, 애정 표현이나 주변의 즐거운 놀이에 대한 무관심과 관련된 문항들로 구성된다.
- 주의 집중 문제(attention problems): 안절부절못하고 부산하게 움직이는 과잉행동 등과 관련된 문항들로 구성된다.
- 공격행동(aggressive behavior): 타인에 대한 물리적인 공격 및 물건 파괴 등의 행동적인 측면과 자신의 요구를 고집스럽게 주장하고 여의치 않을 경우 쉽게 좌절하고 분노 발작을 하는 등의 정서적 측면과 관련된 문항들로 구성된다.
- 수면문제(sleep problems): CBCL 1.5-5에만 포함되어 있는 척도로 혼자 자려 하지 않고 연속적인 수면을 이루지 못하며 악몽, 잠꼬대 등으로 수면의 질이 좋지 않은 것과 관련된 문항들로 구성된다.
- 기타 문제(other problems): 위의 증후군 요인들에는 포함되지 않지만 유의미한 수준의 빈도로 나타나는 문제행동들로 구성된다.

내재화 총점(internalizing): 소극적으로 위축된 행동과 같이 지나치게 통제된 행동(over-controlled behavior) 문제로, 정서적 반응성, 불안/우울, 신체 증상, 위축 척도의 합으로 구성된다.

외현화 총점(externalizing): 통제가 부족한 행동(under-controlled behavior) 문제로 주의 집중 문제와 공격행동의 합으로 구성된다.

총 문제행동 점수(문제행동 총점; total score): 전체 문제행동 문항을 합한 것으로 전반적인 문제행동의 정도를 평가한다.

■ **DSM 진단 척도(DSM-oriented scales)**
- DSM 정서문제(affective problems): 정서문제를 가진 유아에게서 흔히 관찰되는 증상으로 구성되어 있다. 외견상 전반적으로 기분이 나빠 보이는 것과 같이 직접적인 정서문제가 관찰될 수도 있지만 주변에 무관심하고 피곤해 보이거나 움직임이 적고 느린 것처럼 정서와 밀접한 관련성이 없어 보이는 여러 증상들로

유아의 정서문제가 표현될 수 있다.

- DSM 불안문제(anxiety problems): 전반적인 혹은 구체적인 상황에서의 불안을 평가한다. 전반적으로 긴장되어 있고 어른과 분리될 때 불안 수준이 증가하거나, 어른에게 의지하려는 경향이 강하고 혼자 자려하지 않는 등의 의존적인 모습을 보일 수 있다.
- DSM 전반적 발달문제(pervasive developmental problems): 사회성과 언어를 비롯한 전반적인 영역에서의 발달 지연을 평가한다. 눈맞춤을 피하고 또래관계가 제한적이며 애정 표현에 대하여 무관심하거나 물건이 제자리에 있지 않으면 견디지 못하는 등 일상의 작은 변화를 받아들이지 못하고 경직성을 보이는 모습과 관련된다.
- DSM ADHD(주의력 결핍/과잉행동 문제; attention deficit/hyperactivity problems): 행동에 일관성이 없고 부산하거나 한 가지 일에 주의를 집중하지 못하고, 즉각적인 욕구 충족을 원하고 만약 뜻대로 안 되면 심한 스트레스를 받는 모습으로 나타날 수 있다.
- DSM 반항행동 문제(oppositional defiant problems): 행동적으로 표현되는 적극적 폭력성, 소극적인 비협조적 행동, 부정적인 정서 등으로 발현될 수 있다. 성인이나 주도권을 가진 타인에 대해서 비협조적이고 반항적인 행동을 보일 수 있으며, 주변 사람들에게 적대적이거나 이기적인 행동을 하는 등의 모습이 나타날 수 있다.

(2) CBCL 6-18

〈표 10-2〉 **검사별 검사 대상**

검사	검사 대상	평가 대상
CBCL 6~18(부모용)	부모(양육자)	초, 중, 고(만 6~18세)
TRF (교사용)	교사	
YSR (자기보고용)	청소년 본인	중, 고(만 11~18세)

출처: 윤치연(2016). **아동심리평가**. 서울: 학지사.

① 문제행동 증후군 척도

■ 문제행동 증후군 소척도

- 불안/우울(anxious/depresed): 정서적으로 우울하고 지나치게 걱정이 많거나 불안해하는 것과 관련된 문항들로 구성된다.
- 위축/우울(withdrawn/depressed): 위축되고, 소극적인 태도, 주변에 대한 흥미를 보이지 않는 것 등과 관련된 문항들로 구성된다.
- 신체 증상(somatic complaints): 의학적으로 확인된 질병이 없음에도 불구하고 다양한 신체 증상을 호소하는 것과 관련된 문항들로 구성된다.
- 규칙 위반(rule-breaking behavior): 규칙을 잘 지키지 못하거나 사회적 규범에 어긋나는 문제행동들을 충동적으로 하는 것과 관련된 문항들로 구성된다.
- 공격행동(aggressive behavior): 언어적·신체적으로 파괴적이고 공격적인 행동이나 적대적인 태도와 관련된 문항들로 구성된다.
- 사회적 미성숙(social problems): 나이에 비해 어리고 미성숙한 면, 비사교적인 측면 등 사회적 발달과 관련된 문항들로 구성된다.
- 사고문제(thought problems): 어떤 특정한 행동이나 생각을 지나치게 반복하거나, 실제로는 존재하지 않는 현상을 보거나 소리를 듣는 등의 비현실적이고 기이한 사고 및 행동과 관련된 문항들로 구성된다.
- 주의 집중 문제(attention problems): 주의력 부족이나 과다한 행동 양상, 계획을 수립하는 것에 곤란을 겪는 것 등과 관련된 문항들로 구성된다.
- 기타 문제(other problems): 위에 제시된 8개의 증후군에는 포함되지 않지만 유의미한 수준의 빈도로 나타나는 문제행동과 관련된 문항들로 구성된다.

내재화 총점(internalizing): 소극적이고 위축된 행동과 같이 지나치게 통제된 행동(over-controlled behavior) 문제로 불안/우울, 위축/우울, 신체 증상 척도의 합으로 구성된다. 이러한 문제를 보이는 아동·청소년들은 겉으로 문제를 드러내기보다는 안으로 삭이는 편이기 때문에 '내면화되고 과잉 통제된 문제'라고 한다.
외현화 총점(externalizing): 통제가 부족한 행동(under-controlled behavior) 문제로 규칙 위반과 공격행동 척도의 합으로 구성된다. 이러한 문제는 통제가 부족하고 겉으로 뚜렷이 드러나는 행동문제로 '외현화되고 과소 통제된 문제'라고 한다.

총 문제행동 점수(문제행동 총점: total score): 전체 문제행동 문항을 합한 것으로 전반적인 문제행동의 정도를 평가한다.

■ DSM 진단 척도(DSM-oriented Scales)

• DSM 정서문제(affective problems): 여러 가지 증상들로 나타나는 정서문제와 관련된 문항들로 구성된다.

• DSM 불안문제(anxiety problems): 불안 증상과 유사한 행동들을 평가하는 척도로 전반적인 혹은 구체적인 상황에서의 불안을 측정하는 문항들로 구성된다.

• DSM 신체화 문제(somatic problems): 의학적으로 확인된 질병이 없음에도 불구하고 심리적인 불안정, 긴장들이 해소되지 않을 경우 나타날 수 있는 신체적인 불편 또는 통증을 호소하는 것과 관련된 문항들로 구성된다.

• DSM ADHD(주의력 결핍/과잉행동 문제; attention deficit/hyperactivity problems): 행동에 일관성이 없고 부산하거나 한 가지 일에 주의 집중하는 데 어려움을 겪고 즉각적인 욕구 충족을 바라는 것과 관련된 문항들로 구성된다.

• DSM 반항행동 문제(oppositional defiant problems): 행동적으로 나타나는 폭력성, 비협조적 행동 등과 관련된 문항들로 구성된다.

• DSM 품행문제(conduct problems): 사회적으로 용납되지 않는 행동을 반복적으로 하는 것과 관련된 문항들로 구성된다.

■ 문제행동 특수 척도

CBCL 6-18, TRF에는 강박증상, 외상 후 스트레스 문제, 인지속도 부진 세 가지의 문제행동 특수 척도가 제공되며, YSR에서는 이 중 강박 증상, 외상 후 스트레스 문제만이 제공된다.

• 강박 증상(obsessive-compulsive problems): 특정 사고나 행동을 반복적으로 하는 것과 관련된 문항들로 구성되어 있다.

• 외상 후 스트레스 문제(post-traumatic stress problems): 심각한 외상적인 사건에 직면한 후 나타날 수 있는 문제행동과 관련된 문항들로 구성된다.

• 인지속도 부진(sluggish cognitive tempo): 정신 및 신체적으로 수동적이고 활동

저하와 관련된 문항들로 구성된다.

② 적응 척도

- 적응 척도 총점: 영역별 적응 점수의 합으로 전체적인 적응 수준을 평가한다. (CBCL 6-18에서는 사회성과 학업 수행의 합으로, YSR에서는 사회성과 주요 과목 성적의 합으로 구성되며 TRF에는 적응척도 총점이 따로 없다.)
- 사회성: CBCL 6-18과 YSR에서는 아동·청소년의 사회적 적응 수준을 평가할 수 있는 내용들, 즉 친구의 수와 어울리는 횟수 및 각 관계(친구, 형제, 부모, 혹은 혼자 있는 경우) 별로 얼마나 잘 어울리고 시간을 잘 보내는가를 평가한다. TRF에는 학교에서의 사회적 적응에 해당한다고 볼 수 있는 학교적응 점수가 제공되며 교사가 평가하는 성실, 행동 적절성, 학습, 밝은 정서 4개 문항의 합으로 구성된다.
- 학업 수행: 아동·청소년의 학업 수행 수준을 평가할 수 있는 내용들, 즉 성적(주요 과목의 수행 평균), 특수 학급에 있는지 여부, 휴학 여부, 기타 학교에서의 학업 관련 문제 여부에 대한 항목들로 구성된다. 학업 수행은 CBCL 6-18에서만 측정하며 YSR과 TRF에서는 이 중 성적만으로 대치한다.
- 긍정 자원 척도: YSR에만 해당되는 척도로 문제행동척도 구성 문항 중 사회적으로 바람직하고 적절한 행동과 같은 긍정적인 측면을 기술하는 문항들로 구성된다.

3) 실시 및 채점

아동·청소년 행동평가척도는 완성하는 데 보통 15~25분 정도가 소요된다. 어떤 항목은 평가 대상 아동·청소년에게 해당되지 않을 수 있으나 그런 경우에도 가장 가까운 빈도(0-1-2)에 표시를 하고 이유를 옆에 쓰도록 한다. 예를 들어, 아동·청소년이 그런 행동을 했는지 관찰할 기회가 없었던 경우 0(전혀 아니다)에 표시하고 '관찰할 기회가 없었다'고 쓰면 된다. 평가할 때에는 같은 연령대 아이들에게서 일반적으로 기대할 수 있는 모습에 근거하여 평가가 이루어져야 한다. 예를 들어, 특수 학급에 있는 아동을 평가하는 경우, 해당 아동이 속한 학급 아이들에게서 관찰되는 모습을 기준으로 하여 상대적으로 평가하면 안 된다.

채점은 작성자가 기록한 검사지의 내용을 홈페이지(www.aseba.or.kr)에서 제공되는 검사 입력 화면에 입력하고 '저장 후 해석' 버튼을 누르면 바로 결과지를 확인하고 출력할 수 있다.

4) 해석

아동·청소년 행동평가척도는 진단 및 문제행동을 사전 감별하는 목적으로 사용하기 위해 준임상 범위와 임상 범위의 두 단계로 판단한다. 문제행동 총점, 내재화, 외현화 척도의 경우는 T점수 64 이상을 임상범위, T점수 60~63을 준임상 범위, T점수 60 미만은 정상 범위로 해석한다. 문제행동 증후군 하위 척도 및 DSM 진단 척도는 보다 엄격한 기준을 적용하여 T점수 70 이상을 임상 범위, T점수 65~69를 준임상 범위, T점수 65 미만은 정상 범위로 해석한다.

적응 척도의 총점은 T점수 36 이하를 임상 범위, T점수 37~39를 준임상 범위, 40 이상은 정상 범위로 해석한다. 또한 사회성 척도 및 학업 수행 척도는 T점수 30 이하를 임상 범위, T점수 31~34를 준임상 범위, 35 이상은 정상 범위로 해석한다.

2. 바인랜드 적응행동척도(K-Vineland-II)

1) 개관

적응행동(adaptive behavior)이란 "일상적인 활동의 수행에 요구되는 개인적·사회적 능력(Sparrow, Balla, & Cicchetti, 1984)" 또는 "타인의 요구에 적절히 대처하고 일상생활에 책임을 다할 수 있는 능력"(Ditterline & Oakland, 2009)으로 정의된다. 적응행동에 결함이 있으면 개인의 전반적인 기능과 학습, 행동이 제한되고(Harrison, 1990), 해당 연령에 사회문화적으로 기대되는 성숙, 학습, 독립성, 사회적 책임감 등을 발휘하는 데 제한이 생긴다(Grossman 1983).

적응행동의 평가는 장애인(특히, 지적장애인)과 같은 적응행동에 상당한 제한이 있는 사람들뿐만 아니라 다양한 장애(예를 들어, 발달장애, 학습장애, 청각 및 시각장애,

ADHD, 정서 및 행동장애, 다양한 유전적 장애 등)의 임상적 진단에 사용될 수 있고, 장애가 없는 개인의 적응수준을 평가하는 데도 도움이 될 수 있다. 더불어 아동기 발달상의 문제뿐만 아니라 적응기능이 손상된 고령의 사람들을 평가하여 독립적인 생활을 유지하는 데 도움이 되는 방법을 찾는 데도 기여할 수 있다.

국내의 적응행동 평가 도구로는 사회성숙도검사(SMS; 김승국, 김옥기, 1985) 외에도 한국판-적응행동검사(K-ABS; 김승국, 1990), 이화 바인랜드 적응행동검사(EWHA-VABS; 김태련, 이경숙, 1993), 한국판 적응행동 목록(K-ABI; 윤치연, 2000), 한국판 적응행동검사(K-SIB-R; 배은희, 남윤석, 이인숙, 임영옥, 2004), 지역사회적응검사(CIS-A; 이달엽, 박희찬, 박혜전, 2004), 국립특수교육원 적응행동검사(KISE-SAB; 정인숙, 강영택, 김계옥, 박경숙, 정동영, 2005), 파라다이스 한국표준 적응행동검사(PABS-KS; 유재연, 이준석, 신현기, 전병운, 고등영, 2007) 등이 있다(황순택, 김지혜, 홍상황, 2015). 그러나 국내의 다양한 적응행동검사 중 대부분은 실시 연령이 아동·청소년에 국한되어 있고, 성인 평가가 가능한 경우에도 성인기 초기 또는 장애가 있는 경우만 검사가 가능하다는 제한점이 있었다. 국내의 적응행동검사들 중에서 가장 널리 사용되어 온 검사는 사회성숙도검사(Social Maturity Scales)다. 이 검사는 미국의 Vineland Social Maturity Scale(Doll, 1965)을 번안하여 국내 실정에 맞게 김승국, 김옥기(1985)가 표준화한 것이다. 이 검사 역시 모체 검사의 표준화 과정에 따라 0~30세까지의 620명을 대상으로 자료를 수집하여 표준화되었다. 총 117개의 문항으로 구성되어 있고, 적응행동을 자조, 이동, 작업, 의사소통, 자기관리, 사회화 등 6개 내용 영역을 통해 평가한다.

사회성숙도검사는 지적장애가 있는 사람들의 사회적응 정도를 평가하는 데 사용되거나 아동의 발달 정도를 확인하고 생활지도 및 훈련의 기초 자료를 수집하는 도구로 사용되어 왔으며, 국내 특수교육 분야에서는 사회성을 평가하는 데 사용되는 가장 대표적인 검사라고도 할 수 있다. 최근 「장애인복지법 시행규칙」 제2조의 개정으로 인해 지적장애 판정 시 지능지수(IQ)에 따라 판정하고 사회성숙도검사를 참조한다고 변경되었으나, "대상자가 너무 어려서 표준화된 검사가 불가능할 경우 바인랜드(Vineland) 사회성숙도검사, 바인랜드(Vineland) 적응행동검사, 또는 발달검사를 시행하여 산출된 적응지수나 발달지수를 지능지수와 동일하게 취급하여 판정한다"고 명시되어 있는 바, 여전히 지적장애의 판정을 위해서는 사회성숙도검사를 통해 적응행동을 평가해야 하는 상황이다. 그러나 사회성숙도검사는 제작된 이후 30년이나 경과하여 문항 내용이 시대에 맞지 않고, 이로 인해 현대 사회의 적응행동을 적절하게 반영하지 못할 수 있다는 문제가 제기되어 왔다.

한국판 바인랜드 적응행동척도(K-Vineland-II; 황순택, 김지혜, 홍상황, 2015)는 미국 원판인 Vineland-II(Sparrow, Cicchetti, & Balla, 2005)를 한국어로 번안하여 표준화한 적응행동 측정 도구로, 사회성숙도검사의 개정판이다.

〈표 10-3〉 **K-Vineland-II의 구성**

주 영역 / 하위 영역	내용
의사소통 영역	
수용	말을 어느 정도로 듣고, 주의 집중하고, 이해하는지 그리고 무엇을 이해하는지
표현	말을 어느 정도로 구사하는지, 정보를 제공하고 모으기 위해 단어와 문장을 어떻게 사용하는지
쓰기	글자를 이해하는지, 글을 읽고 쓸 수 있는지
생활기술 영역	
개인	먹는 것, 입는 것, 그리고 위생관리가 어느 정도 가능한지
가정	개인이 수행하는 집안일을 어느 정도 수행하는지
지역사회	시간, 돈, 전화, 컴퓨터, 직업기술을 어떻게 사용하는지
사회성 영역	
대인관계	다른 사람들과 어떻게 상호작용하는지
놀이 및 여가	어떻게 놀고, 어떻게 여가 시간을 사용하는지
대처기술	다른 사람들에 대한 책임감과 세심함을 어떻게 드러내는지
운동기술 영역	
대근육운동	움직이고 조작하기 위해 팔과 다리를 어떻게 사용하는지
소근육운동	사물을 조작하기 위해 손과 손가락을 어떻게 사용하는지
적응행동조합	**의사소통, 생활기술, 사회성, 운동기술 영역의 합**
부적응행동 영역(선택적)	
부적응행동 지표	개인의 적응적 기능을 방해하는 내현적 · 외현적 행동과 그 밖의 바람직하지 않은 행동의 조합 점수
부적응행동 결정적 문항	임상적으로 중요한 정보를 제공하는 보다 심각한 수준의 부적응적 행동들

출처: 황순택 외(2015). 바인랜드 적응행동척도 2판 검사요강. 대구: 한국심리주식회사.

이전 판인 사회성숙도검사에서는 발달규준을 채택하여 사회연령(Social Age: SA)을 산출하고, 이를 근거로 사회지수(Social Quotient: SQ)를 산출했는 데 비해 K-Vineland-II에서는 각 연령 집단별 규준을 구성하여 개인에 대해 표준점수 방식의 지수를 산출하는 점이 중요한 변화다. 즉, 0~90세까지 개인이 속해 있는 연령범주 표준화 집단의 수행 분포에 비추어 상대적인 기능 수준을 수량화한 것이기 때문에 점수 산출에 있어 인위적인 요소를 배제할 수 있고 기능의 발달적 변화/유지에 대한 가정을 필요로 하지 않는다는 점에서 진일보한 지수산출 방식이다.

2) 실시 및 채점

(1) 일반적 실시 지침

검사의 목적을 간략하게 설명하는 것으로 부터 시작한다. "○○의 적응행동에 대해 알게 되면 ○○를 전체적으로 이해할 수 있습니다. 저는 ○○의 적응행동에 대해 당신께 여쭤 볼 것입니다."와 같은 요지로 검사를 설명한다. 적응행동은 의사소통, 일상생활 기술, 사회성, 운동기술 영역으로 구성되어 있음을 설명하고, 만약 검사자가 (3세 및 그 이후 연령에서) 추가적인 부적응행동 영역을 시행하고자 한다면, 해당 영역의 문항 한두 개를 소개하면서 '바람직하지 않거나 부정적인 행동'을 설명해 준다. 특히, 검사자는 각 문항에 '정답'은 없으며, 대상자가 그러한 행동을 할 수 있는 '능력'이 있는지보다는 그러한 행동을 생활 속에서 '실제로 하는지, 또는 (지금은 나이가 들어서 하지 않지만) 과거에는 그러한 행동을 했는지'를 기준으로 답하도록 당부한다. 또한, 사람은 모두 다르기 때문에 같은 나이에 반드시 같은 정도의 행동을 하는 것은 아니라는 점을 말해 준다. 검사 소요 시간은 면담형을 사용하여 반구조화된 면담을 하는 경우 대상자의 연령 또는 발달적 수준에 따라 20~50분, 보호자 평정형의 경우 30~60분 정도 소요된다.

(2) 7세 이상 연령에서 운동기술 영역 실시

운동기술 주 영역의 문항들은 표준화 집단의 수행에 의지하여 결함이 의심되지 않는 6세까지의 아동에 적합하게 선정되었다. 그러나 대상자가 7세 이상임에도 이 영역을 평가할 필요가 있는 경우도 있다. 예를 들어, 구체적으로 장애 진단을 받은 적은 없지만 운동기능의 결함이 의심될 때, 나이 든 사람에게서 운동기능의 저하가 의심될 때, 운동기능에 영향을 주는 장해(시각 결손 등)가 있을 때, 모든 영역에서 전반적으로 기능수준이 저하되는 장애가 있을 때 등의 경우를 들 수 있다.

운동기술 영역과 그 하위 영역의 규준은 0~6세 아동 그리고 50~90세 노인 연령에서 이용 가능하다. 6세 이상에서는 운동기술 영역은 필요한 경우에 한하여 선택적으로만 사용되며, 7~90세에서 적응행동조합(Adaptive Behavior Composite: ABC) 점수의 계산에는 포함되지 않는다. 50세 이후 연령에 대해서는 운동기술 주 영역과 대근육, 소근육 하위 영역에 대한 표준점수와 V-척도점수는 규준에 제공되지만, 이 영역의 점수는 적응행동조합(ABC) 점수의 계산에는 포함되지 않는다.

(3) 부적응행동 영역의 실시

3세 및 그 이상 연령에서 문제행동이 적응행동을 방해하고 있을 가능성이 의심되는 경우 검사자는 부적응행동 영역을 실시할 수 있다. 임상가가 보호자 평정형으로 검사를 실시하기로 결정하면서 부적응행동 영역을 실시하기를 원하지 않는 경우 검사용지의 해당 부분을 연필로 × 표시를 한 채로 그 부분은 작성하지 않도록 설명하고 검사용지를 넘겨주면 된다.

(4) 채점

채점의 일반적인 기준은 대상자가 물리적인 도움이나 독려 없이 일반적으로 또는 습관적으로 수행하는 경우 2점, 가끔 또는 부분적으로 수행하는 경우는 1점, 전혀 수행하지 못하거나 매우 드물게 수행하거나, 물리적 도움이나 지도 감독 없이는 결코 수행할 수 없는 경우에 0점으로 채점된다. 제한적인 환경 때문에 활동을 할 수 없었을 경우에 '기회가 없었음(N/O, No Opportunity)'으로 채점한다. '모름(DK, Don't Know)' 채점은 대상자가 그러한 행동을 수행할 수 있는지 여부를 모르겠다고 보고하는 경우에 적용한다.

부적응행동 영역 중 결정적 문항의 강도를 평정하기 위해서는 대상자가 보이는 행동의 예를 제시해 보도록 응답자에게 요청해야 한다. 예를 들어, 대상자가 때때로 '자해' 행동을 나타낸다고 하는 경우 임상가는 그 문항에서 빈도에 대해 '1'점을 준다. 만약 그러한 행동이 위험할 정도로 강한 경우 강도를 '심한(S)'으로 평정한다. 만약 대상자가 단지 자신을 꼬집는 정도의 행동을 보이는 경우는 '중등도(M)'로 채점한다.

K-Vineland-II의 원점수는 연령별 및 하위 영역별 환산점수 또는 규준점수로 전환되는데, 6가지 규준점수(표준점수, V-척도점수, 백분위 점수, 적응수준, 등가연령, 스테나인 값)가 산출된다.

- 표준점수: 전체 적응기능(적응행동조합)과 각 적응행동 주 영역에서의 기능 수준을 기술하기 위해 사용한다. 표준점수는 평균 100, 표준편차 15.
- V-척도점수: 적응행동의 하위 영역에서 같은 연령대의 다른 사람들과 비교하여 개인의 상대적인 기능 수준을 나타내 줌. V-척도점수는 평균 15, 표준편차 3인 분포에서의 개인의 위치를 나타낸다.
- 적응 수준: 표준점수와 V-척도점수의 범위에 따라 낮음, 약간 낮음, 평균, 약간 높음, 높음의 다섯 개 범주가 사용된다.
- 스테나인(Stanine) 값: 연속 변인을 1부터 9까지의 범위를 가지는 척도점수로 환산한 값으로 평균 5, 표준편차 2로 4개의 주 영역과 적응행동조합에 대해서 산출된다.

〈표 10-4〉 **적응기능 수행 수준에 대한 기술적 범주**

적응수준의 기술적 범주	표준편차	표준점수 범위	V-척도점수 범위	백분위 범위
높음	2.0 이상	130 이상	21 이상	98%ile 이상
약간 높음	1.0~2.0	115~129	18~20	84~97%ile
평균	-1.0~1.0	86~114	13~17	18~83%ile
약간 낮음	-2.0~-1.0	71~85	10~12	3~17%ile
낮음	-2.0 이하	70 이하	9 이하	2%ile 이하

〈표 10-5〉 **부적응 수행 수준에 대한 기술적 범주**

부적응 수준의 기술적 범주	V-척도점수 범위
임상적으로 의미 있는	21~24
다소 높은	18~20
보통 정도	1~17

■ 기저점(Basal Point)과 천정점(Ceiling Point) 처리

기저점 또는 기저 문항(Basal Point)이란 "각 하위 영역에서 4문항 연속 '2'점으로 채점된 문항군 중 가장 뒤 문항"으로 정의된다. 천정점 또는 천정 문항(Ceiling Point)이란 "각 하위 영역에서 4문항 연속 '0'점으로 채점된 문항군 중 가장 앞 문항"으로 정의된다. 기저점과 천정점은 반구조화 면담을 진행하면서 각 하위 영역의 문항들에 채점을 해 가는 과정에서 결정될 수 있으며, 그렇지 않은 경우 각 하위 영역에 대한 면담과 각 문항 채점이 끝난 후 점수의 검토와 집계 과정에서 결정될 수 있다. 만약, 하위 영역에서 4개 문항 연속해서 2점으로 채점되는 경우가 없다면, 앞의 정의에 따르면 기저점을 결정할 수 없다. 이런 경우 해당 하위 영역의 1번 문항을 기저점으로 삼는다. 또 하위 영역에서 4개 문항 연속해서 0점으로 채점되는 경우가 없다면 위 정의에 따라 천정점을 결정할 수 없다. 이런 경우 해당 하위 영역의 제일 마지막 문항을 천정점으로 삼는다. 각 하위 영역에서 천정점은 그 하위 영역의 실시 중지점이 된다.

기저점과 천정점은 검사를 실시하는 동안 설정된다. 하위 영역의 원점수를 집계할 때 기저점 문항 이전에 있는 모든 문항들은 2점으로 채점된다. 기저점 이전의 몇몇 문항이 1점 또는 0점으로 채점되었더라도 그 점수는 무시하고 2점으로 바꾸어 준다. 비슷한 방식으로, 천청점 뒤 쪽에 있는 모든 문항들은 0점으로 채점된다. 천정점 이후의 문항들 중 1점 또는 2점으로 채점된 문항이 있더라도 그 점수는 무시하고 0점으로 바꾸어 준다. 이렇게 수정된 점수들로 하위 영역 원점수 총점을 계산한다. 기저점 이전 및 천정점 이후 문항들 중 점수가 수정된 문항들은 임상가가 질적인 해석에 참고할 수는 있지만 원점수를 합산하여 총점을 계산할 때는 점수가 수정된 상태로 계산해야 한다.

3) 해석

해석 절차는 6단계로 모든 연령집단에 적용된다. 1단계에서 3단계는 개인의 전반적인 수행뿐만 아니라 주 영역과 하위 영역 내 수행도 점검하게 된다. 4단계에서 6단계는 개인의 강점과 약점을 밝혀 주며 추가적인 해석 시 필요에 따라 사용할 수 있다 (K-Vineland-II 검사요강의 해석 단계 참조).

(1) 단계 1: 전반적 적응기능을 기술

적응행동조합(Adaptive Behavior Composite: ABC) 표준점수와 신뢰구간을 보고한다. 적응기능의 전반적인 측정치로서 적응행동조합 표준점수는 지적장애의 진단을 위해 그리고 특별한 도움이나 프로그램이 필요한 사람으로 분류하기 위해 지적 기능의 추정치(IQ)와 연결하여 사용될 수 있다. 적응행동조합은 모든 영역 내 전체 문항에 기반을 둔 것이며, 이 때문에 이 점수는 통계적으로 가장 믿을 만한 적응기능 추정치다.

(2) 단계 2: 적응행동 주 영역의 수행을 기술

평가자는 적응행동조합에 대해서처럼 주 영역 표준점수와 신뢰구간을 보고한다. 관련된 백분위와 적응 수준을 선택하여 보고할 수 있다.

(3) 단계 3: 하위 영역의 수행을 기술

하위 영역 V-척도점수, 신뢰구간, 적용 수준, 그리고 등가연령을 보고한다.

(4) 단계 4: 강점과 약점을 확인하기 위해 주 영역 표준점수 패턴을 해석

주 영역 표준점수의 패턴을 평가하는 세 가지 방법이 제시된다.

첫째는, 임상에서 통상적으로 사용할 때 추천되는 것으로, 어떤 능력은 대상자 자신의 평균 영역점수들보다 더 높거나 낮은 영역점수를 검토하여 확인하는 것이다. 계산상의 편의를 위해 주 영역 표준점수의 중위수(median), 즉 주 영역 표준점수들을 가장 낮은 점수에서 가장 높은 점수 순으로 정렬했을 때 가운데 오는 점수를 평균으로 간주한다.

중위수를 기준으로 각 주 영역 표준점수를 비교할 때 10점 이상의 차이는 대상자의 강점이나 약점으로 판단한다. 평균 100, 표준편차 15인 표준점수 척도에서 10점은 표준편차의 2/3와 같고, 그 차이는 일반적으로 '중간 정도(moderate)'로 여겨진다. 계산상 편의성과 극단점수(outliers) 효과의 상쇄에 덧붙여, 대상자의 중위수와 각 주 영역 표준점수의 비교는 개인의 주 영역 점수 프로파일에서 중요한 특징들을 요약하는 간단하고 효과적인 방법이다.

두 번째 방법은 주 영역점수들의 특정 쌍들을 비교(pairwise comparisons)하는 것이다.

세 번째 방법은 주 영역 표준점수들의 범위(range)를 검토하는 것이다. 이 방법은 개인의 전반적 기능 수준을 적응행동조합이 얼마나 정확하게 나타내는지를 점검하는 데 유용하다. 만약 가장 높은 주 영역 표준점수와 가장 낮은 점수 간 차이가 35보다 크다면, 적응행동조합은 전반적인 기능 수준을 잘 대표한다고 보기 어렵다.

(5) 단계 4a: 강점과 약점을 확인하기 위해 하위 영역 V-척도점수들의 패턴을 검토

하위 영역의 수행은 두 가지 방식으로 분석될 수 있다.

첫째, 각 주 영역 내 하위 영역의 V-척도점수들과 그 영역에서 V-척도점수의 중위수를 비교하는 것이다. 2점 이상의 차이, 즉 2/3 표준편차 이상의 차이는 유의미한 것으로 해석된다.

둘째, 검사요강의 쌍 비교 차이점수 표를 이용하여 하위 영역 간 쌍 비교, 통계적 유의미성을 평가할 수 있으며, 이러한 차이가 표준화집단에서 흔히 있는 것인지 그렇지 않은지를 평가할 수 있다.

(6) 단계 5: 프로파일 변산성(profile fluctuations)에 관한 일반적 가설 설정

가설은 다음과 같은 두 가지 방식으로 생성될 수 있다.

첫째, 주 영역점수의 유의미한 차이를 설명하는 가설을 설정하기 위해 하위 영역의 수행을 검토한다. 예를 들어, 사회성 영역의 표준점수 85점이 개인의 평균 기능 수준과 비교해서 약점이라고 판단된다고 생각해 보자. 만약 대인관계 하위 영역에서 V-척도점수가 18~20점(약간 높음) 정도이고, 놀이 및 여가 하위 영역에서 V-척도점수가 13~17점(평균)이고, 대처기술 하위 영역에서 V-척도점수가 10~12점(약간 낮음)이라면, 평가자는 대처기술의 낮은 수행으로 인해 결국 사회성 주 영역이 약점이 된다는 가설을 설정할 수 있다.

둘째, 내용을 중심으로 문항을 검토한다. 대상자가 행동을 수행할 수 있는 그리고 수행할 수 없는 내용 범주를 결정한다. 그리고 대상자의 수행이 우수한, 평균적인, 또는 결함을 보이는 내용 영역에 관한 가설을 설정한다. 내용 범주에서 개인의 수행은 개인이 왜 그러한 특정 결과를 얻었는가에 대한 가설의 생성을 위한 탐색의 목적으로만 사용되어야 한다. 문항으로부터 도출된 모든 가설은 추가로 시행된 면담을 통해 검증되어야만 하며, 추가적 행동관찰이나 다른 평가와 검사 결과를 통해 지지되어야 한다.

(7) 단계 6: 부적응적 행동을 기술

만약 선택적으로 부적응행동 영역이 실시되었다면, 부적응행동 지표와 내현화, 외현화 하위 영역의 V-척도점수와 신뢰구간을 제시한다. 만약 적절하다면, 부적응 수준도 보고한다. 또한 선택적으로 부적응행동 결정적 문항 영역이 수행되었다면, 1점이나 2점으로 채점된 문항의 수, 심각성의 수준, 문항의 내용을 반드시 점검해야 한다.

3. 아동 정서 기능 평가 도구

1) 한국어판 아동우울척도 2판(K-CDI-2)

(1) 개관

아동우울척도(Children's Depression Inventory: CDI)는 가장 널리 사용되고 가장 많이 사용되는 소아·청소년용 자기 평정 우울 증상 척도다(Myers & Winters, 2002; Twenge & Nolen-Hocksema, 2002). 부모용 그리고 교사용 척도가 개발되면서, CDI는 소아·청소년기 우울증을 다양한 정보원을 통해 평가할 수 있는 척도가 되었다 (Kovacs, 2003).

CDI는 벡 우울척도(Beck, 1967)를 원형으로 삼아 4단계에 걸쳐 개발되었다(Kovacs, 2003). 아동 척도의 최초 원판(1975년 3월)은 10세에서 15세에 이르는 정상 어린이(편리성에 의한 표집)들과, 비슷한 연령대로 도시에서 입원하고 있거나, 부분적 입원을 하고 있는 어린이를 대상으로 하여 개발되었다. BDI의 척도를 사용해서 아이들에게 각 문항을 설명해 주고, '아이들이 쉽고 분명하게 이 문형을 이해할 수 있게 하려면' 어떻게 표현하는 것이 좋은지 물어보았다. BDI 문항 중 '성적 관심' 문항은 삭제하였으며, 학교와 또래들과의 기능에 관한 몇 가지 문항을 추가하였다.

단계 2에서는 정신과적인 혹은 심리학적인 치료를 받고 있는 소아·청소년들의 자료에 근거하여, 의미론적인 그리고 개념적인 문항 분석을 실시하여 두 번째 수정판 (1976년 2월)을 만들었는데 여기에는 '자기비난'에 관한 새로운 문항이 추가되었다.

이 수정판을 아동 가이던스 센터의 입원 병동에 있는 8~13세 아동(N = 20), 정신과를 방문한 적이 없는 8~13세의 통제집단(N = 20), 그리고 10~13세 사이의 토론토 공립 초등학교의 5~6학년 학생들(N=127)에게 실시하였다. 그 결과에 대한 표준적인 심리 측정 분석을 실시하여 완전히 새로운 버전을 만들어 내었다. 두 문항('수치심'과 '체중 감소')을 삭제하였고, 안면타당도가 있고 연령에 적합한 것으로 보이는 4개의 새로운 문항이 추가되었다(예: '사랑받지 못한다고 느낌').

단계 3에서는 새롭게 수정된 CDI(1977년, 5월)로 다시 한번 예비 검증을 하였고 동료들에게 자문을 구하였으며, 추가적인 예비 검증에 기초하여 안면타당도를 높이고 아동들이 좀 더 쉽게 읽고 이해하도록 몇 개의 문항들은 수정하였다.

단계 4에서는 검사에서 점수 값을 제거하고 채점 판형을 개발하였다.

아동이 직접 응답하는 자기보고형 K-CDI-2(김지혜, 이은호, 황순택, 홍상황, 2019)는 28개 문항으로 구성된 표준형과 12개 문항으로 구성된 단축형 두 종류가 있으며, 해당 증상의 심각도를 0(전혀 없음)에서 2(확실히 있음)까지 3점 척도로 평정한다. 부모 평정 혹은 교사 평정용은 4점 척도에 따라 0(전혀 그렇지 않다)에서 3(대부분 또는 항상 그렇다)까지로 평정한다.

CDI 척도는 지난 2주간의 상태를 평가한다. 그 이유는 아동의 비교적 최근 행동과 증상에 대한 정보를 얻기 위함이다. 아동의 정서 증상은 상황에 따라 달라지기 때문에, 평정 대상 시간을 더 짧게 설정하면 매일매일의 기분 변동에 따라 과도하게 영향을 받을 수 있다. 반면, 더 긴 기간에 대해 평정할 경우, 응답자의 기억이 희미해지고 따라서 제공된 정보의 신뢰도가 떨어질 위험이 커진다.

자기보고형 CDI는 두 개의 척도와 네 개의 하위 척도로 구성된다.

① 정서적 문제 척도

- 부정적 기분/신체적 증상: 슬프고, 울고 싶고, 나쁜 일이 일어나지 않을까 걱정하고, 어떤 일로 괴로워하고 힘들어하며, 마음을 결정하지 못하는 상태를 나타낸다. 또한 수면, 식욕, 피로, 통증과 같은 다양한 신체 증상을 반영한다.
- 부정적 자존감: 낮은 자존감, 자기혐오, 사랑받지 못하는 느낌, 자살 사고 등을 반영한다.

② 기능적 문제 척도

- 대인관계 문제: 사람들과의 상호작용에서 문제나 어려움을 겪는 상태를 반영하며, 여기에는 다른 사람들과 잘 지내기가 힘들고, 사회적 회피, 사회적 고립 상태 등이 포함된다.
- 비효율성: 자신의 능력과 학교 수행에 대한 부정적인 자기 평가를 반영한다.

부모용과 교사용 척도는 각각 두 개의 척도를 가지고 있다.
- 정서적 문제 하위 척도: 불쾌한 기분과 우울증의 신체적 증상을 반영한다.
- 기능적 문제 하위 척도: 학교와 동료/사회적 관계에서 나타나는 우울 증상을 반영한다.

(2) 실시 및 채점

K-CDI-2는 만 7세부터 17세까지의 소아·청소년을 대상으로 실시된다. 응답자에게 K-CDI-2를 실시하는 이유를 설명해 주고, 각 문항을 주의 깊게 읽고 지난 2주 동안의 행동에 기초하여 응답할 것을 지시한다. 지필 검사를 실시한 후에는 인적 사

⟨표 10-6⟩ K-CDI-2 실시 시간 및 읽기 수준, 점수 유형

	자기보고형		부모용	교사용
	표준형	단축형		
문항 수	28	12	17	12
실시 시간	15분	5분	10분	5분
읽기 수준	1.7학년	1.5학년	2학년	2.2학년
점수의 유형	총점	총점	총점	총점
	척도점수 - 정서적 문제 - 기능적 문제		척도점수 - 정서적 문제 - 기능적 문제	척도점수 - 정서적 문제 - 기능적 문제
	하위 척도 점수 - 부정적 기분/신체적 증상 - 부정적 자존감 - 비효율성 - 대인관계 문제			

항에 대한 기록을 점검하는 동시에 빠르게 자료를 검토해 보아 성별과 나이에 대한 기록이 빠져 있는지, 누락 문항이 있는지 여부도 살펴보아 누락 문항 혹은 분명하지 않은 문항에 대하여 정확히 응답하도록 요구해야 한다. 채점은 인싸이트 홈페이지 (www.inpsyt.co.kr)에서 채점 프로그램을 이용하여 채점할 수 있다.

(3) 해석

① 1단계: 척도점수를 해석하기

K-CDI-2의 전체 점수, 척도점수, 하위 척도점수 각각의 수준에서 해석이 이루어질 수 있다. 척도점수의 이름에 따른 해석, T 점수에 따른 분류는 중요한 해석 지침이 될 수는 있으나 절대적인 것은 아니라는 점을 유의해야 한다. 의미 있는 해석이 되려면 검사 상황, 응답자의 다양한 환경적 맥락을 고려해야 하고 또한 문항 수준의 분석도 도움이 될 수 있다.

■ 1-1단계: 전체 점수 해석

전체 점수는 우울 증상의 심각도에 대한 지표로 T 점수가 65점 이상이면 상당한 우울 증상을 경험하고 있고, 부모나 교사도 아동의 우울 증상을 뚜렷이 관찰할 수 있다. 전체 점수가 상승했을 때는 각각의 하위 척도 점수도 반드시 고려해야 한다. 모든 하위 척도점수가 함께 상승할 수도 있지만, 특정 하위 척도점수만 상승한 경우도 있기 때문이다. 전체 점수의 T 점수가 64점 이하이면 우울 증상의 심각도가 평균 수준 (average)이거나 평균 내에서 조금 높은 수준(high average)임을 시사한다. 전체 점수가 이 범위에 해당하더라도 한두 개의 하위 척도 점수는 상승을 보일 수 있으므로, 이 경우에도 척도나 하위 척도의 T 점수를 살펴보아야 한다.

■ 1-2단계: 척도 및 하위 척도 점수 해석

하위 척도에서 T점수 65점 이상을 보인 척도가 있다면 응답자는 해당 영역에서 증상을 경험하고 있을 수 있다. 부모나 교사의 평정 자료만 있다면 평가자는 전반적인 프로파일(2단계)과 문항 수준의 반응(3단계)을 살펴보아야 한다.

K-CDI-2 표준형은 두 개의 척도와 네 개의 하위 척도로 구성되어 있다. 평가자는 척도의 상승에 영향을 준 하위 척도를 탐색해 보아야 한다. 척도점수가 상승한 경우,

하위 척도점수 두 개 모두가 상승할 수도 있으나, 하나의 하위 척도만 상승할 수도 있다. 예를 들어, 정서적 문제 척도에서 높은 점수를 보이는 아동이 하위 척도인 부정적 자존감에서는 높은 점수를 보이지만, 부정적 기분/신체 증상 하위 척도에서는 평균 수준의 점수를 보일 수 있다. 척도인 정서적 문제와 기능적 문제 모두에서 평균 수준의 점수를 보이는 경우에도 하위 척도를 살펴보는 것은 중요하다. 예를 들어, 기능문제 척도에서는 평균 수준의 점수를 보이고 있지만, 심한 대인관계 문제를 보이는 아동이 대인관계 문제 하위 척도에서만 점수의 상승을 보일 수 있는데, 이 경우 비효율성을 측정하는 하위 척도에서 아동이 대부분의 문제를 부인하였기 때문일 수 있다. 이때는 아동의 대인관계 문제에 대해 좀 더 주의를 기울여야 한다.

② 2단계: 전체 프로파일을 살펴보기

프로파일에서 각 척도점수의 T 점수의 위치는 아동의 우울 증상의 양상을 보여 준다. 만약 모든 척도점수가 높게 상승되어 있다면 다양한 평가 영역에 걸쳐서 광범위한 문제가 있음을 의미한다. 만약 모든 척도가 낮게 나타난다면 상대적으로 문제가 적음을 시사한다.

또한 K-CDI-2의 척도점수를 서로 연관지어 고려해 보아야 한다. 하나 이상의 T 점수가 상승되어 있다면 그러한 점수들의 상승이 동일한 핵심적인 문제를 반영하는지 그렇지 않은 것인지 생각해 볼 필요가 있다. 이 경우 문항 수준의 반응을 살펴보는 것도 도움이 될 수 있다.

③ 3단계: 문항 반응을 살펴보기

특정한 척도에서 상승된 T 점수가 몇몇 높은 점수를 보이는 문항에 기인할 수도 있고, 혹은 다수의 문항이 중등도의 상승을 보이기 때문일 수도 있다. 따라서 높은 점수를 보이는 문항은 특별히 더 관심을 두어야 한다.

평가자는 K-CDI-2: 표준형에서 특별히 8번 문항('죽고 싶다')에 관심을 두어야 한다. 이 문항은 자살 사고와 관련된 문항으로 1점이나 2점에 응답하였다면 면밀한 탐색이 필요하다. 아동에게 가장 최근에 죽음이나 자살에 대해 생각해 본 적이 언제였는지 그리고 얼마나 자주 그러한 생각을 하는지 질문해야 한다. 2점에 응답하였다면, 아동이 구체적인 방법이나 치명적인 방법에 대한 접근 가능성을 생각해 본 적이 있는지를 평가해야 한다.

④ 4단계: 다양한 평가 정보를 통합하기

앞의 1단계에서 3단계까지 각각의 평가를 한 후에 이를 통합할 수 있어야 한다. 만약 부모용이나 교사용을 함께 실시했다면 그 결과를 서로 비교 통합하여야 한다. 서로 다른 평가 도구에서 얻은 점수를 비교할 때는 반드시 측정 오차(measurement error)를 고려해야 한다. 두 명의 응답자 사이의 점수 차이가 통계적으로 유의미하려면, 점수 차이가 측정 오차를 넘어서야 한다.

예를 들어, K-CDI-2: 표준형과 K-CDI-2: 부모용을 10세 소녀에게 실시하였을 때, 표준형에서 정서문제 하위 척도의 T점수가 60점이 나온 반면, 부모용에서는 T 점수가 75점이었다. 7세에서 12세 여아 집단에서 평정자 간 신뢰로운 점수 차이는 11점 이상으로 부모용과 표준형 간의 점수 차이가 15점으로 11점보다 크므로, 표준형과 부모용 평정척도 사이에 유의미한 차이가 있다고 볼 수 있다.

2) 아동불안척도 2판(RCMAS-2)

(1) 개관

Taylor(1951)는 불안을 측정하기 위한 독립적인 객관적 척도를 만들려고 하였다. 그녀는 미네소타 다면적 인성검사(Minnesota Multiphasic personality Inventory: MMPI) 로부터 문항을 선별하여 발현불안척도(Manifest Anxiety Scale: MAS)를 제작하였다. 발현불안은 동기(drive)의 원천이기 때문에 높은 불안을 경험하는 사람은 그렇지 않은 사람에 비하여 좀 더 높은 성취를 보일 것이라고 생각하였다. Taylor는 MAS에서 점수가 높은 30명의 학생과 낮은 30명의 학생을 대상으로 조건화된 눈깜박임 반응 실험을 실시하였다. 연구 결과 불안 수준이 높은 참가자는 조건 반응이 더 우세하게 나타나 불안이 동기와 연관이 있다는 그녀의 이론을 지지하였다. 수년 뒤에 Casteneda, McCandless와 Palermo(1956)는 MAS의 아동용을 발표하였고, 이름을 아동발현불안 척도(Children's Manifest Anxiety Scale: CMAS)라고 명명하였다. CMAS는 기본적으로 MAS의 문항을 활용하였지만, 아동에게 좀 더 적합하도록 문항을 다시 구성하였다. 4~6학년까지 총 386명의 학생을 대상으로 CMAS를 실시하였으며, 일반 불안 척도와 부인(Lie) 척도로 구성하였다. CMAS는 아동이 경험하는 불안의 속성과 그 정도를 확인하는 데 유용하였다. 하지만 CMAS에 대해 몇 가지 비판적인 의견이 제기되었다. 예를 들어, 교사들은 몇몇 단어가 학생에게 너무 어려워 불안의 특정 영역을 CMAS가 평가하지 못한다고 주장하였고, 1~12학년까지 전 학년을 대상으로 사용할 수 있는 도구가 있었으면 했다. 연구자와 심리측정가들은 좋은 문항이 되기 위한 통계적 기준에 몇몇 문항이 미달한다고 비판하였다. 이러한 우려들을 해결하기 위해 CMAS를 개정하기 위한 노력이 이루어지면서 1978년에 RCMAS(Revised Children's Manifest Anxiety Scale: RCMAS)가 만들어지게 되었다. RCMAS는 '걱정/예민함', '생리적 불안', '집중/사회적 관심'이라는 3가지 불안 관련 척도로 구성되어 개발되었다. 국내에서는 1990년에 표준화 연구가 발표되어 다양한 환경에서 사용되었다. 아동 및 청소년에 있어 발현 불안의 현재 개념화와 관련된 적절한 구성개념을 확실히 다루기 위해 척도 개선을 위한 목적으로 학령기 아동이 경험할 수 있는 사회불안과 수행불안의 측면을 반영하고자 개정 작업을 통해 RCMAS-2(Reynolds & Richmond, 2008)가 개발되었다. 한국판 아동불안척도 표준화는 김지혜, 이은호, 홍상황, 그리고 황순택(2021)에 의해서 초등학교 3학년~고등학교 3학년을 대상으로 이루어졌다.

① RCMAS-2 척도 구성 및 내용

■ 타당도 척도
- 불일치 반응 척도(INC): 문항에 얼마나 주의를 기울여 일관성 있게 응답했는가를 알아보기 위한 척도
- 방어성 척도(DEF): 일상적인 생활에서 완벽하기 않음을 스스로 수용할 수 있는지를 평가하는 척도

■ 전체 불안 척도
- 신체적 불안(PHY): 신체적 증상으로 나타나는 불안 수준을 파악할 수 있는 척도
- 걱정(WOR): 강박적인 염려 수준을 파악할 수 있는 척도로서, 모호하고 정의하기 힘든 것에 대한 두려움을 느끼는 정도를 측정하는 척도
- 사회적 불안(SOC): 대인관계 시 사람들 앞에서 느끼는 불안의 정도를 파악하기 위한 척도

■ 보충 척도

- 수행 불안(PER): 시험, 음악 연주, 공개적인 발표 등 특정 과제를 수행할 때 느끼는 불안의 정도를 파악하기 위한 척도

(2) 실시 및 채점

한국어판 RCMAS-2는 초등학교 3학년에서 고등학교 3학년까지의 아동·청소년의 불안의 수준과 특성 평가하는 자기보고식 검사로, 실시하는 데 10~15분이 소요된다. 개인 혹은 집단으로 실시할 수 있으며, 응답자는 각 질문에 '예' 혹은 '아니요'로 대답하게 된다. K-RCMAS-2는 초등학교 2학년 정도의 읽기 능력을 가진 아동·청소년이라면 수행이 가능한 것을 목표로 제작되었다. 아동·청소년이 질문지 작성을 완료하였다고 하면 답지를 확인하여, 제대로 표시하였는지 점검하여 빠트린 문항이 있다면 추가적으로 반응할 의향이 있는지를 점검한다. 5~6문항(약 12%) 이상 누락 문항이 발생할 경우, K-RCMAS-2의 정확도는 저하될 수 있으므로 해석에 상당한 주의를 기울여야 한다.

검사 결과를 채점하기 위해서는 인싸이트의 온라인 채점 프로그램(www.inpsyt.co.kr)을 이용해서 진행하면 된다. 채점 결과는 적합한 표준점수로 환산되어 제시된다.

(3) 해석

RCMAS-2의 해석은 몇 가지 단계를 거치게 된다.

첫째, 응답자 반응의 타당도를 평가해야 한다. 다음으로, 전체 불안 점수(Total Anxiety Score)를 살펴보고 이어서 척도 점수들을 검토한다. 마지막으로, 각 개별 문항의 내용을 검토한다. 다른 심리평가들과 마찬가지로, 이렇게 산출된 결과는 각 사례별로 개인 과거력, 응답자와의 면담, 주변의 중요한 사람과의 면담, 추가적인 심리평가 자료들과 통합하여 해석해야 한다.

① 타당도 척도의 해석

- 불일치 반응: 6점 이상일 경우, 주의 깊은 검토가 필요(부주의하고 무작위적인 반응을 했을 가능성은 7점일 경우 약 89%, 8점일 경우 92%까지 증가)하다.
- 방어성 반응: T 점수가 60 이상일 경우, 결과 해석에 주의 깊은 검토가 필요하다.

② 불안 척도의 해석

• RCMAS-2는 표준화된 T 점수로 제시되는데, 평균이 50, 표준편차가 10으로 T 점수 60 이상일 때 불안한 것으로 해석할 수 있다.

〈표 10-7〉 **K-RCMAS-2의 척도점수**

척도	문항수
타당도 척도(Validity scales)	
불일치 반응(Inconsistent Responding: INC) 지표(추가됨)	9쌍
방어성 반응(Defensiveness: DEF)(Lie에서 척도명이 변경됨)	9
불안 척도(Anxiety scales)	
전체 불안(Total Anxiety: TOT)	40
신체적 불안(Physiological Anxiety: PHY)	12
걱정(Worry: WOR)(걱정/과민성에서 척도명이 변경됨)	16
사회적 불안(Social Anxiety: SOC)(사회적 우려/주의 집중에서 척도명이 변경됨)	12
* 보충 척도: 수행 불안(Performance Anxiety: PER)	10

참고문헌

김승국(1990). 한국판 적응행동검사(NISE-K-ABS). 국립특수교육원.

김승국, 김옥기(1985). 사회성숙도검사. 서울: 중앙적성출판사.

김영아, 이진, 문수종, 김유진, 오경자(2009). 한국판 CBCL 1.5-5의 표준화 연구. 한국임상심리학회: 임상, 28(1), 117-136.

김지혜, 이은호, 홍상황, 황순택(2021). 아동불안척도 2판 전문가 지침서. 서울: (주)인싸이트.

김지혜, 이은호, 황순택, 홍상황(2019). 한국어판 아동우울척도 2판 전문가 지침서. 서울: (주)인싸이트.

오경자, 김영아(2011). ASEBA 아동 · 청소년 행동평가척도 매뉴얼. 서울: (주)휴노.

오경자, 김영아(2013). ASEBA 유아 행동평가척도 매뉴얼. 서울: (주)휴노.

오경자, 이혜련, 홍강의, 하은혜(1997). K-CBCL 아동 · 청소년 행동평가척도. 서울: 중앙적성출판사.

오경자, 하은혜, 이혜련, 홍강의(2001). K-YSR 청소년 자기행동 평가척도. 서울: 중앙적성출판사.

윤치연(2016). 아동심리평가. 서울: 학지사.

하은혜, 진미경, 김서윤, 이희연(2012). 아동기 심리장애와 발달장애의 평가. 서울: (주)시그마프레스.

황순택, 김지혜, 홍상황(2015). 바인랜드 적응행동척도 2판 검사요강. 대구: 한국심리주식회사.

Achenbach, T. M. (1992). *Manual for Child Behavior Checklist/2-3 and 1992 profile*. Burlington, VT: University of Vermont, Development of Psychiatry.

Achenbach, T. M. (1997). *Guide for the Caregiver-Teacher Report From for age 2-5*. Burlington, VT: University of Vermont, Development of Psychiatry.

Achenbach, T. M., & Edlelbrock, C. (1981). Behavioral problems and competencies reported by parents of normal and disturbed children aged four to sixteen. *Monographs of the Society for Research in Child Development*, 46(1, Serial No. 188).

Achenbach, T. M., & Rescorla, L. A. (2001). *Manual for the ASEBA school-age Forms & profiles*. Burlington, VT: University of Vermont, Research Center for Children, Youth, & Families.

Achenbach, T. M., & Rescorla, L. A. (2004). The Achenbach System of Empirically Based Assessment(ASEBA) for ages 1.5 to 18 years. In M. E. Maruish (Ed.), *The use of psychological testing for treatment planning and outcomes assessment* (3rd ed., pp. 179-213). Mahwha, NJ: Erlbaum.

Achenbach, T. M., & Rescorla, L. A. (2007). *Multicultural supplement for the manual for the ASEBA school-age Forms & profiles*. Burlington, VT: University of Vermont, Research Center for Children, Youth, & Families.

Achenbach, T. M., & Rescorla, L. A. (2007). *Multicultural Understanding of Child and Adolescent Psychopathology: Implications for mental health assessment*. New York: Guilford.

Castaneda, A., McCandless, B. R., & Palermo, D. S. (1956). The children's form of the manifest anxiety scale. *Child Development*, 317-326.

Grossman, H. J. (1983). *Clarification in mental retardation*. Washington, D.C.: American association on mental deficiency.

Harrison, P. L. (1990). Mental retardation, adaptive behavior assessment, and giftedness. In A. S. Kaufman (Ed.), *Assessing adolescent and adult intelligence* (pp. 533-585). Boston: Allyn & Bacon,

Kovacs, M. (2003). *Children's Depression Inventory(CDI) Technical Manual Update*. Toronto, Canada: Multi-Health Systems.

Myers, K., & Winters, N. C. (2002). Ten-year review of rating scales Il: Scales for internalizing disorders. *Journal of the American Academy of Child and Adolescent Psychiatry 41*, 634-659.

Reynolds, C. R., & Richmond, B. O. (2008). *Revised Children's Manifest Anxiety Scale, Second Edition (RCMAS-2): Manual*. Los Angeles, CA: Western Psychological Services.

Sparrow, S. S., Balla, D. A., & Cicchetti, D. V. (1984). *Vineland Adaptive Behavior Scales*. Circle Pines, MN: American Guidance Service, Inc.

Sparrow, S. S., Balla, D. A., & Cicchetti, D. V. (2005). *Vineland Adaptive Behavior Scales* (2nd ed.). MN: Pearson Education, Inc.

Taylor, J. A. (1951). The relationship of anxiety to the conditioned eyelid response. *Journal of Experimental Psychology, 41*, 81-92.

Twenge, J. M., & Nolen-Hoeksema, S. (2002). Age, gender, race, socioeconomic status, and birth cohort differences on the children's depression inventory: A meta-analysis. *Journal of Abnormal Psychology, 111*, 578-588.

제11장

심리평가 보고서 작성

심리평가 보고서를 작성하는 것은 수검자에게 도움을 주기 위해 수집한 다양한 자료를 통합하여 평가 목적에 맞는 결론을 내린 것을 문서화하는 과정이다. 심리평가 보고서를 작성하는 데 정해진 양식은 없다. 하지만 검사 의뢰자나 수검자가 심리평가의 결과를 한눈에 명료하게 파악할 수 있도록 형식을 일정하게 갖추어 작성할 필요가 있고, 평가 목적에 맞게 필요한 정보가 충분히 그리고 정확하게 표현되어야 한다. 이 장에서는 평가 목적과 상황에 관계없이 일반적으로 사용되는 보고서 형식을 다루고자 한다.

1. 심리평가 보고서의 형식과 내용

심리평가 보고서는 의뢰자와 수검자 등 평가와 관련된 사람들에게 평가 결과를 전달하고 소통하기 위해 작성된다. 따라서 이러한 목적에 맞는 최소한의 정보와 평가 내용이 포함되어야 한다. 또한 검사 결과는 검사가 실제로 측정하는 것(타당도)과 얼마나 정확하게 측정하는지(신뢰도)를 고려하여 해석해야 하기 때문에 보고서 작성 시에는 추측적 해석(speculation)을 포함하지 않아야 한다. 객관성을 위해 모든 기술문 말미에 소검사명, 소척도명, 환자의 병력 등과 같은 해석의 근거를 제시해야 한다. 실시한 검사 순서에 따라 개별 검사 결과를 나열하기보다 수검자의 대인관계, 성격 등에 대해 일관성 있고 통합적으로 기술하는 것이 검사 결과에 대한 이해를 증진시킬수 있다. 다음의 〈표 11-1〉에 일반적으로 심리평가 보고서에 포함되는 구성과 내용을 제시하였다.

1) 제목

심리평가는 단순히 심리검사의 결과만을 보고하는 것이 아니라 행동관찰, 면담과 전문지식을 통합하여 임상적 판단을 하는 과정이다. 임상가는 단지 심리검사를 실시하고 채점하여 점수를 보고하는 검사 기술자가 아니고 다양한 정보의 원천을 종합하여 전문적인 판단을 해야 한다. 따라서 제목으로 '심리검사 보고서'가 아니라 '심리평가 보고서' 혹은 '심리학적 평가 보고서'가 타당하다. 이는 단일 심리검사만 실시한 경우에도 동일하게 적용된다.

2) 수검자 정보

수검자의 주요 문제와 의뢰 목적을 이해하는 데 필요한 이름, 성별, 연령, 교육수준, 직업, 결혼상태 등의 기본적인 신상정보를 기재한다. 상황에 따라, 과거 심리평가 여부를 포함할 수 있다.

3) 실시된 검사

수검자에게 실시한 검사명을 기록한다. 심리평가 보고서의 독자가 정신건강의학 종사자나 임상가가 아닐 수 있다. 따라서 K-WISC-V, MMPI-A 등과 같이 검사명을 약어로 기재하기보다 한글과 영문 명칭을 병행하여 기록하는 것이 독자가 심리평가 과정에서 무엇을 평가하는 도구를 사용하였는지 대략적으로 이해할 수 있게 해 준다.

4) 의뢰 사유

의뢰된 문제와 심리평가를 통해 밝혀지길 원하는 문제를 간략하게 기술한다. 의뢰 목적이 분명하면, 평가자는 초점화된 보고서를 작성할 수 있고 독자는 보고서의 내용과 방향성을 예상할 수 있다. 의뢰 사유를 간결하고 분명하게 기술하기 위해서는 '아동의 적응 수준을 탐색하기 위해서'와 같은 추상적으로 기술하기보다 '집중력 부족, 저조한 학업성취도와 또래관계 문제로 인한 학교 부적응과 ADHD가 의심되는 바'와 같이 문제 중심적으로 기술하는 것이 더 적절하다.

〈표 11-1〉 **심리평가 보고서의 일반적인 형식**

구성	내용	예시
제목	명칭	'심리평가 보고서', '심리학적 평가 보고서'
수검자 정보	수검자 인적 사항과 실시일	등록번호, 수검자명, 성별, 연령, 생년월일, 교육수준, 결혼 상태, 검사 실시일, 입원일

실시된 검사	수행한 검사명	벤더 게슈탈트 검사(Bender Gestalt Test: BGT), 한국 웩슬러 아동지능검사 5판(Korean Wechsler Intelligence Scale for Children-Fifth Edition: K-WISC-V), 문장완성검사(Sentence Completion Test: SCT), 미네소타 다면적 인성검사 청소년용(Minnesota Multiphasic Personality Inventory-Adolescent: MMPI-A), 로르샤흐 검사(Rorschach Test), 아동용 주제통각검사(Children Apperception Test: CAT) 등
의뢰 사유	의뢰자가 제시한 문제나 심리평가를 의뢰한 이유	'집중력 부족, 저조한 학업성취도와 또래관계 문제로 인한 학교 부적응과 ADHD가 의심되는 바' '장애 등급 판정을 위한 지적 기능 및 일상생활 기능 평가' '교통사고로 인한 뇌 손상에 따른 인지기능의 저하 정도 평가' '감별진단: ADHD와 우울장애'
배경정보와 현 병력	현재 문제와 관련된 배경정보와 발달사, 주요 문제	'어머니의 보고에 따르면 아동은 우산, 필기구 등 물건을 자주 잃어버리고, 잠시도 가만히 있지 못한 채 계속 움직이고, 수업 시간에 주의를 집중하지 못하고 시간 안에 과제를 완성하지 못하고, 선생님의 질문이 끝나기 전에 대답하고, 차례를 지켜야 하는 상황에서 먼저 하려고 해서 또래와 다투기도 한다. 이러한 문제가 지속되면서 담임교사가 전문적 도움을 권유하였을 뿐만 아니라 부모도 이에 대해 염려가 되어 내원하였다고 한다.
행동관찰 및 수검 태도	검사 상황에서의 행동과 수검 태도, 특이한 행동	'과제의 지시 사항을 주의 깊게 듣지 못하여 자주 되묻고 때때로 지시에 맞지 않는 반응을 하였고, 평가 후반부로 갈수록 언제 끝나는지 자주 물었고 과제 지속을 꺼려 평가자의 반복적인 격려가 필요했다. 또한 평가자의 지시가 끝나기 전에 과제를 수행하였고 이를 제지해도 반복되었으며, 검사 도중 바닥에 드러눕고, 책상 위로 올라가고, 돌아다니는 등 착석 유지가 어려웠다'
검사 결과에 대한 기술 및 해석	객관적 검사 점수와 같은 양적 자료, 투사검사 반응 및 해석, 영역에 따른 결과 해석	'인지기능', '사고 및 지각', '정서', '성격 특성', '대인관계'
요약, 제언과 임상적 진단	전체 결과의 통합, 진단적 인상	'상기 결과를 종합해 볼 때, 아동은 주의 집중력, 과잉행동 및 충동성상의 문제가 두드러지는 바, 주의력결핍 과잉행동장애가 시사된다'
검사 점수 요약	주요 검사 결과의 점수 요약표 및 그래프	객관적 검사 점수 요약표 및 그래프
평가자 정보	평가자 소속, 자격, 이름	'○○병원 임상심리전문가 제○○호/정신건강임상 임상심리사 ○급 제○○호 성명 ○○○'

5) 배경정보와 현 병력

수검자의 현재 문제와 관련된 배경정보와 현재의 문제를 알게 되고 경과되는 과정에서 중요한 정보를 요약하여 기술함으로써 의뢰 사유 이상의 좀 더 상세한 정보를 제공할 수 있다. '어머니 보고에 따르면', '교사의 보고에 따르면' 등과 같이 정보의 출처를 기술한다. 현재 문제를 중심으로 주로 수검자의 가족 배경, 발달사, 현재의 문제가 시작된 시기 및 전개 양상 등을 포함한다.

6) 행동관찰 및 수검 태도

행동관찰과 수검 태도를 통해 얻은 자료는 면담을 통해 얻은 정보와 함께 수검자의 신변 및 사회기능, 성격 및 정서, 사고 등에 대한 단면을 알 수 있게 하여 심리검사 결과를 통합적으로 해석하는 데 정보원이 된다. 이러한 정보는 외모, 차림새, 위생 상태 같은 신체적 외양, 행동 패턴과 검사자나 검사에 대한 태도에서의 특징적인 양상을 관찰하여 얻을 수 있다. 검사 상황과 검사자와 상호작용하는 수검자의 독특한 패턴으로는 특정한 언어 표현 방식이나 사용하는 어휘, 표현하는 언어와 표정이나 행동 간의 불일치, 표현되는 정서 표현 수준이나 강도와 주된 정서의 종류, 문제해결 방식, 개별 검사 상황에서의 반응의 차이나 태도의 변화, 특이한 매너리즘이나 습관, 실패에 대한 반응 등이 있다. 이러한 자료는 수검자에게 독특한 것이고 전체 결과 해석에 적절한 것으로, 간결하게 기술한다. 누구나 검사 상황에서 보일 수 있는 수준의 행동적인 특징이거나 보편적인 행동일 경우 또는 검사 결과를 해석할 때 관련성을 찾기 어려울 경우 기술하지 않는다.

행동관찰 자료를 기술할 때 처음부터 지나치게 평가자의 주관적인 판단을 반영하거나 추상적인 수준에서 개념화하면, 다른 대안적 가설을 검토하거나 다른 방식으로 개념화할 가능성이 차단되어 편향적으로 해석할 수 있어 지양해야 한다. 예를 들어, '수검자의 위생 상태가 좋지 않았다'라고 기술하기보다 '수검자는 긴 머리가 헝클어져 있었고 음식물이 묻은 자국 등 셔츠에 얼룩이 많았으며 머리를 반복적으로 긁적거렸다……'와 같이 구체적으로 확인 가능한 특징들을 기술하는 것이 좋다. 또한 '수검자는 매우 산만해 보였다'라는 추상적인 기술보다 '지우개, 검사 소책자 등 책상 위의 물건들을 빈번하게 만지작거렸고, 지속적으로 착석을 하지 못한 채 평가실 안을 돌아다니거나 책상 위에 올라가고 바닥에 드러눕기도 했다……'와 같이 구체적인 행동 양상을 기술해야 한다. 검사를 하는 동안 가능한 구체적인 행동적 용어로 기록해야, 검사 종료 후 검사 결과와 면담 등 여러 정보를 종합하여 가설 검증을 하면서 보다 통합적으로 의사결정을 할 수 있다.

7) 검사 결과 기술 및 해석

실시한 검사 결과를 간략하게 제시하고 행동관찰과 같이 평가 과정을 통해 얻은 다양한 정보들을 고려하여 부분적인 가설들을 통합하여 그 결과에 대한 해석을 기술한다. 검사 결과를 기술하고 해석하는 방식은 개별 검사별로 결과를 기술하는 방식과 주요 심리 영역으로 기술하는 방식이 있다. 개별 검사별로 결과를 기술하는 방식은 종합 심리검사와 같이 여러 검사를 실시했을 때 검사 결과가 산만하게 나열되기 쉬워 통합적이고 초점화된 보고서 작성이 어렵다. 이에, 인지, 정서, 성격 및 대인관계와 같이 주요 심리 영역별로 기술하는 방식이 일반적이다. 이는 단지 영역의 구분일 뿐 전체 보고서의 큰 틀은 의뢰 사유와 관련된 수검자가 지닌 핵심적 문제를 중심으로 조직화해야 하고 각 영역이 서로 유기적으로 연결될 수 있도록 기술해야 한다.

(1) 인지기능

인지기능은 실시한 인지기능 검사들에 대한 양적 결과 기술과 함께 이에 대한 통합적인 해석을 포함한다. K-WISC-V와 같이 전반적인 지적 능력을 평가하고자 할 경우, 수검자의 전반적인 지적 능력과 병전 혹은 손상 전 지적 능력, 그리고 이 두 기능 수준의 차이와 그것의 시사점을 기술한다. 또한 전반적인 지적 능력과 학업수준 및 일상생활에서의 적응 기능수준 간의 차이가 있는지 살펴보고 차이가 있을 경우 관련 요인에 대해 기술한다. 지표점수의 수준과 그 차이, 소검사 간 차이와 강점 및 취약점을 파악하여 수검자의 인지기능의 특성을 상세하게 기술한다. 진단이 목적인 평가일 경우, 사고장애나 사고기능의 비효율성, 현실검증력의 손상, 인지적 왜곡이나 비합리적 신념, 세상을 지각하는 방식, 문제해결 양식 등의 인지적 특성이 특정 정신장애의 특징적인 양상과 관련되는지 고려하여 기술한다.

신경심리검사 결과는 인지 영역에 함께 기술하거나 분리하여 기술한다. 예를 들어, BGT와 같은 신경심리검사는 대개 인지 영역에 통합하여 제시하고, 주의력 검사와 같이 수검자에게 중요한 특정 영역은 주의 집중력, 충동성 등 검사 결과와 함께 임상적 판단을 기술하는 방식으로 분리하여 제시한다.

(2) 정서 영역

정서는 상태와 특성을 구분하여 기술한다. 수검자의 주요 정서와 그 정서의 강도 및 구체적인 내용을 기술한다. 그 정서가 생활환경과 관련하여 상황적이거나 일시적인 것인지 혹은 상황과 별개로 지속적인 성격 특성과 관련되는지를 기술한다. 또한 상충되는 정서들 간에 갈등 요소, 전반적인 정서 조절 능력, 정서 조절의 비효율성과 관련된 요인들 등도 제시한다. 아울러 임상적 진단으로 고려될 수 있는 불안 증상, 우울 증상, 분노 조절 문제 등 병리적 정서에 대해서는 진단과 관련지어 체계적으로 기술한다.

(3) 성격 및 대인관계

성격은 인지적 측면과 정서적 측면을 포함한 구인이므로, 수검자의 인지적 및 정서적 측면의 특징들을 고려하여 통합되고 통일되게 기술한다. 또한 수검자의 연령이 어릴수록 안정적인 성격 특성으로 기술할 수 있는 부분이 적고, 대인관계 역시 가족관계와 또래관계에 대한 비중이 크다.

성격 특성을 기술할 때 사용하는 형용사가 너무 추상적일 수 있다. 따라서 양적 혹은 질적 검사 결과, 행동관찰, 배경정보 등과 같이 그러한 추상적인 성격 특성을 지지할 만한 구체적인 근거를 함께 제시하는 것이 적절하다. 또한 수검자의 생활환경에서 그 성격 특성이 어떻게 표출되는지에 대해 수검자만의 독특한 측면에 초점을 맞추어 기술한다.

성격 특성은 또래관계와 같은 대인관계에서 분명하고 구체적으로 드러날 수 있다. 아동과 청소년은 형제자매, 부모와의 관계와 같은 가족 구성원들과의 관계에 대한 기술이 중요하게 다루어진다. 가족 구성원들 간의 갈등, 부모의 언어적 및 신체적 폭력이나 방임 등의 병리적인 관계 경험과 이에 대한 수검자의 대처에 대해 기술한다. 수검자가 일반적으로 형성하는 또래관계를 포함한 대인관계 방식, 자신 및 타인지각,

또래관계에서 주로 유발될 수 있는 갈등구조와 이를 대처하는 수검자의 방식, 수검자가 타인에게 주로 갖는 기대 및 이에 대한 적절성을 포함한다.

8) 요약 및 제언, 임상적 진단

이 부분은 평가 보고서의 핵심 사항을 요약 정리한다. 의뢰 사유에 답하기 위해 제시한 모든 자료와 검사 결과의 핵심 사항을 간결하게 기술하고 어떤 결론을 내릴 수 있는지 분명하게 제시한다.

평가 자체도 임상적 진단도 최종 목적일 수 없다. 의뢰 사유가 무엇이든 간에 궁극적으로는 심리평가를 통해 특정 문제를 경험하는 수검자의 문제해결에 유용할 수 있는 해결책을 제안하려는 것이기 때문이다. 따라서 제언은 매우 구체적이고, 실천할 수 있으며, 의뢰자나 의뢰자가 속한 기관의 상황을 고려하여 실제적이어야 한다. '심리치료가 필요하다'와 같이 형식적이거나 추상적인 표현은 수검자에게 초점을 맞춘 제언도 아닐뿐더러 실제적 유용성도 부족하다. 심리평가 결과에 기초하여 놀이치료, 사회기술 훈련, 약물치료, 부모교육 등의 치료적 접근, 특수교육, 낮 병원, 보호 병동 등 배치, 전학, 부모 상담 등 환경적 개선, 현재 시행한 검사의 일부를 재검사, 집중력 검사, 학업성취도 검사 등 추가적 평가 등에 대해 임상적 판단을 하고 이를 구체화한다.

평가 목적이 임상적 진단이나 감별진단일 경우 임상적 진단을 제시해야 한다. 만일 평가 보고서가 정신건강의학과 의사에게만 전달될 것이라면, DSM-5-TR이나 ICD-11과 같은 공식적인 진단체계의 용어들을 사용하여 평가 보고서의 마지막 부분에 언급해 주는 것이 의사소통을 원활하게 할 수 있다. 의료기관일지라도 평가 보고서는 수검자 역시 열람할 수 있는데 전문 용어들은 수검자에게 부정적인 '낙인 효과'를 주거나 오해를 불러일으킬 수 있다. 따라서 진단적 인상에 대해 특정 진단군의 핵심 특징을 재기술하거나 감별진단이 요구되는 두 진단군 간의 핵심적인 진단기준의 차이에 초점을 맞추어 기술할 수도 있다.

9) 검사 점수 요약

검사 점수는 평가 보고서의 본문에 제시하고 이를 인용하여 기술하거나 보고서의 마지막에 결과표만 따로 요약하여 제시한다. 검사 점수를 모두 제시하기보다 임상 수준, 경계선 수준, 정상 수준 등 판정 결과를 간략히 제시할 수도 있다. 요약에 지나치게 많은 검사 점수를 제시하는 것은 평가 결과의 초점을 산만하게 할 수 있으므로, 검사 점수를 어느 정도 제시할 것인지는 의뢰 사유나 평가 목적에 맞게 조절한다. 예를 들어, 정신장애나 지적장애에 대한 감정평가가 목적이거나 보고서가 법적인 용도로 사용될 경우에는 검사 점수를 구체적으로 제시하는 것이 좋다.

10) 평가자 정보

심리평가 보고서는 평가가 의뢰된 기관 내부의 공식 문서일 뿐 아니라 공문서로 사용될 수 있기 때문에, 평가자의 소속, 성명, 자격 정보를 명시한다.

2. 심리평가 보고서 작성의 일반적 지침

좋은 심리평가 보고서를 정의하기는 어려우나, 평가 보고서가 사용되는 맥락과 목적에 맞게 수행되고 작성되었다면 좋은 보고서라 할 수 있다. 다음으로는 좋은 심리평가 보고서를 작성하기 위해 고려해야 할 일반적인 사항을 살펴보고자 한다.

1) 보고서의 길이

보고서의 길이는 목적, 의뢰 사유, 평가가 이루어지는 맥락에 따라 다르다. 병원 장면에서는 A4용지 2~3쪽의 내용으로 간결하게 기술한다. 상담 기관, 기업, 교육 현장 등에서는 수검자나 가족에게 직접 전달될 수 있어 이해하기 쉬운 용어를 사용하고 표 및 그래프와 이에 대한 설명들을 포함하기 때문에 보고서 길이가 더 길다. 법적인 용도로 사용되는 보고서는 의뢰 질문들이 다양한 측면과 관련되어 있어 일반적으로 분량이 훨씬 길다.

2) 문체와 스타일

문체나 표현법은 평가자의 개인적인 특성이 반영되기 때문에 특정한 지침은 없다. 하지만 보고서를 읽는 사람이 쉽고 정확하게 이해할 수 있고 그 사람에게 도움이 될 수 있는 최선의 방식으로 기술해야 한다는 것은 기본 원칙이다.

Ownby(1997)는 전문가 스타일(professional style)의 심리평가 보고서 작성법을 제안하였다. 이에 따르면, 일상의 언어를 사용하여 정확하게 의미를 전달할 수 있도록 관용적인 표현을 간결하게 기술한다. 문법적으로 정확하게 표현하고 한 문장은 한 개념만을 정확하게 기술한다. 여러 단락에 걸쳐 비슷한 개념이나 내용을 반복하지 말고 유사한 개념들은 서로 근접하여 배치한다.

심리평가 보고서는 공식 문서이므로 간결한 문장이 심리평가의 중요한 시사점을 전달하는 데 효과적이다. 명확하고 정확한 기술도 중요하며, 누구에게나 적용되는 보편적인 기술이나 광범위한 표현을 지양하고 수검자의 독특하고 특징적인 측면에 맞춰 기술하고자 노력해야 한다.

3) 해석 결과의 기술

앞서 기술했듯이 해석 결과를 제시하는 방법은 개별 검사에 따라 나열하는 방식과 주요 심리 영역별로 기술하는 방식이 있다. 개별 검사별로 나열하는 방식은 어떤 자료에 근거하여 그런 결론을 내렸는지 읽는 사람이 명확하게 파악할 수 있는 장점이 있다. 하지만 각 결과를 통합하지 못하여 읽는 사람들에게 수검자에 대한 통일된 인상을 전달하기 어려울 수 있다. 심리 영역별로 기술하는 방식은 검사별 기술 방식의 이러한 단점을 보완할 수 있다. 즉, 수검자의 중요한 측면에 대해 일관적인 인상을 줄 수 있다. 하지만 영역별로 잘 분석하고 통합하고 초점화하지 못하면 오히려 산만하고 구체적 내용이 빈약하게 작성될 수 있다. 결국 이 두 방식을 균형 있게 고려하는 결과를 제시하는 것이 가장 이상적일 것이다. 각 영역별로 기술하되 반드시 보고서에 포함해야 할 특성에 대해 심리검사 규준과 비교한 객관적인 특성과 그 수검자가 지닌 독특한 상황적 맥락이나 내용도 고려해야 한다. 예를 들어, 인지 영역에 대한 기술에서 K-WISC-V의 지능지수와 소검사 점수의 보고만 제시하는 것이 아니라 이에 더하여 지표점수와 소검사들 간의 차이를 통해 인지적 강점 및 약점을 상세화하고 백분위와 같은 상대적인 위치도 기술한다. 함께 실시한 신경심리검사가 있다면, 실제 수검자의 주요 문제와 관련성, 학업성취도와 관련성, 특정 학습 영역에서의 문제와 관련성, 의사소통 수준 등 일상생활에서의 기능과 적응 수준을 지능검사 결과와 통합하여 인지기능에 대한 종합적인 해석을 한다.

참고문헌

김재환, 오상우, 홍창희, 김지혜, 황순택, 문혜신, 정승아, 이장한, 정은경(2006). 임상심리검사
　　의 이해. 서울: 학지사.
박영숙, 박기환, 오현숙, 하은혜, 최윤경, 이순묵, 김은주(2021). 현대 심리평가의 이해와 활용.
　　서울: 학지사.
하은혜(2021). 아동 · 청소년 심리평가. 서울: 학지사.

Ownby, R. L. (1997). *Psychological reports: A guide to report writing in professional
　　psychology* (3rd ed.). John Wiley & Sons.

찾아보기

내용

저자 소개

김도연(Kim Doh Yun)
이화여자대학교 심리학 박사
서울아산병원 정신건강의학과 임상심리 레지던트, 한양대병원 정신건강의학과 임상심리 수련
임상심리전문가, 정신건강임상심리사 1급
발달심리전문가, 놀이심리상담사 수련감독자, 모래놀이심리상담사 수련감독자
현 서울 상담심리대학원대학교 아동청소년 임상상담 전공 교수

김은경(Kim Eunkyung)
이화여자대학교 심리학 박사
삼성서울병원, 차의과대학 분당차병원 정신건강의학과 임상심리 수련
임상심리전문가, 정신건강임상심리사 1급
현 한양대학교구리병원 정신건강의학과 임상심리전문가 및 수련감독자
    한양대학교 의예과 겸임교수

김현미(Kim Hyunmi)
이화여자대학교 심리학 박사
서울대학교병원 신경정신과, 소아정신과, 한림대학교 성심병원 정신건강의학과 임상심리 수련
세브란스 어린이병원 소아정신과 소아심리실 수련감독자 역임
임상심리전문가, 정신건강임상심리사 1급
현 WiseMi 심리상담연구소 소장
    서울사이버대학교 특수심리치료학과 겸임교수

옥정(Ok Jeung)
이화여자대학교 심리학 박사
강북삼성병원 정신과, 한양대병원 정신건강의학과 임상심리 수련
아이존, 푸른존 시설장 역임
임상심리전문가, 정신건강임상심리사 1급, 놀이심리상담사 수련감독자, 모래놀이심리상담사 1급
현 서울사이버대학교 특수심리치료학과 전임교수

이혜란(Lee Hye Ran)
이화여자대학교 심리학 박사
신촌세브란스, 한양대병원 정신건강의학과, 서울대학교 어린이병원 소아·청소년 임상심리실 임상심리 수련
분당서울대학교병원 정신건강의학과 임상심리 수련감독자
임상심리전문가, 정신건강임상심리사 1급, 놀이심리상담사 수련감독자, 모래놀이심리상담사 1급
현 가천대학교 특수치료대학원 특수치료학과 심리인지치료 전공 부교수

발달진단 및 심리평가
Developmental Diagnosis and Psychological Assessment

2024년 4월 5일 1판 1쇄 인쇄
2024년 4월 12일 1판 1쇄 발행

지은이 • 김도연 · 김은경 · 김현미 · 옥정 · 이혜란
펴낸이 • 김진환
펴낸곳 • ㈜**학지사**

04031 서울특별시 마포구 양화로 15길 20 마인드월드빌딩
대표전화 • 02-330-5114 팩스 • 02-324-2345
등록번호 • 제313-2006-000265호

홈페이지 • http://www.hakjisa.co.kr
인스타그램 • https://www.instagram.com/hakjisabook

ISBN 978-89-997-3011-5 93180

정가 27,000원

출판미디어기업 **학지사**

간호보건의학출판 **학지사메디컬** www.hakjisamd.co.kr
심리검사연구소 **인싸이트** www.inpsyt.co.kr
학술논문서비스 **뉴논문** www.newnonmun.com
교육연수원 **카운피아** www.counpia.com
대학교재전자책플랫폼 **캠퍼스북** www.campusbook.co.kr